组织与人力资源管理系列精品教材

管理沟通

(第2版)

主　编　刘平青　刘子森
副主编　袁云云　许　爽　霍春阳　韩姗杉

电子工业出版社
Publishing House of Electronics Industry
北京·BEIJING

内 容 简 介

本书将辩证沟通思维贯穿全书,全方位、全链条地解读管理沟通的丰富场景,分为6篇23章。第一章导论从总体上介绍全书的价值主张、鲜明特色和主要内容,各章基本上都按照"现实问题—理论基础—实务操作"的逻辑展开,以培养读者归纳分析与解读现象的能力,且书中选用了丰富的案例,有助于读者体会沟通在实际场景中的运用。自我沟通篇,包括形象沟通、角色沟通、优势沟通、情绪沟通、目标沟通,为读者阐明自我沟通的多个维度;团队沟通篇,包括融入沟通、工作沟通、情感沟通、冲突沟通,为读者剖析团队在不同发展阶段中的沟通要点;向上沟通篇,包括上司沟通、越级沟通,为读者提供不同情境下向上沟通的针对性建议;向外沟通篇,包括客户沟通、供应商沟通、政府沟通、危机沟通,为读者提供与不同利益主体沟通的建议;亲密沟通篇,包括恋爱沟通、夫妻沟通、亲子沟通、特殊场景下的亲密沟通,为读者阐明如何处理好亲密沟通;互联网沟通篇,包括互联网边界沟通、互联网碎片化沟通、互联网责任沟通,为读者详细解读如何高效并理性地进行互联网沟通。

本书体系新颖,可读性和可操作性强,既可以作为本科生、研究生的课程教材,也可以作为企业和政府的培训教材,还可以作为职场人士的随身读物。

未经许可,不得以任何方式复制或抄袭本书之部分或全部内容。
版权所有,侵权必究。

图书在版编目(CIP)数据

管理沟通 / 刘平青,刘子森主编. -- 2 版.
北京 : 电子工业出版社, 2024. 6. -- ISBN 978-7-121-48256-4
Ⅰ. C93
中国国家版本馆 CIP 数据核字第 2024LW6675 号

责任编辑:王二华
印　　刷:中煤(北京)印务有限公司
装　　订:中煤(北京)印务有限公司
出版发行:电子工业出版社
　　　　　北京市海淀区万寿路 173 信箱　　邮编:100036
开　　本:787×1092　1/16　印张:18　字数:484 千字
版　　次:2016 年 5 月第 1 版
　　　　　2024 年 6 月第 2 版
印　　次:2025 年 10 月第 2 次印刷
定　　价:59.00 元

凡所购买电子工业出版社图书有缺损问题,请向购买书店调换。若书店售缺,请与本社发行部联系,联系及邮购电话:(010)88254888,88258888。
质量投诉请发邮件至 zlts@phei.com.cn,盗版侵权举报请发邮件至 dbqq@phei.com.cn。
本书咨询联系方式:wangrh@phei.com.cn。

目录

第一章　导论 ········· 1	第五章　情绪沟通 ········· 53
一、价值主张 ········· 1	一、引导案例 ········· 53
二、鲜明特色 ········· 6	二、情绪沟通概述 ········· 54
三、主要内容 ········· 9	三、现实问题 ········· 57
	四、理论基础 ········· 60
自我沟通篇	五、实务操作 ········· 62
第二章　形象沟通 ········· 12	六、思考题 ········· 64
一、引导案例 ········· 12	第六章　目标沟通 ········· 65
二、形象沟通概述 ········· 13	一、引导案例 ········· 65
三、现实问题 ········· 15	二、目标沟通概述 ········· 66
四、印象管理理论 ········· 19	三、现实问题 ········· 68
五、实务操作 ········· 21	四、理论基础 ········· 72
六、思考题 ········· 25	五、实务操作 ········· 74
第三章　角色沟通 ········· 26	六、思考题 ········· 76
一、引导案例 ········· 26	
二、角色沟通概述 ········· 27	**团队沟通篇**
三、现实问题 ········· 31	第七章　融入沟通 ········· 78
四、角色理论 ········· 34	一、引导案例 ········· 78
五、实务操作 ········· 35	二、融入沟通概述 ········· 79
六、思考题 ········· 37	三、现实问题 ········· 82
第四章　优势沟通 ········· 38	四、组织社会化理论 ········· 84
一、引导案例 ········· 38	五、实务操作 ········· 84
二、优势沟通概述 ········· 39	六、思考题 ········· 89
三、现实问题 ········· 43	第八章　工作沟通 ········· 90
四、理论基础 ········· 46	一、引导案例 ········· 90
五、实务操作 ········· 48	二、工作沟通概述 ········· 91
六、思考题 ········· 52	三、现实问题 ········· 97

四、理论基础……………………98
　　五、实务操作……………………99
　　六、思考题………………………104

第九章　情感沟通……………………105
　　一、引导案例……………………105
　　二、情感沟通概述………………106
　　三、现实问题……………………110
　　四、理论基础……………………112
　　五、实务操作……………………113
　　六、思考题………………………116

第十章　冲突沟通……………………117
　　一、引导案例……………………117
　　二、冲突沟通概述………………118
　　三、现实问题……………………121
　　四、五阶段冲突理论……………122
　　五、实务操作……………………123
　　六、思考题………………………127

向上沟通篇

第十一章　上司沟通…………………130
　　一、引导案例……………………130
　　二、上司沟通概述………………132
　　三、现实问题……………………134
　　四、管理沟通策略理论…………138
　　五、实务操作……………………139
　　六、思考题………………………151

第十二章　越级沟通…………………152
　　一、引导案例……………………152
　　二、越级沟通概述………………153
　　三、现实问题……………………154
　　四、理论基础……………………156
　　五、实务操作……………………158
　　六、思考题………………………163

向外沟通篇

第十三章　客户沟通…………………166
　　一、引导案例……………………166
　　二、客户沟通概述………………168
　　三、现实问题……………………170
　　四、客户生命周期理论…………171
　　五、实务操作……………………172
　　六、思考题………………………175

第十四章　供应商沟通………………176
　　一、引导案例……………………176
　　二、供应商沟通概述……………178
　　三、现实问题……………………179
　　四、谈判理论……………………180
　　五、实务操作……………………182
　　六、思考题………………………184

第十五章　政府沟通…………………185
　　一、引导案例……………………185
　　二、政府沟通概述………………186
　　三、现实问题……………………188
　　四、社会影响力理论……………189
　　五、实务操作……………………190
　　六、思考题………………………192

第十六章　危机沟通…………………193
　　一、引导案例……………………193
　　二、危机沟通概述………………194
　　三、现实问题……………………195
　　四、危机情景沟通理论…………196
　　五、实务操作……………………197
　　六、思考题………………………199

亲密沟通篇

第十七章　恋爱沟通…………………202
　　一、引导案例……………………202

二、恋爱沟通概述 …………… 203
　　三、现实问题 ………………… 204
　　四、理论基础 ………………… 208
　　五、实务操作 ………………… 210
　　六、思考题 …………………… 216

第十八章　夫妻沟通 …………… 217
　　一、引导案例 ………………… 217
　　二、夫妻沟通概述 …………… 218
　　三、现实问题 ………………… 220
　　四、婚姻关系中的回应方式和
　　　　四骑士理论 ……………… 222
　　五、实务操作 ………………… 223
　　六、思考题 …………………… 227

第十九章　亲子沟通 …………… 228
　　一、引导案例 ………………… 228
　　二、亲子沟通概述 …………… 229
　　三、现实问题 ………………… 230
　　四、P-A-C 沟通分析理论 …… 233
　　五、实务操作 ………………… 234
　　六、思考题 …………………… 238

第二十章　特殊场景下的亲密沟通 … 239
　　一、办公室恋情 ……………… 239
　　二、异地恋 …………………… 241
　　三、婆媳关系 ………………… 243
　　四、思考题 …………………… 248

互联网沟通篇

第二十一章　互联网边界沟通 ……… 250
　　一、引导案例 ………………… 250
　　二、互联网边界沟通概述 …… 252
　　三、现实问题 ………………… 253
　　四、理论基础 ………………… 255
　　五、实务操作 ………………… 256
　　六、思考题 …………………… 259

第二十二章　互联网碎片化沟通 …… 260
　　一、引导案例 ………………… 260
　　二、互联网碎片化沟通概述 … 262
　　三、现实问题 ………………… 263
　　四、理论基础 ………………… 265
　　五、实务操作 ………………… 265
　　六、思考题 …………………… 267

第二十三章　互联网责任沟通 ……… 268
　　一、引导案例 ………………… 268
　　二、互联网责任沟通概述 …… 269
　　三、现实问题 ………………… 270
　　四、理论基础 ………………… 273
　　五、实务操作 ………………… 273
　　六、思考题 …………………… 275

后记 ……………………………… 276

参考文献 ………………………… 277

第一章 导论

当今,沟通媒介增多了,沟通技术发达了,人与人之间却越来越缺乏有温度、有效率的沟通。心理学家阿尔弗雷德·阿德勒(Alfred Adler)认为,所有烦恼都是人际关系的烦恼,没有人可以生活在没有"观众"的地方。因此,无论是个体还是组织管理者,都应系统学习《管理沟通》。只有这样,我们才可能提升沟通能力、减少不必要的烦恼、跟上时代潮流。

本书是对 2016 年出版的《管理沟通》(第 1 版)的全面修订,也是对团队创作的《沟通巧技能》《员工沟通巧技能》《向上沟通巧技能》《面试沟通巧技能》《亲密沟通巧技能》《晋升沟通巧技能》《会议沟通巧技能》《客户沟通巧技能》等系列书籍的迭代,更是着眼未来对 20 年管理沟通教学研究的总结和反思。

本书试图从本质上对管理沟通进行一次全新升级,明确提出沟通是"内联自我,外联世界"的价值主张,鲜明概括出辩证沟通思维,并结合自我沟通、团队沟通、向上沟通、向外沟通、亲密沟通、互联网沟通这 6 个具体场景提供实用性强的管理沟通方法,以期帮助读者成为管理沟通的行家里手。

一、价值主张

个体和组织的一切活动都离不开沟通。本书的价值主张,即沟通在本质上是"内联自我,外联世界"。其核心要素有如下 4 个方面:积极主动、双向转化、3 层自我、4 个关系。

(一)积极主动

沟通不是万能的,但不沟通是万万不能的。对个体和组织管理者来说,机会永远是稀缺的。不主动沟通,不会沟通,可能就会失去机会。现实中不少人习惯性地给自己贴标签:要么觉得自己处于低位而自卑,害怕沟通;要么感觉自己处于高位而自大,懒于沟通。这些不当的表现,会致使自己错失良机。

除了沟通态度上不主动,很多人还不会沟通,他们"刀子嘴豆腐心",要么把话说得很难听,要么盛气凌人。心理学家、哲学家西格蒙德·弗洛伊德(Sigmund Freud)曾说过:"我们所有人从出生开始就具有一定程度的自恋行为。"美国心理学之父威廉·詹姆斯(William James)也有过类似的洞察:"人性最大的欲望,无非就是想得到外界的认可与赞扬。"喜欢被赞美是人之天性,为何却要用"刀子嘴"与人沟通呢?"刀子嘴"可能会划伤对方的心,产生消极的沟通效果。

在现实世界中，要想做到积极主动，首先，我们要主动与自己对话，把自己的优势和潜能挖掘出来，并积极地将自己最好的一面展示给外界；其次，当我们遇到挫折时，要积极面对，从而获得更多与世界连接的机会（见案例1-1）。

案例1-1　三贬三谪与经典诗篇

苏轼是北宋著名的文学家，在诗、词、散文、书、画等方面有很高的成就，为"唐宋八大家"之一。他是文学上的巨人，却是政治上的"矮子"。苏轼仕途坎坷，三次贬谪。但回顾苏轼的经历，我们会发现他的许多经典诗词都是在困难时期创作出来的。

第一次贬谪：因所持观点与新政观点不同，苏轼被贬到黄州，写下了《赤壁赋》《定风波》《念奴娇·赤壁怀古》等众多佳作。

第二次贬谪：因党派纷争，苏轼被贬至当时的岭南烟瘴之地——惠州，写下了《惠州一绝》。

第三次贬谪：年过花甲，苏轼被贬至儋州，写下了《纵笔三首》《入寺》等诗，并完成了《书传》等著作。

"问汝平生功业，黄州惠州儋州"，是苏轼的晚年绝唱。时至今日，当我们在读苏轼的诗句时，依然能感受到他的积极乐观。正是积极主动让苏轼的自我与当今世界仍保持着诗情画意般的联系。

（资料来源：笔者依据相关资料整理）

（二）双向转化

简单来说，管理沟通就是一方面将自己的目标转化为他人的需求，另一方面将他人的需求转化为自己的目标。管理沟通，即目标与需求"双向转化"的过程。

将自己的目标转化为他人的需求。我们在与人沟通之前，不仅要清楚"自己的目标是什么"，还要深刻理解"他人的需求"。若不知前者，则表现为"语无伦次""不知所云"；若不知后者，则会陷入以自我为中心、孤掌难鸣的局面。

将他人的需求转化为自己的目标。我们在管理沟通过程中要多看、多听，少说为佳。正所谓，沉默是金。很多时候，与人沟通不是要求我们急于表达什么，而是要求我们了解他人需求，无论是领导的需求和员工的需求，还是家人的需求和客户的需求，我们都要去了解。少一点"你怎么想的，我还不知道吗"的主观臆断，多一些有效沟通。

现实中的沟通困境大多是我们做不到双向转化造成的，要么以自我为中心，过于自我；要么唯唯诺诺，毫无主见和判断力。而只有注意管理沟通中不同主体之间目标与需求的双向转化，才能实现自我与世界的连接（见案例1-2）。

案例1-2　冬奥夺冠之旅

谷爱凌，中国女子自由式滑雪运动员。2022年，她荣获北京冬奥会自由式滑雪女子大跳台冠军、自由式滑雪女子U型场地技巧冠军、女子自由式滑雪坡面障碍技巧亚军。谷爱凌夺冠，离不开其对目标与需求的双向转化。

谷爱凌3岁开始练习滑雪，8岁加入滑雪队，9岁开始参加滑雪比赛。

2015年，北京冬奥会申办成功。正值暑假期间的谷爱凌，在北京加入了欢庆人群中，并确立了参加北京冬奥会的目标。

之后，她把自己的目标转化为他人的需求。她寻找专业教练，获得专业指导；正式参加职业滑雪成人组比赛，积累国际积分，为获得奥运会参赛资格做准备。

2019年，谷爱凌通过个人社交媒体宣布自己正式转为中国国籍，并发文"中国自由式滑雪运动员谷爱凌报到"。她参加数次世界杯分站赛的比赛，积累了比赛经验。

2022年，谷爱凌顺利登上冬奥的比赛台，并一举夺得金牌。

"我不是要打败别人，而是要展示最好的自己。"谷爱凌在滑雪伊始便设立挑战目标，清晰度量自我目标与他人需求之间的关系，并为此进行准备，最终以专注与热爱，完成了目标与需求间的双向转化，实现了最初的梦想！

（资料来源：笔者依据相关资料整理）

（三）三层自我

管理沟通的基石是个体或组织管理者如何看待自我和世界之间的关系。在笔者看来，自我至少有三个层次，即个体的小我、人际的中我和社会的大我。不同层次的自我，都需要沟通才能建立起有机联系。

1. 个体的小我、人际的中我和社会的大我

个体的小我是指每个人都会从自己的角度去理解外在，在沟通中习惯以自我为中心，更多强调自己的需求与感受，其基础是所学专业、个人主见与健康状况；人际的中我是指学会从"我"扩展为"我们"，这是一个人融入人际世界的重要路径，其核心是高情商、积极归因和修为格局；社会的大我是指投身于经济社会发展大任，跳出小我的日常工作生活、眼前利益得失，从国际的比较、未来的发展、国家的担当等更高、更宽、更广、更深层面去提升自我的层次，包括开阔自己的视野、强化自我责任及激发大我精神。

2. 自我沟通，促进"小我"提升至"中我"与"大我"层次

我何以成为我自己？成为"我"的过程，离不开自我沟通。假如一个人具备良好的自我沟通能力，就有助于提升专业能力、保持健康，并恰如其分地表达自己的意见。

当我们与别人在一起时，"自我沟通"会提醒自己，需要将"我"切换为"我们"。所谓高情商，就是会说话。遇事先从自己身上找原因，少与人产生冲突。能够包容自己不喜欢的人和不喜欢的事，会彰显出"中我"气质。

"大我"也离不开"自我沟通"。我们既是一个独立的个体，也是团体的一员。我们只有不断提醒自己所扮演的角色，开阔视野，乐于担当，强化精神，才能更好地展示"大我"形象。

3. 沟通接地气，即从"大我"层次上与"小我""中我"沟通

管理沟通不是一个从"小我"到"中我""大我"的单向直线过程，而是双向甚至多向的有效互动。我们可以要求自己，不断提升自我的层次，同时也要与处于任何层次的人保持沟通（见案例1-3）。在曾国藩看来，乡间无朋友，实属人生一大憾事。正所谓，我们既要上得了厅堂，又要下得了厨房。在管理沟通过程中，我们既要能与"阳春白雪"打交道，又要能与"下里巴人"交往。倾听员工的声音，接地气，是不少组织管理者在沟通方面能否胜任岗位要求的试金石。

> **案例1-3 何先生的"小我""中我""大我"**
>
> 何泽慧（1914.03.05—2011.06.20），被誉为"中国的居里夫人"，是中国科学院院士、中国第一代核物理学家，中国核物理、高能物理与高能天体物理学的奠基人之一。何先生在其一生中，不断获得成就，实现了个体的小我、人际的中我、社会的大我有机互动。
>
> 当年，何泽慧以高分考入清华大学，但因物理系不招收女生的规定要被劝退。何泽慧当即找到了系主任，用分数说话，摆事实，讲道理，最终成功地留了下来。这是"小我"主导下的积极沟通——遇事有主见，懂得据理力争。
>
> 抗日战争时期，何泽慧出于爱国热忱，想去德国柏林高等工业学校学习弹道学，但当时该系不招收外国人。何泽慧找到该系主任，并与其沟通，最终系主任被其爱国情怀和刚毅精神所打动，该系破例接收了第一个外国学生。之后，何泽慧首次提出测量子弹飞行速度的新方法。几年后，在巴黎大学的实验室，何泽慧与钱三强一起发现了铀的三分裂。这是"大我"主导下的积极沟通——能从组织、社会、国家的高度来思考和行动。
>
> 1948年，何泽慧与钱三强放弃国外优厚待遇，回国创办物理研究所。此后三十多年，两人节衣缩食，把更多的钱投入到科研工作中。
>
> 为了教会学生查资料，何泽慧带着学生走遍图书馆陈列期刊、过刊、图书、资料等的房间。何泽慧对其他人也懂得退让。有一次，何泽慧着装朴素地到菜市场买菜，看着竹笋，舍不得买，伸手摸了一下。摊主不耐烦地说："老太太，买不起就别摸，这东西挺贵的。"何泽慧一笑而过。这就是"中我"主导下的沟通——好相处，既能尊重他人，又能容忍他人，有格局。
>
> 何泽慧既能够做到不断地自我成长，促进"小我"逐步提升至"大我"，又能够向下兼容，从"大我"层次上与"小我""中我"沟通，实现了自我与世界的连接。
>
> [资料来源：梅兴无. 钱三强与何泽慧：中国的居里夫妇[J]. 世纪风采，2022（10）：39-45.]

（四）四个关系

何为世界？可能有多种定义。其要么关乎物质，要么关乎人，要么关乎精神，要么关乎时空。从管理哲学的角度看，管理沟通就是处理好个体与事、与人、与己、与时的关系。

1. 与事的关系

做什么事？怎么做事？按照什么标准做事？这些问题，都离不开沟通。正如松下幸之助所说，企业管理的关键，过去是沟通，现在是沟通，未来还是沟通。

把事做好，才有话语权。试想，一个连本职工作都做不到位的人，其说话会有人洗耳恭听吗？

然而，当今我们不仅要会做事，还要会总结，总结的要有高度，总结之后还要善于传播。我们要处理好与事的关系，但仅仅停留在这一层面又是远远不够的。

2. 与人的关系

每个人既是独立的个体，又是团队的一员。

除了处理好与事的关系，管理沟通还需要处理好与人的关系。身在职场，我们需要不断地跟不同人建立关系，不仅包括与上级的关系、平级的关系、跨部门的关系、跨级领导的关系，还包括与下级、与客户等的关系。

不同的人各具差异，关系建立的要点也不同，沟通的逻辑也需要随之转换。因此，在进行管理沟通时，我们需要思考不同人的需求和感受，恰当处理不同情境下的人际关系，完成与"人"的沟通。

从这个意义上讲，"对事不对人"观念可能需要重新解读。在管理沟通中，不少时候我们不仅要看是什么事，还要看是什么人，否则，可能就会面临沟而不通的局面。

3. 与己的关系

我是谁？我从哪里来？我要到哪里去？

这些问题之所以被称为哲学之问，是因为在提醒我们，与自己沟通，表面上好像是最容易的，实际上是最难的。正如苏轼所言，"不识庐山真面目，只缘身在此山中"。

在笔者看来，沟通最重要的是自我沟通。只有处理好与自己的关系，才可能处理好与大千世界的关系。自己能改变的去改变，不能改变的去适应，不能适应的去宽容，不能宽容的就放弃。

如果我们能够识别个体的小我、人际的中我及社会的大我，并进行得体扮演，在很大程度上就能处理好与自己的关系，进而也就能处理好与外部的关系（见案例1-4）。

4. 与时的关系

管理沟通中的很多内容其实是在沟通时间。

事前，请示方案；事中，汇报进展；事后，反馈结果。

无论是个体还是组织管理者，都需要识别与掌控时局，需要选择与抓住时机，需要分配与利用时间，需要注意与拿捏时长。

临时抱佛脚往往是没有注意时间这一重要沟通要素的表现。

案例1-4 徐老先生与"四个关系"

徐特立（1877.02.01—1968.11.28），中国革命家和教育家，被尊为"延安五老"之一。党中央曾评价他"对自己学而不厌，对别人诲人不倦""中国杰出的革命教育家"。徐老先生的一生，充满了坎坷与传奇色彩。

1907年，徐老先生"抽刀断指"，以血书抗议清政府向外国屈辱妥协。

1911年，徐老先生参加辛亥革命。

1927年，徐老先生加入中国共产党，同年8月参加南昌起义。

1930年，徐老先生当选为中华苏维埃共和国中央执行委员会委员。

1934年，徐老先生以57岁的高龄参加长征。

1940年，100余名师生创办延安自然科学研究院（北京理工大学前身），徐老先生任第二任院长。

1945年，近70岁的徐老先生参加了延安青年体育运动会的游泳比赛。

无论何时，徐老先生都处理好了"四个关系"。在与事方面，徐老先生在创办梨江高小、与反动派较量等事迹中，都对事情的发展规律有很强的把握；他强调"不动笔墨不读书""世界上没有便宜的事，谁想占便宜谁就会吃亏""一分耕耘，一分收获，要收获得好，必须耕耘得好"。

与人方面，徐老先生鼓励交朋友，真诚待人，与许多学生都建立了深厚的友谊；他强调"交朋友是可以产生伟大力量的""谦虚，如果是卑己而尊人，就非常要不得。谦虚应该建立在自尊的基础上"。

在与己方面，徐老先生有不屈的意志和坚韧的性格；他强调"任何人都应该有自尊心、自信心、独立性，不然就是奴才。但自尊不是轻人，自信不是自满，独立不是孤立"。

在与时方面，徐老先生强调"浪费时间就是自杀，尤其是浪费休息的时间，直接威胁着生命"。

[资料来源：陈宗海. 徐特立与延安时期的教育[J]. 北京理工大学学报（社会科学版），2011，13（06）：145-148.]

二、鲜明特色

（一）辩证沟通思维的必要性

管理沟通是一门实践性强，迫切需要理论和思维指导的学科领域。

在管理沟通过程中，走极端的情况并非鲜见。主要表现有：一是言行不一，说一套做一套；二是只做不说或只说不做，要么坚信"学好数理化走遍天下都不怕"，要么从坚信一个概念到坚信另一个概念频频转换却没有行动；三是非黑即白，喜欢从一个极端走向另外一个极端，要么太有主见而完全不顾及他人，要么太没主见而完全盲从。

鉴于此，我们在多年教学研究和系列出版的基础上，明确提出辩证沟通思维，即在管理沟通中，要处理好强者与弱者的势能辩证关系、系统与细节的宏微辩证关系、多样与个性的特色辩证关系、自我与他我的角色辩证关系。

辩证思维一直蕴含于中西方哲学之中。马克思强调"人的本质并不是单个人所固有的抽象物。在其现实性上，它是一切社会关系的总和"，又辩证指出"一定的社会关系归根结底是社会生产力发展的一定状况决定的"。黑格尔提出"辩证法"，强调任何事物都具有相互矛盾、相互依存的关系。道家强调辩证思维，提出以"两面性"与"变化规律"为核心的思维模式。春秋时期的思想家子思将中庸思想列入哲学范畴，强调在"两个极端之间"找到适度与平衡。管理尤其需要辩证思维，绩效管理中的平衡计分卡，领导艺术中的辩证领导行为，在很大程度上也是中西管理哲学的一种交融。总之，辩证思维强调联系、变化、矛盾，关注对立双方的相互依存。

辩证沟通思维就是辩证思维在沟通领域中的表现，它是在充分汲取中庸思想、辩证思维和管理理论的基础上提炼和发展起来，以帮助个体和组织管理者更好地指导管理实践的新思维方式。

（二）辩证沟通思维的内涵

1. 强者与弱者的势能辩证

龟兔赛跑，谁跑赢了？

很多人的回答是乌龟。其还处在农耕时代，比的是谁执着。

进入工业时代，兔子"吃一堑、长一智"，再次比赛时拔腿就跑，很快到达了终点。

而进入信息时代呢？乌龟不服，将两者的比赛由赛跑改为过河。比赛规则的改变，赋予了乌龟赢得比赛的机会。

当今时代，势能上的强弱，更需要辩证分析。强者往往有更多的资源、权力，但强势的能力和性格也可能给周边人带来压力，树大招风，强者可能面临负面结果。弱者会因为没有能力或主见而被人轻视，但由于人们都习惯性地同情弱者，这反而为弱者提供了成长空间。也就是那句俗语所说的，"船小好调头"。

因此，辩证沟通思维认为势能的强弱是相对的，强者未必就会在沟通中占据优势，而弱者未必只能选择被动接受，找到其中的平衡点至关重要。

2. 系统与细节的宏微辩证

系统的结构决定功能。而细节决定成败。那么，是宏观上的系统重要，还是微观上的细节重要？

在管理沟通中，离不开系统与细节的宏微辩证。

沟通过程是一个系统，包括自我、对象、情境、内容、媒介（沟通方式）等要素。组织的沟通也是一个系统，包括团队、向上、向外沟通等多项内容。细节犹如机器的关键螺丝钉，一旦散落，机器就崩坏了。

因此，辩证沟通思维认为在个体与组织的沟通中，既要"胸怀千万里"，系统把握，又要"心思细如丝"，关注其中的细节。

3. 多样与个性的特色辩证

在组织中，有的人善于做事，有的人善于沟通，还有的人既善于做事又善于沟通，当然也有人既不会做事也不会沟通。我们自己和所在组织的特色是什么？

世界是丰富多彩的，社会是多样化的，年轻一代越来越追求个性化。组织社会化理论强调员工个性与组织规范之间的互融；谈判理论强调组织之间的交往，既需要遵守基本商业规则与规范，又要关注利益相关者个性化的要求。

德国哲学家戈特弗里德·威廉·莱布尼茨（Gottfried Wilhelm Leibniz）认为"世界上没有两片相同的树叶"。差异是沟通中客观存在的要素，其会为沟通带来噪声，同时也可能带来新思想与新认知，有助于创新发展。

因此，辩证沟通思维强调，个体和组织管理者都需要在沟通中看到差异的两面性。

4. 自我与他我的角色辩证

沟通是"内联自我，外联世界"的过程。

生活中，每个人同时扮演着多个角色。在组织中，个体可能是领导、下属；在家庭中，个体可能是父亲或母亲、儿子或女儿。不同的角色对应着多层次的他我需求。辩证沟通思维下，角色定位之间的平衡极为重要。例如，工作—家庭平衡理论就提出多重角色的相对平衡。

沟通过程中，沟通双方分别是信息发布者和信息接收者，而这两种角色有相互转化的可能：最初的信息发布者，在沟通过程中可能由于信息接收者的不同理解，变为新的信息接收者，而信息接收者也转变成新的信息发布者。

在一定时间内，不扮演好一个角色，不行。过分专注于扮演一个角色，又会影响到其他角色的扮演。这就使得自我与他我之间会产生冲突。

因此，辩证沟通思维强调在沟通中平衡自我与他我的角色。

（三）系统性沟通方法

1. 强而不霸，弱却有心

针对强者与弱者的势能辩证，本书提出了"强而不霸，弱却有心"的沟通方法。笔者发现，强者通常在能力、生命力、平常心、尊重、包容心等方面有所长，而弱者在能力、心态与认知方面逊色。如何在沟通中进行平衡与辩证？具体包括以下方法。

第一，作为强者，要做到不霸道、不张扬、不自大，能够尊重、理解、包容他人。何为霸？有的人蛮横无理不尊重他人、功高盖主不低头、独断专行，还有的人因成为强者之后关系处理不当而逐渐地被同事们疏远。强而不霸即强者本着谦和的态度，不居功自傲，不急于表现自己，更不在与同事沟通时表现出不屑一顾。

第二，示强之前先示弱，善于应用强弱定位对于个体和组织管理者来说也是一项重要的技能。树大招风，强者往往容易引起关注，在无形中会遇到许多阻碍。辩证沟通思维下，一个人不可能总是处于强者地位。善用印象管理理论，能够帮助强者获得更多积极反馈。

第三，作为弱者，要学会自我成长。只要弱者谦逊、懂得自知、接纳，有学习能力，能够积极跟各种类型的人沟通，积极汲取他人的"养分"，就可能成长为赢家。弱者要了解强者的心理与行为规范，感受他们的表达方式和自我表现形式，得到强者的指导与反馈，不断进行自我调节与发展，适应性地运用技能，进而不断成长。

综上所述，个体和组织管理者都需要做到"强而不霸，弱却有心"，合理利用沟通方法以获得自我调节的机会，促进持续成长。在后面的内容中，本书将对具体情境下的相关沟通方法进行有针对性的剖析与阐述。

2. 沟通系统，细节感人

针对系统与细节的宏微辩证，本书提出了"沟通系统，细节感人"的沟通方法，具体内容如下。

第一，在应用沟通的系统性时，既要注意完成 PDCA[①] 的沟通循环，又要形成新的开放的系统。对于任何一个沟通闭环的搭建，善于沟通者都会建设一个开放的沟通环境，在周而复始的沟通系统运转下，使其不断进化升级。为了使沟通系统在进化中达到阶段性的均衡，个体和组织管理者都需要跳出自身的局限，不断从外部获取新的信息和养分。

第二，注意细节，包括思、记、听、说、读、写等方面。此外，在沟通方式的选择上也有许多细节需要注意，例如，当信息较为充分时，选择当面沟通；书面沟通在重要场合必不可少；针对不同的沟通目的和对象，灵活选择不同的沟通方式；学会间接沟通；学会打组合牌。一个优秀的个体或组织管理者，既要看到"森林"系统，也要看到"树木"细节；既要埋头干活，事成于细，也要抬头看路，事成于意。综上所述，辩证沟通思维下，个体和组织管理者在沟通过程中，需要兼顾系统与细节，提升沟通效率。

3. 尊重差异，展示特色

常见的差异有原生家庭不同、性别不同、专业不同、年龄不同、立场不同等。正确认识个体和组织的差异，并在沟通中采取相应的解决方式，是顺畅沟通的关键。

面对原生家庭的差异，我们可以尊重差异，注重自我成长：适宜地切断来自家庭的负面

[①] 美国质量管理专家沃特·阿曼德·休哈特（Walter A. Shewhart）提出的质量管理的基本方法，也是企业管理各项工作的一般规律，其中，P（Plan）是计划，D（Do）是执行，C（Check）是检查反馈，A（Action）是行动。

影响，不追究过去已发生的事情，关注目前的解决方法，正确认识原生家庭带来的差异，努力补齐受原生家庭影响所形成的沟通短板；在交际时，不要只盯着对方的不足，也不要根据对方原生家庭存在的问题去武断地判定对方，更不要揭人伤疤；尊重对方的差异，了解对方的优势与不足，采取有针对性的沟通策略。

相对来说，男性偏向理性、女性偏向感性，男性偏向宏观思维、女性偏向细节思维，男性偏向行动、女性偏向表达。面对性别的差异，男性与女性之间需要相互理解、相互学习，提高沟通的互补性。在出现矛盾时，双方要心平气和地坐下来好好沟通，而不是赌气不说话或大发雷霆。

理工科专业的人与人文社科专业的人，对同一件事往往有不同的认知。面对专业的差异，个体或组织管理者应当以空杯的心态进行交流，不可想当然地认为对方能够看到互补之处。双方达成工作共识，才可避免因专业背景差异而导致的信息不对称。

不同年龄的人的需求、表达方式存在着差异。面对年龄的差异，要实现高效的沟通，个体或组织管理者需要用耐心去包容对方，试图从对方认同的角度去解释行为原因。作为组织管理者，可以采用尊重代际差异、换位思考的处理方式；语言明确简洁，淡化等级；了解年轻人的心理需求，激发他们的兴趣；避免直接批评年轻人；与时俱进，选择合适的沟通渠道来帮助年轻人展示自我与特色。

面对立场的差异，沟通者需要将问题接住，不能直接予以否定，避免对方在沟通过程中随意宣泄消极情绪。

综上所述，面对差异时，个体和组织管理者都需要意识到，改变他人的差异是不现实的，而自我改变、自我成长，进而相互影响，才是辩证沟通思维在具体沟通方法上的体现。

4. 角色明确，换位思考

有辩证沟通思维的沟通者，往往具有换位思考的习惯和能力，会不断自我成长和包容对方，具有积极乐观的沟通心态。

作为信息发布者，可以通过明确沟通目的、调适自我情绪、了解沟通对象、重视沟通重点、选择沟通方式、重视沟通表述、确定信息收到这7个步骤来完善沟通过程。

作为信息接收者，可以从保持专注状态、保持开放的心态、适宜的提问、全面了解信息、做出反馈与回应这5个方面进行换位思考。

总之，我们在沟通过程中，构建辩证沟通思维，积极运用"强而不霸，弱却有心；沟通系统，细节感人；尊重差异，展示特色；角色明确，换位思考"的系统性方法，寻求有温度、有效率的沟通。

三、主要内容

本书围绕管理沟通的不同场景展开，分为导论和自我沟通篇、团队沟通篇、向上沟通篇、向外沟通篇、亲密沟通篇、互联网沟通篇。每章都基于辩证沟通思维展开，由表及里，全链条地解读管理沟通的主要情境。其中，导论从总体上介绍全书的价值主张和鲜明特色，其他各章基本上都围绕"现实问题—理论基础—实务操作"的逻辑展开，以培养读者归纳分析与解读现象的能力。

1. 导论

本章主要介绍本书的价值主张、鲜明特色、主要内容，为读者简要介绍全书的主体思路与主要内容。

2. 自我沟通

自我认知是开展有效沟通的起点。只有正确认知自我，客观看待自我，接受自我，才能寻找到自我的成长路径。只有正确认知自我，才能更自信地进行人际互动，做到有礼有节、得体应变，保证高效的人际沟通。本篇主要包括形象沟通、角色沟通、优势沟通、情绪沟通、目标沟通5章，为读者阐明自我沟通的多个维度。

3. 团队沟通

团队工作是职场中不可避免的情境。融入新团队、认识团队成员、厘清自我角色、熟悉团队沟通形式与规则、合理应对团队冲突等，都是管理沟通中不可或缺的内容。本篇主要包括融入沟通、工作沟通、情感沟通、冲突沟通4章，为读者剖析团队在不同发展阶段中的沟通要点。

4. 向上沟通

职场中，每个人都扮演着下属的角色——不仅要和直接上司沟通，还可能涉及其他部门的高层领导。同时，员工也可能出于晋升目的而进行向上沟通。如何与直接上司及相关高层领导进行高效沟通，是管理沟通中的重要内容。本篇主要包括上司沟通、越级沟通两章，为读者提供不同情境下向上沟通的针对性建议。

5. 向外沟通

企业不是孤立存在的，企业与企业之间、企业与客户之间、企业与经销商之间都存在着一系列的联系，而员工是连接企业客户及外部环境的黏合剂。在当前愈发复杂多变的商业环境中，学会与相关利益主体进行良好的沟通至关重要。本篇主要包括客户沟通、供应商沟通、政府沟通、危机沟通4章。

6. 亲密沟通

作为社会人，建立亲密关系是培养员工情感的一种重要途径。健康的亲密关系也离不开良好的沟通。本篇主要包括恋爱沟通、夫妻沟通、亲子沟通、特殊场景下的亲密沟通4章。

7. 互联网沟通

互联网提升了信息传播的速度与广度，为沟通带了便利，但也带来了挑战。本篇将通过互联网边界沟通、互联网碎片化沟通、互联网责任沟通3章，为读者详细解读如何高效并理性地进行互联网沟通。

自我沟通篇

第二章　形象沟通

本章目标

1. 引导读者明白什么是形象沟通，以及形象构建是自我沟通的起点。
2. 帮助读者理解良好形象是如何构建的，以及构建良好形象的作用。
3. 引导读者了解印象管理理论，用理论指导形象沟通。

本章要点

1. 形象沟通是指借助外貌、仪表仪态、言谈举止、沟通态度、言辞方式等，与他人进行交流和互动的沟通过程，并在他人心中建立起一种特定的形象。开展形象沟通需要认知自我、设计自我并掌握有效的沟通技能。

2. 形象沟通过程中可能出现外貌焦虑等现实问题，个体需要培养辩证沟通思维，"尊重差异，展示特色"，关注沟通系统与细节，注重外在形象构建，向内挖掘自我能力。

3. 良好的形象在沟通交流过程中可以帮助个体建立积极的印象、提升职业竞争力、增强自信和自尊心、改善人际关系等。印象管理理论作为形象沟通的重要理论，对形象沟通具有指导作用。

> "衣冠不能造就一个人，但在造就一个商人的过程中，衣冠起着重要的作用。"——IBM 创始人托马斯·约翰·沃森（Thomas John Watson，1874.02.17—1956.06.19）

一、引导案例

案例 2-1　形象不佳危害大

小霍是一位出众的程序员，他掌握了非常扎实的计算机技能和知识。然而，由于平时主要与电脑打交道，他忽视了对良好形象的构建，因此小霍错失了一些重要的机会。

在一次重要的职业展会上，小霍有机会与一家大型企业的高级人力资源经理进行面对面的交流。之前，这位经理一直对小霍的工作表现非常满意，并且有意邀请他加入他所在企业的高级团队。然而，当小霍与这位经理见面时，衣着不整洁，发型凌乱，给经理留下了不注重细节的印象。

类似的情况在其他场合也发生过。在一次重要的商务会议上,小霍有机会与一位潜在合作伙伴进行商谈。然而,由于早上出门太急,不仅他的着装并不符合商务场合的要求,衣服上还有油渍和沾染的异味,他也没有好好梳理头发,头发乱的像杂草一样,更没有清理口气,给对方留下了不够专业和不重视合作的印象。虽然对方没有明确地指出他形象上的不足,但是已经在心里为他打了低分,最终对方选择了与形象好、气质佳的专业人士合作,小霍错过了合作的机会。

由于屡次错失与重要人士建立合作关系和获得发展的机会,小霍便向潜在合作伙伴询问自己为何落选,潜在合作伙伴点醒了小霍:形象在商业和职场环境中具有重要的作用,它是人们对他人的第一印象和进行评价的基础。整洁、专业和令人愉悦的形象可以帮助个体与他人建立信任关系和提升吸引力,增加与他人合作和发展关系的机会。

此后,小霍意识到形象的重要性,并开始注意自己的仪表仪态。他改变了自己的穿衣风格,定期理发,注重细节,确保在重要场合给人以专业和整洁的印象。随着形象的改善,他获得了许多与人合作的机会,并与他人建立了更多有价值的关系,推动了自己的职业发展。

(资料来源:笔者依据相关资料整理)

带着问题学习

1. 小霍较为坎坷的职场经历在形象构建方面给了个体哪些启发?
2. 职场工作与生活中,如何构建自我形象?
3. 形象沟通包括哪些方面?有哪些原则和技巧能帮助个体更好地构建形象?

二、形象沟通概述

(一)形象沟通的内容

形象沟通是指借助外貌、仪表仪态、言谈举止、沟通态度、言辞方式等,与他人进行交流和互动的沟通过程,并在他人心中建立起一种特定的形象。形象沟通的内容主要包括以下几点。

外貌。外貌是最直观的形象展示方式,包括个人的穿着、发型、妆容等。整洁、得体、干净的外貌会给人留下积极的印象,反之则可能影响形象的正面塑造。

仪表仪态。仪表仪态是指一个人的外表形象和举止表现,良好的仪表仪态可以展现一个人的教养和专业素养。仪表仪态整理的要点包括:穿着整洁、言谈举止得体、注重微笑和眼神交流、保持个人卫生等。

言谈举止。言谈举止是人们在交流中的表现方式,包括语言的选择、语速、语调、姿态、肢体语言等。个体言谈举止得体,才能够与对方进行良好的沟通和互动。

沟通态度。态度也是形象沟通的重要内容。积极的态度能够对形象沟通产生积极的影响,增强个体的亲和力及他人的合作意愿。

言辞方式。清晰、简练、恰当的言辞也是形象沟通的重要内容。个体运用适当的语言进行表达能够更加明确地传达观点和意图,展现出专业素养和沟通能力。

（二）形象沟通的深层内涵

形象沟通强调有意识地管理和塑造个体在他人心目中的形象，从而达到与他人有效沟通、建立良好关系、获得信任和尊重的目的。形象沟通并不是虚伪或做作，而是通过真实、合适、积极的方式展现自己，以符合不同场合和角色的要求。

形象沟通的深层内涵主要包括以下几个方面。

自我认知。形象沟通涉及对自己的认知，具体包括了解自己的优点、特点、兴趣和价值观，并在与他人交流的过程中真实地表达自己，展现自己的独特之处，建立积极的自我形象。

自我设计。形象沟通需要合理的自我设计，即通过外貌、仪表、着装等方式来展示自己的形象。自我设计并不是追求虚荣和浮华，而是根据不同场合和角色的要求，呈现真实、外表整洁、举止得体的自己，让他人对自己产生良好的印象。

有效的沟通技能。形象沟通还需要具备有效的沟通技能，包括口头和书面两种。语言表达清晰、简明、准确、善于倾听和理解他人，能够帮助个体与他人进行良好的沟通和互动，从而建立良好的形象。

（三）形象沟通的原则

形象沟通的原则主要包括以下几点。

真实性。真实性是形象沟通的基本原则。在与他人进行沟通和互动时，个体应当做到真实和真诚，不虚伪、不伪装。保证真实性有助于建立真实的关系，树立真实的形象。

合适性。形象沟通需要根据不同场合和角色的要求，保持良好的外貌、仪表和得体的言谈举止。在不同的社交场合、职场环境和文化背景中，个体应当根据情境和人际关系的要求，展示合适的形象，避免不当的外在形象、言行引发误解和给人留下负面印象。

一致性。形象沟通需要保持一致性。在不同的场合和时间内，个体应当保持形象的一致性，避免形象不一致。坚持一致性有助于个体建立稳定的形象，增强信任感和可靠性。

专业性。在职场中，形象沟通需要具备专业性，包括专业的外貌、态度、知识和技能等方面，以展示专业素养和能力。具备专业性有助于个体在职场中建立专业形象，提升职业声望和竞争力。

尊重和善意。形象沟通应当基于尊重和善意。尊重他人的观点、权利和感受，友好的态度有助于建立良好的人际关系，建立积极的形象。个体应避免冲突、攻击和产生负面情绪，营造和谐、互惠的沟通氛围。

（四）形象沟通的作用

形象沟通在个体职场和生活中具有重要的作用，包括以下几个方面。

建立积极的印象。通过良好的形象沟通，个体可以在他人心目中建立良好的形象，从而获得其认可、尊重和信任。良好的形象有助于个体建立良好的人际关系，提升社交能力，拓展社交圈，从而在职场和生活中更加成功。

提升职业竞争力。在职场中，形象沟通对于个体职业竞争力提升至关重要。良好的形象可以帮助个体在职场中更加突出，增加职业发展机会和晋升的可能性。通过有效的形象沟通，个体能够建立自己的专业形象，从而在职场中更加受到认可和重视。

增强自信和自尊心。良好的形象沟通有助于个体增强自信和自尊心。自信和自尊心是个体成功的重要基础，它们可以帮助个体更加积极主动地与他人互动、展现自己，从而在职场和生活中更加自信地应对各种挑战和机遇。

改善人际关系。形象沟通对于改善人际关系至关重要。通过积极、真实、合适的形象沟通，个体能够与他人建立和谐、互惠的人际关系，提高与他人的默契度和亲近度，减少误解和矛盾，从而在社交活动和人际交往中游刃有余。

塑造个人品牌。形象沟通有助于个人品牌的塑造。个人品牌是个体在职场和社会中的独特形象和价值主张，它对个人职业发展和个人价值的认知和传播具有重要作用。通过良好的形象沟通，个体能够塑造独特的个人品牌，提升个体的专业声望和市场价值。

三、现实问题

（一）不注重形象

在某些场合中，人们可能并不十分注重形象沟通和自我形象的构建，例如，在非正式的社交场合，一些人可能对形象构建较为放松，不太注重穿着、言谈举止等方面的细节，或者在一些休闲娱乐场所和个人空间中，人们通常会保持轻松、休闲的心态，对形象要求相对较低。但也有不少人将舒适闲散的形象代入到了公司或组织内部的会议或团队内部沟通场景中，他们在形象构建方面会较为随意，不像在外部客户或公众面前一样注重展现良好的形象。在这些场合中，人们可能对形象的要求较低，注重自我舒适度，不太注重外在形象。然而，即便在这些场合中，一个人的形象依然可能给他人留下一定的印象。

长期不注重在各个场合的形象容易形成闲散的习惯，对个人会产生一定负面影响，正如案例2-1中小霍在社交场合中的遭遇一般，形象不佳导致其职业发展受阻。因此，尽管形象在不同场合可能有所变化，但个体仍然需要在不同场合中保持适当的形象和形象沟通，以展现自己的个人素养和专业形象。在形象沟通中不注重形象可能会产生以下负面影响。

形象展现不佳。形象展现不佳包括穿着不整洁、言谈举止不得体、形体语言不协调等方面，这可能导致他人对个体的态度和评价不佳，影响人际关系的建立和职业发展。

专业形象受损。在职场中，形象对职业发展非常重要。如果在职场中不注重形象，如穿着不合适、言谈举止不得体、形体语言不专业等，那么可能会影响个人的专业形象和职业发展。

沟通效果下降。形象在沟通中会起到重要的作用，包括面对面的交流、演讲、演示等。如果个人形象不佳，那么可能会导致沟通效果下降，个体无法很好地与他人建立良好的沟通和合作关系。

信任和可靠性受损。个人形象也与他人对个体的信任有关。形象不佳可能会让他人对个体的信任和可靠性产生怀疑，从而影响与他人的合作关系。

错失机会。在一些重要的社交、职业和商务场合中，个人形象往往与个人的机会息息相关。如果个体不注重形象，可能会错失一些重要的机会，如在社交活动中结交重要人脉、在职场竞争中脱颖而出、在商务谈判中赢得合作机会等。

因此，不注重形象可能会对个人的社交、职业和商务活动产生负面影响，影响个人形象的塑造、人际关系的建立和职业的发展。在不同场合中，树立良好的个人形象非常重要（见案例2-2）。

案例 2-2　形象也是一种"才华"

英国有一位音乐家,他是爵士乐队的成员之一,在爵士乐界有着不错的声誉。然而,他因为不注重形象而被一些观众认为不够专业。例如,他曾经在未打理好头发、穿着不整齐衣服的情况下登台演出。此外,他在演出时常常吸烟,这也引起了一些观众的不满。虽然他的音乐才华被认为是无与伦比的,但由于他不注重形象,观众对他个人有了一些负面评价。

(资料来源:笔者依据相关资料整理)

(二)外貌焦虑

外貌焦虑是指对自己的外貌过度担忧和忧虑的心理状态。个体可能对自己的容貌、体型、肤色、发型等方面感到极度的不满和焦虑,认为自己不符合社会或个人设定的审美标准,导致对自身形象过度关注和担忧。外貌焦虑由多种因素引起,包括社会文化的审美观念、家庭和社交环境、自身性格特点等(见案例2-3)。

外貌焦虑主要表现为以下特征。

对外貌过度关注。个体可能过度关注自己的外貌,比较自己与他人的外貌,对自己的容貌、体型、肤色等方面产生过多的关注和担忧。长期过度关注外貌可能导致个体自尊心下降,对自己不满和产生自卑情绪,可能使人感到沮丧、焦虑或抑郁。

自我评价偏差。个体可能对自己的外貌产生负面评价,认为自己不够好看、不符合社会或个人设定的审美标准。自我评价偏差会使个人在追求机会、应对挑战和成长时感到拘谨,可能因为担心自己的外貌而避开社交活动、工作机会或公众表演,从而限制个人的发展。

社交回避。个体可能因为对自己外貌的不自信和焦虑而回避社交活动,避免在他人面前展示自己的外貌,这会导致个体社交关系受限,使个体在社交场合中感到不安,担心他人会评价和关注自己的外貌,进而可能导致社交回避、自我孤立和社交焦虑症的形成。

心理和情绪困扰。外貌焦虑可能导致个体产生焦虑、抑郁、自卑、自尊心受损等心理和情绪,影响个体的心理健康和生活质量,也可能导致其他心理问题的产生,如强迫症、抑郁症或焦虑症。

行为表现异常。外貌焦虑可能导致个体采取一些不健康的行为,如过度减肥、进行整容手术等,以满足自己对外貌的过分关注和期望,也可能对身体和心理健康产生负面影响,长期的外貌焦虑可能增加患上身体形象障碍(如身体畸形障碍、进食障碍等)的风险。

案例 2-3　影后们的外貌焦虑及自我调适

奥斯卡影后艾玛·斯通曾经在接受采访时谈到自己的外貌焦虑。她说自己小时候牙齿不整齐,还有很多洞。这让她非常自卑,甚至变得很孤僻,不愿意和人交往。为了解决这个问题,她开始去看牙医,一直到20多岁的时候才感觉自己的牙齿有所改善。但即便如此,她依然会在拍摄电影和接受采访时感到非常紧张和自卑,担心别人会注意到她的牙齿。

另一位奥斯卡影后凯特·温斯莱特与艾玛·斯通长期饱受外貌焦虑折磨的状态完全不同。在某次获奖感言中,她提到小时候曾经反击老师对她传播外貌焦虑的故事,据凯特回忆,她在上学时曾被老师批评"沉默寡言""戴着玫瑰色眼镜",并被告知自己的脸不够好看。这给她带来了外貌焦虑,让其产生了自我怀疑,但她并未因此放弃自己的演员梦想。

她通过努力研究和理解角色的情感和动机,深入剖析角色,展现出了真实而引人入胜的表演;她还不断探索多样化的角色、深入研究和准备,逐渐培养起自信和接纳自己。她专注于展现自己的演技和表演才华,而不是被外貌焦虑所困扰。

凯特曾在接受媒体采访时表示,她希望能够鼓励那些外貌受到负面评价的人们,不要让他人的言论影响到自己的自信心和形象。她还强调,外貌并不是衡量一个人价值的唯一标准,每个人都应该尽力克服外貌焦虑,并珍惜自己的独特之处。除此之外,她还积极参与一些倡议活动,向他人传达自爱和自信的信息。她的经历鼓舞着他人,尤其是那些也经受着外貌焦虑的人,让他们相信自己的才能和价值。

(资料来源:笔者依据相关资料整理)

(三)不注重细节

形象沟通中,不注重细节可能对形象沟通的效果产生负面影响,其主要表现为如下特征(见案例2-4)。

不当的外貌与仪态。如穿着不正式、不梳理头发、不清新口气、体态上驼背、经常托腮等,都会给他人留下不良印象,让他人产生个体不够专业的印象。

不当的言辞与情绪表露。言语不当,如说脏话、大声喧哗吵闹,可能会让他人感到烦躁,影响个体的形象塑造和维护;情绪表达不当,例如,把因家庭琐事产生的烦躁情绪带到工作场合中并传递给同事,可能造成职场冲突、与他人产生隔阂。

不当的行为举止。不端、粗鲁、狂妄、自恋、不专注、不正式、不专业等不当的行为举止会影响形象沟通的效果。例如,不尊重他人、缺乏社交礼仪、过度吹嘘自己、自我放大等行为可能引起他人的反感和厌恶;过度使用手机或其他电子产品、迟到早退或缺席等都可能干扰沟通进程,使信息传递不畅,甚至引起他人反感,导致沟通失败,对个体产生负面影响。

不尊重多样性和文化差异。在形象沟通中,忽视多样性和文化差异可能导致个体传达出不当的语言、情绪和行为。例如,使用歧视性语言、对他人的文化习惯和信仰不尊重、对多样性缺乏包容等可能引起误解、冲突,使个体形象受损。

案例2-4 面试败于细节

大学即将毕业,小方开始了紧张的求职,他在一家梦寐以求的企业面试时感觉自己发挥良好,和同组的人拉开了较大距离。但是最后没有被录取,小方百思不得其解,询问人力资源得到的答复是,在面试过程中小方托腮、驼背、叉着腿,体态不佳,言辞也不当,给人的观感十分不正式。

(资料来源:笔者依据相关资料整理)

（四）存在刻板印象

自人类文明产生开始，成见或偏见便应运而生了。成见或偏见是人们在认知上所产生的偏差，其根源很可能来自原生家庭及早期成长过程中所形成的价值观和处事经验。一旦个体在沟通中对他人产生成见或偏见，就会影响沟通的客观性，使主观因素占据首位，个体会想当然地认为自己所认知的便是正确的，从而在成见或偏见不断固化之下，不自觉地给自己戴上"有色眼镜"，这时理智往往只好败于成见或偏见之下，狭隘的经验及观点就会轻易左右自己（见案例2-5）。

案例2-5　刻板印象不可取

在一家医院，有一位年轻的女医生叫玛丽。玛丽工作认真负责，但是因为她比较年轻，一些病人质疑她的能力，甚至有些病人拒绝由她来治疗。有一天，一位年轻的男性患者来到医院看病，他被分配到了玛丽这里。玛丽非常认真地为他检查，但是由于这位患者一直心存疑虑，认为玛丽年轻、没有经验，不可能治好他的病，因此当玛丽询问他的病情时，他并没有积极应答，态度冷淡，还表现出不信任的情绪。

经过一番交流，玛丽发现这位患者之所以对自己有偏见，是因为他觉得玛丽是一位年轻的女医生，肯定没有足够的经验治好他的病。于是，玛丽通过耐心的解释和交流，逐渐打消了这位患者的疑虑和不信任感，最终治好了他的病。

（资料来源：笔者依据相关资料整理）

（五）社交网络不注重形象构建

在社交网络上，形象确实不像在现实生活中那样可以直接展现出来。在虚拟世界中，人们关注更多的是个人信息和内容，而不是个体形象（见案例2-6）。尽管社交网络形象不像现实生活中那样直观，但形象仍然在一定程度上对个体在社交网络中的表现和影响起着重要作用，社交网络形象主要包括以下几个方面。

头像和个人资料。在社交网络上，头像和个人资料是他人对个体的第一印象。选择一个合适的头像照片和完善个人资料，可以展现自己的个性和形象，给人留下积极的印象。

内容和言论。个体在社交网络上发布的内容和言论会影响他人的看法。发布积极、质量高和有意义的内容有助于个体塑造良好形象，并得到他人的认可和关注。而发布负面、极端和情绪化的言论不仅有损个体形象，较为恶劣者还会受到网络管理部门或执法机关的管制。

社交互动。在社交网络上，互动方式和态度也会影响个体形象塑造。积极参与有意义的讨论、回复他人的评论和提供有价值的建议，有助于塑造良好的社交形象。

隐私设置和个人信息管理。在社交网络上，合理进行隐私设置和管理个人信息是维护个体形象的重要措施。确保只分享适当的信息，并保护个人隐私，可以保护个体在网络中的形象和安全。

社交网络行为和现实生活行为的一致性。保持社交网络行为和现实生活行为的一致性对于个体形象的建立也是重要的。遵守社交网络的规则和准则，尊重他人，对人友善，能够建立良好的社交形象。

> **案例2-6 社交网络言语伤人终伤己**
>
> 小元经常使用某社交网络平台消遣娱乐。他在社交网络上发表言论时不考虑言辞的负面影响和可能引发的争议,经常发布攻击性言论、恶意评论,散播虚假信息,不顾及他人的感受和不遵守社交准则。
>
> 这种不负责任的行为引起了其他用户的不满并被举报。该社交网络平台的管理团队对小元的账号进行审查后,认为他违反了平台的使用政策和社交准则。作为处罚,小元的账号被暂时禁言。
>
> 这一处罚对小元产生了一定的影响。他无法继续在该社交网络上表达自己的观点,也无法参与讨论和互动。
>
> (资料来源:笔者依据相关资料整理)

尽管在社交网络上个体形象不像在现实生活中那样直观,但个体在社交网络上展现积极、有品质和真实的形象仍然能够吸引人们的关注、赢得信任。个体既要注意在社交网络上保持社交谨慎和适度,避免过度追求形象而失去真实性和个人特点,也要注意自己的言论表达和观点输出,守住基本道德底线,遵守法律规范。

四、印象管理理论

(一)理论来源

印象管理理论(Impression Management Theory)是一种关于如何在社交场合中管理个人形象的理论。印象管理理论主要来源于社会心理学和组织行为学领域,主要代表人物有欧文·戈夫曼(Erving Goffman)和罗伯特·西奥迪尼(Robert Cialdini)。欧文·戈夫曼是印象管理理论的先驱之一,他在《固定的表演》一书中提出了印象管理的概念。他认为个体在社会互动中通过表演来管理他人对自己的印象,以满足社会期望和获得所追求的结果。罗伯特·西奥迪尼是另一位重要的印象管理理论家,他在《影响力:理解与运用》一书中提出了6个影响力原则,这些原则可用于管理他人对个体的印象。这些原则包括权威性、互惠性、承诺和一致性、稀缺性、喜好和社会认同。

(二)主要内容

印象管理理论的发展主要集中于个体如何通过非言语和言语行为来管理他人对自身的印象。研究者关注的主题包括个体在面对他人时的身体语言、言语表达、服装和外貌、社交技巧等方面的影响力。其主要内容包括:个体如何选择特定的言语和行为来塑造形象,如何通过服装和外貌来影响他人对自己的印象,以及如何利用非言语交流来管理他人对自己的印象。此外,印象管理理论还探讨了社会情境和文化因素对印象管理的影响,以及印象管理对个体和组织的重要性和影响。具体包括以下几个方面。

在自我认知方面,印象管理理论强调个体对自己形象的认知,包括了解自己的优点、弱点、特点和价值观。自我认知是形象管理的基础,个体只有了解自己,才能更好地管理自己的形象。

谈及个人的外部表现，印象管理理论认为个体在社交场合中的外部表现对形象有重要影响。外部表现包括言语、行为、举止、仪态、服饰等方面的表现。个体应该在社交场合中表现得体，以塑造积极的形象。

关于沟通技巧，印象管理理论强调个体在社交场合中使用沟通技巧的重要性。沟通技巧包括有效的聆听、表达清晰、与人为善、尊重他人、与他人建立良好的沟通关系等。

在社交网络的形象构建方面，印象管理理论认为个体在社交网络中的形象管理同样重要，社交网络形象管理包括在社交媒体上的言论、分享的内容、社交圈子等方面的管理。个体应该重视社交网络上的形象展示，以避免产生负面影响。

在个体形象的一致性和持续性特征方面，印象管理理论认为个体在不同场合中应保持一致和持续的形象。个体形象应该与个人的价值观和个性特点相一致，以提高印象的可信度和认可度。

谈及管理印象误解，印象管理理论认为个体应该注意管理可能导致误解的印象，包括负面的刻板印象、误解的言论和行为等。个体应该积极采取措施来纠正印象误解，以保持良好的形象。

在如何应对危机方面，印象管理理论认为个体应该在危机时刻保持冷静、应对得当，让形象的损害最小化。

（三）对形象沟通的指导作用

印象管理理论可以指导形象沟通，使个体在社交场合中更好地管理形象。以下是印象管理理论指导形象沟通的一些要点。

设置清晰的沟通目标。在进行形象沟通时，个体应该明确自己的沟通目标，包括要传达的信息、想要展示的形象、期望的反应等。设置清晰的沟通目标有助于确保形象沟通更加有针对性和有效性。

保证信息传递的一致性。印象管理理论强调个体在形象沟通中保持一致性，即个体传递的信息应与自己的形象保持一致，不应出现自相矛盾的情况。保证信息传递的一致性有助于建立和巩固个体形象。

注意言辞和语言的选择。在形象沟通中，个体应该注意言辞和语言选择，使用正面、积极和专业的表达，避免使用粗鲁、不当或贬低他人的言辞。注意言辞和语言的选择对于个体形象的建立和维护也至关重要。

听取他人意见。印象管理理论认为个体应该积极听取他人的意见。通过倾听他人的看法和建议，个体可以更好地了解自己的形象，并做出必要的调整和改进。

社交媒体管理。印象管理理论指导个体在社交媒体上管理自己的形象。个体应该慎重选择发布的内容，避免发布可能对形象产生负面影响的信息。同时，个体应该合理进行社交媒体账号的隐私设置，避免个人信息被泄露或被滥用。

危机公关。印象管理理论强调个体在危机时刻积极应对。在危机时刻，个体应保持冷静，及时采取应对措施，以期负面影响对形象的损害最小化。

建立积极的沟通关系。印象管理理论认为个体在形象沟通中应建立积极的沟通关系，做到尊重他人、善于倾听、与他人对话和合作，以建立良好的人际关系，从而有助于个体形象的建立和维护。

五、实务操作

> **案例 2-7　灵魂深处的优雅**
>
> 奥黛丽·赫本是一位受人们喜爱的电影明星之一，她以美丽和优雅的形象而闻名于世。她的美丽不仅体现在外貌上，还体现在她的人格魅力和对慈善事业的贡献上。她是联合国儿童基金会的亲善大使，长期致力于帮助贫困儿童和弱势群体。她前往贫困地区，见证贫困儿童的生活，并积极呼吁社会关注和援助他们。她的慈善工作使她成为一个具有社会责任感的偶像，激励和影响了许多人。
>
> 谈及美丽，她这样讲："想拥有诱人的双唇，就要说友善的语言。想拥有可爱的眼睛，就要善于发现别人的优点。想拥有苗条的身材，就要与饥饿的人分享你的食物。想拥有美丽的秀发，就要每天让孩子用手指抚摸它一次。想拥有优雅的气质，就要与知识同行，你就永远不会寂寞独行。"
>
> 奥黛丽·赫本的美丽和贡献不仅仅在电影界体现，还在社会层面产生了积极影响。她塑造的荧幕经典形象和对慈善事业的参与使她成为一位永远值得人们敬仰和怀念的女性。她和她所传递的价值观将继续激励和启迪人们，她是时尚界和慈善界的永恒标杆。
>
> （资料来源：笔者依据相关资料整理）

奥黛丽·赫本留给世人的印象来源于其内外兼修的魅力（见案例 2-7）。本书运用导论中提出的辩证沟通思维，并结合印象管理理论，对个体做好形象沟通提供如下建议。

（一）重视外在塑造，打造靓丽自我

个体在形象沟通中，可以通过以下几点避免不注重形象的问题。

注意着装与仪容仪表。选择适合特定场合和职业的服装，保持整洁、干净、合身，衣物应符合职业规范和公司文化，展示专业形象和个人风格，避免穿着过于暴露或不得体。保持良好的个人卫生，包括整齐的发型、干净的面部和手部，修整整齐的指甲，注意口气清新和牙齿健康，避免香水味太浓。

注重姿态和礼仪。保持端正的姿态，避免嗑瓜子、咀嚼口香糖、跷二郎腿等不礼貌的行为。注意眼神交流，展示专注和尊重。遵守社交礼仪，如主动问候、微笑、握手等，以示尊重和友好，注意言谈举止得体，避免使用粗俗或冒犯性的语言。

关注身体语言与搭配细节。身体姿态、表情和眼神也是形象沟通中非常重要的一部分，个体应保持自信、专业的姿态，避免过于紧张或不自然。保持开放和友好的姿态，避免流露出紧张、沮丧或冷漠的表情，注意个体形象的细节，如饰品的搭配、皮具的状况等，把握好这些细节能够提升整体形象的品质和专业感。

了解目标受众。在进行形象沟通前，个体应了解目标受众的需求和背景，有针对性地制定沟通策略和选择表达方式，避免在形象沟通中使用不当的内容或方式。

（二）向内构建自我，打造强健内在

个人在形象沟通中，可以通过向内构建自我、打造强健内在以缓解外貌焦虑对于自己的

行为和思想的影响。具体可通过以下几个方法来缓解外貌焦虑。

增强自信心。增强自信心是缓解外貌焦虑的最好方法，个体可以通过自我肯定、积极心态等方式来增强自信心，培养积极的思维模式，关注自己的优点和成就，接受真实的自我，接受自己的外貌缺点和不完美之处，理解每个人都有自己的独特之处。

保持身心健康。身体健康和心理健康都能够帮助个体缓解外貌焦虑。个体可以通过保证充足的睡眠、进行适度的运动、安排健康的饮食、参与积极的心灵活动（如冥想、阅读、写作、艺术创作）等方式来保持身心健康。

认识到外貌不是形象沟通的全部。外貌只是形象沟通的一部分，不是全部，形象沟通更注重的是沟通的内容和方式，而非外貌。

学习形象管理技巧。学习形象管理技巧，如穿衣搭配、化妆和礼仪风范技巧等，可以帮助个体更加自信地与他人进行沟通。

寻求帮助。如果个体无法自行缓解外貌焦虑，那么可以考虑寻求专业帮助，例如，寻求心理咨询师的建议和指导，或者参加相关的训练和课程。

总之，缓解外貌焦虑需要个体不断提升自身素质和技能，增强自信心和自我管理能力，从多个方面入手，逐步减轻焦虑感，并以积极的心态应对形象沟通。

（三）注重沟通细节，留下良好印象

个体对沟通细节的掌握与处理不同，所得到的结果自然不同。把握沟通细节，可以有效地提高沟通质量，在他人心中留下良好印象。个体具体需要掌握包括思、记、听、说、写等细节方面的技巧。

1．思的细节

（1）与事打交道的思维细节。

每天腾出一段时间对今天的行事进行反省与思考。适时地对每日行事进行反思和总结可以帮助个体反省在行事上是否给他人留下了不良印象，总结相关经验并加以规避。在此段时间内，避免受到干扰，两三分钟至数小时均可。务必经常反省自己的工作，例如，时时自问"今天应做的事，开始着手了没有""有没有忽略其他工作"。尤其是自己厌恶或不擅长的工作，更应注意。对于工作中的难点问题，可以尝试零思考的方式，回到原点。找出问题的本质，了解真正的问题究竟是什么，只有这样才能找到解决问题的线索，少走弯路，从而更有效率地解决问题。总之，勇敢地面对问题，才是解决问题的根本方法，也唯有面对逆境，个体才能获得宝贵的经验。

（2）与人打交道的思维细节。

在与他人沟通中注重思的细节能帮助个体在他人心中留下良好印象。在将自己的看法传达给对方之前，要整理自己的思维，即明白自己究竟想说什么。只有整理好自己的思路，才能将看法有条有理地传达给对方。如果对方无法理解自己的意思，则表示沟通失败，个体需再次从另一角度沟通。在与对方沟通前，适时的关怀与微笑是必要的，即"先沟通感情再谈事情"。此外，切忌一次将好几件事都传达给对方。

2．记的细节

记忆是智慧之光。记的细节是对信息和资源的掌控，掌握记的细节可以帮助沟通双方准确交流，精准判断。个体注重"记"的细节可以在他人心中留下良好的形象。

为了能方便随时取用，必须将各种情报、数字、资料、事实、创意等记录下来，并加以整理、备忘、归档。即使有遗忘或遗漏之处，也可不费吹灰之力完成。每逢开会或有重大会议之时，勿忘携带笔记簿（或备忘录），趁对一切事物记忆犹新时，将会议讨论内容与决定之事记录下来，如此，不仅可以节约时间，还可以避免往后产生误解。另外，在打电话之前，须做周全检查，例如，检查电话号码是否正确无误，工具是否齐备，欲谈之事有几项等。

3. 听的细节

注重听的细节可以在他人心中留下尊重他人、善于倾听、富有同理心的良好形象。掌握听的细节，是在交流中把握弦外之音的途径，可以帮助个体更好地领悟对方的意图，发现深层次的需求。有些人不喜欢聆听他人的言论，而较喜欢发表自己的言论，但如果懂得聆听他人的艺术，则对方定存感激之心。

4. 说的细节

注重说的细节有助于个体明确地表达自己的想法，在传达意图的过程中协调不同的声音。说的细节具体包括语气、言辞、声调等方面。在一对一会谈的情况下，个体要想顺利地传达自己的意思，不妨多借助面部的表情、眼神、手势、声调。言辞方面的选择，亦会使沟通产生微妙的差异，个体应多加留心。

（1）让对方受到尊重。

一般人都喜欢彼此处于平等地位，所以如果想把自己的想法准确地传达给对方，就需要重视对方，让他有种被尊重、被重视的感觉。

（2）谈话的语气非常重要。

对于同一话题，用不同的谈话语气来讲，可能会令对方觉得生趣盎然，也可能会使对方觉得了无生趣而无心去聆听。可见谈话的语气，亦是促进沟通的重要工具之一。为吸引对方的注意力，在谈至重要之处，不妨特意提高或降低声调，或者改变语气，严肃地将事情讲出。

（3）选择适当的言辞。

在沟通中，个体应选择能使对方理解且易于接受的言辞，而言辞的选择因人而异，个体需依照对方的态度和回应而选择言辞。同时，需注意文辞的使用，不要使对方产生误解。如果发觉自己并没有把想法准确地传达给对方，那么，再次表达是非常必要的，建议变更表达方式，如以图表辅助。

（4）授受相往。

既是"沟通"，则必然是双方彼此交流意见，如果仅是一方单向输出而没有输入，就是无效沟通。所以，应尽量制造使对方有反应的机会，设法使对方进入会话中，并以暗示性的方式，强调对方的存在价值。如询问对方的感想、请教其经验等方式，均可证实对方的重要性，并能让对方感受到自己的关心与善意，从而激发对方沟通的欲望。

（5）注意语速与语调。

如何将心中所想清清楚楚地传达给对方呢？关键在于语速与声调。语速是沟通顺畅与否的关键之一，如果语速太快，如连珠炮似的，虽然可以省省很多时间，但是对方可能无法把握主旨。如果语速过慢，则会导致对方产生烦躁情绪而无法聆听。所以，精于谈话者会适时地根据谈话的内容，调整其语速和语调，并在重点内容的前后两处，稍微停顿以引起对方的注意。

（6）把握谈话要点。

众所周知，"电梯游说"指的是美国硅谷一位年轻的经营者在与著名投资人共同搭乘电梯的30秒内,清晰地介绍了自己的事业,并成功地获得了巨额的资金援助。为了在短时间内简洁地向对方说明情况,个体需要将谈话内容总结出几个不同的要点。从心理学角度来说,两个给人感觉太少,4个则太多,所以3个要点刚好。把握谈话要点,在短时间谈话中传达的内容则会更清晰、简洁,更接近本质。

(7)注意演说的细节。

措辞需以达到沟通为前提,切勿标新立异,使用一些新潮的俚语或太过艰涩的专有名词。同时,需注意发音,语速稍微放慢一些,即可使字词的发音较为清晰、正确。如果在演说途中,发生发错音的情况,切勿张皇失措,亦无须反复纠正,纵使产生错误,随着演说的进展,听众自然会遗忘。切忌在演说过程中分发各种资料,而应尽量在听众进入会场之前,就将资料放置在椅子上。

5. 写的细节

写的细节,可以恰到好处地输出观点,给他人留下良好的印象,给自己留下梳理思路的书面依据。

在日常工作中,收发邮件、撰写报告、发送短信都会运用到"写"。值得一提的是,发送短信最好不要采取群发的方式,尤其是在表达感谢、询问意见的时候。在排版文字时要注意可读性,字号稍大,格式严谨为上。无论选择哪种书面形式,但凡涉及有关领导的姓名,都要再三校对,避免出差错。

同时,对于邮件,在工作中上司常常会收到大量的邮件,在处理邮件时相较于下级,上司可能会优先处理客户的邮件。所以,要想吸引上司的注意力让其优先阅读自己的邮件,下级需要在邮件名称上下功夫。

(四)尊重个体差异,端正沟通态度

> **案例2-8 糟糕的练车体验**
>
> 小美今年上大三,选择在暑假期间考驾照。由于每次练车,教练都会让好几个学员轮番上车练习,等待的时间比较长,并且小美还想大学毕业后出国读研究生,她就带着雅思习题书去了驾校,在等待练车的时候学习雅思。
>
> 有一次,小美学习太投入,以至于没发现已经轮到她上车练习了。一块练车的张大姐就不耐烦了,说了一句难听的话。小美闻言,脸憋得通红,觉得郁闷极了。
>
> 一回到家,小美就在校园论坛上发了个帖子——《练车什么人都有!》。她在帖子里细致地描述了张大姐对她的恶劣态度,后面跟帖的同学也很多。在之后练车的日子里,小美对张大姐也是越看越不顺眼,每次练车都觉得很不愉快。
>
> (资料来源:笔者依据相关资料整理)

个体的原生家庭存在差异,原生家庭对于个体的成长及为人处世观念的形成会产生不同程度的影响;个体在成长过程中,接受的学习教育、人生经历亦有不同,所具备的专业技能及思维方式也存在差异;进入职场之后,在与上司、下属的沟通过程中,会形成固定的沟通模式,当个体所处的组织环境发生改变时,需要及时调整沟通模式,否则容易形成沟通障碍。以上种种差异对于沟通双方都甚为重要,家庭背景、人生经历不同,极易导致沟通双方产生成见或偏见,造成双方沟通不畅(见案例2-8)。

在沟通过程中，避免成见或偏见，端正态度是保障沟通顺畅的重要前提。成见或偏见，往往给自己带来很多困扰，影响自己的心情和工作效率。案例中，如果小美能够放下心中的偏见，与张大姐和气地交谈，建立良好的伙伴关系，就会获得一个很好的练车体验，也就不会每天闷闷不乐了。拥有辩证沟通思维的沟通者，不仅要意识到差异的存在，还要明确有效沟通的途径是让自己成长，找到最佳的沟通方式，而不是一味地强求对方改变。

知己知彼才能进行良好的沟通。所谓知己，就是要知道自己的沟通目标，知道自己的成长背景、优势及特长，知道自己接纳的一些沟通方式，以及反感的沟通形式；而知彼，即个体在与对方沟通之前，要知道对方期望的目标，以及对方的成长背景，在沟通过程中，调动对方的积极背景因素，避免消极的背景因素，从而搭建高效的沟通模式。

（五）社交网络形象构建，认清自我去伪存真

以下是一些个体可以采取的方法，以避免在社交媒体和网络形象沟通中出现问题。

了解社交媒体和网络的规则和文化，认真考虑发布的内容，尊重他人。不同的平台和群体有不同的规则和文化，个体需要了解并遵守它们。在发布任何内容之前，个体应认真思考这些内容对自己和他人的影响，不要轻易发布有可能会造成负面影响的内容。在社交媒体和网络上与他人交流时，个体要尊重他人的观点和感受，并尽可能避免争吵和冲突。

定期审查自己的社交网络形象，保持真实。定期审查自己在社交媒体和网络上的活动，以维护自己的形象和声誉。个体在社交媒体和网络上的形象应该是真实的，和现实生活中是一致的，不要故意制造虚假形象。同时，确保个人资料和隐私设置得当，以避免不必要的信息泄露和安全问题。

（六）通过内在构建，助力外在构建

形象沟通是自我沟通最为外在的表现。个体可以通过以下方式，将形象沟通更为有效地与内在构建结合起来。

首先，对自己的内在进行思考和认知。深入了解自我，包括性格、价值观、兴趣爱好、职业规划等信息，以更好地构建自己的形象，让自己更加自信和富有个性。其次，认真观察对方的反应。他人的反应往往可以提供重要的信息和反馈，从而帮助个体更好地调整自己的形象和表现。再次，关注自己的情感体验，了解自己的感受和需求，更好地应对形象沟通过程中可能出现的困难和挑战，辩证看待他人及社会对于自己形象的看法，学会取悦自我，不被他人想法所左右。最后，追求真实和自然。在进行形象沟通时，不要过分关注对方的反应和评价，而要追求真实和自然的表达方式，知行合一。

六、思考题

1. 什么是形象沟通？形象沟通的深层内涵包括哪几个方面？
2. 个体在进行形象沟通时应遵守哪些原则，才能更好地达成形象沟通的目标？
3. 个体在形象沟通过程中可能出现哪些现实问题？其对个体开展形象沟通有何不良影响？
4. 如何通过自我形象沟通提升自我认知？

第三章　角色沟通

本章目标

1. 引导读者明白什么是角色沟通，以及角色沟通的主要内容。
2. 帮助读者理解"角色明确，换位思考"在角色沟通过程中的作用。
3. 引导读者了解角色理论及其对于角色沟通的指导作用。

本章要点

1. 角色沟通是不同角色在特定背景下进行的交流和沟通，包含角色定位、信息传递与共享等几个方面，个体需要保持真诚和坦率，倾听、理解并互相反馈，同时灵活转换自我角色。

2. 角色沟通过程中可能出现角色认知不明确、角色转换不自如、角色期望不一致等现实问题，个体需要明确角色定位，增强平衡协调能力，换位思考，转变心态，合理展示自我特色等。

3. 个体如何通过社会交互和观察他人来学习和扮演不同的角色，如何在不同角色中表达自己的身份和行为，以及角色与自我认同之间的关系是角色理论研究的核心。该理论帮助个体更好地认知角色、管理角色、转换角色。

> "世界是一个舞台，所有的男男女女不过是一些演员，他们都有下场的时候，也都有上场的时候。一个人在一生中扮演着好几个角色。"——威廉·莎士比亚（William Shakespeare，1564.04.23—1616.04.23）

一、引导案例

案例 3-1　灵活转换角色

某公司的项目部门经理小史需要向公司高层汇报项目进展情况，以便获得更多的资金支持。在此之前，他分别与公司董事长、总经理进行了沟通。

在沟通过程中，小史发现董事长对项目进展情况和前景持乐观态度，而总经理则对项目进展情况和前景持相反态度。小史感到了巨大压力，因为高层的想法不太相同，但他又要在一次汇报中将高层关心的所有要点表述清楚，为此，小史十分用心地准备与这个项目有关的一切内容。

在第一次汇报中，小史将所有内容不分重点地全部输出给董事长和总经理，在展示过程中完全没有区分董事长关心的重点和总经理关心的重点，导致董事长和总经理听过之后一头雾水，两个人都对该项目产生了质疑和动摇，董事长更是直截了当地告诉小史这个项目不会带来收益，为此，小史感到十分沮丧，但董事长和总经理最后决定再给小史一次梳理汇报的机会。

回到家后，小史还没有从工作中抽离出来，面对儿子提出的陪玩要求，他感到十分不耐烦，冲儿子大发脾气，父母和妻子来关心他，他也感到烦躁，转身一个人躲进卧室。晚上，妻子与他促膝长谈，分析了董事长、总经理关心的不同要点和汇报展示时的技巧，小史意识到自己需要在沟通过程中巧妙地转换自己的角色，突出重点，以满足不同高层的期望和需求。

第二次汇报时，小史虽然依然感到紧张，但充足的准备让他有的放矢。他向董事长强调了项目所具有的创新性和市场潜力，并提供了相关数据和市场研究报告，以证明项目有很大的发展前景。他还向董事长表明了项目部门的需求，希望能够获得更多的资金支持，以便更好地推进项目。

他向总经理强调了项目的可行性和风险控制，提供了详细的项目进展情况和成本控制情况，以证明项目是有发展前景的，同时也能够控制风险。他还向总经理表示了感谢和理解，认为公司需要综合考虑各方面的因素，在项目发展过程中要保持谨慎。

在整个沟通过程中，小史不仅能够有效地表达出自己的想法和需求，而且能够根据不同高层的期望和需求进行角色转换和沟通，获得了公司高层的支持和认可。

（资料来源：笔者依据相关资料整理）

带着问题学习

1. 在工作或家庭中，个体可能会存在哪些多重角色转换问题？
2. 角色沟通的重要性在工作和生活中体现在哪些方面？
3. 面对多重角色转换问题，个体可以采取哪些方式实现有效转换？

二、角色沟通概述

（一）自我的状态

自我的状态因人而异。没有一模一样的人，也没有一成不变的人。

为了探究不断变化的自我，不同学者对自我的状态进行了不同视角下的分类，如哲学家克尔凯郭尔的"不知道有自我""不愿意有自我""不能够有自我"，根据时序分类的"过去的我""现在的我""将来的我"，哲学家尼采的"骆驼我""狮子我""婴儿我"等。

1."不知道有自我""不愿意有自我""不能够有自我"

丹麦哲学家克尔凯郭尔以"没有人能够真正了解自己"为由与未婚妻解除了婚约，但又在未婚妻开始新生活之后展现出对她的无限留恋。经过这般经历的克尔凯郭尔悟出了人生三绝望——"不知道有自我""不愿意有自我""不能够有自我"，他也因此成长为一位知识精英——哲学界存在主义的代表人物。

（1）第一种情况——"不知道有自我"。

一个人在世界上努力地奋斗，却不知道自己奋斗是为了什么。很多人"不知道有自我"。有追求说明有欲望，有欲望则代表一个人愿意激发内在的潜能，朝着目标不断奋斗。然而，有些人从小便被"格式化"了。他们所接受的教育、被灌输的价值观并不是建立不断成长的"自我"，而是建立社会认同的"自我"。这个社会认同的"自我"也需要追求成功，而在逐利时代，这个成功有时一不小心就变成了有权有势、有车有房的代名词。这个社会认同的"自我"让他们根本不知道自己内心真正想追求的是什么，也不知道追求什么才能让自己真正保持内心的宁静和找到幸福。个体生命绝对不应该在无知中度过。庸庸碌碌的一生，被外界操纵的一生将赋予自我"无意义"。

（2）第二种情况——"不愿意有自我"。

当一个人发现自我之后，"愿不愿意有自我"成为一个两难的选题。"不愿意有自我"意味着不进行自我控制，甚至放纵自我；而"愿意有自我"就意味着打破原有的舒适区，自我管理，自我控制，自我负责，自我成长。面对自我、接受自我，不是一件容易的事。生活中，有一些人习惯了对他人一味听从和依赖，"懒"到将"自我"交予他人，不愿意承担一点责任。畏惧选择让这些人习惯了听之任之；逃避责任让这些人学会了埋怨他人。最终，"不愿意有自我"让这些人怀着遗憾和埋怨过完一生。完全的服从是不对的，认知自我、接受自我、改变自我，将大大助力个体在工作和生活中脱颖而出。

（3）第三种情况——"不能够有自我"。

一些有待改变的机制、一些与个人观念背道而驰的价值观让很多人"不能有自我"。还有些人虽然努力保持自我，但最后发现外部环境让他们"不能有自我"。作为个体他们常常不明白工作的价值和生活的意义，更不在乎自我激励与价值实现。

2．"现在的我""过去的我""将来的我"

纵观时间轴，我们可以把人大体分为三类，"过去的我""现在的我""将来的我"。

（1）第一种情况——"现在的我"。

每个个体都来自过去，走向未来，活在当下。人是一个时序上的整体，过去的经历和对未来的憧憬都会对"现在的我"产生影响。至于影响大小，因人而异。根据个体对不同时间自我的关注程度，又可进一步将其划分为"过去"主导类（沉溺于昔日经历）、"将来"主导类（空想未来发展）和"现在"主导类（脚踏实地、耕耘当下）。

"过去"主导类。总有一些人，总是活在过去。如果把人的记忆比作硬盘，那么他们的"硬盘"从未被格式化过。这些人在保留过去的经验和美好经历的同时，也忘记了删除痛苦的过往，以至于新的生活、工作资讯没有了"存储空间"。在这些人中，有人放不下的是过去的成功，有人放不下的是过去的伤痛。对于这些人而言，现在即过去，走不出过去便只能在现在不断回忆、感慨。职场上，活在过去的人大有人在，他们抱怨过去做出了怎样的成绩，付出了多少心血，却没有换来领导的关注、职位的晋升。他们需要从过去走到现在，也需要明白现在才是最重要的。

"将来"主导类。与"过去"主导类相反，有这样一群人，怀揣着"我要……"的梦想，却飘飘然度日，心存"我将来会成为伟人，怎么能干此等小事"的想法，他们的内心被自己幻想的未来所占据。每个人都可以心怀梦想，但如果没有脚踏实地地践行，梦想就会变成幻想。"将来"不应该只是幻想或海市蜃楼。作为个体，不仅要有梦想（"将来"），还要总结和合理切断过去（"过去"），更要了解自我（"现在"），明白"将来的我"与"现在的我"之间的差距，并设立切实可行的短期目标和中长期目标，方能一步步走向成功。

"现在"主导类。一个人既要有历史感，也要有梦想，但不可否认的是，我们每个人都活在当下。认识并接纳"现在"是一个人负责任的表现。当若干年后回想起现在，我们不至于懊悔为什么"现在"没有做得更好，不至于因为没有更好地把握"现在"而常常后悔。古希腊学者库里希坡斯曾说过这样一句话：过去与未来并不是"存在"的东西，而是"存在过"和"可能存在"的东西；唯一"存在"的，是现在。现在的生活是由3年前决定的，而3年后的生活是由现在决定的。忘记"现在的我"等于放弃成长的可能性。人要清楚地认知自我，了解当下的自己。活在当下，踏实做事，在自我成长的过程中，一点一滴地建立起对他人和组织的信任。

（2）第二种情况——"过去的我"。

人生是一个过程，我们没有办法选择重新再来，客观辩证地看待"过去的我"，做好总结，合理切断，为"现在的我"和"未来的我"积累经验和树立自信，不失为一种聪明的选择。"过去的我"与原生家庭有密切的联系。作为最初生活和成长的环境，原生家庭对于个体在自我塑造、沟通模式的形成等方面发挥着举足轻重的作用。每个从原生家庭出来的人都是幸运的，也是异常脆弱的。现实生活中，我们常常看到这样一些人：他们会以自己的出身来确定自己未来的生活前景；他们经常因自己所扮演的角色的卑微，而用可怜的声音与世界对话；他们总是因暂时的生活窘迫而放弃了自己的梦想；他们总是因其貌不扬、被人歧视而低下了头颅。可以通过以下方式正确看待"过去的我"。

首先，不要用卑微的姿态面对世界。我们只要知道自己要去哪里，全世界都会给我们让路。因此，接受过去，感恩过去，但不要被过去所束缚。原生家庭影响"自我"，但不决定"自我"。面对未来，我们要学会自我肯定，做好充足的准备，在不断学习的过程中接受并不完美的自我，重塑自我，超越自我。

其次，学会不伤害自己，与自己和解。有时候我们会莫名生气，有时候我们会过分敏感，有时候我们会不免伤怀。我们有时就像一个孩子，无法控制自己的情绪，思绪万千，感觉全世界都在与自己作对。不妨安静下来，看看住在我们内心的那个受伤的"小孩"，给予他理解和关爱，疗愈自我。

最后，学会合理切断"过去"。感恩原生家庭，因为我们每个人最初都依附于原生家庭才得以成长；但也要学会合理切断与原生家庭的联系，强者与弱者的差别就在于能够扬长避短。合理切断与原生家庭的联系，从原生家庭中接管自我，学会对"现在"的自己负责。

作为不断成长的个体，我们要学会理性认知"过去的我"。这种认知不是对过去完全的否定，也不是对过去完全的承接。扬长避短、总结点滴、合理切断才是面对"过去的我"的正确态度和做法。

（3）第三种情况——"将来的我"。

辩证地来看，一方面，"将来的我"与"现在的我""过去的我"密切相关，另一方面，"将来的我"又会对"现在的我""过去的我"产生重要的影响。例如，大学生一旦确立了未来考研的目标，学习的动机和时间安排都将服务于这一目标。一个远大而清晰的"将来的我"将会引导一个人走向成功。

能够成功的人既有伟大的梦想，又有合理的目标，且肯于脚踏实地地不断践行。大成功是由小成功累积起来的，每一个成功的人都是在达成无数小目标之后，才实现其伟大梦想的。我们要学会建立清晰的"将来的我"，理性拆分实现"将来的我"的合理路径，从短期目标到中期目标，再到长期目标，一步步走向属于"自我"的成功。

3. "骆驼我""狮子我"和"婴儿我"

尼采在《查拉图斯特拉如是说》一书中,以骆驼、狮子、婴儿3种生物来比喻人类精神的变化。人类精神会由骆驼变成狮子,再由狮子变成婴儿。骆驼代表的是背负传统道德的束缚,狮子则象征勇于破坏传统规范的精神,婴儿则代表破坏后创造新价值的力量。

(1)第一种情况——"骆驼我",学会生存。

骆驼是沙漠之舟,在戈壁、沙漠的恶劣环境下,它耐饥耐渴、艰难跋涉,助人到达胜利的彼岸。所以,尼采就把骆驼比喻为强者人生的第一个阶段。因为要想成为一个强者,就必须经历一些坎坷,经历一些困苦,以磨炼心志,锻炼体魄,这样当再遇到波折时才不会气馁。

(2)第二种情况——"狮子我",学会成长。

狮子之所以可以雄居一方,是因为它是一种具有坚毅品质、冒险精神、渴望成长的群居动物。坚毅的品质让"狮子我"成为行业中的佼佼者。马尔科姆·格拉德维尔曾在他的书中提到,"只要肯花一万个小时练习,就可以在任何领域内成为大师"。

除了坚毅的品质,具有敢于冒险、善于担当、由被动变主动的精神也让"狮子我"与众不同。

(3)第三种情况——"婴儿我",释放自我。

随着"狮子我"的逐渐发展,人的精神便进入了第三个阶段——"婴儿"。"婴儿"代表新生力量,是新的开始。

婴儿是天真的,没有伪装,没有欺骗,没有恶意,始终保持着内心的纯净。婴儿是无知的,而正因为无知,其才会产生无限的求知欲望,才会好奇地接受新鲜事物,才会不断地去看、去问、去想、去学,从而提升自己的知识储备和能力。婴儿是人生的起点,总是以让人难以置信的速度在茁壮成长,因而其也代表着成长。婴儿对"我是谁"的回答是"我就是原来的我,真实的我,无须面具的我",这是对过去的一种肯定。

只有成长到一定阶段,有了对人生更多的洞见时,个体才能走向"婴儿我",从而在明白人生真谛的基础上,追求真我,自由释放。"婴儿我"其实是"超我"的另一种诠释。我们生而为人,无论是在职场上还是在生活中,都要踏实勤奋,成为"骆驼";敢闯敢干,成为"狮子";当我们不断积淀,在书本和现实中不断开阔眼界,开始追求本真的自己时,成为"婴儿"。

(二)角色沟通的含义

角色沟通是指不同角色在特定背景下进行的交流和沟通。这些角色可以是个体、组织、社会群体等在不同背景下扮演的不同角色。角色沟通的含义包括以下几个方面。

角色定位。角色沟通中的每个角色都有自己的定位,不同的角色在沟通中所要表达的内容和期望也会有所不同。了解自己的角色定位和对方的角色定位,可以帮助个体更好地与他人进行沟通。

个人表达。角色沟通中的一个重要内容是个人表达。个体需要通过沟通来表达自己的意见、想法、感受等信息,以及对话题的看法、态度和建议。个体表达的效果不仅取决于个体的表达技巧,还取决于对方的理解和反馈。

信息传递与共享。角色沟通的主要目的是传递信息,不同的角色需要传递不同的信息,在传递之前,也需要根据对方的角色特点和需求进行信息的选择和组织。个体通过沟通可以分享自己的经验、知识、技能等信息,也可以分享自己担任某一角色时对某一话题的看法、观点和感受。

冲突管理。在角色沟通中,不同角色之间产生冲突也是常见的问题。个体需要通过有效沟通来管理和解决角色冲突,以便更好地协调和合作。冲突管理需要考虑双方的利益和需求,以及运用一定的沟通技巧。

沟通侧重点。不同的角色沟通需要使用不同的沟通技巧，例如，领导者需要使用更加明确和具有权威性的语言与下属沟通，而下属则需要使用更加恰当的语言与领导者沟通。

理解和反馈。在角色沟通中，理解和倾听也非常重要。个体需要倾听对方的意见和想法，理解对方的立场和需求，以便更好地沟通和协调。同时，个体也需要给予对方足够的反馈，以促进双方的共同理解。

（三）角色沟通需要遵循的要点

角色沟通需要遵循的要点主要包括以下几个方面。

真诚和坦率。个体需要坦诚地表达自己的看法和观点，不刻意隐瞒自己的想法和感受。这有助于建立信任和共同理解的沟通关系。

尊重和包容。个体需要尊重对方的意见和想法，包容对方的观点。这有助于建立良好的关系和协作氛围。

关注和倾听。个体需要关注对方的意见和需求，倾听对方的想法和感受。这有助于建立有效的沟通和协作关系。

清晰和明确。个体需要清晰地表达自己的意见和观点，明确自己的需求和期望。这有助于减少误解和歧义。

灵活和适应。个体需要灵活地应对不同的情境和人际关系，适应不同的沟通方式和风格。这有助于达成共识和协作。

（四）角色沟通的意义

个体进行角色沟通的意义主要包括以下几个方面。

促进个体和组织的发展。进行角色沟通可以帮助个体更好地理解与适应组织中的角色要求和期望，提高个体的角色认知和角色表现水平，从而促进个体和组织的发展。

增强个体与他人的沟通和协作能力。进行角色沟通可以帮助个体与他人更好地沟通和协作，促进团队协作和协同效应的发挥，提高工作效率和工作质量。

建立良好的人际关系和信任关系。进行角色沟通可以帮助个体与他人建立良好的人际关系和信任关系，增强团队凝聚力和协作性，促进组织文化的形成和发展。

解决和预防冲突。进行角色沟通可以帮助个体更好地解决和预防冲突，促进个体与他人之间的理解与和解，减少摩擦和矛盾，提高团队的和谐度和稳定性。

促进个体自我意识和自我的发展。进行角色沟通可以帮助个体更好地认识自己和他人，在沟通和协作中不断反思和调整自己的角色表现，从而促进个体自我意识和自我的发展。

三、现实问题

（一）角色认知不明确

角色认知不明确是指个体对自己和他人的角色缺乏明确的认识和理解，包括角色的职责、权利、期望和行为准则等方面。在角色沟通过程中,如果个体对角色认知不清,可能会产生以下问题(见案例3-2)。

沟通目标不明确。个体对自己和他人的角色缺乏明确的认知,可能导致沟通目标不明确,个体表达的内容让对方难以理解,从而无法很好地开展沟通。

话题不连贯。个体对自己和他人的角色缺乏明确的认知,可能导致话题不连贯,个体无法很好地贯穿整个沟通过程,甚至还会产生沟通中断的情况。

误解和冲突。个体对自己和他人的角色缺乏明确的认知,可能导致在沟通过程中产生误解和冲突。个体可能会将自己的期望和想法强加给对方,或者误解对方的意图和行为,从而引发矛盾和冲突。

> **案例3-2　辩论小组的困境**
>
> 小谭是一名大学生,她报名参加了学校的辩论社团。然而,在初次参与辩论活动时,由于辩论小组没有将每位辩手的任务安排清楚,也未针对辩论规则和流程对小组成员进行培训,因此包括小谭在内的辩论小组成员对所承担的辩论角色和任务认知不清晰,在辩论过程中感到很迷茫。
>
> 由于角色认知不明确,在辩论活动开始时,成员们对自己所代表的立场了解得不够充分,这使得小组成员在辩论发言时缺乏条理和逻辑,无法清晰地表达观点和阐述论据。
>
> 由于角色认知不明确,成员们在辩论小组中也难以与其他成员协调合作,不清楚应该如何与队友分工,也不了解明确的沟通和协调机制。这导致团队内部的协作效率低下,辩论的整体表现受到了影响。
>
> 此外,由于角色认知不明确,小组成员们在与对方团队的辩论中缺乏自信和把握。他们不知道自己应该如何反驳对方的观点和论据,以及如何有效地提出自己的观点和证据。这使得整个小组在辩论过程中表现得迟疑和无力,难以与对方进行有力的交锋。
>
> 经过这次辩论活动,小谭意识到角色认知的重要性。她开始主动学习和了解辩论的规则和技巧,并与辩论小组成员进行沟通和讨论,明确自己在辩论中的具体角色和职责。通过不断努力和实践,她逐渐提升了自己的辩论能力和角色认知水平,成了一个更加自信和表达清晰的辩手。
>
> (资料来源:笔者依据相关资料整理)

(二)角色转换不自如

个体在角色转换过程中可能会出现不自如、不熟练等情况,进而影响沟通效果。角色转换不自如是指在角色沟通过程中,个体缺乏角色转换的能力和经验,无法很好地适应和调整自己的角色,导致沟通出现问题。具体来说,可能会出现以下问题(见案例3-3)。

沟通效率低下。个体在角色转换过程中,无法迅速适应新的角色需求,可能会导致沟通效率低下,影响沟通效果和结果。

沟通目标不清晰。个体在角色转换过程中,可能会出现目标不清晰的情况,无法很好地把握沟通方向和重点,导致沟通难以达到预期目标。

沟通策略不当。个体在角色转换过程中,可能会出现沟通策略不当的情况,无法选择合适的沟通方式和技巧,导致沟通效果不佳。

角色转换不自如可能会对个体和组织产生负面影响。具体表现为：增加沟通障碍，影响沟通效果和结果，例如，无法很好地理解他人的需求和期望，无法很好地表达自己的意见和看法；影响团队合作和组织绩效，例如，无法很好地协调和配合其他团队成员，影响项目进展；增加心理压力，导致情绪波动、焦虑不安等问题，也可能将负面情绪释放给他人，和他人产生隔阂或冲突；影响个人职业发展，在工作中，如果个体无法适应和调整自己的角色，可能会影响自己的职业发展，例如，无法胜任新的工作，无法适应新的工作环境等。

> **案例3-3 成为"小领导"困难重重**
>
> 学生小丁性格内向而安静。然而，在一次班级活动组织中，他被老师选为团队的领导者。
>
> 在开始组织班级活动时，小丁感到非常不自在和紧张。他不习惯发表讲话或指导他人，也缺乏组织和领导的经验。当他与团队成员们进行沟通时，他的声音低沉而含糊，他显得有些拘谨，他也不确定如何有效地传达自己的想法和指示。
>
> 在组织班级活动的过程中，小丁逐渐感到成为"小领导"困难重重。他害怕被人拒绝，担心自己的决策和领导能力会遭到质疑。团队成员们也感到困惑和不确定，因为小丁缺乏明确的指导和决策。团队的合作效率也受到了影响，小丁的不自信和不熟悉角色任务导致他在领导团队时缺乏必要的决断力和表现力。
>
> 小丁意识到自己在角色转换方面的不足，开始主动寻求帮助和建议。他向老师和其他有经验的"小领导"寻求建议，并参加了一些沟通和管理技巧的培训课程。通过不断的努力和实践，他逐渐克服了自己的不自在感，提升了自己的沟通和领导能力。后来，他主动提出承担下次班级活动的组织者，最后也成功且高效地开展了有趣的班级活动。
>
> （资料来源：笔者依据相关资料整理）

（三）角色期望不一致

个体扮演的角色之间可能存在期望不一致的情况，如工作和家庭中角色的期望可能存在冲突。这会导致个体在沟通中难以应对各方面的期望，造成不必要的压力。角色沟通中，角色期望不一致是一种常见的问题。它指的是不同角色之间对于角色职责、目标、行为等方面的期望存在差异或冲突，从而导致沟通出现困难或产生误解。产生这种问题的原因很多，如个体对角色职责理解存在偏差、组织对角色定义不清晰或缺乏有效的沟通渠道等。无论是何种原因，这种问题都会对角色沟通的效果产生负面影响。具体而言，角色期望不一致可能会导致以下问题（见案例3-4）。

沟通障碍。当不同角色之间对于角色职责、目标、行为等方面的期望存在差异时，沟通可能会出现障碍。个体在角色沟通中无法很好地理解他人的期望，从而影响沟通效果和结果。

焦虑和不满。角色期望不一致可能会导致个体感到焦虑和不满。例如，当个体无法很好地胜任自己的角色或无法满足他人的期望时，可能会感到焦虑。

工作效率降低。当不同角色之间的期望存在冲突时，可能会影响工作效率。例如，当个体无法很好地与他人合作时，可能会影响项目的进展和成果。

> **案例 3-4　期望不同，关系紧张**
>
> 　　在公司会议上，新任经理讲述了一个新的业务计划。他希望团队能够在很短的时间内完成这个计划，并提出了具体的执行方案和时间表。然而，团队成员们对于这个计划的实施有些担忧，觉得时间太紧，无法保证质量。他们提出了一些反对意见，但经理并没有给予足够的重视和回应，而是强调了计划的重要性和紧急性。
>
> 　　由于经理与团队成员们的角色期望不一致，双方之间的沟通出现了问题。团队成员们感到他们提出的反对意见被忽略了，而经理则感到团队成员们缺乏执行力和紧迫感。这导致团队气氛紧张，团队成员们也逐渐失去信心和动力。最终，这个计划被搁置了一段时间，经理也因此意识到了沟通的重要性，并与团队重新商定了计划的时间表和执行方案。
>
> （资料来源：笔者依据相关资料整理）

四、角色理论

（一）理论来源

　　角色理论（Role Theory）是一种社会心理学理论，主要研究个体在特定情境中扮演的角色，以及这些角色如何影响个体的行为、态度和情感。角色理论的来源可以追溯到 20 世纪 60 年代，几位研究者对该理论的发展做出了重要贡献，其中包括社会心理学家乔治·赫伯特·米德（George Herbert Mead）、欧文·戈夫曼（Erving Goffman），以及组织行为学家罗伯特·L.卡恩（Robert L. Kahn）等。

　　乔治·赫伯特·米德是角色理论的重要奠基人之一，他强调社会交互作用对个体行为和认同的重要性。他认为个体通过对他人角色的模仿和内部化，形成了自我认同。欧文·戈夫曼也对角色理论做出了重要贡献，在《固定的表演》一书中他将社会角色比喻为戏剧舞台上的表演，探讨了个体如何在社会互动中扮演和管理不同角色的行为和表达。罗伯特·卡恩则将角色理论应用于组织行为学领域，强调了组织角色对个体行为和组织效能的影响。他还提出了角色模糊和角色冲突概念，以解释个体在多重角色中面临的挑战和应对策略。角色理论的研究集中在个体在不同社会角色中的行为、态度和认同上。研究者关注的主题包括角色的形成、角色冲突与角色模糊、角色预期和角色扮演等方面及其影响。

（二）主要内容

　　个体如何通过社会交互和观察他人来学习和扮演不同的角色，如何在不同角色中表达自己的身份和行为，以及角色与自我认同之间的关系是角色理论研究的核心，此外，该理论还研究了角色冲突与角色模糊对个体和组织的影响，以及如何管理多重角色和应对角色压力的策略，其主要包括如下内容。

　　角色定义。角色理论认为个体有多重角色，包括社会角色（如父母、朋友、员工等）、个人角色（如性别、年龄、文化背景等）和心理角色（如自尊、自我认知、人际关系等）等。

　　角色期望。角色理论认为每个角色都有一定的期望，个体扮演的角色越多，所拥有的角色期望也就越多。

角色冲突。角色理论指出，当个体扮演的多个角色之间存在矛盾或冲突时，可能会对个体的心理产生负面影响，导致角色不协调或失调。

角色表现。角色理论认为，个体的角色表现受到角色期望、角色认知、角色沟通等因素的影响。

角色管理。角色理论提出了一系列角色管理的策略和方法，如角色扮演、角色认知、角色沟通、角色调整等，以帮助个体更好地管理自己的角色，增强角色表现力和角色适应能力。

（三）指导作用

角色理论在角色沟通中起到了重要的指导作用，具体体现在以下几个方面。

在角色认知方面，角色理论强调个体对于自己和他人的角色有清晰的认知，这对于进行有效的角色沟通至关重要。了解自己和他人的角色，可以更好地理解和应对不同的角色期望，从而实现更好的沟通效果。

谈及角色转换，角色理论认为，个体在进行角色沟通时应该扮演不同的角色，即进行角色转换。在沟通过程中，个体可以通过与他人的角色互动来获取更多信息，调整自己的角色表现，从而增强沟通效果。

五、实务操作

本书运用导论中提出的辩证沟通思维，结合角色理论，对做好角色沟通提供如下建议。

（一）角色明确，减少迷茫

为了避免在角色沟通过程中出现角色认知不明确的问题，个体可以采取以下措施。

了解角色职责。个体需要清楚地了解自己在团队中的角色职责，以及与其他成员的配合方式。在沟通过程中，个体需要意识到自己的角色定位，避免在做事时超出自己的职责范围。

了解团队成员的角色。个体需要了解团队成员的角色职责和特点，以便在沟通中更好地理解和协调。个体可以主动了解其他成员的工作内容和目标，以便更好地沟通和合作。

沟通前做好准备。在沟通前，个体可以思考清楚自己的立场和意图，并提前准备好相关的材料和信息。在沟通中，个体需要清晰地表达自己的想法和要求，以便其他成员更好地理解和回应。

参加培训和学习。个体可以参加相关的培训和学习，提升自己的认知能力和沟通技巧。通过学习，个体可以更好地理解自己的角色，认识到自己在团队中的价值和作用，从而更好地实现团队目标。

（二）增强协调平衡能力，换位思考，转变心态

为了避免在角色沟通过程中出现角色转换不自如的问题，个体可以采取以下措施。

明确角色转换时机。个体需要明确自己何时需要转换角色，以及转换后需要做什么。在沟通过程中，个体需要意识到自己所处的场景和环境，并根据情况进行角色转换。

学会平衡不同角色之间的关系。个体需要学会平衡不同角色之间的关系，避免过度投入或

忽视某个角色。在沟通过程中，个体需要合理安排时间和精力，确保各个角色都得到充分的关注和处理。

学会切换心态和语气。个体需要学会切换心态和语气，以便更好地适应不同的场景和角色。在沟通过程中，个体需要注意自己的表达方式和语气，以符合所扮演的角色要求。

做好沟通和协调工作。个体需要积极参与沟通和协调工作，以便更好地实现角色转换。在沟通过程中，个体需要与其他成员保持良好的沟通和协调，共同完成团队目标。

接受反馈和指导。个体需要接受对方的反馈和指导，以便及时纠正自己角色转换不自如的问题。在沟通过程中，个体可以主动寻求对方的意见和建议，从而更好地适应不同的角色要求。

（三）增强调整适应能力，合理展示自我特色

为了避免在角色沟通过程中出现角色期望不一致的问题，个体可以采取以下措施。

清晰沟通。在沟通中，个体应当清晰地表达自己的期望，并且听取对方的反馈意见。要尽量避免表述模糊，造成误解和不必要的麻烦。

理解他人。个体需要尽可能理解对方的角色期望，并且尊重对方的意见和决策。在沟通过程中，个体需要从多方面了解对方的背景和情况，以便更好地理解其期望。

灵活适应。在沟通过程中，个体需要灵活适应不同的角色期望，以便更好地实现沟通和协作。在遇到角色期望不一致的情况时，个体需要及时调整自己的角色期望，以符合实际情况和需求。

共同探讨。在遇到角色期望不一致的问题时，个体可以和其他成员一起探讨和解决，以达成共识和协作。个体需要在沟通过程中保持良好的沟通和协调态度，确保各方利益需求得到满足。

接受变化和调整。在沟通过程中，角色期望可能会随着时间和情况的变化而变化。个体需要接受这种变化，并及时进行调整和适应。个体需要保持开放的心态和积极的态度，以便更好地应对不同的情况和挑战。

（四）厘清角色责任，调整自我决策

角色沟通是自我沟通过程中非常重要的一环。在角色沟通中，个体可以通过更好地了解自己的角色期望，以及掌握更好的沟通技巧和情绪控制能力，增强自己在角色沟通中的表现力和效果。同时，个体也可以借助角色沟通的经验，更好地了解自己在人际关系中的角色，进而在自我沟通中探索自己的价值观、人生目标和生活态度等。因此，良好的角色沟通可以与构建自我结合起来，促进个体的成长和发展。具体来说，个体可以通过以下方式将角色沟通与构建自我结合起来。

了解自己在角色沟通中的表现和达成的效果，反思自己的表现，找到改进的方法和策略。

探索自己在人际关系中的角色，反思自己的行为和决策，厘清自己的价值观和人生目标。

培养更好的沟通技巧和情绪控制能力，增强自己在角色沟通中的表现力和效果。

在自我沟通中，根据自己在角色沟通中的表现和反思，进一步调整自己的角色认知和角色期望。

六、思考题

1．为什么要进行角色沟通，其价值何在？角色沟通需要注意哪些问题？

2．为什么个体在角色沟通过程中容易出现角色认知不明确的问题？

3．高效合理的角色沟通需要遵循哪些原则？如何利用这些原则解决角色沟通过程中可能出现的问题？

4．角色理论是如何指导个体进行角色沟通的？

5．在角色沟通中，个体如何与自己的内在角色进行沟通，了解自己的需求和价值观，以及如何在人生中找到属于自己的角色？

第四章 优势沟通

本章目标

1. 引导读者明白什么是优势沟通，以及优势沟通的价值。
2. 帮助读者理解"强而不霸，弱却有心"和"尊重差异，展示特色"在优势沟通过程中的作用。
3. 引导读者了解个体优势理论和社会比较理论，并用以指导优势沟通。

本章要点

1. 优势沟通是一个发现自我优势—与他人比较—提升自我的螺旋上升过程；良好的优势沟通可以帮助个体正确识别和展现自己的优势，同时理解他人的优势，建立良好的沟通关系，促进彼此的成长和发展。
2. 优势沟通过程中可能出现缺乏自我认知、忽视他人优势等问题，导致沟通效率低下，引起他人反感；良好的优势沟通需要个体做到"强而不霸，弱却有心""尊重差异，展示特色"。
3. 个体应结合个体优势理论和社会比较理论的主要内容，准确分析自己的优势和不足，根据自身条件进行科学合理的优势比较，从而提高自信心和竞争力。

> "天下古今之庸人，皆以一惰字致败；天下古今之才人，皆以一傲字致败。"——曾国藩（1811.11.02—1872.03.12）

一、引导案例

案例 4-1 艰辛创业路

阿里巴巴是目前全球知名的零售交易平台，同时也是全球知名的草根创业者平台。无论从哪个标准来看都是风头无两。不过，有多大的甜也便有多大的苦，马云的创业之路也是充满艰辛的。

其一，马云至少有 2 次求职因为外貌被拒。几乎所有人看到马云都会印象深刻。年轻时，马云没少为外貌发愁。第一次高考落榜之后，他的梦想是去酒店做服务员，但因为外貌特征被拒绝。

其二，创办的翻译社靠卖袜子来补贴。最初，马云和朋友一起创办了海博翻译社。这家翻译社是杭州的第一家翻译社，一开始马云和朋友就面临入不敷出的窘境。为了让事业撑下去，马云只能把翻译社的一半店面出租给别人，自己开启第二兼职——卖袜子；除此之外，马云当时还是杭州电子工学院全校主讲课程最多的老师之一。

其三，证明别人都没见过的互联网的存在。马云还创业开展做"中国黄页"的业务，即把国内企业的资料放到互联网上去，让外国人能找到。但那时候国内还没有互联网，马云和他的团队便在收到客户资料后先将其译成英文，然后快递给美国合作方，让其将资料做成网页。但做成后，马云不但要证明客户资料已经上网，而且得证明世界上有互联网这种东西。马云不懂技术，能做的事情就是不断地说，他每天出门对人讲互联网的神奇。遇到不相信者，除了打印网页，马云还请他打免费越洋电话，向在美国的亲戚朋友询问，让美国人上网查证。1995年，上海终于开通互联网，这让马云欣喜若狂。

其四，推销常"碰一鼻子灰"。央视纪录片《书生马云》里，瘦小的马云梳着八分头，背着一个黑色单肩包，敲门找人，逢人便讲，"我是来推销中国黄页的"。一脸迷茫又不耐烦的人们将他"请"出门外。马云和其他推销员一样，常吃到闭门羹，但这并没有改变他对从事互联网的信心，相反，还成为他发展阿里巴巴事业的精神动力。

其五，南下前痛哭，连续4次创业失败。阿里巴巴团队曾在北京做过项目，最后马云决定南下杭州再次创业，此时已经是马云30岁以来第4次连续创业失败。

"男人的胸怀是委屈撑大的。"马云说。在看到阿里巴巴和马云时，不可不知成就是建立在苦难和对苦难不妥协的顽强生命力之上的。

（资料来源：笔者依据相关资料整理）

带着问题学习

1. 强者的"强"体现在哪些方面？强者不存在弱点吗？
2. 弱者的"弱"体现在何处？弱者没有可取的优势吗？
3. 强者和弱者如何进行沟通呢？优势沟通是一个怎样的交流过程呢？

二、优势沟通概述

（一）优势沟通的维度

优势沟通是指个体在与他人沟通的过程中，发现自身的优势和不足、提升自我，以提高沟通效果和工作效率。其维度可以概括为以下几个方面。

自我认知。优势沟通要求我们对自己进行深入的认知和分析，了解自己的优势，以及可能存在的局限和不足。这有助于我们更好地利用自身优势，提高沟通效果。

发掘优势。优势沟通强调的是如何发挥自身的优势，以达到更好的沟通效果，提高工作效率。这需要我们善于表达和展现自己的优势，同时关注对方的需求和利益，以达成共赢的局面。

聆听和理解。优势沟通要求我们注重聆听和理解，尊重对方的观点和感受，了解他们的需求和期望，从而更好地发挥自身优势，提高沟通效果。

积极反馈。优势沟通要求我们在沟通中积极地给予反馈，关注对方的长处和优点，鼓励和赞扬他们的贡献和成就，从而增强他们的自信心和提高他们的积极性，培养团队的凝聚力和合作精神。

总之，优势沟通是一种注重自我认知、发掘优势、聆听和理解、积极反馈的有效沟通方式，它有助于个体发挥自身的优势，提高沟通效果和工作效率，同时也有助于建立良好的人际关系和培养团队合作精神。

（二）优势沟通的核心

优势沟通的核心可以被描述为以下几个方面。

认识和了解自己的优势。优势沟通的首要任务是认识和了解自己的优势，包括技能、经验、性格特点、价值观等方面。这个过程不仅可以帮助我们做好自我认知，还可以帮助我们更好地展示自己，让对方知道我们在哪些方面具有优势。

强调和突出自己的优势。在进行优势沟通时，我们需要注意强调和突出自己的优势，让对方清楚地知道我们的独特之处和价值。这可以通过具体的例子和证据来实现，如分享成功的案例、突出过去的成就等。

建立自信。优势沟通可以帮助我们建立自信和培养自信心，让我们更加自信地表达自己的想法和意见。这可以通过与对方分享自己的优势来实现，让对方知道我们的专业性和能力，从而增强自信心。

找到自己的优势与对方需求的匹配性。在进行优势沟通时，我们也需要关注对方的需求和期望，找到自己的优势与对方需求的匹配性。这可以帮助我们更好地理解对方的需求和期望，以及将自己的优势应用到解决对方的问题上。

加强个人品牌和形象的建立。通过优势沟通，我们可以加强自己的个人品牌和形象的建立，让对方知道我们在哪些方面具有专业性和能力。这可以帮助我们在职场上获得更多的认可和机会。

（三）何为强者

1. 强者"强"在哪里

对于强者而言，最有效的沟通莫过于，"下属不是出于指令，而是出于本能（自我意愿）去完成工作"。这就需要强者对内要有足够的能力、生命力和平常心，以毋庸置疑的实力赢取他人的尊重和肯定；对外要能够尊重、包容他人，不霸道、不张扬、不自大，以谦卑、平和的态度获得他人的支持与信任。

（1）"强"在能力。

强者之所以成为强者，是因为在其领域"有所长"，这是成为强者的必经之路和重要支撑。个体只有专业能力出众，才能建立起威信，才能服众，从而赢得话语权，从而避免沟通中他人对自己产生怀疑和不信任，让其心甘情愿地提高执行力（见案例4-2）。

> **案例4-2　京剧大师的炼成**
>
> 说起中国的国粹京剧，不得不提的就是京剧表演大师梅兰芳先生。然而很少有人知道，梅兰芳先生也曾不被人所看好。

20世纪末,梅兰芳出生在一个京剧世家,从小对京剧耳濡目染,他在8岁的时候向家里提出拜师学艺的请求。梅兰芳要学的是旦角,男孩子学旦角,唱、念、做、打都要模仿女性。刚学的时候,梅兰芳入门很慢,一出戏师傅教了很长时间,他还没有学会。耐不住的师傅终于有一天找到梅兰芳的父亲说:"这孩子不行,不是个唱戏的料。"除此之外,师傅拒绝梅兰芳的原因还有一个就是他的眼睛有点近视,没有神,对于京剧里面的旦角来说,眼神是最重要的。

父亲将师傅的话告诉梅兰芳,梅兰芳听了心里很不是滋味,但他并未因此而气馁,反而下定决心一定要学会唱戏。没人教,他就自学。他用心思考,反复练习。一段唱词,别人唱几遍就不练了,他总要坚持练二三十遍。经过刻苦学习,他终于练出了圆润甜美的嗓子。为了解决眼睛无神的问题,梅兰芳就养了几只鸽子,每当鸽子飞起来的时候,他的眼睛就紧紧盯着飞翔的鸽子。他还经常注视水中游动的鱼儿。渐渐地,他的双眼有神了。日子一长,人们都说,梅兰芳的眼睛会说话了。经过刻苦的练习,梅兰芳终于由当初的"不是唱戏的料"成了名角,最后还成了一派宗师。

(资料来源:许姬传,许源来,朱家溍. 舞台生活四十年:梅兰芳回忆录[M]. 北京:新星出版社,2016.)

与其费尽心机,利用旁门左道成为伪强者,不如沉下心来去提高自己的专业能力。梅兰芳正是靠着勤奋刻苦一步步提升着自己的专业能力,靠着一点一滴的坚持积蓄着才华与能量,最终成为一代京剧大师的。

(2)"强"在生命力。

泰戈尔说过:"世界上没有永久的天堂,只有经历地狱般的磨炼,才能炼出创造天堂的力量;只有流过血的手指,才能弹出世间的绝唱。"成为强者的过程必定不是一帆风顺的,我们只有具备强大的生命力,才能够熬过磨炼路上的寂寞、失败与无奈,也只有具备强大的生命力才能承担起属于强者的责任,推动个人、组织的发展。

(3)"强"在平常心。

在纷繁的世界里,人们往往因疲于追逐功名利禄,把功利、胜负看得太重,而渐渐失去了心中的平和,离快乐越来越遥远。其实,只有以一种平常心来对待物、事,将胜负成败看透,才能够感受到生命的真谛,才能够活得更轻松。尤其作为一名强者,如果失去一颗平常心,不懂得何时"进",何时"退",更会受累于生活,重负于工作。

(4)"强"在尊重。

对于一些强者而言,在获得一定权力后容易飘飘然,忽视了在与其他人沟通中保持最起码的尊重。沟通的前提是尊重,若想从对方那里取得自己期望的效果,关键是要尊重对方。

(5)"强"在包容心。

有位作家曾说:"成功的意义应该是我们发挥了自己的所长,尽了自己的努力之后,所感到的一种无愧于心的收获之乐,而不是为了虚荣心或金钱。因此,每个人都应当修行、磨炼自己的"包容心",使自己能够在任何场合下,保持最佳的心理状态,充分发挥自己的水平,施展自己的才华,最终实现完满的"自我"。无论结果如何,想必我们心中都是没有遗憾且满足的了。

2. 强者制定规则

无论是中国封建制度还是世界贸易中的规则制定,可以说都是强者意志的体现。自秦始皇建立秦朝以来,两千年的封建中国,皇权不断加强,皇帝拥有着至高无上的权力,在强弱关系中牢牢占据着强者的地位，于是君臣关系也从过去的相对围坐、坐而论道演化至跪着上奏，甚至大臣面临时刻被廷杖的风险。同样地，作为曾经的日不落帝国，英国在19世纪中期成为世界工厂，伦敦成为国际金融中心，英镑成为国际货币，英国以其霸主地位主宰着世界贸易的发展。而当英国被美国超越、国家综合竞争力对比发生变化时，规则也随之倾斜，美国又成为新的规则制定者，从各个方面开始制定对自身有利的规则体系。

拿破仑曾说，"上帝是站在军事上的强者一边的"。在当时，军事是衡量强弱的重要标准，而在当今时代，衡量标准更加多元化，资源、权力、知识和技能等都成为区分强弱的重要依据。尽管强弱的内涵在不同的时期会发生变化，但强者制定规则是恒久不变的。

（四）何为弱者

1. 弱者"弱"在哪里

弱者之所以是弱者，是因为在其领域"有所短"。在大千世界中，弱者可能因不具备反抗能力或处于相对劣势的位置，而被其他人所忽视。弱者究竟弱在哪里呢？深入剖析其弱势来源，一部分源于自身能力的客观差距，还有一部分是受到心态的影响，但更重要的是弱在认知。如果自身能力相对较弱，个体就需要找到合适的生存之道，而非怨天尤人，自怨自艾，这样只会成为真正的失败者。

（1）"弱"在能力。

弱者的客观条件通常是相对较差的，包括教育背景、成长经历、专业水平等，这是弱者能力较差的重要原因。能力较差，难以让人产生信任，从而对弱者的工作与生活产生负面影响，使得弱者的能力更差，进而形成恶性循环。

（2）"弱"在心态。

面对自身能力的差距，有的人树立积极心态，成就了一番事业。而有的人本身能力很强，但是由于心态不好，未能产出积极成果和得到发展，最终成为弱者。根据积极心理学，积极心态对个体的成长与发展有重要的促进作用。唐僧的能力相对最弱，却成了领导者，究其原因是其心态积极。每当遇到问题时，徒弟们总是想要放弃，回到各自的舒适区，而唐僧始终怀抱取经的坚定信念。只有像唐僧这样坚定不移，个体才能真正达成目标。反观职场上，一些人一遇到问题就会习惯性抱怨环境差、资源缺乏，而没有静下心来思考自己应该如何"破局"，成为强者。

（3）"弱"在认知。

认知水平低，是弱者"弱"的另一个重要原因。根据社会认知理论，人的行为具有能动性，人的认知与环境是交互影响的关系。个体对事物的认知影响着环境和个人实力所产生的实际结果。认知水平低有两种情况：一种是较为自卑，常从狭窄的视角看问题，做出非黑即白的单一判断；另一种则自认水平很高，而忽视学习与自我成长，只将精力消耗在眼前的事情上。不管这两类人的原本实力如何，他们之后的发展都很容易逐步走低，很容易落入能量较弱的境地，变为弱者。

2. 弱者逃避压力

"枪打出头鸟"，成为强者一方面会给自己带来更多的资源、权力，另一方面可能会给周边人带来压力，而人本能上又是逃避压力的。为了逃避压力，人们往往会建立种种心理防御机制，其中典型的是回避与嫉妒。当弱者面对压力选择回避时，极易在反复的逃避过程中丧失自我，变得懦弱；而当弱者选择用嫉妒来应对压力时，则容易对强者产生愤恨，进而可能在背后做出阻碍、伤害强者的事情。可见，这两种选择虽然一种是弱势的，另一种是强势的，但都不利于个体的发展，甚至损人不利己。

3. 人们都习惯于同情弱者

人们都习惯于同情弱者，对弱者伸出援手，而这也为弱者提供了机会。有学者做过一个"横穿马路"的调查，人们对于过马路的人的反应截然不同：对于身强体壮的人（强者），仅有不到10%的人或车愿意给他让路；而对于身材屏弱的人（弱者），大部分人不仅会主动让路，还会认为自己做了一件好事。在家庭中，父母争吵，孩子总是会倾向于为母亲说话，因为在其看来，母亲是处于弱势的一方。同情弱者本身是一种优良品质，也是人们具有善意的表现。在生活中，人们会对弱者产生同情心；在工作中，人们较少将弱者视为竞争对手，这也恰恰给予了其成长的空间。

（五）优势沟通的价值

个体进行优势沟通的价值包括以下几个方面。

建立自信。通过进行优势沟通，个体可以更加清晰地认识自己的优势，从而增强自信心。自信是成功的重要因素之一，可以帮助个体更好地应对挑战和机遇。

提高个人品牌价值。优势沟通可以帮助个体提高自己的品牌价值。通过向他人展示自己的优势，可以让别人更加了解和认可自己，从而提高自己在社交和职场中的影响力和竞争力。

获得机会。优势沟通可以帮助个体获得更多的机会。当他人了解个体的优势之后，可能会更愿意为个体提供机会和资源，如推荐工作机会、引荐业务合作等。

加强人际关系。优势沟通可以增进个体和他人之间的关系。当个体向他人展示自己的优势时，可以让他人更愿意与自己交往和合作，从而增强人际关系。

激发内部动力。优势沟通可以激发个体内部的动力。当个体能够清晰地认识自己的优势，并向他人展示之后，可以让自己更加有动力去发挥自己的潜力和实现自己的目标。

三、现实问题

（一）缺乏自我认知

在个体进行优势沟通时，常缺乏自我认知。这意味着个体可能没有充分意识到自己的优势或不足，或者对自己的能力和特点存在不客观的认知。这种情况下，个体可能会出现以下问题。

对自己的优势和价值缺乏认识。个体可能无法准确地评估自己的优势和价值，不知道自己擅长的领域和能够为团队带来的价值。

对自己的不足和缺陷缺乏认识。个体可能没有意识到自己的不足和缺陷，无法识别自己需要改进的方面，从而无法有效提升自己的能力和素质。

对自己的特点和潜力存在错误的认识。个体可能对自己的特点和潜力存在错误的认识，过分强调某些方面，而忽略其他方面，导致无法全面地认识自己的特点和潜力。

具体而言，缺乏自我认知可能导致两种极端情况：过度自我夸耀和全面否定自我。

在个体进行优势沟通的过程中，有时会出现过度自我夸耀的问题。这会导致双方沟通不畅或他人对个体产生负面印象。具体来说，过度自我夸耀可能表现为：过分强调自己的成就和能力，以展示自己的优势，这会让对方感到不适，从而影响沟通的质量；说话时过于自信或自大，这可能会降低对方的信任感和合作意愿；忽视对方的存在和需求，让对方感觉不到被尊重，这会影响沟通的互动性和效果；对对方的贡献和优势缺乏评价和认可，只强调自己的优势，这可能会让对方感到不被重视和不被认可（见案例4-3）。

个人在进行优势沟通时，有时会出现全面否定自我的问题，这也会影响个体的沟通效果。具体来说，全面否定自我可能表现为：自我否定，个体可能会过分强调自己的缺点和不足，甚至全面否定自己的能力和价值，这会让对方对个体的信任感和认可度降低；缺乏自信，害怕表现出自己的优势和价值，担心被他人否定或拒绝，这会导致个体无法充分展现自己的优势，错失沟通的机会。

这两种情况的出现通常与个体因素有关，如自我价值观念、自尊心、自信心等。

案例4-3　"元老"思维阻断交流

小单在成为销售经理之后，负责培训新员工。一天，一名新员工犯了一个工作中常见的错误，小单便严厉地训斥了这名新员工："你们现在的年轻人都是玻璃棒槌——中看不中用，我年轻那会儿，才不会犯这种低级的错误。"从此，新员工都对小单"敬而远之"。

对此，小单的好友安宁建议他话要巧说。此后，面对同类情况，小单采取了另一种表达方式："我也是多年的媳妇熬成婆，以前也难免会犯错误，注意了就会避免犯此类错误，希望你能吸取这次教训，下次细心一点儿。"新员工听后觉得十分惭愧，决心吸取教训，绝不再犯。

（资料来源：笔者依据相关资料整理）

（二）忽视他人优势

个体在进行优势沟通时，可能会出现忽视他人优势的问题，这可能会导致沟通效率降低，甚至引起他人的不满和反感。出现这种问题的原因可能包括：个体以自我为中心，只关注自己的优势，而忽视了他人的贡献和价值；个体存在竞争心理，认为只有自己的优势才是最重要的，而忽视了他人的优势；个体可能对他人缺乏尊重，忽视了他人的努力和贡献。

个体在进行优势沟通过程中，除了需要发挥自己的优势，还需要关注他人的优势，并与之协同合作，实现优势互补。如果个体忽视了他人的优势，就会影响沟通效果。具体来说，个体在优势沟通过程中，忽视他人的优势可能会出现如下问题。首先，个体无法充分了解对方的优势。如果个体忽视了他人的优势，就很难了解他人在沟通中可以为自己提供的帮助和支持，进而影响沟通效果。其次，个体可能会重复劳动。如果个体忽视了他人的优势，就可能会在沟通中重复做一些已经被他人完成了的工作，从而浪费时间和精力。最后，个体可能会让他人感到无用或无价值。如果个体忽视了他人的优势，就可能会让他人感到自己的工作没有被充分认可，从而丧失参与和贡献的积极性。而在面对和分析对手时忽视他人优势，个体很有可能产生轻敌心理，将自己置于不利境地（见案例4-4）。

> **案例 4-4　滑铁卢战役**
>
> 　　拿破仑·波拿巴是法国历史上最具影响力的军事统帅之一。作为卓越的军事领袖，其军事生涯却终结于滑铁卢战役。1815 年的滑铁卢战役是拿破仑的一场重要战役，也是他军事生涯的最后一战。
>
> 　　滑铁卢战役发生在比利时的滑铁卢村附近，对阵双方是拿破仑领导的法军与英联军和普鲁士军队的联合力量。拿破仑当时试图重掌法国的政治权力，他率领军队从流放地逃回到法国。他的回归引起了欧洲各国的担忧，英国和普鲁士等国组成了反法同盟，试图击败他。
>
> 　　滑铁卢战役于 1815 年 6 月 18 日展开，拿破仑领导的法军在战场上展现了他们的战斗力。拿破仑采取了一系列战术，试图分割和击溃对方。然而，由于一系列因素，包括天气条件、拿破仑的军事判断及军队之间的协作问题，法军最终没有能够取得决定性的胜利。
>
> 　　在滑铁卢战役中，拿破仑没有充分关注到联军的一些关键优势，这在一定程度上导致了他的战败：一是拿破仑没有充分认识到威灵顿公爵在滑铁卢战场上构建的坚固防线的优势。威灵顿公爵将防线设于一片低洼地带，利用地形和农舍建筑来增强防线的稳固性，然而，拿破仑的侦查失误导致他低估了防线的强大程度；二是拿破仑没有预料到普鲁士军队在滑铁卢战场上的快速增援，他过于将注意力集中在威灵顿公爵领导的英军身上，而忽视了布吕歇尔元帅领导的普鲁士军队。当普鲁士军队出现在战场上，并与英军联手进行反击时，对法军造成了严重的影响；三是拿破仑没有有效地破坏和干扰联军之间的协作和沟通，他未能识别并利用联军之间的协调和指挥问题，错失了分割和削弱对方的机会。相反，由于他进攻分散，未能迅速击败威灵顿公爵领导的英军，给了对方进行反击的机会。这 3 个对形势及对方优势的忽视，导致拿破仑军事生涯以失败告终，后来人们也以"滑铁卢"比喻在决定时刻出现失败导致局势转折。
>
> （资料来源：笔者依据相关资料整理）

（三）无论处境"强""弱"，横行霸道

由于在组织中所处的位置不同及在组织内拥有的职权不同，不同的个体在组织中处于不同的地位，有强势方，也有弱势方，强者与弱者的沟通方式迥然不同，可能会在沟通过程中产生摩擦与误解。

1."霸"在不经意间就会呈现

不论是对组织还是对个体，"强而不霸"方能持续发展。而从古至今，因强大而目空一切的"强而霸"之流大有人在。无论是蛮横无理、功高盖主还是独断专行，一些人依仗着自己的能力、地位与权势，目中无人，对人缺乏基本的尊重，不沟通，不交流，这种"霸"实际上只会阻碍个体的发展。"霸"主要有以下 3 种表现。

蛮横无理不尊重。社会生活中，霸道之人往往依照自己的想法去做事，不仅不讲道理，还对他人缺乏尊重，在交往中一次次地损耗着人际关系、亲密关系，最终导致人际疏远。

功高盖主不低头。古人云："故木秀于林，风必摧之；堆出于岸，流必湍之；行高于人，众必非之。"这样的道理在职场上也同样适用。有些人自认能力强就称霸一方，目空一切，甚至不把上级放在眼里，其职场生活恐将难以安宁，甚至招来灾祸。一个人是否聪慧、是否睿

智，往往就体现在点滴之间。"功高盖主"一方面说明个体具有能力，另一方面也暗藏了危险，疏忽大意不得。

独断专行不商量。独断专行同样是"霸"的一种表现。自以为是，不接受他人的意见和建议，更容不得别人的批评、指正，当个体足够强时或许能够独当一面，但人不可能面面俱到，掌握各方面的知识和资讯，若一意孤行，必将寸步难行。

2. 可怕的是"弱"却逞"强"

在弱者弱的原因中，认知水平低是最不可逆的缘由。许多弱者虽然不具备充足的资源和较强的能力，但是自以为无所不知。这种情况下，"实力撑不起野心"，终究会自取灭亡。在心理学中，"伪自尊，高自卑"便是对这种状态的描述。真正的自尊来源于人的自我价值感，有自尊的人不惧外部评价。而表面自尊心很强，实际内心自卑的人，会对外部评价极度敏感，在自身实力还有限的情况下，有些弱者会表现得极为膨胀，被所谓的"自尊心"所裹挟。

3. 称"霸"的后果

强者固然有其不俗的实力，但若以此炫耀、称霸而不知收敛，必然将面临内外受困的局面。对内，当个体或组织称霸之后，其难免会自我膨胀，自以为无所畏惧、注重享乐、目光短浅。对外，所谓"公道自在人心"，一个人霸道与否，外人全然看在眼里、听在耳里。久而久之，人们自然会慢慢疏远霸者，甚至群起而攻之。缺少了周边人的支持，霸者也必将寸步难行。内忧外患之下，强者的光环也将逐渐退去。

四、理论基础

个体在进行优势沟通的过程中，首先要明确自己的优势，展示特色；其次，没有比较是很难明确个体优势所在的，个体进行优势沟通的方式在很大程度上是与他人、与社会期望等进行比较；最后，通过不断比较，个体会得出判断，但这并不是良好的优势沟通的完美结束，良好的优势沟通会使个体在向外比较得出结果后，积极构建自我、培育个体优势，尊重差异，汲取力量。

（一）个体优势理论

1. 理论来源

个体优势理论（Strengths-based Theory）是一种关于人类天赋优势的理论，也称为个体差异理论。它是一种心理学理论，主要研究人们在认知、情绪、社交和其他领域的个体差异及其影响。个体优势理论的来源可以追溯到 20 世纪初，心理学家查尔斯·爱德华·斯皮尔曼（Charles Edward Spearman）、雷蒙德·卡特尔（Raymond Cattell）和霍华德·加德纳（Howard Gardner）对该理论的发展做出了重要贡献。

查尔斯·爱德华·斯皮尔曼是个体优势理论的先驱之一，他在 20 世纪初提出了普遍因子理论，认为智力和其他许多认知能力都受到一个普遍因素的影响，即"普遍智力因子"。雷蒙德·卡特尔在 20 世纪中期进一步发展了个体优势理论，提出了多元智力理论。他认为智力是由多个独立的智力因素组成的，如语言能力、空间能力、数学能力等，每个人在这些智力因素上存在不同的优势。霍华德·加德纳则进一步拓展了个体优势理论，提出了多元智能理论。

他认为智力不仅局限于传统的认知能力,还包括语文、数学逻辑、空间、音乐、内省、情感、社交、身体运动多个智能领域,每个人在不同智能领域上都可能具有优势。

2. 主要内容

个体优势理论的发展主要集中于研究个体在不同领域的优势和差异,以及这些优势和差异对个体学习、工作和生活的影响。其涵盖了不同领域的个体优势和差异(如认知能力、情绪智力、社交能力、创造力、身体协调能力等),以及个体差异的测量和评估方法(如智力测验、人格测试、兴趣问卷等)。正确应用个体优势理论来促进个体发展、教育和职业规划等方面的研究和实践,对于个体发展、教育和职业规划等方面具有重要意义,有助于了解个体之间的差异及发挥个体的优势来提升综合能力和满足个体需求。其主要内容包括以下几个方面。

个体的优势来源于天赋。个体的优势是由其天赋所决定的,每个人天生就拥有一些优势,而这些优势可以在适当的环境中得到最大化的发挥。

个体的优势是多维度的。个体的优势不仅指某一方面的专业技能,还包括性格、价值观、社交能力等多个方面,这些优势共同作用,使个体在某个领域或角色中表现出色。

个体的优势需要得到发掘和发展。个体的优势需要通过自我认知、学习和实践得到发掘和发展,只有不断地发掘和发展自己的优势,个体才能使这些优势在适当的环境中得到最大化的发挥。

个体的优势可以互补。不同个体的优势是互补的,通过合作和协同,不同个体可以使各自的优势得到最大化的发挥,实现优势互补,达到共赢的目的。

个体的优势是变化的。个体的优势是会随着环境和个体发展而变化的,因此,个体需要不断进行自我评估和调整,以适应不同的挑战和需求。

3. 指导作用

个体优势理论对于优势沟通的指导作用主要体现在以下几个方面。

强调发掘自身优势。个体优势理论认为每个人都有自己的优势,重要的是要发掘并运用这些优势。在进行优势沟通时,个体应该注重发掘自身的优势,并将其运用到沟通中,以提高沟通效果。

注重他人优势。个体优势理论强调,人们之间的优势是互补的,注重他人优势可以增强团队协作和整体效能。在进行优势沟通时,个体应该注意发现他人的优势,尊重并利用他人的优势,实现沟通双方的合作共赢。

培养优势思维。个体优势理论强调,培养优势思维可以帮助个体更好地发掘和利用自身的优势,同时也可以帮助个体更好地发现和利用他人的优势。在进行优势沟通时,个体应该养成优势思维的习惯,敏锐地发现和利用他人的优势,提升沟通的效果和价值。

关注优势沟通的过程和结果。个体优势理论强调,优势沟通的过程和结果同样重要。在进行优势沟通时,个体应该注重优势沟通的过程,保持良好的沟通态度和技巧,以达成良好的沟通效果和人际关系的建立。同时,个体也应该关注优势沟通的结果,根据优势沟通的结果不断调整自身的优势发掘和利用策略,以达到更好的沟通效果。

(二)社会比较理论

1. 理论来源

社会比较理论(Social Comparison Theory)是社会心理学中的一个重要理论,主要研究人们在评估自己和他人的能力、态度、外貌等方面时，如何进行社会比较以获得自我评价和身份认同。社会比较理论的来源可以追溯到20世纪50年代，几位代表人物对该理论的发展做出了重要贡献，包括社会心理学家利昂·费斯汀格（Leon Festinger）、詹姆斯·M.卡尔史密斯（James M. Carlsmith）和欧文·L.贾尼斯（Irving L. Janis）等。利昂·费斯汀格是社会比较理论的奠基人，他在1954年提出了社会比较理论的核心概念，即人们通过与他人比较能力和态度来评价自己。他认为人们有一种内在的评价需求，通过与他人进行比较来获取自我评价和身份认同。詹姆斯·卡尔史密斯和欧文·L.贾尼斯则在此基础上进一步拓展了社会比较理论。他们提出了相对评价和绝对评价的概念，认为人们在评价自己时既会考虑与他人的比较，也会考虑自己的内部标准。

社会比较理论的发展主要集中研究人们在不同社会情境下进行比较的影响和结果。研究者关注的主题包括社会比较对自尊心、满意度、动机和行为的影响，以及社会比较在群体中的作用和动态变化，涵盖了人们为什么进行社会比较，比较对象的选择和依据，比较过程中的情感和心理反应，以及社会比较对个体自我评价和行为的影响。此外，社会比较理论还研究了社会比较的不同类型，如上下比较、水平比较和内部比较等，以及个体在不同情境下进行比较时采用的策略和结果，对于理解人们的自我认同、社会影响和竞争行为等方面具有重要意义，有助于揭示人们在社会比较中的心理机制和行为模式。

2. 主要内容

社会比较理论认为，人们一般通过与他人的比较来评估自己的能力、价值和地位，这种比较可以是与同伴、自己的过往表现、社会期望或理想自我等方面的比较。人们经常会将自己与他人进行比较，以了解自己在群体中的位置和自己的相对地位，从而评估自己的价值和自尊心。

社会比较理论中有两种比较方式：上升比较和下降比较。上升比较是指与比自己更优秀的人进行比较，这种比较会刺激个体产生竞争心理，促使其朝着更高的目标努力。下降比较则是指与比自己更差的人进行比较，这种比较会给人以优越感和满足感，但也可能导致个体的自我价值感下降，对个人的自尊心产生负面影响。

此外，社会比较理论也指出了比较对象的重要性，即个体倾向于将自己和与自己有相似特征的人进行比较，如年龄、性别、教育背景等。通过这种比较，个体可以获得更加准确的评价和反馈，同时也可以避免负面情绪的产生。

3. 指导作用

社会比较理论对于理解人们的行为和情感有着重要的启示作用，同时也对社会心理治疗和个体心理健康有一定的指导意义。在实际生活中，人们可以通过正确的比较方式来调整自己的心态，避免产生负面情绪，更好地实现自我价值的提升。在优势沟通中，了解社会比较理论可以帮助个体更好地发掘自身的优势，增强自信心和获得动力。同时，个体也需要避免陷入过度的社会比较，避免产生自卑感或傲慢情绪。

五、实务操作

本书依据辩证沟通思维，以及个体优势理论、社会比较理论，对优势沟通提出如下建议。

（一）客观认知自我优势，"强而不霸，弱却有心"

在明确认知自我优势之前，要对"强者"和"弱者"的特征进行合理的分析，正如导论及前文中所分析的一样，强者强在能力，强在生命力，强在平常心，强在尊重，强在包容心。而弱者弱在能力，弱在心态，弱在认知。在进行优势沟通之前，个体首先要明确自己强在何处、弱在何处，避免出现缺乏自我认知的问题。个体可以采取以下具体的措施。

自我反思。通过对自身的反思，了解自己的个性、价值观、兴趣等方面的特点，审视自己的优势和不足，了解自己在哪些方面比较擅长，在哪些方面还需要提升；探索自己的特点和潜力，发掘自己在某些方面的天赋和潜力，以及未来可能的发展方向。

寻求反馈。询问周围的人（如朋友、同事、家人等）对自己的印象和看法，借此了解自己的优势和不足。

接受挑战。尝试接受一些有挑战性的任务，通过尝试和实践，了解自己的能力和局限性，同时不断挑战自己，扩大自己的能力范围。

自我学习。通过学习、阅读、参加培训等方式，提升自己的知识和技能，从而扩大自己的优势范围。

通过以上措施，个体可以增强自我认知能力，从而更好地发掘自身的优势，并在优势沟通中充分展示和利用自己的优势。

个体还可以通过一些方式与技巧防止自己走向自我优势认知的两种极端：过度自我夸耀和全面否定自我。为了避免过度自我夸耀，个体应该以客观事实为依据，让对方明确知道自己的优势和价值，适度突出自己的能力和成就；充分认可对方的贡献和优势，让对方感到被尊重和被认可；注意沟通语气和情绪，尽量保持平和与谦虚的态度，避免说话时过于自信或自大；要注重对方的反馈，尊重对方的意见和需求，保持积极的互动关系和合作关系。

为了防止全面否定自我，个体需要建立健康的自我认知，正确认识自己的优势和不足，了解自己的特点和潜力，避免自我否定和过于自卑；培养适度的自信，相信自己的能力和价值，不害怕展现自己的优势和价值，但同时也要避免过度自信和自我夸大；多实践、多反思，通过实践和反思，不断提高自己的优势沟通能力，逐渐发现自己的优势和不足，不断改进和完善自己的优势沟通方式和技巧。

（二）尊重他人特长，博采众长，提升自我

正如导论中所言，"强弱是相对的"，单纯的"强"已不再适应当今的发展，个体最容易做出改变的一点，即沟通，在优势沟通的过程中具体体现为尊重他人的特长，借助他人的特长完善自我（见案例4-5）。要做到这一点，需要注意如下几个方面。

充分了解对方。在沟通之前，了解对方的背景、经验和能力等方面的信息，个体可以更好地了解对方的优势。

尊重对方。在沟通中，个体不要仅关注自己的优势而忽视对方的优势，而要给予对方充分的机会表达自己的想法和观点，要尊重对方。

以平等的态度交流。在与他人进行交流时，个体应该以平等的态度对待对方，不要过于强调自己的优势和地位，尽量避免产生优越感和轻视他人。

共享资源。在沟通中，个体应主动分享自己的资源和优势，并鼓励他人分享自己的资源和优势，形成资源共享和优势互补的局面。

提倡多元化。个体应鼓励和尊重不同的意见、观点和优势，认可多样性，避免"一刀切"，以便汲取更多的营养。

案例4-5　强者与弱者

有一天，一头狮子在太阳下睡觉。一只小老鼠经过时碰到了它的爪子，把它吵醒了。狮子正要张嘴吃它，小老鼠哭道："别吃我，请让我走吧，有一天我会报答你的。"狮子冷笑，说："一头狮子怎么可能需要老鼠的帮助？"但它是一头好心肠的狮子，就把老鼠放走了。

不久以后，这头狮子被一张网罩住了。由于网太结实了，即使它使出全身力气，使劲儿挣扎，也无济于事。于是它大声吼叫，小老鼠听到了它的吼声，就跑了过去，"别动，亲爱的狮子，我来帮你。我会把绳子咬断。"小老鼠用它尖锐的牙齿咬断了网上的绳结，狮子就从网里逃出来了。"上次你还嘲笑我呢！"小老鼠说，"你觉得我太小了，没法为你做什么事情。你看，现在我这只老鼠救了你的性命。"

（资料来源：笔者依据相关资料整理）

（三）客观认识"强""弱"，促进自我成长

在发展环境急速变化的新时代，永恒的"强"与"弱"早已不复存在，留下的仅仅是相对的"强"与"弱"。与其说当今的社会正在向"多极化"发展，不如说社会正在向"无极化"转变。单纯的"强"已不再适应当今的发展，在沟通过程中我们需要认识到"强""弱"是可以相互转化的。

1. "强""弱"是相对的

拿破仑强调，在处理事务过程中，更加看重的是个体的硬实力。强者由于拥有资源、权力、知识和技能等，在很多场合拥有更多的话语权。

然而时过境迁，这种单纯依靠硬实力的做法越来越难以适应时代的发展要求。有作者提出运用"巧实力"的战略，即运用我们能够支配的各种手段。其之所以表示运用"巧实力"，是因为其看到了21世纪权力的变化，权力描述的是随着环境改变而变化的短暂的人际关系，因此权力通常依赖于情境。

这一点在自我调节理论中也有所体现。自我调节理论提出，个体具有自我调节的认知与意识，能够有意识地进行自我管理与调节，引导自己的认知与行为来达成目标，包括自我观察、判断和自我反应，其主要来源为观察与效仿（Bandura，1997）。优势沟通能够帮助弱者更好地了解强者的心理与行为规范，感受他们的表达方式和自我表现形式，更有可能得到强者的指导与反馈，从而有助于弱者学习强者行为活动的模式，不断进行自我调节与发展，适应性地运用技能，进而转化为强者。因此，个体的"强"与"弱"并非永恒不变的，个体通过运用辩证沟通思维能够获得自我调节的机会，促进持续成长。

2. 强者应学会示"弱"

成为强者一方面会给自己带来更多的资源、权力，但另一方面可能会给周边人带来压力，引起他人嫉妒。亚里士多德在《政治学》中描述的"高大罂粟花综合征"便是形容这种情境的：当任何一个人在社会上达到某种程度上的成功的时候，会惹来社群中不约而同的、自发

性的、集体性的批评。

案例4-6　才华招致杀身之祸

杨修（175—219），汉末文学家。杨修生于官宦人家，自小思维敏捷，头脑灵活，颇具才华。在一次对《孝女曹娥碑》的解读中展示出自己高超的智慧和能力，被曹操称赞"尔之才思，敏吾三十里也"。意思是"我的才智比不上你，竟然相差三十里"。之后，曹操直接提拔杨修为丞相府主簿，对杨修的赏识可见一斑。

聪明固然是件好事，但过分展示聪明才智而给领导带来压力就不是一件好事了。一次，曹操命人建造花园，竣工之后在门上写了一个"活"字。众人皆不明其意，杨修看了，说："在门上写'活'，就是'阔'字，丞相是嫌门阔了。"之后他擅自命人把门改窄。曹操知道后，口虽称美，"心甚忌之"。又一次，塞北送来一盒酥，曹操在盒上写了"一合酥"3个字，杨修见了便叫人把整盒酥吃了。曹操问他为何，他答："盒上写明'一人一口酥'，丞相命令怎敢违反？"曹操听后虽面带笑容，但心怀敌意。

曹操平汉中时，连吃败仗。在对局势犹豫不决之时正好上了鸡汤，下属禀请夜间口令时，他随口答："鸡肋！"杨修得知便让随行军士收拾行装，准备归程。将士们问为何，杨修说："鸡肋'食之无味，弃之可惜'，丞相是想要退兵了。"曹操早恨杨修才高于己，现在，杨修又猜透了自己的心事，便大怒，以扰乱军心定罪，杀了杨修，杨修死时年仅45岁。

（资料来源：笔者依据相关资料整理）

可见，成为强者时费心，而成为强者后同样不省心（见案例4-6）。对于组织中的个体来说，要想在成为强者的同时处理好与弱者之间的关系，既避免弱者因嫉妒而做出小人之事又能够调动弱者的积极性，共同推动组织的发展，就需要运用辩证沟通思维。当今，单纯的"强"已不能应付所有，我们必须运用辩证沟通思维，而辩证沟通思维的第一要点也是个体最容易做出改变的一点，即沟通。当多沟通、沟通好时，强者带给弱者的压力感才会慢慢消解。

3．弱者需要用心实现自我成长

（1）弱者应会赞美。

卡耐基在《人性的弱点》一书中指出："每个人的天性都是喜欢被别人赞美的。"每个人都需要被他人认可，从他人的赞美中能够看到自我价值，即自尊心获得满足。俗话说，"予人玫瑰手有余香"，当一个人真诚地表达对他人的赞美之时，对方能够快速地获得正向的能量并保持愉悦的心情，沟通也就会自然而然地顺畅不少。当个体在沟通过程中是弱势一方时，更需要通过赞美来拉近彼此的距离。

然而赞美需要注意"度"，即针对不同的对象选择适当的赞美目标和赞美方式，在赞美时必须诚心诚意、把握好分寸，千万不可超过对方所能接受的程度，如果个体只知一味地胡乱吹捧，而不关注对方的反应，那么只会让对方感到虚情假意，弄巧成拙。因而，赞美要把握"度"，让他人把正确的事继续做下去。

（2）弱者应怀有学习之心。

在职场沟通过程中，有一些老员工希望得到新职员的认可和尊重，作为新职员，在与这种老员工沟通时千万不能伤他的自尊，尽量用虚心学习的态度来化解矛盾。

作为职场新人，大都有"师傅带徒弟"的体验，"师傅"们在职场上工作时间较长，其工作方式值得我们学习，我们只有在与"师傅"沟通的过程中，怀有学习之心，才能得到"师傅"的帮助，助力日后的自我成长和职场生涯发展。

（3）弱者应怀有感恩之心。

感恩是人类最美好的一种情感，人有了感恩之心，生命才会得到滋润，才能够闪烁出动人的光芒。拥有一颗感恩之心，感恩给自己机会的人，感恩帮助过自己的人，是他们的善意教会我们成长。时刻心怀一颗感恩之心，才能够拥有欢快、平和的情绪和积极、向上的心态，才能够成为一个幸福的人，这样他人才会更愿意与自己沟通交流。

（4）弱者应怀有同理之心。

德国哲学家伊曼努尔·康德曾说过："为了消除弥漫世界的偏见和误解，我们不能不培养同理心。"作为组织中的弱势群体，应怀有一颗同理心，与同处于弱势的个体互相扶持，学会用一颗同理心去感受他人的行为和处事方式。

同理心是一个比较抽象的心理学概念，它可以分为两个层面：表层的同理心和深层的同理心。表层的同理心就是站在他人的角度理解、了解对方的信息，听明白对方在说什么。做到这一点，就具有了表层的同理心。深层的同理心是理解对方的感情成分，理解对方的隐含成分，真正听懂对方的"意思"。做到这一点，才称得上具有深层的同理心。

在沟通中，光有表层的同理心是远远不够的，还要有深层的同理心，只有这样才能真正听懂对方的"意思"。有些人不善于和不习惯表达自己的思想和观点，很多情况下习惯让对方去悟，让对方去猜。如果个体不知道通过"感情成分"和"隐含成分"来了解真实的信息，就会造成沟通的障碍。

（四）借助优势认知，帮助自我成长

在自我沟通的过程中，优势沟通可以帮助个体更好地认识自己、发掘自身潜力、提高自我意识和自我管理能力。

具体来说，个体可以通过优势沟通，了解自己在各个方面的优势和不足，并针对自身的优势制定个人目标。在实施这些目标的过程中，个体可以对自己进行积极的心理暗示，增强自信心和动力，克服困难、挫折。

同时，在人生的不同阶段和不同情境中，个体也可以通过优势沟通，积极地调整自己的态度和行为，更好地适应环境和发挥个人潜力。例如，当个体面临挑战和竞争时，可以通过优势沟通，了解自己的优势和不足，并针对不足制订改进计划。同时，在实施计划的过程中，激发自己的内在动力，更好地发挥个人潜力和应对挑战。

六、思考题

1. 优势沟通包括哪些维度？进行优势沟通的核心是什么？
2. 优势沟通是一个怎样的过程？
3. 在职场上，如何分别与工作能力强和弱的人进行有效沟通？
4. 怎样做才能最大化优势沟通的效益、发挥优势沟通的价值和作用？
5. 如何将个体优势沟通的方法应用到自我沟通中，以提升自我认知和价值感？

第五章　情绪沟通

本章目标

1. 引导读者明白什么是情绪沟通，以及情绪沟通的作用。
2. 引导读者了解情绪ABC理论和情感事件理论，了解情绪来源。
3. 引导读者了解并掌握情绪沟通的准则。

本章要点

1. 情绪具有存在的客观性、体内的介质性、在人群的传递性、发生的周期性、累积的秘密性等特性，情绪具体可以体现为自卑、孤独、欲望、积极、幸福等。
2. 情绪沟通过程中可能出现情绪表达不当、压抑或回避情绪等现实问题，个体需要结合"尊重差异""换位思考"等原则，拥抱情绪、释放情绪，在人际交往中建立良好的情感沟通关系。
3. 情绪ABC理论认为个体的情绪反应是由个体对刺激的认知和解释所引起的，它可以帮助个体更好地表达自己的情绪、理解他人的情绪。

> "未被表达的情绪永远都不会消失。它们只是被活埋了，有朝一日会以更丑恶的方式爆发出来。"——西格蒙德·弗洛伊德（Sigmund Freud, 1856.05.06—1939.09.23）

一、引导案例

> **案例5-1　生而为人，我很幸运**
>
> 王元最近工作不太忙，下了班就看看书或看看电影放松一下。最近，他在同事安迪的推荐下，看了一部很有名的电影——《被嫌弃的松子的一生》。电影中有句台词"生而为人，我很抱歉"，让王元深受触动，他还在第二天午饭期间与安迪探讨主人公松子的悲剧人生。
>
> 王元觉得，松子的一生过得都不如意，她悲剧的一生源于童年时期父爱的缺失。因为妹妹生病，父亲总是愁眉紧锁。松子渴望像妹妹一样得到父爱，当发现做鬼脸可以让父亲笑后，她就随时准备做鬼脸来引起父亲的注意。这种对父爱的渴望换来松子无条件地付出，这种付出又在每个人身上烙下伤痕。在松子今后的人生中，她一刻不停地追逐

着男人的爱，于她而言，男人的爱就像空气一般不可或缺。松子这一生跌跌撞撞，既伤害了自己，也伤害了别人。她的父亲因她而伤心，她的妹妹一直盼望着她回家。直到故事的最后，松子也没有悔改，将爱放在了一个虚幻的偶像上，自暴自弃。

安迪听完，很认同王元的观点，并表达了自己的看法。松子的家庭结构是多子家庭（子女超过两个）。阿德勒的出生顺序心理学中曾提到，最先出生的孩子，因为年长，会因承担更多的责任而变得沉稳、懂事，年龄最小的孩子则一般会得到最多的宠爱，中间的孩子最容易被人忽略。而被忽略的孩子为了得到父母的关注，就会表现出过度热心或过度招惹眼球，通过取悦别人获得存在感。而松子就是那个"中间的孩子"，松子虽然爱着自己的妹妹，但也嫉妒妹妹可以无条件得到父亲的宠爱，她甚至忽略妹妹的病情。这种感情极为自私，她本可以自立自强，却选择了依赖别人过活。松子的悲剧人生，不仅在于童年时期父爱的缺失，还在于后期自己的依赖性人格和对人生的错误选择。

学过心理学的安迪看问题果然不一样，王元问："如果你是松子，你会怎么做来避免悲剧的发生呢？"安迪长舒一口气，说："这个世界上活得艰难的人太多，我们何必去抱怨命运呢。人最不该做的，就是妄自菲薄，自认可怜兮兮，需要人疼。既没有衣不蔽体，也没有食不果腹，何苦叹一句'生而为人，我很抱歉'呢？我们只需要在回望自己的每一个决定时，不因错过而遗憾，不因磨难而退缩。"王元补充说："生而为人，真是一件幸运的事。"两人相视一笑。

（资料来源：笔者依据相关资料整理）

带着问题学习

1. 负面情绪主要包括哪些？这些负面情绪是如何产生的？
2. 如何更好地化解负面情绪或将负面情绪转化为积极情绪？
3. 积极情绪包括哪些类型？积极情绪从何而来？

二、情绪沟通概述

（一）情绪的特性

存在的客观性。情绪是客观存在的，虽然情绪是主观的内在体验，但它在行为、生理反应和神经活动等方面都可以被观察和测量。情绪在人类中普遍存在，并且表现出一定的共通性，如喜乐、悲伤、愤怒和恐惧等。

体内的介质性。情绪体内的介质性指的是在情绪产生和调节过程中起作用的化学物质或神经递质。这些介质在神经系统中扮演着重要的角色，影响情绪的形成、表达和调节。

在人群的传递性。情绪在人群的传递性指的是情绪在人群中的传播力和影响力。当一个人表达或体验情绪时，周围的人可能会受到其情绪的影响，进而传递和共享相似的情绪。

发生的周期性。情绪的发生可能具有一定的周期性，即情绪在一定的时间范围内以一定的模式重复出现。

累积的秘密性。情绪累积的秘密性指的是人们在情绪累积过程中往往倾向于隐藏或掩饰自己的真实情绪。尽管情绪累积的秘密性在某些情况下可能是有益的，但个体也需要注意长期压抑和隐藏情绪可能对心理健康产生负面影响。建立一个安全、支持和理解的环境，鼓励人们表达和分享真实的情绪，对于个体的情绪健康和良好人际关系的建立都是重要的。

类型的结构性。情绪类型的结构性指的是情绪在个体自身内部存在的组织结构和分类体系。情绪研究一直试图理解和分类不同的情绪类型，并探索它们之间的关系和特征。

结果的力量性。情绪结果的力量性指的是情绪对个体行为和认知的影响程度和强度。不同的情绪可以具有不同的力量性，对个体的思维、行为和决策产生不同程度的影响。情绪结果的力量性因人而异，不同个体对情绪的反应和敏感程度也会有所不同。认识到情绪结果的力量性对于个体情绪管理、心理健康促进和决策行为优化都具有重要意义。

疏导的及时性。情绪疏导的及时性指的是在情绪出现时，个体及时采取有效的措施和方法来处理和调节情绪，以避免情绪进一步恶化或对自身造成负面影响。及时的情绪疏导有助于维持个体的心理健康，促进情绪的积极表达和处理。

（二）情绪的类型

自卑是一种对自己的价值、能力或外貌感到不自信或不满足的感觉。自卑可能源自多种因素，包括个人经历、社会压力、自我评价和与他人比较等。个体最应该警惕的是内心隐藏的自卑，如不自觉地吹牛或炫耀。

"如果你在独处时感到寂寞，这说明没有和你自己成为好朋友。"孤独是主观上感到孤立、与他人脱离或缺乏亲密关系的状态。它可以是暂时的，也可能长期存在。孤独感是可以克服和缓解的。通过积极寻求社交机会和寻求支持，个体可以逐渐建立起强大的内心世界、丰富的社交网络，减轻孤独感。

欲望是指个体对某种物质或非物质的需求、渴望或强烈的想法。它可以是对物质财富、权力、爱情、成就、满足基本需求等方面的渴望。每个人对欲望的处理方式可能有所不同，因为个体的价值观、目标和生活环境各不相同。重要的是要意识到并不一定要完全满足欲望，而是要寻求平衡、理性和持续的个人成长。"现在不是应该去想缺少什么，而是应该想一想凭现有的东西你能做什么。"

愤怒是一种强烈的情绪反应，通常是由对某种不公正、冒犯、挫折或触发个人价值观的事物或事件产生的不满或愤慨引起的。愤怒可以是正常的情绪体验，但如果个体无法适当管理和表达这种情绪，可能会对自身和他人造成负面影响。

焦虑是一种普遍的情绪反应，通常是由对潜在威胁、担忧、不确定性或压力源的感受而引起的。焦虑可能出现在各个方面，包括工作、学业、人际关系和健康等。关于焦虑，洛克曾说："你担心什么，什么就控制你。"

妒忌是一种情感，通常涉及对他人所拥有的优点、成就、关系或资源的不平等感和羡慕，以及对自己所缺乏或无法得到的东西的渴望和不满。妒忌可以出现在生活的各个方面，包括工作、学习、财富、外貌、人际关系等。面对妒忌，罗素曾说："乞丐并不会妒忌百万富翁，但是他肯定会妒忌比自己收入更高的乞丐。"

积极是指积极的态度和行为，表现为对事物持乐观、自信、勇敢和积极向上的态度。积极的人通常具有积极的思维模式，能够看到问题中的机会和解决方案，对目标不懈追求和努力。丘吉尔曾说："乐观的人在每个危机里看到机会，悲观的人在每个机会里看见危机。"

幸福是一种主观的、内在的感受和状态，通常描述为对生活的满足感、愉悦感和内心的平静与满足。幸福是每个人追求的目标，它可以由不同的因素和经历触发和影响。亚里士多德认为，"幸福是把灵魂安放在最适当的位置"。

（三）情绪沟通的内涵

情绪沟通是指以合适的方式表达和理解情绪，从而促进有效的人际交往和问题解决。它包括以下内涵。

认知情绪。在进行情绪沟通时，个体需要从自我认知的角度出发，了解自己的情感状态、情绪反应及情感需求等，从而更好地理解自己。

表达情绪。情绪沟通要求个体能够清晰、明确地表达自己的情绪，包括情感、感受、体验和需要等。这有助于增强自我认知，减少误解和歧义，加强情感联系。

接纳情绪。情绪沟通要求个体能够理解和接纳他人的情绪，包括倾听、感受、理解和回应他人的情感需求。

管理情绪。情绪沟通要求个体学会管理自己的情绪，避免因情绪冲动而产生冲突和不良后果。

情感支持。情绪沟通要求个体能够给予他人情感支持，如提供情感安慰、理解和支持等。

（四）使情绪沟通更为有效的原则

在进行情绪沟通时，个体需要遵守一定原则，只有这样，沟通才能更为理性和有效，其主要包括如下原则。

尊重性。在进行情绪沟通时，个体需要尊重他人的感受和需求，不侵犯他人的权利和尊严。

温和性。在进行情绪沟通时，个体之间需要做到以温和的语气和态度表达自己的情感和需求，避免表达过于激烈或冲动。这有助于避免情感冲突和争吵。

相互性。在进行情绪沟通时，个体需要相互理解和回应，既表达自己的情感和需求，也理解和回应他人的情感和需求。这有助于建立相互理解和支持的关系。

合理性。在进行情绪沟通时，个体之间需要做到在合理的范围内表达自己的情感和需求，对他人不要过于苛求或过分要求。

（五）情绪沟通的作用

情绪沟通是人类社交中非常重要的一部分，对于人类的心理健康和社会发展都有着重要的影响。情绪沟通帮助个体合理释放与表达情绪，对个体心境塑造和精神状态都有积极影响，它主要有以下几个作用。

增进理解和信任。情绪沟通可以增进个体与他人之间的相互理解和信任，帮助双方建立紧密、亲密、支持性的关系。

解决问题和冲突。情绪沟通可以帮助个体理解他人的情感需求和意见，通过有效的沟通解决问题和冲突。

改善情感状态。情绪沟通可以帮助个体表达和处理负面情感，减少负面情感的累积，促进情感健康和提升幸福感。

提高个体能力。情绪沟通可以提高个体的情绪认知、情感表达和情绪管理等能力，帮助个体在人际交往中获得成功。

促进合作和协作。情绪沟通可以促进个体与他人之间的合作，帮助双方实现共同目标和价值。

三、现实问题

（一）情绪表达不当

个体在情绪沟通过程中出现的情绪表达不当的问题，主要是指个体无法准确地表达自己的情绪、表达方式不够清晰，或者使用了不当的方式。这种情况下，他人可能会感到困惑、不安或产生负面情绪。具体来说，可能表现为以下几种情况。

缺乏情绪表达技巧。有些人可能在情绪表达方面缺乏技巧，不知道如何清晰地表达自己的感受。例如，可能在情绪激动时语无伦次，或者表达方式过于直接，让对方无法承受。

使用含糊不清的语言。有些人可能会使用一些含糊不清的语句，使得情绪表达不够明确。例如，有人说"我感觉不太好"，这种表达方式无法让对方明白自己真实的情绪体验。

表达不足或过度。有些人可能在表达情绪时，没有充分地描述自己的感受，或者过度强调某些情绪因素，这会影响对方对情绪的理解。当个体过度、夸大或太频繁地表达情绪时，可能会让他人感到压力和不适。但反过来，当个体过分克制自己的情绪时，可能会使情绪得不到有效的表达和释放，从而导致身体上和心理上的不适（见案例5-2）。

语气不恰当，难以控制情绪。有些人可能在表达情绪时，语气不恰当，让对方感到不舒服或被冒犯。当个体因为某些因素无法有效地控制自己的情绪时，可能会产生不当的情绪表达，甚至会让他人感到不安或被攻击。例如，个体在情绪沟通过程中，用嘲讽或挑衅的语气，或者声音过于高亢或低沉，会让对方难以接受。

忽略情绪背景和语境。有些人可能在表达情绪时，忽略了情绪背景和语境的影响，使得对方无法理解。个体可能在某种情境下表达情绪是不合适的，或者在与某些人交流时需要注意表达方式和用词。

个体在情绪沟通过程中情绪表达不当可能会产生一系列负面影响：让对方感到困惑或不知所措，无法与之建立起良好的沟通关系，进而导致沟通双方的情绪受到影响，进一步加剧沟通困难；让对方产生误解或做出不良推断，从而造成沟通障碍；让对方感到受到攻击，从而产生进一步的冲突和误解；让对方感到受到冒犯或伤害，产生不良情绪，进而影响双方的情绪状态和沟通效果。

案例5-2　记得低头

美国著名的政治家、科学家、《独立宣言》的起草人之一——富兰克林，有一次到一位前辈家拜访，当他准备从小门进入时，因为小门的门框过于低，他的头被狠狠地撞了一下。

出来迎接的前辈笑着对富兰克林说："很疼是吧？可是，这应该是你今天拜访我的最大收获。你要记住，要想平安无事地活在这人世间，你就必须时时记得低头。"从此，富兰克林把"记得低头"作为毕生为人处世的座右铭。

（资料来源：笔者依据相关资料整理）

（二）情绪感知不准确

有些人可能会对他人的情绪产生误解或判断不准，这会让情绪沟通变得困难，双方容易产生误解和冲突。个体在情绪沟通过程中出现的情绪感知不准确的问题，通常是指个体对自己的情绪或他人的情绪产生了错误的认知或理解，从而影响了情绪沟通的有效性。具体表现为以下几个方面。

情绪认知偏差。即个体在情绪沟通中对他人的情绪产生了错误的认知或理解。例如，当个体认为他人的言语或行为具有攻击性时，可能会出现愤怒或敌对的情绪，但实际上对方可能并没有这种意图。

情绪解读不准确。即在情绪沟通中无法准确地理解他人的情绪和意图。例如，当个体无法理解他人的幽默或玩笑时，可能会产生误解和不当的情绪反应。

情绪感受模糊。即个体在情绪沟通中无法准确地感知和识别自己的情绪。例如，当个体无法分辨自己是生气还是失望时，可能会出现不当的情绪反应或情绪混乱。

（三）压抑或回避情绪

有些人在面对强烈的负面情绪时，会选择压抑或回避自己的情绪，这会让情绪问题得不到解决，使负面情绪积聚在内心，产生更严重的后果（见案例5-3）。在情绪沟通过程中，个体可能会出现压抑或回避情绪的问题，具体表现为以下几个方面。

压抑真实情感。个体可能会在情绪沟通中压抑自己的真实情感，这会导致情绪没有得到有效的表达，影响情绪沟通的质量。

误导他人理解。当个体在情绪沟通中不诚实地表达情绪时，可能会误导他人，让他人产生错误的认知或理解，从而影响情绪沟通的效果。

情绪压抑或回避会对个体产生多方面的负面影响：个体会感到与他人的情感联系变得更加脆弱，产生情感疏离感；导致个体的紧张感和压抑感增强，进而产生焦虑和抑郁等负面情绪；引起生理反应，如心率加快、血压升高、肌肉紧张等；导致身体健康问题的产生，如消化不良、失眠、头痛等；导致个体采取不良的行为方式，如暴力行为、破坏物品等。

> **案例5-3　负面情绪别压抑**
>
> 某公司的员工小马在工作中一直表现得很积极主动，最近几天他却变得消极沉闷，不再像以前那样主动与同事交流，也不再像以前那样在工作中出色发挥。在公司的年度绩效评估中，小马的评估结果不佳，因为他的表现下降了很多，而且与同事之间的合作关系也出现了问题，给公司的业务发展带来了很大的影响。经过一番了解，他的主管发现，原来小马最近正经受一些家庭变故的困扰，但他一直将这些情绪压抑在心里，没有找人倾诉，也没有处理这些问题，导致情绪变得消极，从而影响了他的工作表现。
>
> （资料来源：笔者依据相关资料整理）

（四）情绪的个体差异

个体差异对于性格、情绪的影响决定了个体情绪的形成与表达的差异。常见的个体差异包括原生家庭差异、文化背景差异、性别差异、年龄差异、信息差异、立场差异等方面。正确认识这些差异,并采取相应的解决方式,是顺畅沟通的关键。

1. 原生家庭差异

原生家庭是指个体出生和成长的家,原生家庭中父母的婚姻状况、贫富程度、工作性质、处事方式等,都会对孩子产生一定的影响。原生家庭塑造人的个性,影响人格成长、人际关系沟通、管理情绪的能力。一个人在沟通行为上的困难与障碍,在很大程度上反映了他的原生家庭问题。正如案例5-1中讨论的命运悲惨的松子,其性格缺陷和情感缺陷很大一部分来源于特殊的原生家庭教养方式。具体表现为:父母婚姻状况对于孩子个体人格塑造的影响。非双亲家庭成长的孩子更容易出现心理问题,如自卑、优柔寡断、暴躁易怒、缺乏安全感等;重组家庭的孩子在性格形成上,面临更多的心理压力,更容易产生负面情绪;不和睦的家庭常常伴随着争吵、家暴,恶劣的家庭关系会给孩子造成较大的心理阴影,在未来的人际交往中他们在情感表达上可能表现出孤僻、冷漠、自私和抵触他人的特点。和睦的家庭,家人间的沟通通常是平等的、顺畅的,在这种家庭里成长的孩子在情绪表达上更加自信、更加友爱。

案例5-4　哪里出了问题

小杨是一个10岁的女孩,她性格孤僻、内向,总是缺乏自信。她的父母经常忙于工作,很少有时间陪伴她。父亲是一个事业型的人,注重成功和竞争,常常对小杨高要求,要求她勇敢、自立。母亲则是一个事业与家庭兼顾的人,虽然关心小杨,但因工作压力大,无法给予她足够的情感支持。

小杨的父亲认为女孩应该坚强、独立,对小杨的胆小和依赖性强感到失望。他经常给小杨施加压力,要求她克服对家人的依赖、变得坚强。然而,小杨对父亲的期望感到无力和沮丧,她更加胆小和自卑。她无法获得父亲的理解和支持,便渴望母亲的关爱和陪伴。然而,由于母亲忙于工作,无法满足小杨的情感需求,小杨感到孤独和不被重视。

(资料来源:笔者依据相关资料整理)

小杨的性格问题可以说是原生家庭对她的深刻影响的结果和表现(见案例5-4)。她缺少父亲的认可和支持,同时也无法得到母亲的情感关怀,导致她性格孤僻、内向,缺乏自信。要解决小杨的问题,需要改善原生家庭的亲子关系,父母应关注她的情感需求,给予她足够的关爱和支持,并帮助她建立自信心和提高社交能力。这个案例中,小杨的性格和情绪问题正是原生家庭环境对个体成长深刻影响的体现。父母只有改善家庭的陪伴和沟通环境,提高时间管理和情感关怀能力,给予小杨积极的心理支持,才能帮助她克服孤僻和自卑,培养积极健康的性格特点。

家庭的价值建立在爱与情感之上,而非仅仅依赖物质条件。然而,遇到任何困难都归咎于原生家庭显然是不合适的。每个人的童年都存在各种不完美的因素,非双亲家庭成长的孩子也有权利和可能找到幸福。原生家庭的选择权并不在我们手中,但我们可以适当地减少原生家庭的负面影响。当面临问题时,我们应该避免过度抱怨父母或过去的经历,着重寻找解决方案,努力走出消极状态。

2. 性别差异

性别差异在沟通中带来了双重影响,既有相斥的一面,也有相吸的一面。男性和女性在沟通风格上存在着明显差异。在沟通目的方面,男性通常更注重问题解决,追求目标的实现;

而女性更注重情感交流，渴望建立良好的关系。在沟通习惯方面，男性更倾向于直接陈述结果，迅速抓住重点并解决问题；女性则更强调过程，倾向于过程叙述，归纳总结原因和结果。在沟通结果上，男性更注重整体效果，一旦达到目标，就会较少挑剔细节；女性则更注重细节，要求每个细节都得到完善。

在与异性进行沟通时，我们应该理解彼此的差异，以平等和尊重的态度对待对方。要想解决问题，我们不应有过多的抱怨和批评，而应努力做到相互理解和达成共识。正视性别沟通差异对于建立良好的沟通关系至关重要。然而，我们也要认识到，性别差异在沟通中可以使双方相互吸引。不同思维方式的碰撞和交流可以激发双方的创造力和产生新的见解。通过相互倾听、尊重和包容，男性和女性可以实现有效的沟通和合作，为彼此带来更多的观点和共同成长的机会。

四、理论基础

（一）情绪 ABC 理论

1. 理论来源

情绪 ABC 理论是由美国心理学家阿尔伯特·艾利斯（Albert Ellis）于 1962 年提出的，也被称为理性情感疗法的核心理论。阿尔伯特·艾利斯是情绪 ABC 理论的主要代表人物，他是认知行为疗法的奠基人之一，被誉为现代认知疗法之父。

2. 理论内容

情绪 ABC 理论是认知行为疗法的核心理论之一，它认为个体的情绪反应不是由外部刺激直接引起的，而是由个体对刺激的认知和解释所引起的。情绪 ABC 理论包括如下 3 个要素。

事件或刺激（A）。它是指触发个体情绪反应的具体事件或刺激。不同的事件或刺激可能会引起不同的情绪反应。

信念（B）。它是指个体对事件或刺激的看法和解释，包括对事件或刺激的评价、意义和解释等。不同的看法和解释可能会引起不同的情绪反应。

情绪反应（C）。它是指个体对事件或刺激的情绪反应，包括情绪体验、情绪表达和情绪行为等。不同的情绪反应可能会导致不同的结果。

情绪 ABC 理论包含的过程如下。首先，事件或刺激（A）发生，个体对其进行评价和解释（B），这个评价和解释可能是积极的、消极的、中性的等。然后，根据评价和解释，个体会产生相应的情绪反应（C），如愉快、悲伤、愤怒、焦虑等。最后，不同的情绪反应可能会导致不同的结果，例如，积极的情绪反应可能会促进个体的成长和发展，而消极的情绪反应可能会导致负面的结果。

情绪 ABC 理论认为，个体的情绪反应并不是由事件或刺激本身引起的，而是由个体对事件或刺激的评价和解释所引起的。因此，如果个体能够理性和客观地评价和解释事件或刺激，就可以减少不必要的情绪反应和负面情绪，提升心理健康水平和幸福感。

3. 指导作用

情绪 ABC 理论对于情绪沟通具有指导作用，它可以帮助个体更好地表达自己的情绪、理解他人的情绪，理解和应用情绪 ABC 理论可以帮助个体更好地控制和管理自己的情绪，提升幸福感。具体如下。

情绪事件的认知评价是情绪 ABC 理论的核心，在情绪沟通中也同样重要。在情绪沟通中，个体需要清楚地表达自己的情绪事件和对该事件的评价，以便对方更好地理解自己的情绪。

情绪 ABC 理论提醒我们，情绪不是由情绪事件直接引起的，而是由个体对情绪事件的认知评价产生的。因此，在情绪沟通中，个体需要认识到自己对情绪事件的评价可能与他人不同，从而理解和尊重对方的情绪反应。

情绪 ABC 理论还提供了一种情绪调节的方法，即通过改变自己对情绪事件的评价来调节自己的情绪反应。在情绪沟通中，个体可以尝试引导对方改变对情绪事件的评价，从而更好地理解和解决情绪问题。

（二）情感事件理论

1. 理论来源

情感事件理论（Affective Events Theory）是由美国学者霍华德·M.韦斯（Howard M. Weiss）和罗素·克朗潘泽多（Russell Cropanzano）提出的。它是一个关于组织行为领域的理论，主要研究工作场所中的情感事件对员工情绪和行为的影响。这一理论旨在揭示工作场所中的情感事件是如何引起员工情绪反应和行为变化的。情感事件理论的发展主要集中在研究情感事件的类型、特征及其对员工的影响上。该理论进一步扩展了情绪在工作环境中的作用，并强调了情感事件对员工的重要性。

2. 理论内容

情感事件理论的内容主要包括以下几个方面。

情感事件的定义。情感事件指的是在工作场所中发生的能够引起员工情绪反应的事件，如得到赞扬、受到批评、工作任务成功或失败等。

情感事件的特征。情感事件具有个体化、特定性和瞬时性的特征。不同员工对同一事件可能有不同的情绪反应。

情感事件与情绪反应。情感事件可以引起员工的情绪反应，包括积极情绪（如喜悦、兴奋等）和消极情绪（如愤怒、沮丧等）。这些情绪反应会对员工的工作态度和行为产生影响。

中介机制。员工的认知评估、情绪调节策略和情绪表达等中介变量可能影响情感事件和情绪反应之间的关系。

结果。情感事件对员工的情绪和行为会产生一系列结果，包括工作满意度、工作绩效、离职意愿、组织公民行为等。情感事件可以影响员工的整体工作体验和组织行为。

情感事件理论强调情感事件对员工情绪和行为的重要性，强调工作场所的情感方面对员工的影响。该理论有助于组织了解和管理情感事件，创造积极的工作环境，提升员工的工作情绪和工作绩效。

3. 指导作用

在情感事件的识别方面，情感事件理论强调识别工作场所中的情感事件，即能够引起员工情绪反应的事件。通过敏锐地观察和了解工作环境中的情感事件，组织可以更好地理解员工的情绪状态和需求。

在情感事件的解释和评估方面，情感事件理论认为员工对情感事件的解释和评估会影响其情绪反应。在情绪沟通中，组织要了解员工对特定情感事件的解释和评估，以便更好地理解和回应其情绪反应。

论及情绪表达的有效性,情感事件理论指出情感事件可以引起员工的情绪反应,而情绪表达是情感沟通的重要组成部分。在情绪沟通中,情感事件理论要求员工明确和真实地表达情绪,以促进共情和相互理解。

谈及情感调节策略的应用,情感事件理论强调员工的情感调节策略对情绪反应的调节作用。在情绪沟通中,组织可以教导员工采用有效的情感调节策略,如情绪转移、积极重评和情绪表达等,以帮助他们更好地应对情感事件和管理情绪。

除此之外,情感事件理论还强调情感事件的影响和反馈,情感事件会对员工的情绪和行为产生影响。在情绪沟通中,组织需要关注情感事件对员工的影响,并提供适当的反馈和支持,以促进其产生积极情绪和合作行为。

五、实务操作

本书依据辩证沟通思维,以及情绪 ABC 理论、情感事件理论,对情绪沟通提出如下建议。

(一)拥抱情绪,拥抱自我

要使情绪表达适当,个体可以通过不同方式勇敢地拥抱自己的情绪,承认自己的情绪的存在,具体如下。

自我反省。个体在进行情绪沟通之前,可以反思一下自己的情绪状态,确定自己的情绪感受和表达的目标。

使用具体的语言。个体可以用具体的语言表达自己的情绪,如"我感觉……""我觉得……"等。

询问对方的理解程度。个体在表达情绪后,应询问对方是否理解自己的意思,如果没有,可以再次说明。

倾听对方的反馈。个体在倾听对方的反馈时,应尝试从对方的角度思考,注意避免自己的情绪影响到对方。

表达积极情绪。个体应尽可能地表达积极的情绪,避免表达负面情绪。

练习情绪表达。个体可以通过练习情绪表达,提高表达能力和沟通效果。

寻求专业帮助。如果情绪表达困难严重影响了生活和工作,个体可以寻求心理咨询师或治疗师的帮助。

(二)控制情绪,换位思考

案例 5-5 篱笆上的铁钉

从前,有一个脾气很坏的男孩。为了改变男孩的坏脾气,他的爸爸给了他一袋钉子,告诉他,每次发脾气或跟别人吵架以后,就在院子的篱笆上钉一根钉子。第一天,男孩钉了 37 根钉子。他觉得钉钉子很麻烦,便在以后的日子里,慢慢开始学着控制自己的脾气。他发现,控制自己的脾气实际上比钉钉子要容易得多。渐渐地,他每天钉的钉子越来越少了,终于有一天,他一根钉子都没有钉,他高兴地把这件事告诉了爸爸。

爸爸说："从今以后，如果你一天都没有发脾气，就可以从篱笆上拔掉一根钉子。"男孩也照做了。日子一天一天过去，篱笆上的钉子被全部拔光了。爸爸带他来到篱笆边，对他说："儿子，你做得很好，可是，看看篱笆上的钉孔吧，这些钉孔永远也不可能恢复成原来的样子了。正如你和一个人吵架，说了些难听的话，你就会在他心里留下一个伤口。"

（资料来源：笔者依据相关资料整理）

为了避免因情绪表达不当而阻碍情绪沟通，个体需要提升情绪控制能力，具体可以通过以下方式进行（见案例5-5）。

选择合适的表达方式。个体应根据自己的情绪状态和表达目的，选择合适的表达方式，用适当的语气、语速、身体语言来表达情绪。

尊重他人的感受。在表达情绪的同时，个体应换位思考，尊重他人，避免伤害他人。

保持理性。在情绪沟通中，个体应尽量避免情绪激烈，保持冷静和理智，避免言语冲突和过激行为。

适时调整自己的情绪。如果自己的情绪过于激烈或不当，个体可以暂停与对方沟通、适时调整自己的情绪，避免影响情绪沟通的效果。

倾听对方的反馈。在情绪沟通中，个体应倾听对方的反馈，理解对方的情绪和意见，尽量协调好双方的情绪和利益。

提升情绪管理能力。通过学习和实践情绪管理技巧，个体可以提高自己的情绪表达和情绪管理能力，避免出现情绪表达不当的问题。

（三）释放情绪，减轻包袱

个体在进行情绪沟通中为避免压抑或回避情绪的问题，可以尝试以下方法。

意识到自己的情绪，不要否认或避免它。认可自己的情绪并尝试接受它，可以帮助个体更好地控制情绪。

学会有效的情绪管理技巧，如深呼吸、放松练习和冥想等方法，这些技巧可以帮助个体控制和缓解情绪，避免情绪过于激烈或表达不当。

尝试将情绪转化为语言，并表达出来。这可以帮助个体更好地理解自己的情绪，同时也有助于与他人保持良好的沟通和理解。

保持开放和接纳的态度，尝试理解他人的观点和感受。这有助于个体减少冲突和产生不良情绪的产生，从而避免压抑或回避情绪。

找到适当的时机和地点，与信任的人分享自己的情绪。这有助于减轻情绪压力，提高情绪健康水平和心理健康水平。

（四）尊重差异，拥抱多元

针对个体差异带来的差异化的性格与情感表达方式，个体为更好地开展情绪沟通需要做到如下几点。

认识到原生家庭可能带来的消极影响，并勇于切断。个体要正确认识到原生家庭带来的差异，努力补齐受原生家庭影响所形成的沟通短板，"取其精华，去其糟粕"，好的继续发扬光大，不好的积极改正。在交际时，个体不要只盯着对方的不足，用原生家庭存在的问题去武断地判定对方，也不要搞特殊对待，揭人伤疤。在明确认识原生家庭差异的基础上，个体要尊重对方的差异，了解他人的优势与不足，采取有针对性的沟通策略。同时个体也要意识到，改变固有差异是不现实的，自我改变、自我成长，才是辩证沟通思维的体现。

学会接受他人的不同文化背景、性别、年龄、宗教信仰等。这有助于个体避免过度一般化地或以刻板印象看待他人。除此之外，在与他人沟通时，个体需要保持开放心态，尝试理解他人的情感和需求，不要过早下结论或给予评价。

（五）管理情绪，快乐自我

个体需要在情绪沟通中学习如何表达自己的情绪，并学会在自我沟通中评估自己的情绪状态。通过以下方式，个体可以更好地管理自己的情绪，并在与他人交往时更加自信和有力。

感知自己的情绪状态。个体需要注意自己的情绪变化，及时察觉自己的情绪状态，了解情绪是何时出现的，以及出现的原因和产生的影响。

接受自己的情绪状态。个体需要接受自己的情绪状态，并理解每种情绪状态都有其存在的合理性。

识别情绪触发因素。个体需要了解自己的情绪触发因素，即什么引起了自己的情绪变化。

评估自己的情绪状态。个体需要评估自己的情绪状态是否适当，以及是否需要采取措施来调节自己的情绪。

控制情绪状态。个体需要学会控制自己的情绪状态，以便更好地应对不同的情境和挑战。

六、思考题

1. 情绪沟通有哪些原则？
2. 在实践中，我们应如何有效地运用情绪沟通的原则来提高自我沟通的质量？
3. 如果在与一个情绪压抑的人进行沟通时，感觉对方一直在回避某个话题，我们该如何处理？请提出至少两种可能的解决方案，并说明原因。

第六章　目标沟通

本章目标

1. 引导读者明白什么是目标沟通，以及目标沟通的要点、原则。
2. 帮助读者理解目标明确、规划清晰在目标沟通过程中的作用。
3. 引导读者了解目标管理理论和目标定向理论及其对于目标沟通的指导作用。

本章要点

1. 目标沟通是指在沟通过程中，个体明确地传达特定的目标或目的，以便确保对话的有效性。目标沟通需要把握要点，并遵循一定的原则。
2. 个体应结合"换位思考"原则，将自己的目标和需求与他人的目标和需求结合，实现多赢与效率的提升；能够在目标沟通过程中应用目标管理理论和目标定向理论，提高目标达成的效率和质量。
3. 个体应运用目标沟通的技巧和方法，与他人进行有目的的沟通和协商，提高沟通效果和合作质量，建立良好的人际关系和团队合作氛围。同时，个体要对目标达成情况进行监控和反馈，及时调整目标实施计划，提高目标实现的成功率。

> "没有目标而生活，恰如没有罗盘而航行。" ——伊曼努尔·康德（Immanuel Kant，1724.04.22—1804.02.12）

一、引导案例

案例6-1　长安的荔枝如何来

"一骑红尘妃子笑，无人知是荔枝来。"荔枝鲜嫩多汁，口味甜美，引得杨贵妃也为其折腰，沉迷于其甜美之中。但荔枝多生于气候湿热的岭南地区，"一日色变，两日香变，三日味变"，怎样才能在短时间内将荔枝保鲜、保质地运至长安作为贵妃诞辰献礼呢？小说《长安的荔枝》展开了合理的想象，它讲述了一项将鲜荔枝运逾千里之距的艰难差事，通过小官视角折射安史之乱前的大唐。

小说主角是唐玄宗时期的从九品上林署监事，50多岁的李善德。贵妃诞辰3个月前，皇帝向上林署下达在贵妃诞辰前从岭南运鲜荔枝到长安的任务。任务发布时，李善德正在城内置办自己的房产，由于自己平时在上林署与同僚沟通得并不密切，这个"烫手山芋"几经同僚推脱被上林署直接委派与他,美其名曰"荔枝使"。

李善德虽然苦闷但并未让负面情绪耽误自己的工作进程。为了解决千里运送荔枝的难题,数理背景出身的李善德到岭南实地了解后,充分发挥自身优势,将这一任务划分为两个目标:一是延长荔枝的保鲜时间,二是缩短运输时间。5千里的路程,路线有很多,选择哪条路线可以有效节省运输时间?沿途山河相间,怎样实现运输平稳过渡?沿途运输中,荔枝存在损耗,如何实现荔枝损耗最小化?岭南到长安路途遥远,如何保证荔枝新鲜少腐烂?荔枝保鲜用冰镇法还是盐渍法?用什么容器储存荔枝?长途运输中人和马如何交替换班?针对这些问题,李善德都反复试验、规划和部署。

为了实现第一个目标,李善德向当地种植荔枝的农女学习了荔枝保鲜的方法,包括"植瓮之法""盐洗隔水之法",同时开展了运输试验,他派人带着装满了荔枝的双层瓮,从四条路同时出发。第一条走梅关道,过虔州、鄂州、随州,与李善德来时的路一致;第二条走西京道,这是一条自东汉即修建的谷道,自乳原至郴州、衡州、谭州而至江陵,是直线距离最近的一条;第三条也走梅关道,但过江之后,直线北进至宿州,加入到大唐的江淮漕运路线,沿汴河、黄河、洛水至京城;第四条则直接登舟,由珠江入溱水、浈水,过梅关而入赣水,至长江上溯至汉水、襄州,再转陆运走商州道。经过试验,他得出结论:在前两日的变色期,双层瓮能有效抑制荔枝变化,但一旦进入香变期之后,腐化便一发不可收拾。为实现第二个目标,李善德借用自己"荔枝使"的名号,广泛动员一切力量。最终李善德不辱使命,成功在11日之内保鲜、保质地将荔枝运达宫廷。

(资料来源:马伯庸. 长安的荔枝[M]. 长沙:湖南文艺出版社,2022.)

带着问题学习

1. 什么是目标沟通?开展目标沟通的要点是什么?
2. 现实中目标沟通面临哪些问题?如何有效应对?
3. 什么是目标管理理论?个体应如何在沟通中应用它?

二、目标沟通概述

(一)目标沟通的内涵

目标沟通是指在沟通过程中,个体明确地传达特定的目标或目的,以确保对话的有效性。这种沟通可以在个人、团队或组织层面进行,可以涉及各种主题和目的,如解决问题、制订计划、达成共识、促进合作等。通过目标沟通,沟通的参与者可以更清楚地了解各自所需要达成的目标,并采取行动来实现目标。

(二)开展目标沟通的要点

目标沟通的要点包括以下几个方面。

目标和目的。明确的沟通目标和目的是目标沟通的核心要件,包括确定所要达到的目标、目标的具体内容和范围、达成目标的时间和方式。

计划和策略。在确定沟通目标和目的之后,个人或组织需要制定具体的计划和策略,以实现目标，包括制订具体的行动计划、确定资源和工具的需求、分配任务和责任。

反馈和评估。在目标沟通的过程中，个体或组织需要不断进行反馈和评估，以了解沟通的效果和成果，包括收集各方的反馈和意见、分析和评估沟通的效果、调整和优化沟通策略等。

合作和协作。目标沟通通常需要各方的合作和协作，以实现共同的目标。可能需要多方建立合作关系、协商和达成共识、共同解决问题。

交流和互动。在目标沟通的过程中，个体或组织需要进行有效的交流和互动，以促进沟通的成功。个体需要倾听和理解对方的意见和需求，及时给予反馈和回应，解决沟通中的问题。

（三）高效目标沟通的原则

目标沟通是一种重要的沟通方式，为了有效地实现沟通的目标，参与者在目标沟通过程中需要遵守如下原则。

明确性高。在进行目标沟通时，参与者需要明确沟通的目标和目的，包括清楚地定义所要达到的目标是什么，为什么需要达到这个目标，以及通过沟通可以实现什么目的。

针对性强。目标沟通应该具有很强的针对性，即关注和探讨与目标直接相关的问题。参与者应该把精力集中在与目标相关的信息和事项上，避免过多的无关信息干扰。

双向沟通。目标沟通应该是一种双向的沟通过程，参与者之间需要进行有效的交流和互动，包括倾听对方的意见和建议，给予及时的反馈和回应，并在沟通中共同探讨和解决问题。

合适的沟通方式和渠道。参与者需要明确使用何种沟通方式和渠道进行沟通。不同的目标和情境可能需要采用不同的沟通方式和渠道，如面对面会议、电话、电子邮件、文字信息等，参与者需要根据具体情况选择合适的沟通方式和渠道。

透明和真实。目标沟通应该是透明和真实的，参与者应该坦诚地分享信息、观点和意见。隐藏信息或态度虚伪可能导致沟通不畅或关系破裂，从而影响目标的实现。

灵活性和调整性。目标沟通应该具有灵活性和调整性，参与者需要根据实际情况灵活地调整沟通策略和计划。如果发现沟通效果不如预期，参与者应及时调整沟通方式和内容，以提高沟通的效果。

持续性和追踪性。目标沟通应该是持续性的过程，参与者需要跟踪和评估沟通的效果，并及时进行反馈和调整。持续的沟通可以保持目标的一致性，并确保目标的实现能够得到有效的监督和管理。

（四）目标沟通的作用

目标沟通是个体、团队和组织达成共同目标的关键环节，有助于提高工作效率和质量，减少沟通误解和冲突，激发参与者的动力和意愿。目标沟通的作用包括以下几个方面。

促进达成共识和理解。目标沟通可以让参与者明确目标和目的，理解任务要求，从而达成共识。

提高协作效率。目标沟通可以明确各个参与者的角色和职责，使其协调合作以实现目标，减少重复和冲突，提高协作效率。

增强动力和意愿。目标沟通可以激发参与者的积极性和增强其责任感，激发其工作动力和意愿，推动目标的实现。

提高工作质量。目标沟通可以确保参与者了解任务要求，共享和交流信息和数据，及时调整工作计划和方案，提高工作质量和效率。

实现目标。目标沟通是实现目标的必要前提条件之一。只有参与者进行有效的沟通，才能协调各方资源，共同努力实现目标。

三、现实问题

（一）目标不明确

个体在目标沟通过程中出现的目标不明确问题，指的是个体对于目标的设定不够明确、具体，或者对于目标的实质和要求理解不够深入。如果个体不能准确把握目标，就无法有效地实现目标。个体在设定目标时，需要考虑目标的具体内容、要求、达成时间、实现方式等方面，这些要素的不确定性会导致目标不明确。另外，个体对于目标的实质和要求的理解也可能存在偏差，这也会导致目标的不明确。如果目标不明确，个体就无法明确自己应该如何行动，以及达成目标需要做哪些具体的事情。目标不明确的具体表现如下。

目标模糊不清。个体对于目标设定的具体内容和要求缺乏明确的描述，可能存在模糊不清的情况，难以把握目标的核心要素和实质。如果没有明确的目标和实现计划，个体便无法确定自己的行动方向。

目标设定不具体。个体设定的目标过于笼统，缺乏具体的时间、数量、质量等明确的要求，无法衡量目标的完成程度和达成效果，难以评估自己的成果和进步程度。

目标可行性不强。个体设定的目标过于超出自身能力和资源的限制，导致个体缺乏执行力和动力，容易受到外界干扰和分散注意力，无法集中精力完成任务，难以坚持和实现目标。

目标缺乏明确的实现方式和行动计划。个体没有设定具体的实现方式和行动计划，导致无法将目标转化为可执行的任务和步骤。

（二）目标理解不清

个体在目标沟通过程中出现的目标理解不清问题，主要表现为个体对于目标的含义、要求、实现方式等方面存在模糊、不清晰的理解。具体来说，可能表现为以下情况。

对于目标的含义和要求理解不清。个体无法准确理解目标的含义和要求，可能导致目标执行方向不明确、执行方式不清楚。如果个体对目标的含义和要求理解不清，就无法准确把握目标的实现方向，导致实现过程的偏离和错位，出现误解和偏差，导致执行过程中出现困惑、迷茫和犹豫不决等问题。例如，销售人员的目标是提高销售额，但如果公司没有明确指出是通过增加客户数量还是增加单个客户的消费金额来实现目标，就容易导致销售人员理解偏差，进而影响目标的实现。

对于目标的实现方式理解不清。个体可能无法理解如何实现目标，缺乏具体的实施计划和行动方案。例如，一个团队的目标是开发一款新的产品，但如果团队没有明确指出如何分工、如何调配资源、如何协调合作等实施计划，就容易导致团队成员无从下手，进而影响目标的实现。

对于目标评估指标理解不清。个体可能无法理解如何评估目标的实现情况，缺乏明确的评估指标，无法衡量绩效。例如，一个项目的目标是按时完成，但如果没有明确指出按时完成的标准和要求，就容易导致个体无法确定项目完成情况是否符合要求，进而影响目标的实现。

对于目标意义和价值缺乏认知。个体可能缺乏对目标意义和价值的认知，缺乏动力和积极性去实现目标。例如，一个员工的目标是提高绩效，但如果没有明确指出提高绩效的意义和价值，员工可能缺乏动力和积极性去实现目标，会浪费时间和资源去完成与目标无关的任务，而忽略了真正重要的事情。

（三）多目标冲突

在目标沟通过程中，个体可能需要同时完成多个目标。这些目标可能是不同方面的，如个人目标、团队目标或组织目标，也可能存在优先级或权重不同的情况。当这些目标之间存在矛盾或冲突时，就会出现多目标冲突问题（见案例6-2）。

多目标冲突的出现通常与目标设定和沟通不清晰有关。可能是目标之间的关系和优先级没有明确的规定，也可能是目标之间存在冲突或竞争关系，导致个体难以同时实现它们。例如，一个销售代表可能需要同时完成增加销售额和提高客户满意度两个目标，但在某些情况下，为了达到增加销售额的目标，他可能需要采用某些策略而忽略提高客户满意度的问题，这就会对客户关系造成负面影响。另外，如果一个员工同时受到多个上级领导的指导，可能会遇到任务和优先级之间的冲突，这可能会导致他工作效率低下或延误工作。

多目标冲突对于目标沟通有以下负面影响。

任务完成难度和复杂度增加。当个体需要同时完成多个目标时，任务完成的难度和复杂度会增加。如果这些目标之间存在冲突或矛盾，会导致任务完成起来更加困难。

工作效率下降。多目标冲突会分散个体的精力和注意力，导致工作效率下降。此外，个体在权衡各目标时可能会陷入困境，导致决策时间长、目标完成效果差。

绩效受损。多目标冲突会导致任务的延迟、质量下降或无法完成等问题，从而影响个体的绩效和评价结果。

沟通失效。多目标冲突可能导致个体在沟通过程中出现误解或不理解对方的意图，从而使目标沟通失效。

案例6-2　多目标实现过程难

在一家快消品公司中，销售部门的经理小文接到了一项任务，要求在下一个季度内增加销售额、提高客户满意度、降低成本。这3个目标看起来很好实现，但实际上，它们存在着冲突。小文开始忙碌地策划活动，增加广告投放和开展促销活动，以增加销售额和提高客户满意度。但是，由于缺乏对成本的关注，这些活动带来的成本增加远远超过了预期。

当公司领导发现成本超支时，要求小文解释原因并采取措施降低成本。小文意识到自己忽略了降低成本这个目标，开始在降低成本和增加销售额之间权衡。他决定减少开展促销活动和广告投放的费用，以降低成本，但这导致了销售额的下降，客户不满意度的上升，以及一些客户开始转向竞争对手。最终，公司领导对小文的表现感到失望，认为小文没有达到任务要求。

（资料来源：笔者依据相关资料整理）

（四）忽视对方的目标和需求

个体在目标沟通过程中出现的忽视对方的目标和需求问题，是指在目标沟通过程中，个体过于关注自己的目标和需求，而忽视了对方的目标和需求，从而导致双方无法有效沟通和协作，甚至出现矛盾和冲突的情况。个体在目标沟通过程中忽视对方的目标和需求、过于关注自己的目标和需求，这种现象可能会导致以下问题（见案例6-3）。

信息不对称。一方忽视对方的目标和需求，可能会导致双方信息不对称。例如，一方过于关注自己的目标和需求，而忽略了对方的目标和需求，就有可能无法完全理解对方的意图和需求，进而导致信息不对称。

缺乏共识。一方忽视对方的目标和需求，可能会导致双方缺乏共识。例如，当一方仅仅关注自己的目标和需求时，就有可能无法理解对方的立场和观点，进而导致缺乏共识。

产生信任危机。一方忽视对方的目标和需求，可能会导致双方产生信任危机。当一方过于关注自己的目标和需求时，就有可能使对方感到被忽视和不被重视，从而破坏沟通双方的信任和合作的基础。

沟通效果不佳。个体忽视对方的目标和需求，可能会导致对方不愿意听取和接受自己的目标和观点，从而使沟通变得无效。

沟通关系恶化。个体忽视对方的目标和需求，可能会引起对方的不满，造成沟通关系恶化，进而影响双方的合作。

> **案例6-3　忽视需求，客户流失**
>
> 某公司的销售团队在推广的一个新产品，是一种智能化的家用电器，拥有很多高端功能。销售团队在推广时，几乎是将这个产品强行推销给客户，并没有真正地去了解客户的需求和痛点。
>
> 客户反馈，虽然这个产品很有吸引力，但他们更关注的是产品的易用性和便捷性，因为这个产品是为普通家庭设计的，而不是供专业人士使用的高端电器。销售团队并没有听取客户的意见，继续向客户推销产品。
>
> 最终，这个产品在市场上的表现并不理想，销售额并没有达到预期。同时，由于客户没有得到满意的服务，产品的口碑也在不断下降，对公司的声誉产生了负面影响。
>
> （资料来源：笔者依据相关资料整理）

（五）缺乏动机

在目标沟通过程中，个体缺乏动机是指个体缺乏对目标的兴趣、动力和热情，进而对目标的实现缺乏积极性和主动性。这种情况可能会导致以下问题。

缺乏努力。缺乏动机的个体可能没有足够的动力去实现目标，从而表现出懒惰、消极的态度，缺乏积极性和参与度，不主动参与目标的讨论和制定，甚至在沟通过程中表现出消极和抵触情绪。

产生拖延行为。缺乏动机的个体可能不愿意承担实现目标的责任，对目标的实现持漠不关心的态度，推迟完成目标，这将导致目标实现的困难度提升，影响目标的实现进程。

降低效率。缺乏动机的个体可能会在目标实现的过程中遇到困难时感到沮丧，从而导致执行效率降低，缺乏对目标实现的坚定信念和信心，一旦遇到困难和挫折，就会容易放弃。

目标实现失败或实现质量低下。缺乏动机的个体可能无法坚持完成目标，缺乏对目标实现的热情和投入，缺乏高效的工作方法和技能，从而导致目标实现失败或实现质量低下，无法满足预期效果。

个体在目标沟通过程中缺乏动机，意味着其对于目标实现的重要性、意义和价值缺乏兴趣和激情。这可能是由于目标过于抽象、模糊，或者个体对于目标实现的结果缺乏清晰的认识。在这种情况下，个体可能缺乏实现目标的主动性、积极性和动力，导致目标难以达成或只能得到低质量的实现。例如，一个销售人员可能缺乏完成增加销售额这个目标的动机，因为他没有意识到完成目标的重要性及目标实现对于自身职业发展和公司利益的影响。这将导致他缺乏努力，只完成基本的销售任务，无法实现公司设定的销售目标。

因此，在目标沟通过程中，鼓励个体的动机是非常重要的。只有个体真正地认同和理解目标实现的意义和价值，并愿意为之付出努力，才能够有效地推动目标的实现。

（六）缺乏规划

个体在目标沟通过程中出现的缺乏规划的问题，指的是个体在制定目标后，缺乏具体的计划和行动步骤来实现目标，没有考虑实现目标所需的时间、资源、能力和行动计划等方面的问题。在目标沟通中，如果个体缺乏规划，很可能会对如何实现目标感到困惑，从而导致实现目标的困难和失败（见案例6-4）。具体来说，可能存在以下问题。

规划不具体和不明确。个体可能没有具体和明确的规划，导致无法判断进展。这意味着个体可能没有充分考虑如何实现目标，从而导致实现目标的困难。

缺乏时间管理能力。个体可能没有充分考虑实现目标所需的时间，缺乏时间管理能力，目标实现效率低下，导致无法按计划完成任务。

忽视资源和能力。个体可能没有考虑到自己的资源和能力是否足够实现目标，没有明确的计划和步骤，可能会试错多次，浪费时间和资源，导致无法完成任务或完成任务的效果不佳。

缺乏风险管理意识。个体可能没有考虑到实现目标的风险和挑战，没有做好应对风险的准备，导致当出现问题时无法及时解决。

案例6-4　缺乏规划，行动陷入困境

某公司在业务发展过程中，缺乏短期、中期和长期规划，导致了一系列问题的发生。在短期规划方面，公司没有考虑到市场的变化和竞争对手的策略，没有及时调整自己的市场策略，导致销售业绩的下降。在中期规划方面，公司没有明确自己的核心业务和发展方向，导致公司业务的分散和经营策略的混乱。在长期规划方面，公司没有考虑到自身的发展和行业的趋势，缺乏创新性和战略性的思考，导致竞争优势的缺失。

由于缺乏规划，公司还面临着很多的问题和挑战，如员工流失、市场份额下降、盈利能力降低等。公司领导层也因此频繁更换经营策略，导致公司形象受损和市场对该公司的信心下降，进一步加剧了公司的困境。

（资料来源：笔者依据相关资料整理）

四、理论基础

（一）目标管理理论

1. 理论来源

目标管理理论是由管理学家彼得·德鲁克（Peter Drucker）在20世纪50年代和60年代提出的，之后由美国心理学家埃德温·A.洛克（Edwin A. Locke）和加里·P.莱瑟姆（Gary P. Latham）等学者发展壮大，它是组织行为学领域中的一个重要理论。目标管理理论是指将目标设定为管理的核心，通过制定明确的目标和计划，来指导组织和个体的行为与决策，从而实现组织和个体的目标。埃德温·洛克和加里·莱瑟姆是目标管理理论的主要代表人物，他们研究了目标设置和目标管理对于个体和组织绩效的影响。目标管理理论的发展主要集中于研究目标的设置、激励机制和实现过程。它经历了多个阶段的理论发展和实证研究，逐渐形成了较为完整的理论框架。

2. 理论内容

目标管理理论是一种以目标为核心的管理理论，通过设定、分解、评估目标，以及实施绩效管理和激励机制等手段，来指导组织和个体的行为与决策，以提高工作效率和质量，实现个体和组织的目标。具体内容包括以下几个方面。

目标设定。目标管理理论强调设定具体、可度量、可达成的目标，这些目标应该与组织的愿景、使命和战略一致，能够激发人们的工作动力和意愿。

目标分解。目标管理理论强调将高层次的目标分解为具体的任务和活动，以便于组织和个体能够理解和实现目标。在这个过程中需要将目标逐步分解、细化，明确责任，以便于每个人都能够清晰地知道自己的任务和职责。

目标评估。目标管理理论强调通过定期的目标评估来检验目标的完成情况，及时调整目标和计划，以确保组织和个体能够实现目标。

绩效管理。目标管理理论强调通过绩效管理来鼓励和奖励目标达成者，以及识别和纠正未达成目标者的问题。在这个过程中个体和组织需要建立明确的绩效指标和考核标准，及时反馈和纠正不足，以提高绩效。

激励机制。目标管理理论强调通过激励机制来激发人们的工作动力和意愿，以达成目标。在这个过程中个体和组织需要建立合理的激励机制，包括物质奖励和非物质奖励，以激发积极性和创造力。

3. 指导作用

目标管理理论对于目标沟通具有一定的指导作用。目标管理理论强调了目标的设定、绩效评估、反馈和自我调节等重要方面，这些内容也可以应用到目标沟通中。

首先，目标管理理论指导个体在目标设定阶段考虑目标的具体性、可衡量性和挑战性，这些因素也可以用于指导目标沟通的内容和表达方式。在目标沟通中，个体需要确保目标明确、具体，并能够被理解和接受。

其次，目标管理理论强调了反馈机制的重要性。在目标沟通中，个体需要建立起有效的反馈机制，及时了解目标实现情况，以便及时调整目标和计划。

最后，目标管理理论也提倡个体的自我调节和自我监督，这在目标沟通中同样具有指导意义。个体需要做到自行检查目标实现进度，并根据需要调整自己的行为和策略，以更好地实现目标。

（二）目标定向理论

1．理论来源

目标定向理论（Goal Orientation Theory）是由美国心理学家卡罗尔·S.德韦克（Carol S. Dweck）和艾略特·德韦克（Elliot Dweck）提出的，该理论主要研究个体在学习和成就方面的目标定向及其对学习动机和表现的影响。卡罗尔·德韦克和艾略特·德韦克是目标定向理论的主要代表人物。目标定向理论的研究集中在个体对待成就和学习的态度和心态上，探索了目标定向对个体学习、努力和成就的影响。

2．理论内容

目标定向理论的发展主要集中在研究目标定向的不同类型、形成过程和对学习动机的影响上。该理论已经被广泛研究和应用于教育、组织行为和体育等领域。该理论的具体内容包括以下几个方面。

目标定向类型。该理论提出了两种主要的目标定向类型：表现目标定向和学习目标定向。表现目标定向是指个体主要关注外部评价和比较，追求通过展示自己的能力而取得成功。学习目标定向是指个体主要关注个人成长和进步，追求通过学习和发展自己的能力而取得成功。

目标定向的形成。目标定向是通过个体的认知和社会化过程形成的。个体的认知观念、自我感知和周围环境的影响都会对其目标定向产生影响。

目标定向对学习动机和表现的影响。目标定向对个体的学习动机和表现具有重要影响。学习目标定向与积极的学习动机和持久的努力相关，有助于个体追求深入学习和取得长期成就。表现目标定向与比较和外部认可相关，可能导致个体关注表面性的学习和短期成就。

发展和培养目标定向。目标定向可以通过教育和环境干预来发展和培养。提供支持性和鼓励性的学习环境，提供明确的目标和反馈，以及培养积极的自我感知，可以帮助个体培养学习目标定向和增强学习动机。

3．指导作用

目标定向理论是一种以目标为导向的心理学理论，通过设定具体的、具有挑战性的目标，建立有效的反馈机制，鼓励个体自我调节和提高任务复杂性，以激发个体的动机，从而提高绩效和表现。目标定向理论强调了目标的定向和导向作用，对于目标沟通也具有一定的指导作用。

首先，明确目标。目标定向理论强调目标的明确性和可度量性。在目标沟通中，明确、清晰的目标可以帮助沟通双方准确理解和对齐目标的内容和期望。确切的目标描述可以减少歧义和误解，提高沟通的效果。

其次，强调学习目标。目标定向理论提倡学习目标定向，即关注个体的学习和发展。在目标沟通中，强调学习目标可以鼓励双方关注知识、技能和成长，而非仅仅关注绩效或结果。这种以学习目标为导向的沟通可以激发个体的内在动机，促进持久的努力和培养积极的学习态度。

再次，提供挑战和支持。目标定向理论强调提供适度的挑战和支持，以促进个体的学习和成长。在目标沟通中，有效的沟通者会了解个体的能力水平和学习需求，提供恰当的挑战，并提供支持和资源以帮助其实现目标。这种提供挑战与支持的沟通方式可以激发个体的积极性，促进目标的实现。

最后，鼓励自我评价和反馈。目标定向理论强调个体对自身能力和进步的评价和反馈的重要性。在目标沟通中，鼓励个体进行自我评价和反思，并提供及时和具体的反馈，有助于个体调整行动，实现目标的提高。通过鼓励自我评价和反馈，可以促进个体的学习和发展。

五、实务操作

本书依据辩证沟通思维，以及目标管理理论、目标定向理论，对情绪沟通提出如下建议。

（一）明确目标，减少偏差

个体在目标沟通过程中可以采取以下措施来避免目标不明确的问题。

明确目标。在目标沟通开始之前，清楚地定义和明确自己的目标，包括确保目标具体、可衡量、可达成、相关性和时间限制。

提出问题。在目标沟通过程中，主动提出问题以明确对方的期望和目标，确保双方都理解和认可目标。

清晰的沟通。尽量用简单、明确和易于理解的语言进行沟通，避免使用含糊不清的术语或表达方式。

寻求反馈。主动向对方寻求反馈以确保自己的目标是否被理解和认可。如果发现存在误解或不一致之处，个体应该及时解决。

（二）理解目标，提升效率

个体在目标沟通过程中，为避免目标理解不清，可以采取以下几个方面的措施。

明确沟通目的。在目标沟通之前，明确双方的目的，确保双方对目标的理解的一致性，防止出现由于目标不清晰导致理解不清的问题。

使用清晰的语言。在目标沟通过程中，使用简单、明了的语言，让对方更易于理解，减少产生误解的可能。

有效地倾听对方。在目标沟通中，倾听对方的意见和建议，了解对方的观点和需求，从而更好地理解对方对目标的理解和期望。

进行反馈和确认。在目标沟通过程中，及时向对方反馈自己的理解和想法，并向对方进行确认，确保自己对目标的理解准确无误。

记录沟通内容。在目标沟通结束后，及时记录沟通的内容和结果，以便后续跟进，同时也可以帮助双方更好地理解和达成共识。

（三）评判价值，明确重点

个体在目标沟通过程中可以采取以下措施来避免多目标冲突问题。

明确主要目标。在开始目标沟通之前，明确最重要的目标是什么，以确保所有的决策都是针对该目标的。

设定优先级。对于多个目标，按照优先级对其进行排序，以确保所有行动都是以最高优先级的目标为基础的。

沟通透彻。确保所有人都清楚地理解每个目标的含义和意义。通过明确的定义和说明来澄清任何可能产生歧义的问题。

合作协作。如果存在多个涉及不同个体的目标，个体之间需要确保协作与合作，以实现共同的目标。

不断评估。目标沟通是一个持续的过程。因此，个体需要不断评估和衡量目标实现程度，并且根据环境变化进行调整。

（四）换位思考，实现共赢

个体在目标沟通过程中要避免忽视对方的目标和需求问题，可以从以下几个方面入手。

倾听对方。在沟通过程中，积极倾听对方的目标和需求，了解对方的立场和感受，尊重对方的意见和想法。

理解对方。在倾听对方的同时，尝试从对方的角度看待问题，了解对方的需求和期望，从而更好地满足对方的需求。

双赢思维。在目标沟通中，采用双赢思维，即以合作的方式解决问题，这样既能满足自己的利益，也能满足对方的利益。在解决问题的过程中，尽可能地考虑双方的需求和利益，避免把自己的意见和需求强加给对方。

建立良好的人际关系。在目标沟通中，建立良好的人际关系是非常重要的。通过建立良好的人际关系，个体之间可以增加对彼此的信任和理解，提高沟通效果，避免忽视对方的目标和需求。

（五）阶段规划，积极激励

个体在目标沟通过程中可以采取以下方法来避免缺乏动机和规划的问题。

设定明确的目标。在目标沟通过程中，确保所设定的目标是明确、具体和可衡量的。明确的目标能够激发个体的动机和意愿，有助于个体更加积极地参与目标沟通，并制定相应的规划。

确认动机因素。了解个体参与目标沟通的动机因素，如个体对目标的重要性、个人利益、职业发展等因素，可以有针对性地激发个体的动机，促使其更加积极地参与目标沟通。

制定明确的规划。在目标沟通过程中，制定明确的规划，包括目标的实现步骤、时间安排、资源调配等，可以帮助个体更好地掌握目标的实现路径和方式，避免缺乏规划导致的不确定性和动力不足。

提供支持和资源。为个体提供必要的支持和资源，包括信息、工具、培训等，有助于提高其参与目标沟通过程的积极性和能力，从而避免因缺乏支持和资源而导致的动机不足和规划不明确问题。

激发兴趣和参与度。激发个体的兴趣和参与度，使其更加主动地参与目标沟通。例如，可以邀请个体参与制定目标的过程，充分发挥其主观能动性和创造性，从而激发其兴趣和参与度。

追踪和反馈。在目标沟通过程中，定期追踪和反馈个体的进展情况，及时给予肯定和认可，同时提供建设性的反馈和指导，帮助个体不断调整和完善自己的规划和行动，增强其动机和规划能力。

（六）依托目标，规划生涯

个体也可以通过目标沟通，积极做好自我沟通，目标沟通与自我沟通的结合可以促进个体更加清晰地理解自己的目标、行动和决策，从而提高个体的自我管理和自我控制能力。具体可以从以下几个方面开展。

目标设定。个体可以通过目标沟通的方式设定具体、可行的目标，将个人目标与团队目标、工作目标与生活目标、学习目标与发展目标逐一具体化，并反思自己的目标是否符合个人的价值观和愿望，以及是否具有可行性和可实现性。

目标传达。个体可以通过自我对话来厘清自己的思路，澄清自己的目标，并进一步强化对目标的信念和意愿。

目标理解。个体可以反思自己的目标是否符合他人的期望和需求，以便更好地与他人协作并达成共同目标。

六、思考题

1. 目标沟通的内涵是什么？
2. 为什么要进行目标沟通？如何开展高效的目标沟通？其要点是什么？
3. 如何将自己的目标和需求与他人的目标和需求结合？
4. 请列举目标管理理论中的几个核心概念，分别解释它们的含义，并说明它们在目标沟通中的应用。

团队沟通篇

第七章　融入沟通

本章目标

1. 引导读者熟悉团队成员，了解不同类型团队的特征，以更好地融入沟通。
2. 帮助读者了解新员工融入团队会遇到的障碍，学习融入团队的主要路径。
3. 引导读者了解团队中两类新领导的特点，学会如何更好地融入团队。

本章要点

1. 融入沟通是每个人都需要面对的重要内容。新成员需要根据团队的类型和特点，选择合适的方法来沟通，以迅速融入团队。

2. 结合组织社会化理论，针对新员工在团队融入过程中，可能会面临的角色与团队关系方面的问题，引导读者了解新员工更快地融入团队可采取的措施，即明确角色定位、在关系构建中尊重他人和以展示特色为目标进行自我提升。

3. 针对团队新领导可能会出现的"新官上任着急烧三把火"问题，引导读者分析内部提拔型领导和外部选拔型领导在融入团队时存在的长处和短处，并让其学会根据团队和自身情况选择合适的融入方式。

> "想要在团队中脱颖而出，你要开始协助别人，而不要等着别人来协助你。"——阿尔弗雷德·阿德勒（Alfred Adler，1870.02.07—1937.05.28）

一、引导案例

案例7-1　"空降兵"与应届生

小周是公司的一名技术骨干，在公司技术团队工作了很多年，属于技术团队的技术型管理人员，对公司的技术与业务了解得比较全面。近期，公司一个中后台团队负责人离职，该团队原有的副手小朱是业务骨干，临时被提拔为负责人。因小朱一直无法适应新的岗位，没过多久公司便调小周去该团队担任负责人，小朱继续担任副职。

小周作为"空降兵"领导，虽然性格比较内敛，但也抱有野心，想大刀阔斧地开创自己的一片天地。空降走马上任后，他立刻投身于新团队的管理中。新团队前期部分人员离职，导致人员短缺，很多工作岗位需要重新分配，小周虽然对该团队的具体工作还不够熟悉，但由于自身技术水平很高，他相信在他的指挥下团队成员可以做好他安排的工作，因此直接进行了工作安排。然而，由于小周对团队成员的特点不是太了解就直接安排了工作，团队成员也不理解小周的工作安排，出现了不满、抵触的情绪，因此工作任务停滞不前。

另外，技术团队员工们从事的并不是一成不变的标准化工作，内容需要创新，而现有的工作环境非常压抑，团队成员们的活跃度和积极性都不高。面对这一系列问题，上级领导对小周能否胜任该团队负责人一职也产生了一定的怀疑，小周作为"空降兵"领导很苦恼。

同样出现问题的还有新入职中后台团队的应届生小陈，作为新员工，小陈还存在工作技能相对欠缺的问题。而目前团队人员短缺，老员工们疲于应对各自繁重的工作，并没有相应的老员工来带他。出于对领导的畏惧，新员工小陈也不敢贸然求教领导小周，他担心领导会认为他能力不足、无法胜任工作而辞退他，因此只能每天在自己的工位上独自摸索。

再加上小陈的人际交往能力和沟通技能不太强，而领导小周平时比较沉默寡言，两人除了工作很少有更多的交流。久而久之，小陈认为自己并没有得到很好的指导，被团队冷处理了，总觉得团队不重视自己，甚至亏待了自己，工作态度也逐渐恶化。

（资料来源：笔者依据相关资料整理）

带着问题学习

1. 在沟通中，技术团队成员具有哪些特点？
2. 小周作为"空降兵"领导，有哪些可以改进的地方？
3. 小陈作为新员工，有哪些可以改进的地方？

二、融入沟通概述

（一）团队类型

个体在加入一个新团队时要注意切断路径依赖，舍弃已有的思维定式，重点分析新团队的类型和特点，并选择合适的方法来融入沟通。

1. 不同业务职责的团队

（1）人力资源团队。

一般情况下，人力资源团队成员大多是女性。与以女性成员为主的团队沟通的基本原则是，多议事，少议人。在沟通过程中，沟通者要注意对方的年龄、性格特征及沟通习惯。沟通者在与这类团队成员沟通时，言语要文明，举止要收敛，说话要有分寸。

（2）技术团队。

技术团队成员的最大特点是其思维方式一般以结果为导向，沟通交流时专业性、目的性强，相对直接。沟通者在与这类团队成员沟通时，要注意沟通效率和目的。

(3) 销售团队。

销售团队成员的特点是其沟通能力一般较强，善于聆听，还具备较强的说服力。销售团队成员通常具有明确的目标，沟通者在与其沟通时要注意强调目标和成果，确保沟通的重点是如何实现销售目标、提升绩效和达成结果。

2．不同层次的团队

(1) 创业团队。

创业团队中的大多数人都能在团队规模较小时，担任高管的职位。因此，在创业成功且企业步入正轨之后，创业团队成员一定要不断地学习，进行自我完善，紧跟时代的变化，及时做出应对。同时，创业团队成员要总结成功的经验，也可以设立某个纪念日等，使优秀的文化得以传承。

(2) 中层团队。

中层团队是组织的中坚力量。作为中层团队成员，不仅要提高自己的非职务影响力，树立良好的形象，营造和谐的团队氛围，还要提高领导能力，增强团队凝聚力。在实际工作中，中层团队成员需要解决方方面面的矛盾和问题。因此，沟通是中层团队成员的重要任务之一。

(3) 高层团队。

很多时候，高层团队成员是受委托来管理团队的，并不一定能为了组织利益而尽职尽责。因此，高层团队成员之间需要不断进行磨合，尽量在工作目标、工作方式上达成一致。同时，高层团队成员在工作过程中注意不要损害组织和他人利益，以免产生团队冲突。

3．不同文化背景的团队

案例7-2　中法文化差异

小赵在一家中法合营企业的市场部工作，他的同事中有一些来自法国，他每天需要面对这些与其有着不同文化背景的同事。小赵发现，由于中法文化的差异，同事间经常因对工作细节的处理方式不同而产生矛盾，法国员工注重逻辑性，而中国员工普遍以结果为导向，不喜欢将简单的事情复杂化。再加上语言的障碍，同事间沟通耗时较长，工作效率低下。

（资料来源：笔者依据相关资料整理）

文化具有异质性，客观认识世界是很重要的。团队新成员融入的团队既可能是中国团队，也可能是中外团队，这就需要其既了解中国人，也了解外国人。团队新成员在与团队中不同文化背景的人沟通时，除了要具备相应的语言能力，还要做到求同存异。团队新成员要建立跨文化沟通思维，了解和尊重双方的文化差异，树立共同的价值观，以提高沟通效率。

(1) 日本团队。

日本团队组织力很强。日本人强调服从组织，成员具有高度的一致性和凝聚力。这种团队的优点是易管理；这种团队的缺点是，团队领导一旦决策失误，就可能导致团队成员盲目服从。

(2) 美国团队。

相对而言，美国人更关注事，对自己的专业非常专一，可能会跳槽很多家公司，但做的都是同样的工作。美国人的人际关系比较疏离，在团队中容易出现各自为政、不断跳槽、归属感不强的问题。

（3）中国团队。

相对而言，中国团队主要有以下特点：其一，中国团队经常以"人大于事"的模式运行，即关注人大于事；其二，中国团队中的规则和标准可能是模糊的、隐性的，成员需要通过一段时间的工作才能明晰；其三，团队中流行"差序格局"文化，成员之间的社会结构较为复杂。

（二）新员工

新员工是指新加入工作团队的非管理岗位员工。在踏入团队大门之后，新员工都需要经历融入团队的过程，此时，新员工处于和团队相互了解、磨合和适应的阶段，或多或少地要面临许多问题和困惑。一般而言，新员工在融入团队时主要面临以下障碍。

1. 岗位融入

新员工可能会因为对新工作流程的不熟悉、职责的模糊、解决问题的能力有限、缺乏对新技术的全面掌握而感到无从下手，从而无法适应工作岗位。新员工还可能会因为发现自身掌握的知识技能与实际工作不匹配，而产生强烈的落差感，进而产生焦虑、不安的情绪。

2. 人际关系

当一个新员工加入一个团队时，由于对该团队各成员的工作态度、价值观和认知的不了解，可能会产生认知偏差。这种认知偏差不仅限于新员工，还可能发生在老员工身上。新员工可能会根据自身的认知和情感对团队各成员进行评价，而老员工也可能会对新员工产生偏见。

3. 团队文化

新员工初入团队时，如果团队要求新员工严格按照规定的时间、流程和方式开展工作，而且新员工自主支配的时间非常有限，那么新员工可能就很难适应。这不仅会抑制新员工能力的发挥，还会阻碍新员工与团队的融合。同时，有些团队的领导与下属之间的边界非常明确，这些领导不会因为新员工的身份而给予其额外的关注和照顾，这可能导致一些新员工感到失落和不安。

（三）新领导

1. 内部提拔型领导

内部提拔型领导一般来自组织或团队内部人员的岗位晋升。这类新领导对团队的经营情况、业务流程都了解得比较透彻，对下属和团队也都比较熟悉，往往了解团队的情况，因而当问题发生时，其能够在短时间内采取有效的措施解决问题，也能够在短时间内有效地磨合团队并对团队成员的工作进行部署，肩负团队生存和发展的重任。

同时，内部提拔型领导可能也在视野、能力等方面存在不足。内部晋升的员工一般情况下在做本职工作时都表现得非常优秀，但这并不代表当其被提拔到一个更高位置的时候，也可以做得很好。一些因为在非管理性的岗位上表现出色而被提拔到管理岗位的员工，可能缺乏关键的领导技能，因此无法达到组织的高期望。另外，内部提拔型领导一般做事比较审慎、保守，在处理事情时更倾向于按照已有的方法。

2. 外部选拔型领导

与内部提拔型领导不同，外部选拔型领导为团队外部招聘而来的"空降兵"领导。这类新领导可能自身能力很强，但由于其是新入职的，对新公司的文化、管理风格、员工关系等都比较陌生，通常需要更长的磨合期。

通常情况下，"空降"过来的领导，在行业内已经做出了一些成绩。这类新领导由于在其他团队里工作，积累了很多经验，因此当被团队引进之后，相当于给团队带来了新鲜血液。再加之外部选拔型领导少了对人际关系的顾忌，在工作上更加放得开。

> **案例7-3　失败的"空降"**
>
> 王先生是一位经验丰富的采购经理，他从一家国内家电龙头企业成长起来，在那里学习到了现代化的管理方法。最近，他加入了一家成长中的企业，成了这家企业的采购经理。上任不久，他发现生产部门总是随意更改订单要求，员工也不熟悉基础的办公软件。尽管他试图融入新的工作环境，但还是感到困惑和不适应，他发现自己无法在这样的环境中工作，最终选择了离职。
>
> 王先生之所以在新的工作环境中遇到困难，是因为虽然他之前所在的公司是一家现代化的集团公司，具备先进的管理方法和标准化流程，但他在那里积累的经验和知识在这家企业中并不适用。而这家企业只看到了王先生之前的成绩，既没有考虑到企业规模和标准化程度的不同，也没有考虑他是否具备融会贯通和创新应用的能力，最终导致了"空降"的失败。
>
> （资料来源：笔者依据相关资料整理）

在案例7-3中，王先生所积累的工作经验都来自原来组织中熟悉的团队和标准化的流程，面对工作环境发生的巨大变化，这位外部选拔型领导在融入新的团队时，出现了无法施展能力的情况。这也是外部选拔型领导面临的比较普遍的问题。

三、现实问题

（一）新员工角色不当

每个人一生都会经历3个阶段，即"自然人→学生人→职业人"，不同的角色，担任着不同的责任。加入团队的新员工也必不可少地要经历角色转换的过程，新员工当疏于心态管理时，容易出现角色错位、角色不当、角色迷失的现象。角色错位最突出的表现就是家庭角色与工作角色混淆不清。角色不当主要表现为不知道自己是谁，不服从管理，喜欢使性子、"撂挑子"。而角色迷失主要表现为"事不关己，高高挂起"、公私不分、工作情绪恶化等。

对于刚踏上团队岗位的新员工而言，应把主要精力放在"学"和"吸纳"上，为公司创造与之相称的价值，而有些新员工往往仅计算自己的回报，缺乏自我积累和自我准备的理念，因此急于获得认同与表现，不能很好地沉下心来做事，总觉得团队亏待了自己，以至于产生角色不当的现象。

同时，由于现实和理想的差距，以及工作、生活环境的变化，新员工在工作方面的角色转换较为缓慢。第一次进入职场的新员工还可能存在工作技能相对欠缺的问题。由于学校教育与社会实际需求存在差异，这一部分新员工所具备的工作技能不能完全满足工作要求，可能会加重其对角色认知不清的情况。

（二）新员工出师不利

> **案例7-4　加班"闹剧"**
>
> 　　小黄所在的公司进行了年终奖制度改革，从按资历发放年终奖变为按绩效评定。这项改革冲击到了一大批老员工的利益，他们开始进行抗议。有一天，公司需要全体员工加半天班，之后再分批调休把这半天班补回来。结果将近一半的员工没来，老板态度强硬地表示不来的以后都不必再来。小黄是公司总务，她挨个向缺席的同事传达了老板的意思，很快，大部分员工都在半小时之内迅速到岗。只有3个新员工没来，他们的手机关机联系不上。
>
> 　　最终，这场闹剧以这3个新员工的离职而告终。其中有一个员工在离职时向小黄说明了事情的真相：几个老员工号召其他人一起旷工，并且约定集体关机，让公司找不到人。小黄说，公司高层清楚哪些人对改革不服气，因为改革对新员工和有能力的老员工并不会造成太大的影响，目的是针对那些在其位不谋其政的"老油条"。这些老员工惯于偷懒耍滑、搞帮派，新员工若误以为他们有影响力，就免不了会向他们示好。当事情发生时，有些人匆忙站队，最终成为闹剧受害者。
>
> （资料来源：笔者依据相关资料整理）

在案例7-4中，3个新员工刚入职不久，很容易因为别人的煽动而变得冲动，做事不考虑后果、不权衡利弊。随大流本来是自我保护的方式，但如果在大流改变方向的时候，新员工就会刹不住车，一头扑在沙滩上，出师不利。

在团队中，新员工一方面对团队内部的人际关系和利益关系等情况还不够了解，没有形成自己的认知；另一方面又渴望快速融入团队，常会有意顺从同事，成了好拉拢、易被人利用的对象。

（三）新官上任着急烧三把火

很多新提拔上来的领导，或者从他处"空降"的新领导，履职没多久总会有"大动作"。有些新领导是为了急于在新岗位上做出业绩，树立个人威信；有些新领导是想要证明自己比团队中其他人的能力更强。

对于新领导而言，无论是新晋升的管理者，还是换团队、换组织的"空降"管理者，都面临着一定的压力：担心在现有的环境里做不出成绩，被上级认为没能力、不作为。所以，一些新领导一上任就大刀阔斧地制定新制度，如奖金和考勤制度等。实际上这样做往往事与愿违，很容易使得还在磨合期的下属感到不安，甚至动了组织里其他团队的"奶酪"，让人际关系更加紧张。他们一上任就着急"烧三把火"，但不小心引"火"到自己身上，与团队、与组织之间产生裂痕。

四、组织社会化理论

组织社会化（Organizational Socialization）的概念来源于社会化，指个体进入组织之后，不断学习组织的各项规定，学习组织的文化，从"组织外人"逐渐向"组织内人"转换。在这个转换过程中，团队希望每个新加入的个体，即新员工，能够尽快适应自身的角色，找准自身定位，团结同事，熟悉人际关系，掌握工作任务，形成符合团队规定、与团队文化相符的价值观、行为方式、工作技能和必备素质等，融入团队，推动团队目标的实现。

组织社会化是一个依序发展的过程，主要由 3 个阶段组成，包括预期社会化阶段、适应阶段和角色管理阶段。这 3 个阶段是相互衔接的，新员工只有经过这 3 个阶段，才能够掌握好自身角色、工作任务和人际关系，才能很好地融入团队。

（一）预期社会化阶段

新员工在正式加入团队之前的时期称为预期社会化阶段。在这个阶段，待加入人员会通过多种途径了解团队的相关信息，并根据所获知的信息，辨别信息的真实性，评估组织和团队的真实情况。

（二）适应阶段

顺利加入团队后，新员工便进入了组织社会化的关键时期，即适应阶段。在这个阶段，新员工需要认真学习组织的规章制度、新的技能，胜任新的工作职责，建立新的人际关系，明确自己在团队中的角色。

（三）角色管理阶段

在角色管理阶段，新员工胜任了工作，融入了团队，定义了角色，评估了组织与自身需求的一致性。在这个阶段之后，工作中的冲突和团队中的冲突逐渐明晰。

五、实务操作

（一）新员工的融入沟通

在现实生活中，新员工可以说是每个人都会体验的身份。每个新员工都想尽快地融入团队，拥有和谐的人际关系，从而在新团队中开展工作。那么，新员工如何才能更快、更好地融入团队呢？根据组织社会化理论和辩证沟通思维，新员工适应团队和工作的路径主要包括：角色定位、关系构建和自我提升。

1. 角色定位——角色明确

> **案例 7-5　上帝的杯子**
>
> 进入日本某酒店工作的年轻人，最初都必须经过一次全方位的职业培训后，根据各自的不同情况被安排到不同岗位。一个年轻女孩进入该酒店工作后，培训期间，她原本

以为会得到一份与自己身份相符的工作，经理却让她做厕所清洁工，这让她感到非常沮丧。在做了两个多星期后，她不想再留在这里了。

她的同事是一个老清洁工，他在酒店工作了 23 年。有一天，她看见他从清洁后的马桶池里舀了一杯水喝，她非常震惊。老清洁工很自豪地说："你看，经过我的手清洗的马桶，干净得连里面的水都可以喝下去。"这个经历给了她很大的启示。以后，每次在清洁完马桶后，她都会想，自己是否可以从中舀一杯水喝下去。培训的期限到了，当经理验收考核时，她当着很多人的面，从自己清洗过的马桶池里舀出一杯水，仰头喝了下去。

经过长时间的努力，她成为酒店最出色的员工，并开始步入政界，最终成为日本内阁邮政大臣。在很多场合，她都这样介绍自己的身份：最出色的厕所清洁工，最忠于职守的内阁大臣。

（资料来源：笔者依据相关资料整理）

（1）调整心态。

新员工要有端正的工作态度和辩证的沟通思维，做好自我沟通，接纳自我、认知自我、相信自我，切忌好高骛远、不切实际。新员工还要尽快熟悉岗位要求，了解组织和团队对于本岗位的期待，明确自己在团队中的角色。积极负责的工作态度能够帮助新员工快速适应环境，并在平凡的工作岗位上创造不平凡的价值（见案例 7-5）。

（2）进行信息搜寻。

进行信息搜寻是新员工在融入团队过程中的首要任务。通过各种沟通方式了解组织、团队、工作及其他相关人员的信息，新员工能够提高工作能力，更好地理解其所在的新环境和特定的任务，提升心理安全感，提高工作绩效。

（3）寻求反馈。

寻求反馈即新员工向团队内部和外部的人员征求反馈意见，如直接上司、有经验的同事和其他部门的同事等，以便更好地了解工作要求，找出自己的不足，调整自己的工作策略，从而提高工作绩效，建立自己的人际关系，更好地融入团队的关系网中。

2. 关系构建——尊重他人

案例 7-6　职场新人切忌当受害者

大学毕业后，小汪进入一家企业当了销售员，身为名牌大学优秀毕业生的他做事积极主动，头脑灵活，业绩不错，同事们平时也都很喜欢他，唯独一位较年长的同事例外。这位同事在公司工作已有很多年头，业务不错，但脾气暴躁，总是朝其他同事发火，对小汪更是这样，经常找他的茬，在工作中处处给他出难题，其他同事都替他感到委屈，时时为他抱不平。

在一次和该同事发生争执后，小汪气愤不已，便向自己的上司告状。当上司询问时，本以为其他同事都会站在自己这一边，没想到其他同事却都一副事不关己的态度。小汪状没告成，却反被上司指责不会处理同事关系，太自我。这时，小汪才知道，原来自己不知不觉地成了受害者。

（资料来源：笔者依据相关资料整理）

新员工从踏入团队的那一刻起，就要面对职场复杂的关系系统，在这个过程中，细节决定成败。作为新员工，首先要做的就是了解团队，尽快熟悉团队领导及同事。在沟通中，新员工要注意自我的角色和沟通对象的角色（见案例7-6）。

（1）对领导。

作为新员工，应积极服从领导的工作安排及分配，要以尊敬的态度对待领导。尤其是作为领导身边的人，优秀和出色是首要条件，踏实肯干、不较真，才能走得更远。刚加入团队的新员工通常会受到大家的特别关注，所以要学会"在放大镜下"工作，脚踏实地地认真干活，只有这样才能通过大家的考验。

（2）对同事。

想要建立信任和权威，新员工同样还需要处理好与同事之间的关系。新员工进入团队后，与同事相处的时间是最长的，需要向同事了解岗位和工作情况，寻求同事的帮助，因此应更加积极主动地与同事进行交流。初入团队的新员工应尽量本着"吃亏是福，多做少说"的原则，成为大家需要的人、喜欢的人。

新员工还要积极参加集体活动，如聚餐等。随着时间的积累，新员工慢慢就会融入团队。但是新员工应注意不要把自己划进某一个小圈子中，否则很容易成为两个存在竞争关系的小团体的受害者。

3. 自我提升——展示特色

新员工应以"展示特色"为目标进行自我提升。"打铁还需自身硬"，专业的厚度决定职业发展的长度。新员工对团队有期盼，团队对新员工也有预期。对于自身现在所拥有的经验和技能，新员工需要辩证地对待，即使能力很强也可能在本团队中并不适用。所以，新员工要尊重差异，学习岗位所需的技能，放低姿态向团队成员请教，在满足岗位基本需求的基础上，展示个人特色。

作为新员工，提高胜任力最快的方式除了实践，还包括从错误中学习和提升自己。新员工也许会在刚融入团队时连续犯错，但是一定要静下心来，认真地审视自己的错误，吸取教训。组织社会化理论认为，展现积极主动形象的新员工更容易被同事们接受和认可。新成员还要学会争取机会，伯乐需要自己去寻找，如果自身能力过硬，可以适当争取机会。有了业绩才有话语权，把自己的业绩做好，才能真正地融入团队。

（二）内部提拔型领导的融入沟通

案例7-7 "孙悟空型"领导的难题

刘副总是某制造公司的副总经理，负责管理公司的销售部门。在工作中他兢兢业业，工作能力也很强，曾一度为公司的发展创新做出很大的贡献，受到公司总经理的好评。公司总经理即将升迁时，推荐刘副总担任公司的总经理，并且提前把公司的实权交到了刘副总手上，让刘副总实际操练一把。刘副总得知后，非常高兴，并决心带着公司员工做出更好的成绩。

各个部门的主管也开始向刘副总汇报工作，由刘副总主持公司的大方向。由于刘副总是技术工程师出身，后来负责管理公司的销售部门，天天和技术打交道，给客户讲技术、定方案，在他的潜意识里，技术部门是公司的核心部门，是最重要的部门。每当技术主管和人事主管同时要给刘副总汇报工作时，他总是让技术主管先说，人事主管等着。

久而久之，人事主管觉得刘副总不重视人事部门，给刘副总提了几次意见，强调人事的重要性，未果后离职了。

刘副总是个急性子，工作起来也不考虑时间，经常下班了想起来还有工作，就立马给员工安排工作，他也陪着不走，这引起了许多员工的不满。刘副总还经常跨级安排工作。经过将近半年的考察后，在刘副总的带领下，公司的业绩非但没有提高，还有所下滑。经过公司的投票选举后，刘副总得票数很少，最终没能成为总经理，公司只能重新选拔一个经验丰富的总经理。

（资料来源：笔者依据相关资料整理）

按理说，在案例7-7中，刘副总一心为工作，兢兢业业，又是为公司的发展做出过很大贡献的老员工，让他担任总经理理应服众。可是，为什么大家不支持他担任总经理呢？首先，刘副总没有认识到角色的转换，副总可以只负责一方面的工作，然而作为总经理，就要全面负责公司的工作，主持大局，并且一视同仁。其次，刘副总经常在下班后给员工安排工作，这势必引起大家的不满。自己愿意加班是自己的事，但迫使员工加班难免会让大家有意见。最后，刘副总经常跨级安排工作，可能会造成部分员工工作负担过重。作为公司的高层，应该把工作安排给中层，由中层再去给员工安排。

在案例7-1中，小周同样也面临类似的问题。首先，作为"空降兵"，小周对部门的情况没有做到及时、全面的了解，初期没有很好地完成自我角色的转变。其次，小周缺乏与员工之间必要的交流与沟通，没有对员工的性格特点进行全面了解，没有建立良好的信任关系，没有科学地使用权力并与民主管理相结合。最后，团队人员短缺，工作无法有效地开展与合理分工，在一定程度上也造成了上级领导对小周的不信任。

小周原来的身份是技术骨干，专注于技术管理方面，对新环境的管理特点比较陌生，"空降"后首先需要迅速转变自身的角色，与员工一起全面了解部门的工作情况，加强自身的学习，迅速了解和掌握部门工作的相关内容，做到心中有数。其次，小周应该多与团队成员沟通交流，做到与部门每个员工用心沟通，特别是与副职沟通，通过交流了解每个员工的性格特点与工作能力，建立良好的团队互信关系，保证部门日常工作的顺利推进。最后，小周应学会向上管理，积极与上级主管领导汇报部门的工作情况，取得上级领导的信任与支持。

上述两个案例说明，在一个团队中，内部提拔型领导大多是由于自身业务能力强、经营业绩好而被提拔，虽然其对公司整体情况比较了解，但是可能会出现角色转变不到位等问题，因此需要注意以下几个方面。

1. 找准角色定位——角色明确、"强而不霸"

作为内部提拔型领导，既要认清自我，按照新角色的基本原则行事，又要具有辩证沟通思维。从基层到中层再到高层，每一层对于岗位的基本要求也是不同的。一般而言，随着职位的升高，对在职者的要求也逐渐从业务能力强向管理能力强转变，处在管理岗位的人不仅要关注个人绩效，还要关注团队整体绩效。新领导应了解公司和上级领导对于新岗位的需求，避免以自我为中心的"霸权心态"，应以团队为中心，"强而不霸"，有格局和容人之心，做好自我沟通。

2. 充分了解团队状况——尊重差异

新领导想要与团队成员建立良好的关系，既要建立起威信，又要尽快熟悉和了解团队成员的工作需求，关心其职业发展规划，尊重差异，最大限度地调动团队成员的积极性。同时，新领导还要注意在和团队成员沟通时做到"接地气""讲方言"，要站在相同的知识水平和认知能力基准上沟通，让对方能听懂、能接受。因此，新领导需要去做调查，了解团队成员的特点，抓住并有意识地创造共性，使沟通更有效果。

作为内部提拔型领导，请教本团队管理经验丰富的前任领导是一种充分了解团队状况的策略。前任领导是新领导的宝贵资源之一，新领导要多向前任领导虚心请教，可能会有意外的收获。

3. 掌握应有的工作技能——展示特色

沟通能否达到效果和目的在很大程度上取决于新领导是否有话语权。那么话语权从何而来呢？话语权是干出来的，工作业绩、成果是话语权的载体。内部提升后，新领导虽然还在同一组织或团队中，但由于身处的岗位不同，实际工作的内容和侧重点也是不同的。因此，新领导要注意掌握所处岗位应有的工作技能，做出成绩，展示出自己的独特优势，才能更好地管理团队。

作为团队管理者，新领导的工作职能更侧重于领导和管理，即带领团队一起完成公司下达的工作任务，做好团队内部资源调配与协调，必要时寻求跨部门的工作支持等。新领导还应承担起团队内最艰巨工作的重责，解决团队成员工作中的难题，成为团队的精神支柱。新领导要虚心学习，通过工作业绩和责任承担，赢得团队成员的认可与信赖，逐步树立个人威望。

4. 熟悉上级和同级——沟通系统

新领导的融入沟通是一个系统，需要多方沟通合作。新领导要想顺利开展工作，除了需得到团队成员的支持，还需得到上级领导的支持，尤其是在全新的工作环境中，新领导更要先了解每位上级领导的处事风格，多请示、多汇报。

一个团队的发展离不开各个团队之间的合作，新领导不仅需要快速融入本团队，还需要尽快和与本团队密切联系的其他团队领导甚至员工建立起联系，熟悉双方的合作和沟通机制，以保证团队间的沟通更加和谐和高效。

（三）外部选拔型领导的融入沟通

"空降无法落地生根"是很多外部选拔型领导头疼的问题。外部选拔型领导一般是公司根据目前组织管理的需要，外聘来管理团队的"空降兵"。对于组织直接从外部引入的管理人员，组织往往希望外部选拔型领导的加入能够使团队浴火重生，希望"空降兵"具有的某种能力能够给团队带来新的变化。然而"空降兵"的成功着陆并没有那么简单。

因此，除了上述 4 个方面，这一类新领导还需要迅速了解组织、部门和团队的工作情况，转变自身的角色，虚心学习，以低调、谦和的态度对待别人。新环境下，在充分了解团队情况前，不管自己多么优秀，新领导都要有"归零"的心态。新领导应多听团队成员、上级领导怎么说，切忌在不了解情况的前提下发表个人意见，尤其是否定意见。

首先是生存，然后才是发展，而生存更是一个沟通、了解、信任、信赖的过程。但这并不意味着新领导要畏首畏尾、盲从，谦虚不能卑己而尊人，应以建立自尊而尊人为基础。辩证沟通思维强调，谦虚不能"孤立"，自己不能无想法，不能完全顺从他人；谦虚应"独立"，自尊不轻人，自信不自满。面对要解决的问题，新领导要有担当，果断地进行决策，用自己的业务能力和业绩来树立威信。

作为"空降兵"领导，用好以下 8 个降落伞很重要。

降落伞一：讲"方言"。用言语拉近心的距离。学会用团队成员听得懂的语言与其交流，在一个团队讲一个团队的"方言"。

降落伞二：慢决策。用行动建立信任关系。充分发挥个人的特色和优势，以业绩成果建立上级领导和团队成员的信任。

降落伞三：表忠心。尊重上级领导并要让他知道。多向上级领导汇报、请示，即使自身能力很强也不能霸道，要表现出对上级领导的尊重。

降落伞四：找软肋。花心思做好向上管理。通过各种渠道了解上级领导和团队状况，摸清上级领导的习惯，做好向上管理。

降落伞五：看清人。认识团队的关键人物。充分了解团队中的关键人物，包括直接上司、单位领导、下属，要处理好与这些人的关系。

降落伞六：整资源。借助外力撬动新团队。结合自己有多团队工作经历的优势，整合已有的资源，助力新团队的融入。

降落伞七：换新"兵"。优化团队的人才结构。通过整合人才结构，将优秀的成员和团队有机地结合起来，建设得力队伍。

降落伞八：续逻辑。掌控自己的职业生涯。基于新岗位做好未来的职业发展规划，设立合理的职业目标。

六、思考题

1. 新员工适应团队和工作的主要路径包括哪些方面？
2. 外部选拔型领导的"降落伞"有哪些？
3. 新领导的融入沟通体现了本书的哪些价值主张？

第八章　工作沟通

本章目标

1．引导读者了解会议的类型和会议角色构成，学习会议沟通的技巧。
2．帮助读者掌握绩效沟通技能，认识到沟通在绩效管理过程中的作用。
3．带领读者了解跨部门沟通存在的障碍，掌握解决跨部门沟通障碍的策略。

本章要点

1．会议是一个沟通系统，会议中有不同的角色构成，团队管理者在会前、会中、会后都需要采取相应的沟通技巧来使会议更加有效，从而提高工作和管理的效率。

2．根据绩效理论，帮助读者了解绩效沟通包含绩效目标、绩效执行、绩效结果和绩效反馈4个环节。团队管理者要学会在整个绩效沟通过程中通过有效的、充分的沟通引导和激励员工，实现绩效沟通的目的。

3．跨部门沟通在组织层面和意识层面存在各种障碍。尊重差异是跨部门沟通的根本，换位思考是跨部门沟通的基石。团队管理者要在职责明确的基础上，主动了解各部门工作，以组织的高度看待跨部门合作。

> "企业管理过去是沟通，现在是沟通，未来还是沟通。"——松下幸之助
> （1894.11.27—1989.04.27）

一、引导案例

案例8-1　失败的绩效沟通会

某公司准备按期召开一次部门级的年度绩效沟通会，主要任务是以组织目标为导向，制订下一年度的部门绩效和员工绩效计划。在武总经理的带领下，公司的高层团队已经制订好下一年度的组织目标，接下来需要开展部门级的年度绩效沟通会，将下一年度的组织目标分解为部门目标。

本次会议由总经理秘书小李进行筹备，小李认真编制了详细的会议议程，明确了会议的程序，并按照规定通知了各部门负责人沟通讨论的内容、步骤、时间和地点，准备了需要沟通的内容和资料，并提前发给了高层团队和各部门负责人。

部门级的年度绩效沟通会如期召开，与会者逐一讨论组织目标的分解情况。会议一

开始,武总经理就发话:"今年公司业绩一落千丈,你们这些部门负责人需要好好反省反省,明年要是还完不成业绩目标,我看你们也别干了!"会议的气氛一下降到冰点。销售部门负责人小华说:"武总经理,不是我们销售部门不想做好工作,而是产品供应链一直跟不上,没有货啊。"生产部门负责人小朱说:"产品原材料短缺,我们也没办法。"采购部门负责人小白说:"采购资金不足……"话没说完,就被武总经理打断:"行了,赶紧开会吧!"

在说到"销售额达到10亿元"这一企业战略目标后,市场部门负责人小景将会前准备的关于这一目标如何提炼、分解到市场部门的关键绩效指标的详细说明和数据资料,运用非常专业的语言进行了介绍,希望获得领导的认同与支持。小景说得滔滔不绝,却完全没有注意到武总经理越来越不耐烦的神情。等他说完,武总经理不咸不淡地说了一句:"就按你说的办吧。"原来,武总经理是技术出身,不太了解市场相关的专业语言,只能这样回答。

部门级的年度绩效沟通会结束后,各部门需要开展部门内的年度绩效沟通会,将下一年度的部门目标分解为岗位目标。销售部门负责人小华当天就临时召开了一场会议,下属们到齐后,小华向大家表达了会议的主题:"今天我们来讨论下一年度的部门目标和岗位目标的确定,我来谈谈自己的想法……小程,你明年的业绩目标要在今年的业绩基础上上调20%。"小程听后立马就向领导表示了自己的困惑:"我是一个刚进公司一年的员工,怎么对我的要求比前辈们的还要高?"小华有些生气了,回答:"能力越大责任越大,你想不想好好干?"会议室一阵沉默。"好,那就这样,散会。"会议结束,下属们沉默着走出会议室。

之后,小程拼命工作,勉强完成第2年的业绩目标,得到了公司的奖励和提拔。但在第3年,公司又提高了绩效要求,小程感到压力越来越大。他开始怀疑公司故意提高目标,让他无法完成,以此限制他的收入。最终,他离开了公司,心情也舒畅了许多。

(资料来源:笔者依据相关资料整理)

带着问题学习

1. 武总经理在会议中的表现有哪些需要改进的地方?
2. 各部门之间的沟通存在需要改进的地方吗?原因是什么?
3. 销售部门负责人小华应该如何与下属小程沟通?

二、工作沟通概述

(一)会议沟通

会议沟通是团队沟通中最常见的也是最重要的方式之一。会议是一个集思广益的渠道,是一个思维集合的载体,通过会议,管理者可以比较直接地了解团队的状况、存在的问题,并及时加以解决。

1. 会议的类型

按会议的模式划分,可以将会议划分为以下5种类型。

(1) 正式的、非正式的会议。

对于组织会议来说,大部分都是正式的会议。正式的会议一般有一套完备的程序和规则,这对于一个组织来讲是不可缺少的一环。

非正式会议大多在各团队内举行,形式灵活多样。由于非正式会议可以随机举行,所以在时间安排上较为自由、灵活。

(2) 定期的、临时的会议。

股东大会、董事会、常务董事会、干部会议,这些会议一般都是定期举行的,召开者通常需要进行充分的准备和细致的安排。

有了突发问题,管理者可以召开紧急会议,这是临时会议的典型情况。通过临时会议,问题可以得到详尽的讨论。

(3) 协商型会议。

协商型会议是以协商为目的的会议。例如,业务员每天早上在投入工作前要做短暂的行动报告、工作重点陈述等。短时间的集中交流,常常对与会者的工作产生意想不到的效果。

(4) 教育指导型会议。

教育指导型会议一般以研习和实践为主要内容。会议召开者可以利用这种会议,适时陈述自己的意见,或者通过讨论的形式来教育指导与会者。同时教育指导型会议也为与会者之间相互启发或了解提供机会。

(5) 创意开发型会议。

创意开发型会议一般通过会议形式达到开发创意的目的。召开创意开发型会议的必要条件是有可以畅所欲言的轻松气氛,同时会议召开者能够做到启发和鼓励与会者,使其敢于发表见解,自由地发表意见。

2. 会议角色构成

会议沟通过程中,与会者主要有四类角色:主持人、嘉宾、演讲者和听众。在会议中,这四类角色有时候会交叉,如嘉宾同时担任主持人等。小型会议中,一般只有主持人和听众两种角色,所有人都参与会议讨论,自由发言。

(1) 主持人。

主持人的角色是非常重要的,主持人不仅要负责引导会议的讨论思路、议程,还要负责控制时间、解决争端、传递信息。

(2) 嘉宾。

嘉宾一般有两种:一种是礼节性嘉宾,一般指应邀出席但不发表演讲的权威人士或重要人物;另一种是议程或议题参与性嘉宾,一般指应邀担任会议主持、演讲、对话或颁奖的权威人士或重要人物。

(3) 演讲者。

大型会议中,往往会安排演讲者进行正式发言,其会围绕会议议题阐述自己的观点。

(4) 听众。

听众是会议的主体,在自由发言中与其他听众进行互动,共同探讨会议内容。

(二) 绩效沟通

成功的绩效不是"管理"出来的,而是沟通出来的。绩效沟通是一个复杂的系统和过程,包含绩效目标、绩效执行、绩效结果和绩效反馈4个环节,而这4个环节正好对应PDCA (Plan、

Do、Check、Act）原则的 4 个部分——计划、执行、检查和反馈，形成了一个闭环系统（见图 8-1）。

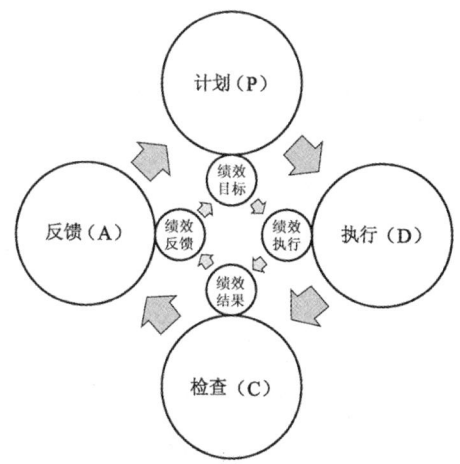

图 8-1 绩效沟通与 PDCA 原则

1. 绩效目标

（1）了解绩效需求。

要实现有效的绩效沟通，管理者就应清晰地了解员工的期望，在设定绩效目标的过程中，使绩效目标信息互通而合理。如果管理者忽视了这一环节中沟通的作用，就会导致绩效目标信息形成有下达而无上传的单流向。这种单流向的沟通不仅会影响员工对绩效目标的了解和认可，还可能导致绩效目标的实现与预期不符或绩效目标难以完成（见案例 8-2）。

（2）确定绩效目标。

绩效目标是通过与员工沟通来提高员工的工作绩效，从而带动团队和组织战略目标的达成。管理者在确定组织绩效总目标的同时，也不能忽视总目标下分目标的确立。管理者在确立分目标时一定要有针对性，从考核表和工作分析中提炼依据信息。

案例 8-2 绩效考核改革困局

某公司对公司绩效考核进行改革，考核结果主要来自员工主管对员工工作完成情况的主观打分，并根据绩效分数及排序实施绩效强制比例分布，设置 5% 的不合格率，对于不合格员工，实施末位调岗。

此举主要是为了加强对员工的绩效管理，提升员工工作效率，初衷是好的，然而实施后却造成员工和主管之间的关系紧张，许多被列入末位调岗序列的员工对调岗事宜极度不满，还有员工因不满岗位调整，直接辞职。

之后，公司意识到绩效考核实施过程中存在的问题，引入绩效沟通机制，对于需要调岗的员工进行绩效反馈面谈，使员工关系得到缓解，但仍未能切实解决根本问题，很多员工对绩效考核实施的科学性、主管评分的公平性仍心存质疑与不满。

（资料来源：笔者依据相关资料整理）

案例中的公司虽然实施了绩效反馈面谈，但沟通工作未做到位，未让员工真正理解与接纳改革后的绩效考核。确定有效的绩效目标是完善绩效沟通的关键所在。绩效目标确定好了，

管理者就能通过沟通让员工理解、认可目标，认可考核标准，从而也就能让员工奔着目标努力工作。

（3）明确考核标准。

> **案例 8-3　一意孤行的正职领导**
>
> 　　年初的干部会议上，某单位的正职领导提出了实行基层干部队伍考核制度的想法，因为基层干部的表现直接影响了工作绩效。对此，有很多人提出了不同意见，但是该领导依旧态度坚决。一周后，正职领导出台了考核细则，许多科长表示接受考核并自评。然而，到考核期满的时候，正职领导却发现这些科长的自评表大多打了满分，并且群众评分表和其他部门的评分表明显带有个人成见，如行政科长工作负责，原则性强，结果却被其他部门打了最低分。
> 　　因此，正职领导认为只有处级领导的评分才比较合理，并公布了处级领导对科长的考评结果，拟以此结果来发放奖金。在第二天的全处科长会议上，6位得分较低的科长不满意考评结果，并当场要求处级领导说明理由，导致会议无法进行。会后，这6位科长还到组织部、人事处告状，声称处级领导的考评不合理。经过一周的调解，所有科长的奖金仍按最高等级发放。而由于6位科长连续几天没有在本科主持工作，闹得不可开交，直接影响了正常的工作秩序。面对这一局面，正职领导陷入了沉思。
>
> （资料来源：笔者依据相关资料整理）

在案例 8-3 中，正职领导没能及时听取大家的意见，一意孤行；在考核标准上，又将处级领导的评分作为考核标准，觉得只有处级领导的评分才比较合理，这就使得考核标准片面化。因此在制定考核标准时，管理者要多与下属沟通，让下属参与到考核标准的制定中，这样不仅能使下属接受考核标准，而且能集思广益，避免考核出现漏洞。

2．绩效沟通过程

（1）鼓励并优待下属。

管理者应以积极的心态看待下属，把下属视为有价值、成长的人，不断地鼓励下属。那些深信下属很有能力的管理者，会不断鼓励、优待自己的下属，因此下属在执行任务时，也会认为自己是个有能力的人，激发自身斗志，为完成业绩更加投入工作。

（2）栽培并服务下属。

管理者应怀着栽培下属的心态与下属接触，真正了解下属的期望和需求，感受下属的工作境遇，这可以帮助管理者看到下属在工作中所面临的挑战，从而为下属提供能够提高其绩效的资源。管理者不要让员工觉得上级领导是在管理自己，而要让员工觉得上级领导是在帮助自己，这样管理就成功了一半。

（3）用心提供绩效支持。

绩效沟通能够使上下级都充分认识到绩效目标的考核对个体和组织的好处，消除其对绩效考核的错误及模糊认识。绩效考核者和被考核者都应该认识到，绩效考核的主要目的之一是实事求是地挖掘员工的长处，发现其短处，使其有所改进、有所提高。

3．绩效结果沟通

（1）多方面衡量实况。

管理者只有认真全面地解读绩效考核结果，真正获取结果所反映出的信息，才能具备与被考核者展开沟通的"共同语言"基础。管理者若不能多方面衡量绩效实况,就极易与下属产生隔阂(见案例8-4)。

> **案例8-4　奖金分配之困**
>
> 　　某能源站项目自 2020 年进入正式运维阶段,因公司增收节支需求,项目在公司认同后,于 2021 年主动在周边地域开拓业务领域,项目部人员在做好本职工作的同时,均为新开拓业务提供了大量支持,协助项目为公司创造了大量收益。为此,公司在 2022 年对项目部进行了表彰并批准了一笔奖金,交由项目部自行分配。因项目在 2021 年处于高速发展阶段,工作内容变动较大,故项目领导层未预先设立奖金分配方案,造成该笔奖金落实后项目经理在分配时极为困扰。因项目运行组、检修组、技术组在 2021 年工作中,均在不同环节有显著贡献,奖金分配事宜在与各专业小组讨论后出台,但仍使许多员工感到缺乏依据,对自身所得金额不满,公平性成为项目部急需解决的一大难题。
>
> (资料来源:笔者依据相关资料整理)

　　奖金是在绩效考核的基础上,对工作绩效突出的人员进行奖励的一种激励措施。管理者准确掌握各员工工作完成度,适时进行公示,给予奖励,能激发员工的工作动力,调动员工的工作积极性和创造性,充分发挥其应具备的杠杆作用。

(2)多角度激励员工。

　　管理者对员工的激励要因人而异、因时而异、因事而异、因情而异,这样才能事半功倍。例如,针对不同年龄的下属,年轻人要及时鼓励,目的是促进持久性;年长者要延时奖励,目的是维护自尊心。针对不同觉悟的下属,后进者要及时奖励,目的是超前引导;先进者要延时奖励,目的是保护先进,减轻压力。针对有不同情绪的下属,情绪低落者要及时奖励,目的是振奋精神;情绪高昂者要延时奖励,目的是稳定情绪。

4. 绩效沟通自始至终

　　绩效沟通是一个系统,是管理者与员工为了达到绩效评估目的,在共同工作的过程中分享各类相关绩效信息,以期得到对方的反应和评价,通过双方多种形式、内容、层次的交流,提高绩效的过程。绩效沟通贯穿于绩效管理各个环节,是保障和提升绩效管理效果的重要纽带与策略。

(三)跨部门沟通

　　在人工智能与数字化浪潮的席卷下,组织越来越依赖于跨部门合作。跨部门合作有助于组织合理配置资源,提高组织绩效。但在实际工作中,跨部门沟通存在种种障碍(见案例8-5)。

> **案例8-5　物流部与销售部之争**
>
> 　　小苏是某公司物流部员工,一天她接到了销售部员工小张的电话。
> 　　"为什么我们订的货物还没到?有什么问题吗?"小张怒气冲冲地问道。
> 　　"我并没有收到出货单,你们那边可能出了问题,而且现在也没有车可用。每次都这样,你们真的很不负责任。"小苏回答道。

> "开玩笑吧?我们为了这批货拼死拼活才拉到客户,现在这一切都白费了。车辆调度是小事,你赶紧想办法,马上给我发货!"小张很不满意地说。
> "你开口闭口就是'客户',我费尽心思才把成本降下来,你不了解情况就随便答应客户。如果你非要发货,那就自己去想办法!"小苏也很生气地回答。

(资料来源:笔者依据相关资料整理)

跨部门沟通存在障碍,有一定的规律可循,究其原因可以从几个方面进行分析。

1. 组织层面的障碍

(1) 专业化分工带来的部门目标差异。

组织内部为了实现专业化的分工,通常会将各项经营活动划分给多个部门,每个部门又会根据专业职能进行不同的处理。虽然组织有整体经营目标,但每个部门的具体目标都是不同的。

(2) 职责划分不明确。

组织分工不明确,部门之间权利、利益及工作职责不清也是跨部门沟通存在障碍的主要原因。当组织机构发生变化或引入新的工作流程时,部门职责很容易变得不明确。部门职责重叠或缺漏、责任不清的情况很常见,这可能会导致工作效率下降、跨部门沟通存在障碍和责任推诿等问题。

(3) 沟通双方信息不对称。

沟通是信息交流的过程,如果沟通渠道不畅,沟通双方掌握的信息不对称,如掌握的信息内容不同、程度不同及对信息的理解不同等,就可能造成部门之间沟通出现问题。

2. 意识层面的障碍

(1) 本位主义思想。

组织内的部门划分使具有相同技能和知识背景的人集中在同一部门中,并从事同种类型的工作,每个部门的员工在考虑各种问题时会很自然地偏向于本部门。这可能会导致各部门只关心本部门的工作,重本职而忽视全局,在执行任务时只从本部门的实际利益出发,强化了竞争而削弱了部门之间的合作。

(2) 价值观不同。

由于个人经历、知识、环境、认知能力和角色地位等方面的不同,不同个体对事物的评价标准也不同。这种价值观念的差异也是跨部门沟通存在障碍的原因。价值观不同,不同部门的员工很难理解对方的想法或做法,导致合作难以达成或产生冲突。

(3) 利益分配。

在一定的条件下,组织拥有的人员、资金、设备、材料等资源是有限的,可供分配的预算、薪金、福利待遇等利益总额也是有限的,但每个部门都本能地希望自己能够拥有或有权支配、使用更多的资源,并获得更多的利益。

(4) 沟通能力。

绝大多数公司职员没有经过专业的沟通能力训练,在跨部门沟通过程中更多地表现为以自我为中心,缺乏中我和大我,导致跨部门沟通困难重重。

三、现实问题

（一）"会海"现象

> **案例8-6 "战士型"企业的开会模式**
>
> 小叶是一家快速消费品公司的员工。公司在创建初期抓住市场机遇，实现了快速成长，成了一家"战士型"企业。这种企业要求管理简化、指令清晰、步调一致、反应迅速、集中精力奋勇作战。
>
> 随着企业规模的扩大，公司在全国设立了30多个分支机构，拥有一支500多人的工作队伍。然而，企业的管理方式并未调整，特别是在召开会议这件事上，公司老总习惯随时要求高管来开会，即使出差的人也要参加视频会议。这样的临时会议，往往事先并无规划，议题和思路都由老总一人决定，会议内容常常跑偏。参加会议的人员的计划被打乱，对会议的内容也无法提前思考，解决不了问题的会议不计其数。
>
> 部门管理者们常常抱怨会议太多，没有更多的时间与精力做事。而中高层领导们常常在下班前匆匆赶回来，召开部门内部会议，这样的会议也是仓促召开，下属们可以预见又要加班。虽然他们不敢直接表达不满，但消极怠工是免不了的。
>
> （资料来源：笔者依据相关资料整理）

在很多组织和团队内，都存在着会议代替工作的现象，会多、会滥、会长、会差的情况比比皆是（见案例8-6）。管理者召开会议的本意是部署、落实和推动工作，以期解决现实工作中的具体问题，但开会过多、过滥、过长，又会造成工作效率低下、形式主义盛行，会议沟通本末倒置。

（二）绩效管理缺乏沟通

1. 绩效目标的确定缺乏沟通

团队的管理者，大多有着团队工作和管理的经验，熟知团队工作职责。因此，在确定绩效目标时，管理者在与下属沟通时多会停留在单向的任务交代上。在这种情况下，员工被动地接受绩效目标成为一大问题，员工"不服""不理解"绩效目标的情况屡屡发生。

2. 绩效执行和结果缺乏沟通

有的组织和团队在使用员工的绩效结果时，只是走一下流程，为了考核而进行考核。在使用绩效结果前也不会做任何沟通计划，只要员工对绩效考核结果没有疑问就算完成绩效考核，后续也不会再对绩效结果进行反馈，这使得员工无法通过有效的绩效管理，找到合适的策略，以提高自己的绩效。

（三）各部门各自为政

组织内常常会出现这样的问题，各个部门各自为政。有的"自扫门前雪"，只顾单打独斗，缺乏全局意识；有的习惯于"打乒乓球"，把问题和责任推来挡去；有的常把"不归我们管"挂在嘴上。各个团队都是只为自己的利益考虑，组织从上到下都没有拧成一股绳。

诚然，各个团队考虑自己的利益无可厚非，但如果团队只考虑提升自己的利益，非但不会带来组织业绩的升高，反而会阻碍组织的发展。各个团队之间关系处理得融洽与否，跨部门沟通是否顺畅，都将影响到组织的运转效率。

四、理论基础

绩效管理是组织管理体系的重要组成部分。经过多年的研究和实践，人们得出了较为丰富的研究经验和绩效管理方法，如目标管理法、关键绩效指标管理法、平衡计分卡法、目标与关键成果法等。

（一）目标管理法

目标管理法（Management by Objective，MBO），即保证组织不同层次的绩效一致性，让组织成员的贡献融合到对组织整体目标的追求中。值得注意的是，在实现绩效一致性的过程中，组织和团队需要进行绩效沟通。而绩效沟通不仅是一种向下传递信息的方式，还应该包括上司听取下属的意见和使下属的意见得到反映。实现绩效一致性，达成共同的理解，是组织整体目标实现的基础。

（二）关键绩效指标管理法

关键绩效指标（Key Performance Indicator，KPI）是在明确组织战略目标的前提下，对组织运作过程中的关键成功要素进行提炼、归结，形成具有导向性、代表性和可量化操作性的衡量业务流程绩效的考核指标体系，将组织目标与个人目标结合的绩效管理方法。它是当前企业绩效管理使用较为广泛的一种考核模式。

（三）平衡计分卡法

平衡计分卡法（Balanced Score Card，BSC）是一种将组织战略目标和绩效管理结合的绩效管理方法，其主要目的是以组织战略目标为主导，将组织战略目标分解为可操作和可衡量的相关指标，从而建立的绩效管理体系。这个体系主要包括财务（Financial）、顾客（Customer）、内部流程（Internal Business Processes）、学习与成长（Learning and Growth）4个方面的指标，这些指标相互联系、相互影响、相互驱动，最终促进组织战略目标的实现。

（四）目标与关键成果法

目标与关键成果法（Objectives and Key Results，OKR）是一套定义和跟踪目标及其完成情况的绩效工具和方法，兼具考核工具和目标管理工具的功能。其主要目的不仅是考核某个团队或某个员工，还时刻提醒团队或员工关注当前的目标和任务，以统一组织、团队和员工的目标，促进团队合作，体现价值贡献的公平与公正，促进员工的自我激励和成长。

五、实务操作

（一）会议沟通

沟通是一个系统，同样会议也是一个系统，在这个系统里面，团队管理者在会前、会中、会后都需要采取相应的沟通技巧来使会议更加有效，从而提高工作和管理的效率。

1. 会前做好准备

（1）确定召开会议的必要性。

召开会议是团队沟通的一种有效方式，但并非唯一方式，召开会议容易造成资源和成本的浪费。因此在召开会议之前，会议召开者要确定好召开会议的必要性，以及是否有更好的沟通方式去解决问题。

（2）完成会前的 4 个关键工作。

第一，会议召开者要明确会议的主题及目的，即召开此次会议围绕什么话题，要解决什么问题。

第二，会议召开者要确定与会者、时间、地点、会议时长、会议规模、交通、设备等因素，并提前到会场检查，确保会议能够正常进行。

第三，会议召开者应明确会议的流程，确定会议议程，将提出的讨论问题或项目清单按照重要性进行排序，并事先通知与会者。

第四，会议召开者需要发送会议通知及相关资料。如果会议需要与会者做大量的准备工作（如发言），正式通知之前，会议召开者还可发送会议预备性通知。

2. 会中角色扮演

（1）信息发布者。

信息发布者就是会议上需要参与讨论、决策或对运作情况进行评估的人。作为参与讨论或发言的与会者，要注意以下 4 个方面：信息发布及时、准确；选择恰当的语言表达方式；发言内容符合会议主题；重视与他人互动、讨论。

沟通系统，细节感人，辩证沟通思维表明，在会议沟通的过程中，召开者需要巧妙地处理好整体和细节的关系，既要充分调动与会者的积极性，又要保证会议的目标得以实现。这就需要信息发布者通过细节来打动与会者，促进会议目标的实现。

> **案例 8-7　匆忙的小姚**
>
> 　　销售部杨经理手下的销售骨干小姚签下了一个占公司业绩指标 10% 的大单，这个单子是与客户持续合作一年的落地项目，需要生产部的全力配合。然而生产部的反应让小姚十分不满，屡次直言生产部内部存在矛盾、部门间配合度低等。眼看项目筹备进入最关键的人员招募阶段，小姚很是心急。临近下班，他在未经杨经理认可的前提下，擅作主张把牵涉该项目的同事都留下来开会。
> 　　下午 5:45，会议室坐了满满一屋子人，生产部赵总开场即表示一会儿要去医院探望岳母，无法参与很久。杨经理遂示意小姚介绍此次会议的目的。小姚直奔主题，说招募工作如何紧急、需要生产部如何配合、实现怎样的目标等。可小姚还没说几句就被赵总打断了，赵总表示完全不知道项目情况，不知如何配合，其他与会者也顺势表明自己完全

不清楚状况，并且本职工作已经很繁重，无力配合该项目。

这让杨经理感觉很没面子，他严厉地质问小姚项目情况，现在进展到什么程度。本来项目就庞大且复杂，关于项目的介绍就长达二三十页，再加上赵总和杨经理的质问，小姚心急之下语无伦次，还当面指责他人。赵总听后当场发怒，拂袖而去。杨经理丢下一句"大单好不容易签下来却做不了，笑话"，也离开了会议室。一屋子人见势默然散场，只剩下小姚一个人呆呆地站在会议室里。

（资料来源：笔者依据相关资料整理）

不可否认，案例 8-7 中签下大单的小姚具有积极的工作态度和较强的责任心，但是他在沟通中犯了诸多大忌。首先，小姚在会议召开前没有做好充分的准备。他既没有征得领导的同意，也没有让与会者充分了解项目，就匆忙召开了这次会议。其次，小姚作为会议中的信息发布者，虽然讲清楚了会议的目的，但是没有针对会议目的进行合理的发言，也不能解决会议中来自他人的质问。最终导致会议失败。

（2）信息接收者。

信息接收者一般有 3 个身份，与会者、会议记录者和观察者。

作为与会者，首先，要认真阅读会议的有关材料，充分思考，充分准备；其次，要养成随时做记录的习惯；最后，要保持开放的心态，再强大也不能霸道。

会议记录者是会议中特殊的角色。作为会议记录者，不仅要认真倾听发言，而且要准确陈述听到的内容，同时记录好每项发言而无遗漏。

在团队内，会议是最能体现同事之间关系的场合，因此信息接收者也是一名观察者，通过会议摸清同事的喜好和同事之间的关系，能够帮助自己在职场上游刃有余。

在作为团队活动的会议当中，把握好自己的角色，懂得站在对方的角度考虑问题，学会换位思考，是好开会、开好会、开会好的决定性因素。

（3）角色相交织。

沟通是一个人际互动的过程，沟通双方的角色并非固定不变的，而是时时在变的，双方在会议沟通中扮演的角色也往往是相互交织的。在这个过程中，最重要的就是处理好发言和倾听的关系。这就需要参与者识别沟通过程中角色的转换，灵活地适应沟通情景，达到高效沟通的效果。

3．会后及时反馈

案例 8-8　心得体会的作用

小郭是某保险公司的一名销售人员，刚入职的时候她对于销售保险的套路、技巧一窍不通，为此小郭烦恼不已，总觉得自己无法胜任工作，想打退堂鼓。更让小郭反感的是，公司每天都有"早会"，在会上一些成功卖出保险产品的同事会分享成功的经验，她感觉这是在浪费时间，所以她上班上得很不开心。

发工资的时间到了，看到别人的工资比自己的多一倍，小郭不服输的个性马上显现出来了，心想别人能做到，我为什么就做不到。从此，小郭每天"早会"上都会认认真真地听，把认为对自己有用的东西都记下来，会后还认真地写心得体会，分析自己身上的不足，并根据这些不足制订了改进计划。通过几周的认真学习和总结，小郭把保险行业了解得很透彻，并把销售各种保险产品的技巧烂熟于心，一次次地出去锻炼自己的"脸皮",一次次地被拒绝,就这样坚持了一个月的时间,她终于卖出了第一份保险产品。

(资料来源:笔者依据相关资料整理)

(1) 会议总结。

会后根据会议记录进行总结,撰写总结报告是对会议内容的一次回顾、分析和提炼,不管是对与会者还是对会议召开者来说都有着很重要的意义(见案例 8-8)。重复和总结是对会议发言者最有效的反馈,有助于准确理解会议发言者的意思,提升沟通效果。同时也对以后会议的存档、跟踪和落实有着重要作用。

(2) 跟进会后方案。

团队会议的负责人,需要追踪记录每项议题进展的情况,督促成员完成会议布置的任务,推动团队工作的进展。

(3) 确定下次会议。

在对会议议题进行跟进后,团队会议的负责人需要评估本次会议议题的进展及有效性,以便确定下次会议的时间、地点、类型。对与会者而言,会后除了总结,还需要根据总结分析自己的不足并制订提升计划。

(二)绩效沟通

绩效沟通的根本目的是对员工完成绩效目标的过程进行有效的管理,并且明确组织对于员工的期望,加强管理者与被管理者之间的理解和信任。管理者要想做好绩效沟通,既需要具备系统思维,又需要重视细节。

1. 绩效目标,如何确定

绩效目标的确定是绩效管理过程中很重要的一环,其有效性直接影响了整个绩效管理的有效性。一般而言,绩效目标包括 3 个层面:一是组织战略目标;二是部门目标;三是员工个人绩效目标。无论多么宏伟的战略目标,管理者都需要将其细化到员工个人身上,并激励员工努力实现。

那么,应该如何确定员工个人的绩效目标呢?关键还是在于沟通,而沟通的核心内容就是回答以下 3 个问题。

(1) 目标具有什么特点。

第一,目标要明确且具有挑战性。"明确"指目标是可衡量的;"挑战性"则是指要实现目标有一定难度。第二,目标要简单而直接。"简单"就是抓重点、易操作,目标不宜过多;"直接"是指每个目标都是员工能直接完成的。第三,目标要透明。每个部门、每个员工个人的目标及最终的评分都是对整个组织公开和透明的,保持横向和纵向统一协同,避免员工个人目标相重叠,使组织、部门、个人目标形成合力作用。

(2) 目标一般来自哪些方面。

目标一般来自 3 个方面:一是组织和部门目标,了解组织和部门目标,并使各个岗位的工作目标与组织和部门的目标保持一致,这样当每个岗位的员工都完成目标后,组织和部门的目标即可实现;二是岗位职责,每个岗位上的员工都有自己的职责,这个职责是要保证完成的,同时员工还要兼顾阶段性的重点工作;三是绩效短板,即经过上一个绩效周期后,若发现员工需要改进某些绩效项目，则可以将其作为下一周期的考评指标。

（3）在确定目标时需要注意什么。

上级领导一定要与下属进行充分的沟通，确定员工的目标是否符合组织和部门的目标，确定员工本人对目标的认可度，并确定组织能否提供足够的资源支持，这是目标确定最重要的过程。协商讨论应该有理有据，遵从实际情况。目标不是一次比一次高就好，管理者应该清楚部门和员工个人能力的极限在哪里，从实际出发。

除此之外，管理者和员工也要严肃认真地对待目标的确定，承担相应的责任，尽量以书面文件的形式落定并签字确认。

2．绩效执行，如何推进与监督

绩效管理是一个过程管理，而非结果管理。在绩效执行过程中，管理者需要推进并监督工作按照既定的路线进行，员工要及时向管理者反馈预定的工作目标完成情况，以便从管理者那里得到支持和帮助。

当员工在完成目标的过程中遇到困难时，管理者应该做的不是向员工施压，而是通过与其沟通来了解困难点在哪里、解决方法是什么、自己能为员工做点什么。当深入了解员工遇到的困难之后，如果管理者意识到自身都无法解决这个困难，那么有必要适当调整目标和关键成果。总而言之，提供了绩效支持的绩效管理才是有效的。

3．绩效结果，如何使用

在规定的绩效考核期限结束之后，管理者需要对员工的绩效结果进行考核，并对绩效管理制度实施的整体性进行评价。

当员工完成最初设定的目标后，管理者或负责绩效管理的人员会对员工的绩效进行评价。评价过程包括对员工目标实现情况的评估，对员工设定目标的难度和整体执行能力的评价，以及最终文件的留存和分享。这个过程不仅可以使管理者对员工的绩效进行评价，而且可以促进组织内上下级之间的沟通和信任建立，有利于管理者积累经验，并确定后续目标和管理的方向。

4．绩效反馈，如何沟通与指导

绩效管理的最后一个环节，也是最重要的一个环节，就是绩效反馈。绩效反馈的目的是让员工了解自己的工作状态、优点和不足，使管理者能针对员工的不足对其提出改进建议，从而促进员工和组织的共同成长，这也是绩效管理的根本目的。一个完整的绩效反馈应该包括以下几个环节。

（1）做好前期准备。

绩效反馈常以面谈的形式开展。在面谈前期，管理者需要做好以下准备工作：选择合适的时间、地点，收集整理信息资料，准备面谈提纲等。

（2）说明目的，倾听员工的声音并予以肯定。

管理者要营造良好的沟通氛围，说明此次谈话的目的。管理者在表达自己的观点之前，应听听员工是如何评价自己的绩效结果的，并肯定员工的努力和成果。

（3）反馈结果，并客观指出不足。

管理者要和员工确认绩效结果，耐心听取员工对绩效结果的意见，让员工对有出入的信息和结论做必要的说明和解释。绩效反馈不仅仅是为了告诉员工这个月能获得多少绩效报酬，还是为了告诉员工需要在哪些方面进行改进和提升。管理者在与员工分析问题和不足时，要尽量具体、客观，语气亲和，表现出对员工的殷切关心。

绩效评估完成后，员工对绩效也会有一个预期，一旦这个预期与实际绩效有偏差，就会影响员工对公平的感知，进而影响员工的满意度及下一阶段的绩效水平。因此，管理者还应与员工沟通其对绩效管理实践的看法，并对员工提出的有价值的建议进行反馈。管理者通过有效沟通能够减轻员工的不公平感，提高满意度。

（4）提出绩效改进计划，并进行鼓励。

在帮员工找到绩效问题以后，管理者要帮助员工制订绩效改进计划，明确改进的具体步骤及完成的时间。同时，管理者也需要对员工进行鼓励，使其振奋精神、鼓足干劲，以积极的情绪开始下一阶段的工作。

面谈结束并不代表绩效反馈就成功了，管理者还需要持续关注员工的行为表现。绩效反馈不应该只发生在绩效考核周期结束的时刻，而应该贯穿整个绩效管理的过程，要形成经常、即时、有条理的反馈体系。

（三）跨部门沟通

辩证沟通思维启示我们，尊重差异是跨部门沟通的根本，换位思考是跨部门沟通的基石。跨部门沟通障碍的解决策略主要为以下三点。

1. 明"职责"，厘清部门间职责分配

针对各种原因造成的组织分工不明确，部门之间权利、利益及工作职责不清的问题，明晰岗位职责是解决跨部门沟通障碍的第一步。首先，管理者应避免员工职责范围的交叉和空白，提高组织效率和减少错误。其次，管理者要明确每个流程节点上的责任岗位，以确保每个员工都知道自己的岗位职责和任务。针对现有问题进行流程优化也是很重要的，管理者需要对问题进行重新梳理、完善和改进，以优化组织的业务流程，提高效率。最后，管理者需要修订部门职责说明书和岗位职责说明书，让各部门的工作更有章可循、有理可依。这些措施可以提高组织的协作效率和工作效率，从而实现组织的长期发展（见案例8-9）。

案例8-9　小林的困境

小林的某一工作事项需要由财务部同事操作完成。由于是小林指导并交代财务部同事怎么操作的，因此后续在执行过程中，财务部同事总让小林确认其执行的数据是否正确。前期，小林以合作完成事项的态度，协助财务部同事检验是否有问题并回复。后期，小林的领导认为其仅需培训操作，后续的事情只要通知即可，不需要协助财务部同事检验是否有问题，便提出小林不需要在群里回复，小林只好不再回复财务部同事。但财务部同事见小林在群里不回复，便私聊他，并认为小林所在的部门对待此事项不够尽责。

后来，小林在对此进行回顾时，发现正确的处理方式应该为告知相关部门后续谁来核对数据，让执行人了解应该找谁核对，只有这样才不会出现部门间衔接不连贯、事项完成中断引起客户质询的问题。经过分析和总结，小林制订了事项完成对接流程，并提醒相关人员对接的相关细节，在后续完成中避免了失误。

（资料来源：笔者依据相关资料整理）

2. 多"串门"，主动了解各部门工作

跨部门沟通不良，很多时候都是"语言不通"引起的，因此理解对方的"语言"是进行顺畅沟通的前提。部门内之所以存在本位主义思想，往往是因为本部门对其他部门的工作缺乏了解，以及部门员工之间缺乏交往、接触。而频繁的互动有助于提升部门员工之间的熟识度，并能体会到各个部门的工作性质、工作环节及本部门或本岗位在组织中的位置，认识到本部门工作与其他部门工作的关联，做到设身处地地想问题，促进相互间的协作配合。因此，频繁沟通的部门之间，可以建立阶段性沟通机制。

另外，若能在保持同事关系的基础上，增加日常生活方面的交往，双方沟通的效率会更高。不同部门员工之间的沟通若只停留在工作层面，那么在具体事务沟通方面，由于相互之间了解不够深入，双方需要花费更多的时间和精力来了解对方的沟通意图，从而影响工作效率和效果。

3. 高"站位"，提升格局，成就他人

职能分工的专业化使得各部门往往只看到自己部门的工作成绩，而忽视了其他部门的努力，这也是跨部门沟通不顺畅的主要原因之一。

"换位思考"，要勇于突破"小我"，打破部门壁垒，多站在全局、对方的立场思考。当与其他部门产生冲突时，仅仅将错误归咎于对方是不明智的。不同部门员工应该从对方的角度去考虑问题，寻找共同点，理解彼此的立场和需求，以此来解决冲突。这种方法可以避免双方陷入僵局，并有可能帮助各部门找到解决问题的新思路。因此，在解决部门间的冲突时，本部门需要以更加开放和包容的心态，理解其他部门的"语言"，尊重不同意见，以实现协同合作。

"尊重差异"。每个部门都是顺应组织发展要求而设立的，本部门要学会尊重与认可其他部门的工作。每个部门员工应该在充分了解各部门职责的基础上，认识到各部门的工作性质、工作任务及与本部门的关系，只有每个部门齐心协力一起进步，整个组织才会更好，组织中的每个人才会获得更大的收益。作为部门的一名成员，站位高一点，可以把工作做得更好。

六、思考题

1. 会议的类型和与会者的角色都有哪些？
2. 绩效管理过程中，团队管理者如何进行沟通与指导？
3. 跨部门沟通都存在哪些障碍？如何解决这些问题？

第九章 情感沟通

本章目标

1. 引导读者认识到团队内情感激发的重要性，掌握沟通中的情感激发策略。
2. 带领读者了解团队不同发展阶段的制度建设特点，掌握创业团队关系维系的方法。
3. 帮助读者了解人情和面子在团队情感沟通中的影响，学会正确对待人情与面子。

本章要点

1. 团队管理者要善于激励、关怀团队成员，充分了解团队成员，掌握有效沟通的基础，激发其团队归属感和凝聚力。
2. 在不同的团队发展阶段，团队的价值导向存在差异，平衡团队制度建设和团队情感建设的关系是团队发展的关键。
3. 基于人情和面子理论，团队关系的建立和维系需要考虑关系双方的人情和面子。在团队沟通中，人情化管理有利于团队情感沟通。

> "沟通是一门技术，有良好沟通的地方才有爱。"——阿尔弗雷德·阿德勒（Alfred Adler，1870.02.07—1937.05.28）

一、引导案例

案例 9-1　花费 70 万元为实习生治病

小田刚入职一家企业不到 3 个月，还没有过实习期。一次，在和同事们一起聚餐的时候，小田居然晕倒了，同事们立刻将小田送到了医院。在医院，小田被医生诊断为白血病，现在有两种治疗方案，一种是药物治疗，另一种是脊髓移植。小田想也没想就将这两个治疗方案都放弃了，因为他知道自己的家庭负担不起这么高昂的治疗费用。随后，小田向车间主任递交了辞职申请。

看到突如其来的辞职申请，车间主任很是错愕。虽然实习才不久，但是小田的优异表现让他对这个阳光大男孩印象很深。他找到了小田，询问他辞职的原因，并将这件事上报给了有关领导。在得知小田生病的消息后，有关领导第一时间向公司老总发出请示。出于对小田的好感，大家都希望能为他提供力所能及的帮助。

公司老总听后立刻表示："一条人命，怎么能跟钱相比呢？你们把他送去医院，费用由公司负责。"

在公司的安排下，小田进入北京大学第一医院进行治疗。不过，在小田被送入医院后没两天，公司老总又接到了秘书的电话。电话那头，秘书胆怯地告诉公司老总，小田的治疗费用至少要70万元。公司老总回复："70万元算什么！人都送去医院了，还在乎钱吗？"

在小田对抗疾病的一年多时间里，北京分公司的几位负责人多次前往探望他，并代公司老总表达对他的问候。公司老总本人还特意联系了小田的母亲。电话中，小田母亲说："我感谢您为我们家孩子做的一切，不管怎么说，您都是我孩子的救命恩人，这辈子就算当牛做马我也要回报您的恩情。"公司老总表示小田是公司的员工，自己无论如何也做不到见死不救。公司老总还特意和小田母亲说："以后有什么困难，我们一定尽力帮忙！"

在公司上下的齐心支援和医院的救治下，小田的病情逐渐好转。转入医院半个月左右后，他成功进行了骨髓移植手术。在因病离职一年半后，小田再次回到了公司。在回到工作岗位的时候，小田说自己很高兴遇到这么一群好领导，也很幸运自己能够来到这里工作。

（资料来源：笔者依据相关资料整理）

带着问题学习

1. 案例中，公司是如何处理员工生病问题的？
2. 得知小田生病后，公司老总都和哪些对象进行了沟通？
3. 案例中，公司在处理员工生病问题时，运用了什么管理思想？

二、情感沟通概述

（一）情感激发

好的团队，不是简单的人员组合，而是通过优势互补，产生1+1＞2的效果。沟通是团队管理的灵魂，如果团队希望每个团队成员都有共同的愿景、目标，大家同心协力，那么沟通是必不可少的工具；如果团队成员有很强的团队凝聚力，那么也会提高沟通效率，从而提高团队整体的运转效率。团队管理者不仅要善于激励团队成员，还要关怀团队成员，让其感受到团队的归属感和凝聚力，增强对团队的愿景、目标的认同感。

1. 认识团队成员

每个人都有不同的特征，为了保证沟通的有效性，团队管理者要认识每个团队成员，了解他们之间的差异，以便选择适合的沟通方式，抓住沟通重点，更好地传递信息，改善和巩固团队关系。

（1）原生家庭。

原生家庭作为一个人最初生活和成长的环境，在人的发展过程中发挥着举足轻重的作用。每个人都来自不同的原生家庭，由于生长环境的影响，每个人都是一个独立的个体，有着独立的思维方式。作为团队管理者，在与不同的团队成员交流时要考虑到这种差异性，充分了解团队成员的原生家庭，选择适当的方式与其沟通。

(2)年龄阶段。

团队管理者还要调节、平衡代际成员之间的差异。代际特征不同不仅影响成员对待工作的态度和行为,还影响成员对领导方式的偏好和反应。为了应对好这一点,团队管理者需要了解年代的差异和共性,懂得如何有效地沟通和管理。

以"90后""00后"为代表的新生代团队成员生长在一个开放包容、互联互通的新时代,形成了自我概念比较强、追求自由平等、善于接受新鲜事物等代际特征。团队管理者在与新生代团队成员沟通时要给予其一定的积极性评价,注重积极互动关系的建立,了解其对管理行为的感受和评价。

(3)成长阶段。

组织行为学教授保罗·赫塞(Paul Hersey)将职场中每个员工的成长分为4个阶段,如图9-1所示。

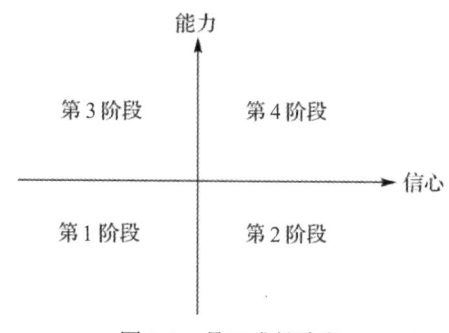

图9-1 员工成长阶段

新员工初入职场,缺乏经验,处于"既没有信心,也没有能力"的第1阶段,这时团队管理者应采取"指引式"的沟通方式来引导员工朝向工作方向。随着工作的不断深入,有2~3年工作经验的员工能慢慢胜任相应的工作,这时员工进入了"有信心,但没有能力"的第2阶段,对此团队管理者应该适当安排工作,让员工单独执行任务,沟通重点在于理解员工工作并激励员工。

然而在单独执行任务时,员工会遇到各种问题和障碍,这时员工可能会进入"没有信心,但有能力"的第3阶段,对此团队管理者要适当激励员工,积极帮助员工解决问题,给予员工足够的信心,帮助员工进入成长的"既有信心,也有能力"的第4阶段。当员工进入第4阶段后,团队管理者则要采取"授权式"的沟通方式,将工作真正交付给员工,团队管理者更多的是监控和考察员工工作,宏观掌控工作进展,此时适当指点即可。

2. 沟通基石

团队管理者与团队成员沟通最大的目的就是,充分调动团队成员的积极性,使其潜力得以最大限度的发挥,而有效的沟通也需要如下基础。

(1)平等的人格。

"强而不霸",团队管理者与团队成员在人格上应该是平等的,不应因职位高低而产生自大的心理。相反,团队管理者应该尊重团队成员,以增进威望和建立威信。团队管理者与团队成员之间的评价基准应该是业绩,而不是职位等级,只有取得成果的人才能够得到他人的尊重和尊敬。团队管理者也不应该将自己的意志强加于人,而应该尊重团队成员的意见和想法。

(2)有契约精神。

任何人都不愿意和自己不信任的人共事。如果团队管理者言行一致、情绪稳定、注重规则与流程，并具有人格魅力，团队成员的沟通和管理则相对容易。如果团队管理者说一套做一套，团队成员可能就会不愿意完成团队管理者安排的各项工作，还会怀疑团队管理者的动机和意图。

（3）激发与启迪。

对于团队管理者来说，与团队成员沟通大多是为了激发其能力或指导工作。如果团队管理者没有坚持自己的想法，团队成员没有服从，团队成员就可能一事无成。如果团队成员个个独立思考，人人见解不同，那就什么事情也做不成。反之，如果团队成员被动地接受命令，没有思辨能力，也有可能失去创造性。

（4）情绪的掌控。

很多人在沟通时表现得更像在指责对方，而不是解决问题。一个只知道向团队成员发脾气的团队管理者是无法取得成果的。语言具有强大的影响力，负面的言辞可能会伤害他人。在情绪激动时，人往往会不自觉地说出伤人的话，因此无论遇到什么情况，团队管理者都要冷静思考，学会控制自己的言行，避免造成无法挽回的后果。

（二）关系维系

好的团队，目标高远，追求统一，规则明确。只有讲求规则、尊重规则的团队才能不断成长和壮大，就算是一个内部工作环境十分融洽的团队，也需要非常完善的内部流程、方法和工具才能高效运转。因此，建立比较完善的团队制度，对于团队的关系维系和顺利成长是很有必要的。

在管理实践中，团队管理者该如何辩证地把握团队制度建设和团队情感建设之间的关系呢？对于此问题，可以从团队发展阶段的角度来阐述。任何一个团队，其发展都会经历成立、震荡、规范化、高绩效 4 个阶段。在不同的团队发展阶段，团队的价值导向存在差异，因此团队管理者需要根据实际情况进行团队制度建设和团队情感建设，并考虑二者的良好互动。

1. 成立阶段

在团队的成立阶段，团队管理者一般需要确定团队搭建的方案，构建团队的基本框架。在这个阶段，团队管理者要明确团队的基本定位，明晰团队的愿景及主要任务，给每个团队成员分配不同的角色等。此外，团队管理者应该建立团队的基本制度，包括团队与外部利益相关者的联系等有关制度。在该阶段，团队管理者还应促进团队成员之间互相熟悉、了解，形成团队意识。

2. 震荡阶段和规范化阶段

在团队的震荡阶段，团队成员彼此已经比较熟悉，此时可能会出现一些问题，如团队成员可能对团队领导产生不满情绪等。在震荡阶段，团队管理者要重点注意协调成员间的关系、缓和矛盾冲突、强化团队内部的沟通、完善团队制度、做好授权、激励团队成员参与管理等。

在团队的规范化阶段，团队成员对团队高度认同，归属感强，士气高昂。团队成员之间紧密合作、相互关心。团队管理者的工作重点是建设与完善团队标准与制度，促进团队任务的完成、团队目标的圆满实现、团队成员能力的综合提升。在这个阶段，团队管理者还应该大力加强团队文化建设。

在这两个阶段，团队的业务运作模式基本趋于成熟，团队成员之间的各项工作关系都已处于有效的控制状态，团队中大部分的工作已程序化和规范化，基本形成了一套成熟的管理体系。团队管理者需要着重把形成的好的经验、做法、流程等转化为制度并完善。此时，团队情感沟通的内容也有了深化，从最初的情感激发开始转向以关系维系为重点的团队建设。

3. 高绩效阶段

在高绩效阶段，团队发展趋于稳定，团队管理者主要应考虑完善业务流程，推动团队成员能力的提升。在团队制度建设上，团队管理者要优化流程、简化环节，注意新生力量的加入和新型管理方法的引入。在团队情感建设上，团队管理者要建立和维系团队成员之间相互信任的关系，促使团队成员做出一致的承诺。

（三）人情和面子

团队成员为了关系的建立和维持，在人际互动过程中往往需要考虑对方的人情和面子，尤其是面对上下级，人情和面子在很大程度上会影响团队成员之间的情感沟通。

1. 团队中的人情

自古中国就是人情社会，人情始终在团队工作中起着或隐或现的作用。

人情强化团队成员的归属感。人们在工作中需要寻求归属感和情感寄托，温暖的人情关系是团队建设的前提。良好的人际关系能够促进团队成员之间相互信任和理解，促进合作和共同成长。

人情是团队管理的润滑剂。制度本身无法人情化，但团队管理者可以作为中介，让制度规范的运作与团队成员之间的人情关系相互促进，从而形成更加和谐、有凝聚力的团队。

人情促进团队管理水平的提升。团队成员是富有情感的社会人，既是管理的媒介，又是管理的目标。合理的人情关系可以衍生出更多的尊重、理解和宽容，使团队成员怀着愉悦、积极的心情，激发出更多的工作热情，提高工作效率。

2. 团队中的面子

案例9-2 错误的研发思路

最近，公司开会讨论一款产品的研发方向。小张和另一位项目负责人各自提出了不同的研发方案。在会上，研发副总否定了他们提出的研发方案，并提出了自己的研发方案。小张和另一位项目负责人对产品非常了解，知道研发副总提出的研发方案并不可行，但出于对领导的尊重和面子维护，他们没有直接反驳。

会后，小张以讨论细节为由私下找研发副总商讨研发方案。小张说："会上您对我和另一位项目负责人提出的研发方案的否定是有道理的，这两个方案确实都存在不完美之处。"研发副总点了点头，示意他继续说。"您所提出的研发方案为我们提供了新的思路，非常值得参考。但是，从技术和产品的角度，这种思路可能会存在这些问题……"之后，小张又从研发副总"错误方案"中的正确部分出发，结合自己和另一位项目负责人正确的观点"创新"出了一个新措辞，嫁接到了研发副总的"错误方案"里去，提出了一个改进方案。研发副总也意识到了他的研发方案中的问题，同意以改进方案的思路继续推进项目。

（资料来源：笔者依据相关资料整理）

在中国文化情境下，除了"人情"，"面子"还调节着人们的人际交往活动（见案例9-2）。在人际关系中，为了建立和维护关系，中国人发展出了各种维护面子的艺术，这也表明中国

人有自己的人际关系交换法则。在团队沟通中，团队成员要注意面子对以下过程的影响。

（1）沟通。

在讲究面子的中国社会中，不论是在上对下还是在下对上的关系里，一个善于沟通的人通常都会在公开场合给足他人面子，即使有意见，也会私下沟通。

在与团队管理者的沟通中，团队成员因害怕被认为质疑其能力或对其地位造成挑战，使团队管理者没有面子，造成人际关系损害，会出现减少沟通、不愿意沟通的情况。由于担心遭到团队管理者批评或反对而伤了面子，团队成员也会避免与其沟通。这些都会对团队沟通产生消极的影响。反之，在适当照顾面子的基础上，充分领略沟通的真谛，才是团队成员需要把握的团队沟通之道。

（2）冲突处理。

面子问题是一个典型的文化现象，在一定程度上调节着人们的社会行为。在有些情境下，冲突经常是个体的原有身份认知或面子受到威胁或质疑时的面子协商过程。冲突处理需要个体在人际交往场合中进行自我控制和自我调节，同时维护自己和他人的面子。在冲突处理过程中，团队管理者应该充分考虑面子对员工行为的影响，采取适当的方式来规避面子带来的额外风险。

（3）激励。

许多团队成员在工作中会受到外部压力的影响，他们想要尽力满足领导、同事、朋友和家人的期望，并获得认可，这是面子的外在表现。对于团队成员来说，面子既是一种工作上的动力，可以促进个体的行为；也是一种压力，可以抑制个体的行为。

在管理团队成员时，团队管理者要设置与团队成员需求和团队目标相吻合的个人目标。团队管理者可以利用团队成员对面子的感知和重视，来实施有效的管理。当团队管理者为团队成员设置了相应的工作目标后，团队成员可能会按规定完成，也可能达不到预期。如果团队成员完成了工作目标，那么其会感到有面子，内心得到满足，获得领导和同事的肯定，从而激发工作意愿；如果团队成员没有完成工作目标，那么其会感到丢面子，进而产生羞耻感，抑制自身的行为。但是，为了维护面子，团队成员会采取一系列的补偿或修正措施来弥补过失，努力提高自己的工作绩效，重新树立个人形象。面子的激励效果主要取决于个体对面子的重视程度，对面子越是关注的个体，激励效果越显著。

三、现实问题

（一）忽视沟通中的激励作用

团队中资源、利润的分配不可能完全公平。二八定律说明：事物80%的价值来源于其20%的部分。团队中的绩效也是如此，大多来源于20%的成员，而在资源分配上却不能体现团队成员真正的贡献价值。因此，在团队管理中管理者要重点关注对少数关键团队成员的激励，使用多样化的激励手段和方式，调动这类团队成员的积极主动性，而沟通在这其中发挥着很重要的作用。

很多团队成员对物质奖励以外的因素也格外看重。而在现实中，很多团队管理者简单地以经济利益为主要激励手段，忽略了团队成员的个人价值追求与情感需要，使团队成员感到不受重视。团队管理者需要通过非正式沟通或正式沟通手段，用心了解每个团队成员真正的诉求及职业发展规划，立足于其真正的需要，有选择性地从人文关怀与价值关怀等多方面对其进行激励，并在此过程中充分使用好沟通工具，与关键团队成员建立良好的人际关系，提高团队成员对团队的归属感和工作积极性。

（二）创业团队结构不稳定

创业团队是由两人或两人以上组成的共同创业的集体，对组织的未来发展承担共同责任，共同拥有组织资产并承担相应的财务或其他方面的义务。有些创业团队在初期获得成功，但缺乏制度规范，当组织规模扩大时，常常出现管理混乱，导致结构不稳定，阻碍了组织的进一步发展。

创业团队结构不稳定的原因有多方面。有客观原因，如启动资金有限、薪酬水平不高或不稳定、内部管理机制不健全等；有主观原因，如团队关系断裂等。这些因素会导致团队成员之间的信任度下降，影响协作和决策效率，使得团队面临巨大的压力和挑战，最终可能导致团队的解散或创业失败。

> **案例9-3　"携程四君子"的创业故事**
>
> 1999年春节后的一天，季琦与梁建章、沈南鹏等校友聚会。在讨论互联网、互联网经济和IPO等话题时，他们决定一起在中国创建一个向大众提供旅游服务的电子商务网站。
>
> 同年5月，季琦、梁建章、沈南鹏和范敏共同创建了携程旅行网。这4个人各有所长：民企出身的季琦有激情和锐意开拓的精神；来自华尔街的沈南鹏擅长融资；从事IT咨询的梁建章善于理性思考和系统把握；而国有文旅企业出身的范敏善于经营，对旅游行业有深刻的理解，关系处理得当。4个人依照各自的专长具体分工，梁建章任首席执行官，沈南鹏任首席财务官，季琦任总裁，范敏任执行副总裁。
>
> 他们一开始就以契约精神明确各自的股份，并根据各自的经历大体定下了人事架构。尽管携程旅行网经历了多次高层人事变更，但他们从来没有发生过冲突，为中国企业树立了一个高效团队的榜样，取得了共赢的结果。
>
> （资料来源：笔者依据相关资料整理）

"携程四君子"各自有优势和资源，为了共同的、远大的目标，其分工合作，以优势互补的方式整合团队，设立科学合理的制度和规划，写下了一段精彩的创业故事。从创业团队的成立过程可以发现，创业团队成员之间是高度相互依赖的，不仅表现在所拥有的资源和技能的互补性上，而且在成员分工协作的职能上也是高度相互依赖的。

另外，由于创业团队任务的复杂性和不确定性，创业团队内部的情感沟通和制度建设尤为重要。创业团队成员的流失往往与缺乏明确的制度规划有关。由于创业团队建立之初缺乏制度建设，团队成员的职责常常不清晰。随着企业规模的扩大，许多初期的运营模式可能不再适用。

（三）情理失调

> **案例9-4　快递员小黎的困境**
>
> 小黎是某物流公司的一名快递员。他在工作中认真负责，一直很注重与客户之间建立良好的关系。他认为快递行业的核心不仅仅是包裹的准时送达，还有人与人之间的信

任和互动。他相信通过与客户建立良好的关系，能够提高客户的满意度，使他们更愿意选择该物流公司。

随着数字时代的到来，公司决定引入先进的数字化系统来提高快递员派件效率和准确性，要求快递员按时交付包裹，并设立了严格的时间和数量目标。小黎感到自己被束缚在有关时间和数字的要求中，不仅没有足够的时间与客户建立情感联系，而且工作压力增加了。疲于在各个收货地点之间辗转，他对客户的态度越来越差，也因此得到了好几次"差评"，形成了恶性循环。

（资料来源：笔者依据相关资料整理）

人们在处理人际关系和工作时有时候容易走向两个极端。一方面，人们注重面子和人情，强调人际关系的维系和情感上的交流，而忽视了理性。在团队工作中也是如此，对个人的面子和人情的关注往往会导致对工作结果和效率的忽略。团队内人与人之间合作的基础常常出于关系网络，而不是工作职责本身。人们往往会将人际关系放在事务和理性决策之前，从而导致情理失调（见案例9-4）。

另一方面，随着数字时代的到来，一些人可能更关注数字和效率，而忽视了对人的关心，忽略了人情因素。面对激烈的市场竞争，这种现象在外派员工、快递外卖从业者等身上体现得尤为明显。此外，为了激励团队成员，很多团队管理者在团队内部引入了竞争机制。竞争促进了个人能力的提高，从而有利于人才的培养和团队的进步。但激烈的内部竞争可能会导致团队成员之间产生冲突，降低团队的凝聚力，阻碍信息共享和沟通的有效进行，降低工作效率。

四、理论基础

中国社会是一个讲求情理的社会。中国社会对普遍主义的"理"和特殊主义的"情"不做二元对立的划分，以期待人们在做人、办事的时候做到两者都不偏废，希望在两者之间做出平衡与调和。

（一）人情的内涵

在中国文化中，人情有3种不同的含义。第一种是指个人在面对各种不同生活情境时可能产生的情绪反应，包括喜、怒、哀、乐等。第二种含义是指人与人在进行社会交易时，可以用来馈赠对方的一种资源，即"送人情""人情债"。第三种含义是指在中国社会中具有特殊性的社会规范，人们需要通过馈赠礼物或拜访等方式与关系网内的人保持良好的关系；当关系网内的某个人需要帮助的时候，需要送人情给对方。

与理性的资源交易不同，人情交换是无法通过金钱或其他外在因素来弥补的。在中国文化中，人情所涉及的价值观念和道德规范是非常重要的，而人们通常认为某些事情是无法通过价格来衡量的，而是需要道德和社会舆论的参与，以达到对违规者的惩罚和对受害者的救济。

中国人的人情交往有3种不同的类型。首先，当某个人在危难之际得到了别人的帮助，这种人情交往被称为"恩情"，帮助者被称为"恩人"。其次，中国人经常以"送人情"的方式向对方投资，以达到某种目的。这种投资会导致接受方产生亏欠或愧疚感，形成一种"人情债"关系。最后,中国人通常会通过礼尚往来来增进彼此之间的感情。在彼此互相走动或过节时送礼物,以加深彼此之间的关系。总的来说,中国人的人情交往充满了复杂性和情感因素,不仅仅是一种交换资源的行为,还是一种关系的维系和加强。

(二)面子的内涵

从社会心理学的角度,面子是个人在社会上有所成就而获得的社会地位或声望。胡先缙在《中国人的面子观》中分析总结出,面子在根本上是因个人表现出来的形象类型而导致的能否被他人看得起的心理和行为。中国人十分顾及面子,常常将其与自尊紧密联系在一起。这主要是由于面子不仅关系到个人在其关系网中的地位,而且涉及其是否被人接受及被人接受的程度,同时还会影响到个人在其关系网中能否享受到特殊的权力。

中国人在维护自己的面子时,通常通过地位、财富、权力和才能等手段,并避免做出可能引起非议的举动。中国人可以通过出借、争取、添加等方式让自己有"面子"。社会赋予"面子"的价值是双重的,一方面指的是个人通过正当途径取得的声望和名誉,另一方面则指的是个人膨胀的欲望。中国人讲面子总是倾向于把相关者的有关心理和行为考虑进来,因此具有辐射作用。"面子"涉及个人的资源需求,如成为他人羡慕的对象等。"争面子"则是指通过特定关系让没有学识、才华、职务等特征的人分享到这些特征。

"面子"是一种通过他人的正面评价来扩散资源的方式。当他人对资源拥有者表示感激或颂扬时,资源拥有者会感到自己有面子。因此,资源拥有者愿意与谁分享自己的资源,即给对方面子。而对方只要多多地捧场就是对资源拥有者最好的回报。这种通过正面评价来扩散资源的方式,是中国社会中一种重要的社交方式和文化传统。

五、实务操作

(一)情感激发策略

当团队的愿景、文化、价值观等符合团队成员的期望时,团队成员会对团队持肯定的态度,从而愿意为了团队利益做出一些物质奖励范围之外的个人牺牲或贡献。团队管理者要想激发团队成员对整个团队的情感,可以采取以下策略。

1. 建设团队文化

彼得·德鲁克认为企业需要的管理原则是,能让个人充分发挥特长,凝聚共同的愿景和一致的努力方向,建立团队合作,调和个人目标和共同福祉。而企业(团队)文化是一种高层次的管理工具,能够影响员工的工作愿景,从而完成动机和行为的自我管理,提升管理效率和扩大管理规模。建设团队文化就是为了加深团队成员之间的文化联系,让团队成员在精神上具有一定的共同点,在价值观上有相似的地方。

2. 提高团队忠诚度

团队成员的忠诚度与工作的效率、团队的稳定性有着密不可分的关系,只有保证了忠诚度,才能使团队成员真正对团队百分百效力。低忠诚度的团队成员缺乏工作积极性,甚至可能做出损害团队利益的事。

3. 组建团队仪式活动

仪式的历史随着人类文明流传至今，作为一种规范的形式和制度，仪式在团队内部起着至关重要的稳定与凝聚的作用。对于团队而言，仪式活动是指由团队组织的具有纪念意义的活动，如产品的庆功仪式、公司的年会等。仪式活动是团队文化活动的重要组成部分，不仅是团队生产之外的活动方式，还是增强团队凝聚力、拓宽沟通交流渠道的方式。

4. 给予团队关怀

研究表明，让团队成员感受到团队的关心、支持和认同，可以激发其情感承诺，使其有更好的表现。团队管理者要担负起对团队成员关心、支持和认同的责任，关注团队成员的发展和成长，满足不同团队成员情感上的不同诉求（见案例 9-5）。团队管理者可以通过聚餐、聚会等非正式活动，建立多种形式的沟通平台，鼓励团队成员畅所欲言、相互帮助，多渠道关注团队成员的情感、兴趣、爱好和需求等信息。团队管理者可以通过适当的手段满足团队成员的需求，构建良好的团队关系，激发团队成员的情感。

案例 9-5　小左的晋升

小左刚刚毕业便进入了一家公司工作。可是她总感觉同事王可在有意排斥和疏远自己。在沟通时，同事王可总会有意无意地打断她的话，让她非常紧张。甚至有一次，王可误报情况，导致小左的报告中出现了错误。这让小左非常生气，当着其他同事的面质问了王可，两人引发了一次争吵。

这些事情让小左非常困扰，于是她向她的领导反映了情况。小左的领导很负责，耐心地倾听了小左的抱怨，并且给她提供了辅导，提醒她关注了几个关键的地方，让她今后在工作中稍加注意。在领导的指点下，小左逐渐适应了工作，与同事王可消除了误会，建立了良好的关系。这些经历为小左的晋升奠定了良好的基础，后来小左顺利地晋升为副部长。

（资料来源：笔者依据相关资料整理）

---

5. 创造共同的对手

行业与行业之间，领域与领域之间都存在着竞争。如果让团队的每个成员充分了解共同的对手，这样整个团队就创造出了共同的对手，而且每个团队成员每天所挑战的就是共同的对手，由此为团队创造了一个共同的目标。

（二）创业团队关系维系

创业团队在成立阶段，团队成员间的相互信任是团队建设的基础。实际上，由于每个人都有不同的性格，在同一个团队中出现不同意见和矛盾是非常常见的。要处理不同意见和矛盾，团队管理者需要在创业团队发展的过程中，根据团队的具体情况制定出团队成员都认可的制度。

1. 利润分配制度

如何妥善处理团队成员间的利益关系、如何合理地对团队利润进行分配是影响创业团队能否正常运营的关键性问题。由于每个团队成员对团队的贡献度及具有的能力等有所不同，每个团队成员所关注的利益点不同，因此团队管理者需要妥善处理不同团队成员的不同需求，建立合理的利润分配制度。

2. 决策制度

创业团队的核心领导人通常有卓越的决策能力，因此在创业初期形成了一人或几人拍板的决策模式。然而随着创业规模的不断扩大，这种决策模式就可能不再适应团队发展。因此，团队管理者在管理团队成员时应按照科学合理的决策制度，使团队成员充分分享各自的信息、资源和决策，显著提升团队绩效。有效资源整合，目标一致，决策有效，对于创业团队尤为重要。

3. 激励制度

团队管理者应从创业团队的基本特点出发，从多个角度和层次构建员工激励制度。创业团队不仅要合理分配和利用资源，努力建设和管理人才梯队，还要节约大量的薪资成本。针对基层员工、管理人员和掌握核心技术人员，创业团队需要制定多角度、多层次成员激励制度，既满足不同类型成员的需求，又能使激励措施之间实现互补，从而发挥最大功效。

（三）人情化管理

1. 形成健康、和谐的管理文化

文化是一个团队的软实力之一，可以反映团队的精神面貌和生产力。制度管理是实现团队科学化、规范化管理的基础，但要实现真正的文化建设，需要重视人情因素，让团队理念、制度和程序转化为成员行动。这不仅需要发挥制度规范化管理的约束力，还需要创造归属感的管理文化，以实现外部约束与自我约束的统一。在这个过程中，团队管理者可以借助一些有价值导向的活动，如团队建设、文化交流等。

2. 树立以人为本的管理理念

管理学教授斯蒂芬·P.罗宾斯（Stephen P. Robbins）在概括管理概念时强调，管理就是"在正确的时间和地点，正确地做事"。以人为本的管理理念是指要关注团队成员的主体性、参与性和创造性，将个人成长与团队发展联系起来，将管理文化转化为激励个人和团队良性发展的机制。

人情关系为这种以人为本的管理理念提供了肥沃的土壤。这种管理理念尊重每个人的个性差异，将团队成员视为最宝贵的资源，激励团队成员为团队的良性发展做出积极贡献，推动工作的持续改进。这种管理理念的实施可以实现外部约束与自我约束的统一，最大限度地激发团队成员的积极性和创造性，使团队实现持续发展。

案例 9-6　海信学校

海信学校是海信集团创办的一所九年一贯制义务教育民办学校。为了回报社会，传承海信精神，为岛城提供优质的义务教育资源，海信放弃了巨大的经济利益，投资数亿元建设了这所学校及配套教育园区。

对于海信集团员工，可以享受子女优待政策，可以提前录取进入海信学校，为员工解决了后顾之忧。据统计，2023 年享受海信学校小升初优待政策的海信集团员工子女、学校教职工子女就有近百名。

（资料来源：笔者依据相关资料整理）

海信学校的成立，体现了企业对于社会责任的承担，以及为社会进步做贡献的抱负，也是对于海信集团员工的一种福利和关怀。从某种意义来说，这既是给全社会"送人情"，也是

为全集团的员工"送人情",建立了企业内温暖的人情关系,有利于增强员工的凝聚力和提高其归属感,还有利于建立正面的企业形象。

3. 情理法的有效结合

在数字经济时代,团队面临更复杂的人情关系和利益关系挑战,如何协调人情和效率之间的张力、在法律允许的范围内管理是团队管理沟通中的新问题。团队管理者在处理问题、决策和沟通时,需要具有将情感因素、理性因素和法律规则有效结合进行决策的辩证思维。

首先,团队管理者需要关注团队成员的情感。在管理和沟通中体现关怀和尊重,把团队意志转化为团队成员的自觉行动,进一步激发团队成员的主动精神和强化自我约束力,提高团队成员的内在驱动力,与团队成员建立良好的人际关系。其次,团队管理者需要运用理性思维,利用数据、理论等客观因素进行分析和判断,避免情感和主观因素的干扰,做出更加客观和明智的决策。最后,在做出决策时,团队管理者需要考虑法律法规的约束,确保决策合法有效。在处理问题时,团队管理者需要把握好情、理、法三者的度,充分考虑各个方面的因素,以达到有效的决策和沟通。

六、思考题

1. 认识团队成员需要从哪几个方面进行?
2. 团队情感激发的策略有哪些?
3. 创业团队在不同发展阶段如何维系关系?

第十章　冲突沟通

本章目标

1. 引导读者了解不同类别的冲突及其特征。
2. 帮助读者了解团队冲突产生的原因。
3. 针对冲突的对象，学习化解冲突的沟通技巧。

本章要点

1. 根据冲突的性质，冲突分为关系型冲突、任务型冲突和流程型冲突。团队冲突产生的原因主要有资源分配不均、管理流程不完善、权利相争等。

2. 基于五阶段冲突理论，帮助读者认识到针对团队管理者之间的冲突要在分析冲突原因的基础上解决问题，尤其是要尊重彼此间的差异，学会巧妙化解冲突，并建立起再次产生冲突的预防机制。

3. 团队管理者不仅要掌握冲突管理的基本要领，学会使用恰当的处理方式解决冲突，还要学会避免与团队成员产生冲突。针对团队成员之间的冲突，团队管理者要根据冲突的类型和原因，适当引导和帮助团队成员解决冲突。

> "解决冲突靠两件事：在决策过程中相互尊重；在执行过程中相互信任。"——伊查克·爱迪思（Ichak Adizes，1937.10.22—）

一、引导案例

案例 10-1　研发部风波

小张是一家公司的研发部副主管，负责公司的一个新产品方案。年初以来，由于芯片供应紧缺，新产品方案要频繁依据芯片的供货资源进行再研发。方案中有一个项目原计划是用 8KB 内存的芯片来进行研发，小张的下属研发部软件工程师小庄已经用 C 语言编写好程序了，并进行了测试和小批试产的验证。但由于这个品牌的芯片突然间缺货，方案要面临重新评估和变更。

在小张的努力下，他想出了一个解决问题的方案，就是用另一个芯片替代缺货的芯片，但这种方法不能用 C 语言来写程序，需要用汇编语言来写。由于项目交付紧急，小张在完成方案构想后赶忙找到软件工程师小庄，指挥他开展下一步移植程序等工作。而小庄一直以来是用 C 语言编写程序的,已经对用汇编语言编写程序比较生疏了,在短时间内重新学习用汇编语言编写程序需要耗费很多的时间和精力。因此,在小张告知他接下来的工作后,小庄立刻表示短时间内无法完成任务。小张对此很恼火,当场批评了小庄,说他工作态度不好,并要求小庄务必在规定时间内交付工作,否则扣他工资。小庄一气之下说:"我不干了!"

研发部主管小曹听说了这件事,考虑到小庄是团队不可或缺的主力军,而小张是她的得力副手,所以小曹决定通过合适的方法调解这两个人之间的冲突,避免因两人一时冲动而给团队造成损失。她先分别单独跟小庄和小张吃饭,安抚两个人的情绪,讨论冲突发生的起因、经过,分析双方各自存在的问题。达成初步的共识后,她再安排小庄和小张同她一起吃饭,引导双方承认自己在其中的问题,讨论问题的解决方法。最终小庄和小张协调成功,小庄决定继续留在公司工作。

(资料来源:笔者依据相关资料整理)

带着问题学习

1. 小张在与小庄沟通时存在什么样的问题?
2. 小庄和小张之间产生冲突的原因是什么?
3. 小曹是如何处理下属之间的冲突的?还有哪些可改进之处?

二、冲突沟通概述

相互依赖的两方或两方以上之间由于对同一事物持有不同的态度与处理方法而产生矛盾,这种矛盾的激化就称为冲突。

(一)冲突类别

按照冲突的性质,冲突可以分为以下类别。

1. 关系型冲突

关系型冲突是指由于人与人之间的差异而造成的冲突,这其中包括原生背景差异、专业差异、年龄差异、性别差异、岗位差异、角色差异等。对于关系型冲突而言,冲突往往是沟通渠道关闭的根源,是对抗思维的体现。

2. 任务型冲突

任务型冲突是指由于各方在团队任务和技术见解等方面存在差异而造成的冲突,包括观点、想法和意见的分歧。任务型冲突的倡导者认为,任务型冲突通过促进成员之间的不同意见和信息交流,促进更高质量的群体决策和创新,可以提高团队工作的质量。一些人认为任务型冲突的好处仅限于一系列的情况,与之相关的成本往往大于好处。例如,任务型冲突造成了团队的认知紧张,进而干扰了任务表现。

尽管任务型冲突对团队过程和结果的总体影响仍然没有定论,但争议的本质是团队中不同任务型意见和观点带来的影响。从这个意义上讲,团队应重点探索任务型冲突转化为建设性冲突的条件,从而产生有益的社会互动和提高任务效率。

案例10-2　冲突的收益

索尼公司总裁盛田昭夫就倡导一定程度的冲突。他鼓励大家踊跃提出意见，他认为不同的意见越多，最后的结论就越为高明。同时，他也从不压制对于工作有益的冲突，认为有益的冲突只会给公司带来活力与激情。在盛田昭夫看来，员工们应当敢于将自己的意见公之于众，如果员工们与领导的看法有冲突，那么这样的冲突越多越好，因为这样能使领导的意见提升到一个更高水平。索尼公司的成功，部分原因在于索尼各级的管理者都具备这种能力。

当盛田昭夫还是副总裁时，与时任董事长田岛道治有过一次激烈的冲突，盛田昭夫的一些意见激怒了他，他愤怒地说："盛田昭夫，既然你我主张不同，又常常发生冲突，我就不必再待在公司里了。"而盛田昭夫仍据理力争地回答："阁下，如果你我在一切问题上的看法均一致，那么这家公司就无必要让我们两个拿薪。这种情况下，不是你就是我，必须辞职。正是因为你我有不同意见，这家公司才会少犯错误。"

（资料来源：熊伟. 经营之圣盛田昭夫[M]. 沈阳：辽海出版社，2017.）

3. 流程型冲突

流程型冲突是指由于各方在管理流程和资源分配方面的意见分歧而导致的冲突（见案例10-2）。每项团队工作都要有一定的流程，各个部门之间的协调要到位，否则就会导致管理混乱，冲突不断。

（二）冲突产生的原因

团队冲突产生的原因主要有以下几种。

1. 资源分配不均

团队或个体所拥有的资源是其生存和发展所必备的条件，但资源是有限的，团队总是按照工作性质、岗位职责、地位及目标等因素分配资金、人力、设备、时间等资源，不会绝对公平。当资源相对稀缺或团队发展缓慢时，各个团队会为了组织内有限的资源展开竞争而产生冲突。另外，团队之间可能会共用一些组织资源，因而会出现谁先谁后、谁多谁少的矛盾。

团队成员之间的冲突根源与上述类似，在岗位职责类似的情况下，团队成员之间会为了竞争团队内有限的资源而产生冲突。例如，团队成员的两方岗位职责类似，但如果一方在职位、考核、报酬等方面明显优于对方，另一方就可能感到不公平而引发矛盾。

2. 管理流程不完善

组织内部管理流程的分工不明确、职责不清是团队产生冲突的原因之一。团队成员之间相互依赖，一个成员工作不当会影响到其他成员的工作。如果团队之间岗位职责不明确、工作边界不清晰，就容易出现责任推诿、任务延误等问题，从而导致冲突的产生。同时，团队之间也存在相互依赖关系，一个团队的工作不当也会对其他团队产生影响，与工作职责相关的因素也会引起冲突。

3. 权利相争

企业是一个复杂的系统，内部活动充满诸多不确定性，因而不可避免地存在着不同程度的"公司政治"。由于企业是一个以追求经济效益为目标，以利益分化—权力多元—矛盾冲突—

人际融合为中轴的动态组织，当权与利失衡时，冲突便会产生。例如，当一个团队管理者努力提高自己在组织中的地位，而另一个团队管理者视其为对自己地位的威胁时，冲突就会产生。

4．认知差异

认知是指人认识外界事物的过程，包括感觉、直觉、记忆、想象、思维和语言等。在认知过程中，众多因素如认知主体的自身受教育程度、新事物接受度、心理平衡度、价值观等都会从根本上影响主体的认知。况且每个个体情况各不相同，因此产生认知差异在所难免。

除了根本上固有的因素会导致认知差异，在认知形成过程中偶尔也会受到许多因素的影响。认知风格便是其中一种，它是个体在长期的认知活动中形成的、稳定的心理倾向，表现为对一定的信息加工方式的偏爱。例如，新进公司的员工在一开始就有着明显的认知差异：原来的公司要求 9:00 上班，而现在的公司要求 8:00 上班；原来的同事上班有说有笑，现在的公司要求上班保持安静。这些不同的公司要求导致了员工认知的失调。

5．人格差异

人格差异反映了不同个体之间在社会属性和性格特点等方面的不同，因而对于同一工作，不同的个体会有不同的心态，这就会导致相互之间产生摩擦，甚至冲突。人格差异是如何导致冲突产生的呢？原因包括如下几点。

（1）认为"大家都一样"。

团队管理者经常存在的一个问题就是假定别人都和自己一样。然而，人和人是不同的，对自己重要的对其他人未必重要。许多团队管理者认为提供奖金或加薪的机会能使所有人更努力工作，但是团队成员则可能认为一个值得跟随的团队管理者比奖金更重要。就这样，人格差异中的假设引发了冲突。

（2）积极的人格和消极的人格。

积极与消极本就是一对冲突。两个相互协作的同事，一个积极、热情、乐观，总是全身心地投入工作；另一个得过且过、消极、悲观，总是劝说乐观的同事不必这样认真，甚至还会破坏他人的劳动成果，以此来达到"大家都要一样"的目的。长此以往，冲突自然就形成了。

6．沟通不力

在团队管理运营中，许多方面都需要成员之间配合、协作。在这个过程中，沟通就显得尤为重要。有效的沟通能为团队提供工作的方向、了解内部成员的需求、了解管理效能的高低等，其是进行团队科学管理、达到团队目标的重要条件。但是，由于时间、语言、情绪、文化、表达方式等因素的影响，现实中的沟通效果往往不如预想的那样完美，这便有可能引发冲突。

案例 10-3　小牛的离职

小牛毕业后初入职场，遇到了一位女上司。他认为这位女上司心眼小，遇事特别不喜欢承担责任，有功劳就是自己的，出问题了就将所有过失和责任都推给下属。

在一次工作出现问题时，女上司组织团队开会总结。会上，女上司认为是小牛的过失和责任，而小牛认为自己没有过错，并且已经莫名其妙地做过若干次"替死鬼"了，便与这位女上司发生了正面冲突，两人大吵了一场，不欢而散。女上司认为小牛有些看不起她，故意顶撞她，因此在冲突发生之后，女上司就开始处处找小牛麻烦，给他"穿小鞋"，后来小牛因为工作体验感差而离开了公司。

（资料来源：笔者依据相关资料整理）

案例 10-3 中，小牛在与女上司发生冲突后，双方没有立即进行冲突处理，缺乏沟通，小牛认为自己平时做事认真负责，是这位女上司人品有问题，自己没有问题，而女上司则认为小牛不尊重她。双方都带有偏见地看待对方，激化了矛盾，以至于产生了更大的冲突。

三、现实问题

（一）团队管理者之间有冲突

组织是一组资源的集合体，组织中每个团队的正常运作都需要一定的资源投入量来予以支持，但组织拥有的资源是有限的，这就需要组织对资源进行内部分配。根据各个团队的工作性质、岗位职责、在组织中的地位及组织目标等因素，每个组织都有一套独特的资源分配体系。

在此过程中，团队管理者之间为抢夺更多的决策权、更高的预算、更有效益的任务、优秀团队成员等组织内部有限的资源，会因为资源分配的不公平感而发生冲突。例如，在很多企业中，每月的奖金和年终奖是按照一定系数分配给各个团队的，奖金系数的高低直接决定了团队奖金总数的多少，而奖金系数决定的过程往往也会伴随着由于不公平感而造成的团队负责人之间的争论，甚至互相诋毁，从而引发冲突。

（二）团队管理者与团队成员之间有矛盾

在现实中，由于团队管理者与团队成员地位的不平等性，即使团队管理者与团队成员都希望建立良好的关系，但由于各种原因，也会出现矛盾和冲突。团队成员面临的主要问题是不好意思沟通、不敢沟通、不知道如何沟通等。对于团队管理者而言，则时常会存在以自我为中心的"霸权"心理，在潜意识中会认为团队成员"应该"按照自己的命令行事，有意或无意地把自己的意志强加给对方，而忽略对方也是一个独立的个体，有自己的感受和需要，一旦觉得对方没有完全如自己所愿，矛盾可能就会因此产生。

> **案例 10-4　小马的难言之隐**
>
> 最近，小马所在的部门负责一个非常紧急的项目，小马被领导安排到了一个非常关键的位置上。然而，当领导给小马打电话或发信息时，小马一直不能按时接电话和及时回信息。同时，领导交代给他的工作也完成得很差。为此，小马的领导对他很不满意。
>
> 原来，小马的妻子身患重病，导致小马在处理工作的同时还要照顾家庭。他已经很多天没有睡过好觉了，所以白天上班的时候总是打哈欠，工作时也总是不专心。小马本可以向领导说明情况，但他担心一旦找了领导就会被调到其他部门。他最近需要钱，参加这个项目也是为了在项目结束后拿到项目奖金。
>
> （资料来源：笔者依据相关资料整理）

在案例 10-4 中，如果小马积极主动地和他的领导沟通，就可能不会出现后续问题。但是小马总是通过猜疑来做判断，而领导在发现小马工作状态有问题时，并未及时与小马沟通，造成了双方信息的不对称，引发了冲突。

（三）团队成员之间不和

在组织里，每个职场人都要和各种各样的人接触。不少人一天在办公室的活动时间往往比在家里的活动时间更多，与同事在一起的时间比与家人在一起的时间还多。在一个团队中，团队成员之间在生活背景、教育、年龄和文化等方面存在差异，导致在认知、性格及沟通等方面也存在差异，这增加了彼此相互合作的难度，团队成员之间难免会有不和的情况出现。

四、五阶段冲突理论

管理学教授罗宾斯把冲突的过程分为 5 个阶段：存在可能产生冲突的条件、认知和个性化、行为意向、行为、结果。图 10-1 展示了这一过程。

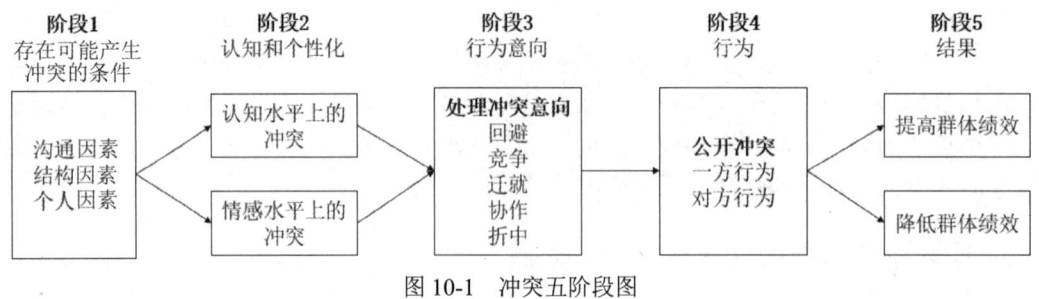

图 10-1 冲突五阶段图

（一）阶段 1：存在可能产生冲突的条件

在组织和团队中，一些条件可能会引发冲突。这些条件包括沟通、结构和个人等因素。沟通失效可能源于对语义不理解、信息交流不充分、选择性感知及沟通渠道障碍等，从而成为冲突产生的潜在因素。可能导致冲突产生的结构要素主要包括群体规模、责任的模糊性、组织内不同群体的目标差异、任务的专业化程度及领导风格等。个人因素也是引发冲突的一个重要因素，如个性特征。

（二）阶段 2：认知和个性化

阶段 1 说明了冲突的根源，在阶段 2，这些条件就可能导致冲突产生。冲突的产生不仅仅取决于必要条件的存在，还需要引起情感水平上的冲突，即双方感到情感上的投入和紧张，才有可能出现冲突。在这一阶段，双方将决定冲突的性质和解决冲突的方法。

（三）阶段 3：行为意向

行为意向是介于一个人的认知和外显行为之间的一个决策，该意向将导致行为的产生。很多情况下，出现冲突是由于一方错误地归因于另一方。此外，行为意向和行为之间存在很多差异，因此一个人的行为并不能完全反映其行为意向。

（四）阶段 4：行为

当个体采取行动以阻碍他人实现目标或损害他人利益时，冲突便进入了阶段 4。在这一阶段，冲突会变得明显，并且涉及动态的相互作用过程。

（五）阶段5：结果

冲突双方之间的行为及反应相互作用导致了最后的结果，该冲突结果包括建设性冲突和破坏性冲突两种。建设性冲突可以提高团队的决策质量，激发成员创造性和创新性，培养成员的兴趣和好奇心，并促进沟通和自我评估。然而，破坏性冲突会导致沟通障碍、团队凝聚力降低、成员间的斗争和对团队目标的忽视。在极端情况下，这种冲突甚至可能威胁到团队的生存。

五、实务操作

本书结合导论的辩证沟通思维和五阶段冲突理论，针对不同对象之间的冲突提供如下解决策略。

（一）团队管理者之间的冲突

1. 冲突处理思路

团队管理者在工作中和其他团队管理者产生冲突时，应该在第一时间进行协调，在分析冲突原因的基础上解决问题，尤其是要尊重彼此间的差异，学会巧妙地化解冲突。不同原因产生的冲突，解决的方法不同，但从总体上来讲，团队管理者之间的冲突处理可以按照以下思路来进行。

（1）保持冷静、尊重、耐心。

冲突常常引发不良情绪，但团队管理者也应展现尊重，保持冷静、耐心，并找出冲突产生的原因。团队管理者在解决冲突时，经常保持不了平和心态，以至于把正常的沟通变成了单方面的指责，不仅达不到沟通的效果，还造成双方之间的关系更加紧张，甚至对对方产生敌对情绪。团队管理者当感知到自己有消极情绪时，可以先找到安全的情绪出口，暂时不沟通。

团队管理者要认识到团队之间的差异是客观存在的，沟通要建立在避免加深团队之间矛盾的基础上。无论是面对其他团队领导还是团队成员，团队管理者都要保持冷静、尊重与耐心，用积极解决问题的态度，促进争端的化解，重新建立信任。

（2）客观分析冲突原因。

为了妥善解决冲突，团队管理者需要客观分析冲突产生的原因，避免情绪因素影响判断。团队管理者只有把负面的个人情绪抽离出去，对事不对人，才能更好地准确锁定问题，并进行有效的意见交流和解决冲突。

（3）以整体利益为原则，共同寻找解决方案。

组织内的团队之间要互相合作，以组织的整体利益为原则。要在不损害组织的整体利益的基础上，解决团队管理者之间的冲突。团队管理者需要共同协商出一套大家都能接受的解决办法，并做出承诺，说到做到。

（4）当对立情势恶化时，请上级领导裁定。

当团队管理者之间的对立达到一定程度，无法通过双方协商处理时，需要请上级领导进行裁决。这可以防止冲突持续恶化，并且确保决策的公正性和合理性。

2. 冲突的预防

冲突的解决不是冲突处理的终点，在解决一次团队管理者之间的冲突后，最重要的是建立起再次产生冲突的预防机制。主要可以从以下几个方面展开。

建立跨团队的沟通和冲突解决机制。团队管理者们可以定期召开团队间的沟通会议，提出意见来达成协议。对于组织管理流程不完善造成的职责不清等问题，在各团队的共同参与下重新梳理职责分配。及时处理问题，有助于避免团队间的纷争。

促进团队间的互相了解，引导团队管理者以组织的整体利益为重。团队间发生冲突，多半是为了追求自己团队的利益最大化，但也往往因此忽略了组织的整体利益。所以，只有促进团队间的互相了解，引导团队管理者以组织的整体利益为重，才能让团队意识到彼此之间的相互依存性，最终达到协调合作的目的。这种协调合作不仅可以解决当前的冲突，还可以为未来的合作奠定基础。

推行工作轮换，强调换位思考。缺乏对他人工作的充分了解，通常是冲突产生的主要根源之一。推行工作轮换可以使不同团队的管理者有机会从全新的角度和立场审视问题，提升掌握整体情况和团队运作的能力。

安排团队管理者学习管理沟通、冲突化解训练等课程，学习如何控制情绪、有效化解冲突的技巧等。

（二）团队管理者和团队成员之间的冲突

1. 处理冲突

在传统意义上，冲突常被认为是导致不安、紧张、不和、动荡、混乱，甚至分裂瓦解的重要原因之一。然而，冲突并不一定就是坏事，也可能是创新的源泉。有时候，适当的冲突能给团队内部带来活力，激发团队的激情。因此，团队管理者要辩证地看待冲突，处理冲突不是压制冲突，而是把团队内的冲突保持在可控的范围之内。一般而言，处理冲突主要有回避、强迫、迁就、合作和折中等方式。

（1）回避方式。

回避方式指不武断和不合作的行为。双方都回避问题，互不联系。个体采用回避方式应对冲突、忽略争议，或者保持中立。然而，使用回避方式可能会导致关键问题被忽视，从而使他人感到沮丧，同时也会造成工作的延误，问题的积累及矛盾的激化。当未解决的冲突影响目标实现时，采用回避方式将对团队产生消极影响。

（2）强迫方式。

强迫方式指的是武断和不合作的行为。使用强迫方式的个体认为冲突的结果为只有一方能获胜。在处理与下属的冲突时，使用强迫方式的团队管理者会以威胁、降职、解雇、否定绩效评价或其他惩罚手段来迫使下属服从。采用强迫方式会导致他人对该团队管理者做出负面评价。

（3）迁就方式。

迁就方式指的是合作和不武断的行为。使用迁就方式表明个体采用了一种长期合作策略，或者对他人愿望的服从。当使用迁就方式时，个体倾向于合作，会表现得好像冲突最终会消失。

在工作中个体经常会遇到一些未能解决的问题，但自己只要认为不是重要的问题就可以迁就对方。虽然一些矛盾得以解决，但也会有一些问题被积压下来，而且这次迁就后，对方会认为下次仍然可以这样做，从而导致冲突的产生。此外，采用迁就方式会导致个体掩盖个人的情感或隐藏真实的意愿。如果将其作为主要的冲突解决方式，那么这种方式基本上是无效的。

（4）合作方式。

合作方式对人际冲突的解决而言是可以达到双赢的方法，采用合作方式的个体旨在最大化共同的结果。合作方式是解决冲突的相对值得提倡和理想的方法。在这种方式下，双方彼此尊重对方的意愿，同时不牺牲自己的利益，最终实现双赢。通过这种方式，冲突被公开认知并得到所有相关人员的评价，双方不仅可以得出一个有效的解决方案，还可以确定一个新的有效沟通机制。

（5）折中方式。

折中方式是通过寻找双方都能接受的妥协方案来解决冲突。冲突双方都表现出部分合作态度，但也都持有一定的坚持自身的态度。在这种情况下，双方都做出了一定的让步，同时也保留了一部分自身的要求和利益。

当团队管理者与团队成员发生冲突时，团队管理者要根据实际情况，妥善选择上述处理冲突的方式，在冲突发生后立即解决冲突，避免对整个团队造成更大的伤害。

2．预防冲突

（1）真心地认可。

一个优秀的团队管理者具备 3 个特点：认可团队成员、与团队成员产生共鸣、激励团队成员。每个人都希望别人能了解自己，并给予认可。人性中最本质的需求就是，在需要尊重和欣赏时，他人能恰好及时地提供。一旦能够满足这个条件，提供者就成了一个受欢迎的人。得到认可的团队成员心情自然很好，潜力也会被激发出来，并且对自己的领导充满信任，这也有助于获得整体工作成果。

（2）有同理心。

作为领导，在处理问题时要做到换位思考。当一个人与别人有争执时，常常只站在自己的立场上想问题，或许双方都没有错，只不过立场不同或想法不同，假若转换立场来想一下，可能就会谅解对方了。

（3）用真心倾听。

谈话是一种艺术，听人讲话也是一门学问。团队管理者在谈话中是否善于倾听，是谈话能否成功的决定性因素。有些团队管理者认为自己见多识广，不愿接纳他人的观点。这种行为常常堵塞了信息传递的渠道，导致团队成员对团队管理者敬而远之。"强而不霸"，团队管理者要学会先倾听，再说话。

案例 10-5　最有价值的金人

曾经有个小国的使者给皇帝进贡了 3 个一模一样的金人，把皇帝高兴坏了。这个小国的使者同时出了一道题目：这 3 个金人中哪个最有价值？为了找到答案，皇帝想了许多办法，如请珠宝匠检查，称重量，看做工，可得出的答案都是 3 个金人是一模一样的。怎么办？使者还等着回去汇报呢。

最后，有一位老臣说他有办法。于是，皇帝将使者请到大殿，老臣胸有成竹地拿着 3

根稻草，分别插入3个金人的一只耳朵里。第1个金人的稻草从另一只耳朵中出来了，第2个金人的稻草从嘴巴里直接掉出来，而第3个金人的稻草直接掉进了肚子里，什么响动也没有。老臣说："第3个金人最有价值！"

答案也正是如此。

（资料来源：笔者依据相关资料整理）

团队管理者用真心倾听本身就是一种鼓励方式，能够增强团队成员的自信心和自尊心，增进彼此之间的感情。如果团队管理者在工作中经常与团队成员谈话，听取其意见，就可以获得更多的信息，知道自己的不足，更好地了解团队成员，减少不必要的误解和摩擦，促进人际交往成功（见案例10-5）。

（三）团队成员之间的冲突

案例10-6 办公室冤家

小华是单位办公室的一个年轻人，为人比较随和，不喜争执，和同事的关系都比较好。但是，前一段时间，不知道为什么，同一办公室的小萌老是处处和他过不去，有时候还故意在其他同事面前指桑骂槐。对于跟小华合作的工作任务，小萌也都有意让小华多做，或者不配合，拖后腿，甚至还抢了小平的功劳。

起初，小华觉得都是同事，没什么大不了的，忍一忍就算了，毕竟抬头不见低头见，没必要针锋相对。但是，看到小萌如此嚣张，小华一赌气，告到了分管领导那儿，并添油加醋地描述了自己受到的委屈。为此，领导把小萌批评了一通。从此，小华和小萌成了冤家。

（资料来源：笔者依据相关资料整理）

对于团队管理者而言，单方面批评团队成员是无益的，甚至可能还会加深矛盾；而放任团队成员之间的冲突不管，则可能会损害整个团队的利益（见案例10-6）。一般而言，处理团队成员之间的冲突可采取以下思路。

1. 区分冲突的类型

团队成员从组织利益角度出发，对团队中存在的不合理之处提出不同意见而引发的冲突被称为建设性冲突。对于建设性冲突，团队管理者要鼓励不同观点主体之间诚实地对话，促进不同意见的发表、争论，刺激创造力的发挥，促进良性竞争，使其充分沟通并达成一致意见，引导其取得建设性的积极效果。

破坏性冲突是指由团队成员之间产生相互对抗、争论甚至攻击等行为而引起的冲突。对于破坏性冲突，如与团队目标相悖的矛盾或毫无根据的指责和人身攻击，团队管理者需要及时进行调解，以将对团队的伤害最小化。

2. 分析冲突原因

团队管理者要想成功地解决团队成员之间的纠纷，需要先进行深入的调查研究，兼听则明，完全掌握情况后，再分析那些潜在的、深层次的冲突产生的原因。未爆发的矛盾及时预防、化解，已经爆发的冲突要剖析内在原因，并寻找对症。

3. 沟通是解决问题的最好方式

团队管理者应该倡导团队内部理性沟通，给予团队成员空间，让其充分表达个人意见，通过暴露矛盾与冲突，消除误解，达成一致，并形成一套解决方案。对于因某些实质性问题而产生的冲突，如由于不相容的利益而产生的冲突，团队管理者需要着重问题的解决。对于由于不信任、拒绝和愤怒等负面情绪而产生的冲突，团队管理者应该强调修正冲突双方的观点，培养正向关系。

4. 倡导冲突双方换位思考

甘地曾经说过："如果我们换上对手的鞋子并且理解他们的立场，世界上四分之三的痛苦和误会将会消失。"很多团队成员在冲突发生前，往往各执一词，没有彻底地了解事情本身，也没倾听对方的观点和理由。在处理冲突的过程中，团队管理者要强调双方做到互相理解，引导其先学会倾听，再尝试说服。

六、思考题

1. 团队管理者之间产生冲突的原因有哪些？如何处理？
2. 团队管理者应如何处理团队成员之间的冲突？
3. 根据五阶段冲突理论，冲突管理如何影响冲突结果？

向上沟通篇

第十一章 上司沟通

本章目标

1．引导读者学习上司沟通的内涵、功能及原则。
2．带领读者深入了解上司沟通管理，学会与不同类型的上司展开沟通。
3．引导读者了解向上司汇报的策略，实现与上司的高效沟通。

本章要点

1．引导读者了解下属在与上司沟通中可能存在的不敢沟通、不会沟通及不懂沟通等现实问题，并结合现实问题思考可能的应对策略。
2．带领读者学习管理沟通策略理论，并引导读者在与上司沟通中运用管理沟通策略理论。
3．引导读者思考与上司沟通的实务操作，即认清上司、端正态度、主动汇报、讲好故事、积极应对等，带领大家一起思考，并延深探讨更多与上司沟通的策略。

> "不要怕推销自己，只要你认为自己有才华，你就应该认为自己有资格担任这个或那个职务。"——戴尔·卡耐基（Dale Carnegie, 1888.11.24—1955.11.01）

一、引导案例

案例11-1　从踌躇满志到黯然离场，谁之过

小孙从名校毕业，履历亮眼，在校期间一直担任班长等学生干部。毕业后入职某大型企业人力资源部。小孙信心满满地踏上工作岗位，但其进入具体业务部门后遇到了极大阻碍。昔日的优秀学生却未能华丽转身，哪里出了错？

电梯偶遇

入职伊始，小孙的主要工作是填表，偶尔负责一些常规性文件的写作和整理。相较于在学校时有极强存在感的情境，小孙觉得现在的工作枯燥且低效。

"我这颗金子什么时候才能被领导看到啊！"像往常一样，小孙在楼下复印完项目资料后，一边郁闷地嘟囔着，一边准备乘坐电梯回到办公室。此时电梯门打开了，没想到上司周经理也在电梯中，小孙一时有些不知所措。

周经理平时不露声色，比较严肃，总给人一种不怒自威的感觉，同事们私下都说他是工作狂式的领导。

没想到周经理主动开启话题："小孙，来公司感觉怎么样？"周经理竟然认识自己，小孙趁机提出了自己的工作内容问题："领导，我的工作太简单了，每天就是整理一些文件，我在上大学的时候专业课的分数都很高，也有丰富的学生干部经历，我可以胜任更复杂的工作！"小孙越说越激动。

周经理只是笑了笑，说："小孙，不积跬步无以至千里。"

小孙突然意识到，自己的话说得太多了。短短十几秒的电梯对话，自己只宣泄了情绪，没有输出任何有效信息。而且，周经理的话也让他产生了怀疑："明明听同事们说周经理是工作狂式的领导呀，怎么我说的还不对了呢？"这次偶遇给小孙造成了不小的心理阴影。

汇报不对，不汇报也错

培训一直是公司人力资源部负责的重要工作。周经理一直想编写公司人力资源培训手册，但碍于事多人少，迟迟未能完成。想到那天在电梯间遇到的雄心壮志的小孙，周经理决定将这项任务交给他。

终于能够独立负责一项具体工作了，小孙心中忐忑又激动："我一定要做出一点儿样子！"

但编写培训手册并不容易，需要多个部门的配合。由于小孙对公司整体的人员与事务分配还不够熟悉，感到无从下手。而周经理安排好任务就出差了。

碍于上次的沟通碰壁，小孙在做这项工作时缩手缩脚，只是自己查资料，并在周末闷头苦干，但进展还是不够顺利。

两周之后，周经理出差回来了，第一时间找小孙询问编写培训手册工作的进展情况。小孙回答，由于这项工作过于复杂，自己还有许多不明确的地方。周经理听了很不高兴，说道："我出差两周，没有你的任何消息！如果你不愿意做，可以直接跟我说！"小孙只能连连道歉，并承诺自己会加速推进，尽力做好。

又过了一周，这项工作终于有了一些进展。小孙决定主动向领导汇报工作进展，并提前准备了详细的汇报材料。

敲开周经理的门，小孙按照材料进行汇报。10分钟后，周经理不耐烦地打断小孙："抱歉，你有什么问题？"小孙懵了，心想：自己只想说进展，没准备问题呀！于是他只好磕磕巴巴地说了几点困难，最后表示自己可以解决。事后，小孙越想越后悔，为什么没有趁机把部门协作的阻碍说出来？

最后，小孙终于完成了培训手册的初稿，用电子邮件发给了周经理，却迟迟没收到周经理的回复。直到周经理主动问起编写培训手册的进展，小孙才回应说自己早已发到其电子邮箱。周经理无奈地表示："小孙，你怎么不直接给我说一声呢？如果今天不是我来问你，这个工作不知道又要拖多久！"

小孙感到委屈极了。明明自己非常努力，为何总是踩雷？编写培训手册这项简单的工作都折腾得自己筋疲力尽，他开始怀疑自己是否适合公司的处事风格。而在周经理看来，小孙艰难地完成了一项难度并不大的工作，能力实属一般。

编写完培训手册的初稿后，小孙与周经理之间就像两条平行线，再无交集。

之后，小孙感觉到自己在公司没有什么前途了，再想到自己因沟通而带来的种种不顺,他下定决心要提升自己的沟通能力。于是,小孙主动向公司提交了离职申请,投入了 MBA 备考的大军中,为自己的职业与人生发展再次充电。

(资料来源:笔者依据相关资料整理)

> **带着问题学习**
> 1. 小孙为什么跟上司的沟通不顺畅?
> 2. 周经理的沟通风格属于什么类型?
> 3. 与上司沟通都有哪些注意事项?

二、上司沟通概述

(一)上司沟通的内涵

从狭义上来讲,上司沟通是指下属与直接上司之间的沟通;从广义上来说,职场中的个体都有众多上司,如多头领导、跨层级领导等,下属与众多上司之间的沟通也属于上司沟通。

(二)上司沟通的功能

1. 交流信息:提升工作效率

上司与下属所掌握的信息量是有差异的,上司沟通能够促进上下级之间的信息交流,提升工作效率。对于组织,上司沟通能够帮助领导了解下属的看法与态度,更好地制定相关政策;对于下属,上司沟通可以避免下属因不能理解上司下达的信息而造成大的失误,能够帮助下属快速掌握任务要求与自我定位,减少信息不对称,提升工作效率。

2. 关系互动:强化情感共鸣

上司沟通能够加强上下级之间的联系,促进彼此之间的交流。下属能够通过上司沟通表达自我观点与诉求,增加双向互动了解。高频率的交流互动能够促使个体之间产生共同体的感知,强化情感共鸣。

3. 自我展示:获得上司认可

良好的上司沟通能够将自我目标与上司的需求相结合;上司沟通能够提升下属的曝光度,为下属提供一个让上司了解自己的机会;上司沟通还可以通过向上司请教,摆数据、列事实,让上司自己意识到改变的必要性,进而做出一定改变。

在案例 11-1 中,小孙如果带着明确目标与周经理交流,阐明遇到的问题及需要的支持,那么不仅能显示其思考能力,还能够及时汇报工作进度,这样留给周经理的印象一定与案例不同。可见,善用上司沟通极为重要。

(三)上司沟通的原则

1. 目标导向

目标导向是指在与上司沟通前,下属应当明确自己的沟通目标。在辩证沟通思维下,目标导向有两层含义：一是下属在与上司沟通前要加强自我沟通，对自己的需求、工作、定位进行认知，从而明确自己想要什么；二是换位思考，下属应充分考虑上司及组织发展的情况，将上司的需求内化到自己的目标中，不能只考虑个人利益。

2. 准确原则

准确原则是指上司沟通需要选取准确的语言、逻辑与渠道。第一，内容准确，即在与上司沟通时做到条理清晰，证据明确；第二，逻辑准确，即需要在有限时间内传递重点信息，表达重点突出，以清晰的逻辑线串联沟通过程；第三，渠道准确，即采用恰当的沟通渠道，要考虑借助的渠道能承载的信息量及信息的有效性，以效率最大化的方式进行信息的传递。

3. 及时原则

及时原则是指下属在与上司沟通时，需要及时将信息反馈给上司，使上司及时掌握其工作进展和思想状态。在实际工作中，信息具有时效性，其价值与传递时间通常成反比，及时沟通能够最大限度地避免产生误解。下属需要明确自己的角色定位，确定好上司布置的任务及反馈时间等细节，及时收集、加工与工作相关的信息，将信息反馈给上司，帮助上司正确地制定政策和采取措施，增强上司对自己的信任，促进高效沟通。

4. 主动原则

主动原则是指在与上司沟通中，下属有意识地主动参与、积极思考、提供方案，在做事周期中主动进行上司沟通。也就是说，要想把工作做好，下属要学会主动与上司沟通，注意在沟通中把选择权、决策权留给上司。

（四）中国管理情境中上司沟通的特性

在中国管理情境中，组织的管理不是下属的事，而是由上司来"管"下级，由上司来"理"下级。上司沟通需要理解中国组织的特点。在中国管理情境中，差序格局是重要的人际交往规律，而上司一直是组织中的关键人物。

1. 组织内的差序格局

"以己为中心"的差序格局，实际上是以家族血缘关系为中心而形成的人际关系，具有排他性。在人际交往中，一般是关系越靠近家族血缘关系——"己"的中心，就越容易被人们接纳，也就越容易形成合作的、亲密的人际关系；越是远离"己"的中心，就越容易被人们排斥，也就越容易形成疏淡的人际关系。

在组织中，每个人都有对应的工作岗位，每个岗位也都有相对明确的职责。当人们在这些岗位上做事时，头脑中的主导意识分为以下3种情况：其一，想的是"执行公务""履行义务"，以及要对一个看不见的"团体"负责，这是西方社会中普遍存在的"团体格局"行为方式；其二，想的是这件事做得好或不好都会体现在自己的"业绩"上，从而影响自己职级的升降或赏罚，这是从个人利益（"己"即"差序格局"的"中心"）的角度考虑问题；其三，想的是把事情做好了就会得到上司或有影响力的人物（也许是同事）的认可，以此来报答他对自己的信任、赏识或支持，这是以与个人关系密切程度的其他具体人（"差序格局"中最近的一圈）为出发点来考虑问题。

当然，在现实中，人们可能会同时考虑这3种情况。同一个人，处于不同的团队环境中，表现可能全然不同，因为他会根据这个团体的领导与自己关系的好坏来调整自己的行为，他考虑的并不是对团体或对社会负责，即自己在团体中应尽的"工职"或在社会中应尽的"义务"。

2. 上司是组织中的关键人物

在组织中，一方面仍然存在个性没有被同化掉，保持个性的上司；另一方面，下属为了能够适应组织，可能伪装自己，隐瞒个性，当成为上司的时候，压抑许久的个性就会展现出来，成为个性十足的上司。

面对组织选择且个性十足的上司，下属只有认真研究，才能"服务好上司"。下属不仅需要了解上司的原生家庭情况，包括上司在家中的排位，在早期是否有自卑心理，学习、成长经历是否顺利，家庭培养方式等，还要了解上司的核心家庭情况，包括上司的婚姻状况、家庭经济状况、子女教育等。同时，下属也要了解上司的工作经历、兴趣爱好、主要社会关系、行为习惯等情况。下属只有对上司进行认真研究，全面认识上司，才能创造更多的共同话题，与上司形成更加紧密的关系。

三、现实问题

（一）不敢沟通

很多下属明知上司沟通很重要，但望而却步、不敢沟通。通常有两类下属容易出现这类问题：一类是没有想法或能力有限，怕沟通露怯的下属；还有一类是很有个人想法与见解，但不了解上司的下属。

> **案例 11-2　怎样改善这种心理**
>
> 小霍毕业于普通高校的人力资源管理专业，现就职于一家初创公司。由于公司人不多，小霍需要兼顾与人力资源相关的各项工作，领导也期望小霍规范公司相关业务。小霍负责的最基础的工作就是招聘，他需要跟候选人打电话确定面试时间，并报给领导统筹安排。
>
> 虽然是科班出身，但是书本与实操的差异一直让小霍战战兢兢。他特别害怕与领导沟通，不敢主动向领导汇报工作，就连在领导旁边打招聘电话都会变得不自然，总担心自己说错什么，这导致他工作效率低下。
>
> （资料来源：笔者依据相关资料整理）

在案例 11-2 中，小霍明白上司沟通是工作中必然会经历的环节，也能深刻认识到上司沟通的重要性，却迟迟不敢向前迈出一步。小霍是否真的没有能力暂且不论，但他给自己贴了一个"不会实操"的标签，这不仅会在工作中传达出能力不足的信号，还会对自己产生负面的心理暗示。这种消极的自我定位会导致下属与上司不敢沟通和不敢表达自己的合理诉求。

其实上司沟通只是职场中的常规沟通，合理传递和使用信息是根本目的，过于在意上司的态度反而会忽略做事的基本逻辑，产生不必要的思想负担。具体地，不敢沟通主要有 5 个原因：缺少沟通的原材料，不敢沟通；缺少沟通的方法，畏惧沟通；缺乏对上司的了解，不会沟通；曾经被批评，不主动沟通；有过不愉快的经历，惧怕向上沟通。

如何解决不敢沟通的问题呢？具体有如下思路：对于缺少沟通的原材料，即自身能力不足的问题，下属可以强化业绩，提升自我，增强话语权，进而敢于沟通；针对畏惧沟通的问题,下属可以通过多种渠道学习沟通的方法,增强自信;对于由于不了解上司而不会沟通的问题,下属可以积极尝试,广泛接触上司,或与同事保持良好的相处关系,了解上司的需求;针对曾经被批评而不主动沟通的情况,下属需要意识到逃避不能解决问题,担心没用,越不沟通越不利于开展工作;对于有过不愉快的经历而惧怕向上沟通的情况,下属需要找到问题出现的真正原因,加以改进。

(二)不会沟通

除了不敢沟通,还有不少人不会沟通,主要体现在 3 个方面:逻辑混乱、准备不足;话语冗长、词不达意;沟通时间混乱。

> **案例 11-3 准备不充分,汇报打折扣**
>
> 领导安排小梁负责一个项目的报价和支付合同的填写工作,基本工作是向乙方索要报价单,根据数量金额,填在制式合同中。小梁按部就班,将完成的工作交给领导。
>
> 第一次给领导审阅的时候,领导拿着合同问小梁产品数量和单价分别是多少。小梁一瞬间没有回答上来,只能翻找合同文本。领导把合同扔回给小梁,说:"关键数据你都记不住,可见这份合同和报价你没有认真做。"
>
> 第二次向领导请示的时候,领导的一连串问题又把小梁问住了,例如,这类产品是第几次生产,前几次的数量分别是多少,这次为什么定这个价格,为什么单价比原来高了等。由于对该项目前期工作并不了解,小梁说得乱七八糟,前后矛盾。这让她羞愧不已。
>
> 痛定思痛,为了后续的汇报工作,小梁进行了认真的准备!首先,她把该项目的前因后果仔细了解了一下,查阅了本单位这几年是否有过先例,了解了先例的基本情况。其次,她认真梳理了这个项目,查看是否存在问题,并思考"如果我是领导,决策之前会考虑什么,会问什么问题"。最后,小梁把这个项目用一两句话概括了一下,整理了关键数据,并且熟练地背了下来。
>
> 在后续汇报工作的过程中,果然顺畅了很多。
>
> (资料来源:笔者依据相关资料整理)

在案例 11-3 中,小梁在前两次汇报前缺乏自我沟通,准备不足,没有充分了解相关数据的由来和逻辑;汇报过程中又没有进行思考,使得领导担忧数据的准确性。在后来的汇报中,小梁提前做好了准备,简洁明了地告知了领导工作进展,并且学会了注意汇报的要点(详见实务操作部分),果然提升了沟通效率。

> **案例 11-4 词不达意,产生误解**
>
> 有一天,小达去找领导审批材料,领导在审批意见处写下了签发意见。但是等小达回到办公室准备对着领导的签发意见对材料进行修改时,他发现自己理解的领导想表述的意思和领导所写的词语表达的意思有歧义,再三思量,又经与同事仔细分析,他认为是领导写错字了,需要跟领导进行沟通。
>
> 由于小达不可以随便更改领导的材料,只好再跟领导确认一次。因为事情紧急,小达就没有注意沟通方式与技巧,没有清楚地表达出自己的想法,也没有以请教的方式询

问领导修改意见,而是直接指出了领导书写错误。经确认,领导所写的词语表达没有问题,是小达的理解有误。在与领导交流之后,小达深刻地认识到了错误。

(资料来源:笔者依据相关资料整理)

案例 11-4 就是典型的好心没能办好事,也是不会沟通的第二种表现。案例中的小达具有责任感,但没有注意方法,闹了一场乌龙。尽管领导能理解下属的好意,但也平添了一次不愉快的交流经历。尽管小达做了很多准备工作,但由于在实际汇报时并不灵活,没有合理地将关键的问题与诉求传递给领导,没有以恰当的逻辑组织语言,没有抓住表达的重点与立足点,最终导致以尴尬收场。

最后,不会沟通的第 3 种表现就是沟通时间混乱。案例 11-1 中的小孙在向领导汇报工作的时候,更多以自己的时间为中心,准备好后就与领导沟通,没有考虑领导的工作情况与状态,所以也没有达到预想的沟通效果。

案例 11-5 在恰当的时间提醒领导

一位县领导在讲话时说他们县一共有 53 个乡,但实际应该是 55 个,因为最近又新成立了两个乡。秘书知道他讲错了,但没有马上纠正。在一次和领导谈县的一些机构的时候,他说:"我们县最近几年的机构有一些改变,有时真会弄不清,我也常弄混,例如,我们县现在有 55 个乡,我有时会记成 53 个,因为以前是 53 个。这很容易让人记错。"

(资料来源:笔者依据相关资料整理)

案例 11-5 中的这位秘书是会沟通的,他充分站在了县领导的位置和角度来思考问题,领导平时工作很忙,工作压力也很大,难免会一时疏忽。假如秘书当场就直接指出县领导的错误,肯定会让县领导难堪。秘书在后来的谈话中巧妙地提醒了县领导,既让县领导意识到了自己的错误,又不会让县领导感觉不自在。这就是沟通时间正确的体现,也是"弱却有心"的表现。

(三)不懂沟通

不懂沟通是第三类现实问题。例如,有的下属对上司沟通的理解有误,用劲过猛,反而起到负面作用;有的下属将上司沟通等同于"拍马屁";有的下属过于极端,只强调自我感受和需求,没有准确应对组织需求;有的下属不懂沟通的唯一性,多重沟通,反而让上司感到不爽。

忽视沟通的唯一性是不懂沟通的表现之一。有的下属工作能力很强,但是遇到问题的时候,为了更加高效而选择跟更高层领导沟通,这就会使正常汇报工作看起来像告状。如果下属在沟通过程中没有与直接上司沟通好,就直接找"一把手"来解决问题,会给直接上司和自己都带来麻烦。

人都希望被视为唯一。尤其在汇报工作时,如果被问到"这个汇报还有别人听过没"时,作为下属,最好不要说还有别的领导听过,否则容易让领导心生反感,认为下属没有完全尊重他。

但应用唯一性原则也需要灵活。例如,赞扬他人本是好事,如果只表扬了个人,就会给其他人带来自己被否定的感受。

案例 11-6　3 次上司沟通

IBM 创始人托马斯·约翰·沃森（下称沃森）的成长历程颇为传奇。沃森生于美国纽约州北部一个贫困的农民家庭，虽然家境贫苦，但他始终对生活抱有乐观的态度。在沃森的职业生涯中，3 次上司沟通起到了重要作用。以积极心态对待上司的反馈，为沃森开启自己的创业生涯打下了基础。

第 1 次上司沟通：负面反馈，但积极成长。

在首次推销工作失利后，沃森把目光投向"全国现金出纳机公司"，该公司不仅收入可观，老板帕特森还是当时有名的推销天才。沃森去拜访该公司分所经理兰奇先生，结果被拒绝了，但是无论怎么被打击，沃森总是以微笑来面对兰奇。凭借其韧性，兰奇决定给沃森一个机会——试用他。但是推销的惨败使沃森遭到了兰奇的斥责，他被骂得不知所措、面红耳赤。放在一般人身上，早就拂袖而去，但沃森表现出惊人的忍耐力，在绝对服从中努力学习。最终，沃森成为兰奇最好的下属。

从兰奇那里，沃森学到了很多，以后在 IBM，沃森还经常对下属们介绍兰奇怎样用实例去推销产品、推销自我。事实上，青出于蓝而胜于蓝，沃森后来成为美国纽约东部最成功的推销员。1899 年，25 岁的沃森取代了兰奇的位置，被提升为该公司分所经理。到 1910 年，他已经成为公司中仅次于帕特森的第二号人物。

第 2 次上司沟通：面对专横领导，离职创业。

帕特森是个专横的人，他用优厚待遇来换取雇员的忠诚和服从。同时他也是个多疑的人，当总经理查尔摩斯忍无可忍进行反抗时，直接被解雇了，并由沃森取代。所以沃森在公司里也是战战兢兢的，如果帕特森在，他就非常紧张，如果帕特森不在，他就能发挥自如。

此后，生性多疑的帕特森认为沃森暗自培植亲信，拉帮结派，尽管沃森努力为自己申辩，但毫无结果，无奈愤而辞职。当他走出公司办公大厦时转身对一个朋友说："这里全部的大楼都是我协助筹建的。现在我要去创办另外一个企业，一定要比帕特森的更大！"

沃森辞职时 40 岁了。40 岁的年龄，按照一般人的想法，早过了创业的年龄，但沃森不这么想，他对自己有信心，认为自身潜力还远远没发挥出来，潜意识里，他认为自己可以干出一番大事业。

第 3 次上司沟通：积极主动，获得投资。

辞职两个月后，沃森遇上了 IBM 前身的奠基者弗林特。弗林特是当时华尔街知名的金融家，人称"信托大王"。他对沃森的才干早有所闻，旋即聘任他为计算制表记录公司的经理。这是弗林特的下属创办的一家公司，主要生产天平、磅秤、计时钟和制表机等。

由于前任在经营方面不得要领，这家公司成立不到 3 年已是负债累累、濒临破产。沃森之所以同意接管这家公司，主要看中它的产品。他认为计时钟、制表机等都是实现办公自动化的工具，具有广阔的商业前景。

沃森上任后的第一件事便是向银行借贷 5 万美元，用于产品研发。当银行对公司的偿债能力提出质疑时，他解释说："负债只说明过去。而这笔贷款是为了未来。"这句沃森一生中最伟大的推销词打动了银行，他顺利借得款项。在度过最初的艰难时刻后，公司业绩开始迅速上升。

> 第一次世界大战结束时，制表机需求量激增。几乎每一家大保险公司和铁路公司都用上了该公司的产品。不久，政府部门也采用了。沃森适时地推出新型的打印-制表组合机，受到了广大客户的欢迎，订货量激增，产品供不应求。
>
> 1919年，公司的销售额高达1300万美元，利润也升至210万美元。1924年2月，已经身为公司总经理的沃森决定将公司更名为国际商用机器公司，简称IBM。从此，他抹去了同任何人有关联的最后痕迹，开启了自己与IBM融为一体的后32年生涯。
>
> （资料来源：笔者依据相关资料整理）

3次上司沟通，成就了IBM的创始人托马斯·约翰·沃森的创业生涯。第一个直接上司最初并不认可他，总是提出负面评价，而沃森只将重点放在有助于自己成长的部分，逐渐取得了上司的认可，获得了晋升；第二个上司专横，生性多疑，沃森竭尽全力沟通后仍不被信任，激发了其创业的意愿；第三个上司主营投资，欣赏沃森的才华，而沃森也通过发挥自己的才能让企业转亏为盈，以此创立了IBM。沟通让沃森获得了成功。

四、管理沟通策略理论

（一）理论内涵

管理沟通策略理论是管理沟通的基本理论，包括沟通者策略、听众策略、信息策略、渠道选择策略和文化策略5个方面。

沟通者策略。沟通者需要明确自己的沟通目的，并在该目的的指引下，选择相应的沟通渠道。具体而言，沟通者确定的沟通目的需要具有可行性和合理性，沟通者综合权衡实现目的的主客观条件、合理评估自身的可信度、分析自己的沟通影响力、选择合适的沟通策略。

听众策略。根据听众的需求和利益期望组织沟通信息，以及运用沟通的有关技巧，是整个沟通过程中最为重要的环节。听众策略需要分析以下4个基本问题：第一，沟通对象是谁？第二，他们了解什么？第三，他们感觉如何？第四，如何激发他们？这4个问题归结为一点，即与沟通对象换位思考。

信息策略。关键在于解决好怎样强调信息、如何组织信息两个问题。

渠道选择策略。关注传播信息的渠道选择，如书面沟通、口头沟通等。

文化策略。沟通策略的制定会受到特定的沟通过程中文化内涵的影响，包括国家、行业、组织、工作团体等。

（二）管理沟通策略理论在上司沟通中的应用

在上司沟通中，应用管理沟通策略理论有助于实现更为高效的沟通效果。具体应用如下。

在沟通者策略方面，下属通常处于弱势地位，需要根据沟通目的与可信度来选择更为稳妥的沟通方式。上司沟通通常有信息交流、关系互动等与工作相关及非工作相关的沟通目的。从可信度上来说，下属需要考虑以往与上司的互动模式，如果以往与上司的沟通较为密切，上司有较高的可信度，则在沟通中下属对信息的控制程度就相对更高。而如果下属对信息的控制程度相对较低，则更多采用说服、征询、参与等策略，较少使用告知策略。在上司沟通前，沟通者进行自我沟通是必备环节。

在听众策略方面，下属需要考虑上司的类型及上司在待沟通事项中的角色，以及上司对于待沟通事项的了解程度等方面。通常来说，下属需要根据沟通目的，明确上司是初始对象、意见领袖还是关键决策者等角色，在沟通中需要根据他们的标准调整信息内容。同时，下属要考虑是否需要将新的信息与上司已掌握的信息结合在一起，是否需提供足够的例证或材料。在不同的上司沟通中，下属需要"弱却有心"，做好听众策略方面的准备。

在信息策略方面，下属主要考虑信息的组织情况，并考虑不同的沟通目的，采用有针对性的策略。例如，在上司很忙碌，并且上下级关系互动较为密切的情况下，下属可以直接强调信息，给出建议之后提供理由，而如果与上司的关系有一定的距离，下属则可以先说理由后提出建议，采用间接导入的信息策略。

在渠道选择策略方面，下属需要结合企业本身已有的沟通渠道，进行综合选择。例如，短信平台常为正式沟通渠道，其在工作效率方面具有优势；而微信等新沟通渠道相对非正式，对于员工之间的感情沟通与交流更为有利，更适合于关系互动的上司沟通。

在文化策略方面，下属需要注意到中国管理情境中上司沟通的独特性，还需要关注本公司的企业文化，否则也会给上司沟通带来障碍。

五、实务操作

现实的上司沟通中，下属常因不敢沟通、不会沟通和不懂沟通而出现问题。具体到实务操作中，上司沟通又有许多场景，如汇报、电梯偶遇等是职场中常见的情况，而在这些情况下，下属不得不进行上司沟通。在实务中，下属主要可以从认清上司、端正态度、主动汇报、讲好故事、积极应对5个方面进行上司沟通。

（一）认清上司：把握上司沟通的关键

上司通常是组织选择的，代表组织的意志，具有权威性。在进行上司沟通时如果下属总是"以我为主"，那么与上司之间的配合就会很不搭调，工作难以取得进展。下属应当从中立的角度观察上司，认真研究上司的性格特征、处事方式、原生家庭、核心家庭等，并做出相应的配合，这样工作就会变得非常顺利。正所谓"弱却有心"，下属能用心做事、用心沟通；"细节感人"，注意工作环节与待人接物过程中的细节；"展示特色"，不人云亦云；在与上司沟通过程中，能够做到"角色明确，换位思考"。

1. 积极接纳上司

在实践中，很多人常说"公司各方面都挺好，就是上司水平低"，还有很多人喜欢聚在一起"吐槽"上司，发泄负面情绪。事实上，这些都是未能积极接纳上司的消极心理。作为下属，要摒弃"与上司对抗"的心态。能成为上司的人，一定有过人之处，与其挑剔其不足，不如将其视为自己的重要资源，取长补短。同时，不同职级的员工应必备的素质有差异，对于基层员工来说，执行力、文案等基本技能要求较高，而对于领导等更高职级的员工来说，统筹规划、战略眼光等素质水平更高，而基层员工有时候只关注到上司在基本技能方面的不足，所以产生上司能力较差的认知。当与上司产生不愉快时，盲目挑剔上司，而非进行自我反思，其实这也是自我沟通不足的表现。

上司沟通的关键在于有正确的认知心态，以积极的心态接纳上司的优缺点。在案例11-6中，IBM的创始人沃森没有消极应对上司存在的问题。尽管第一位上司兰奇先生经常训斥沃森，但他没有陷入消极情绪中，而是听得进去上司教导的内容，学习到了兰奇先生的优点，最终实现了晋升。如果沃森当时满腹牢骚，与兰奇先生硬碰硬，最终只会两败俱伤。因此，积极接纳上司是上司沟通中非常重要的环节。有时候，上司的批评反而是下属进步的最大动力，批评反而让下属进步很快。作为下属，当自己觉得上司有问题的时候，可以反思一下为何更高层的领导会让其当上司？难道领导层都错了吗？是否需要自己反思一下？有无改进的空间呢？

在任何人际关系中，个体都应当搞清楚自己是什么类型，正所谓"知己"，良好的自我认知是与上司沟通的基础。每个个体要充分认知自己的原生家庭、性格特征、处事方式，进而积极调整自我，学会自我成长。若个体不能正确地认知自我或认知出现偏差，则很可能导致错误的行为出现，当功劳越大，出现的问题可能就越大，越可能给自己、团队、组织造成不可挽回的损失。在与不同类型的对象接触时，个体应尽可能地配合对方采取行动，这样双方的沟通才会变得更为顺畅。

2. 上司的DISC人格类型

> **案例11-7　了解上级的性格特征**
>
> 小于所在的某银行分行一年内已经两次更换"一把手"，而小于由于不了解上司而做错过事情。有一次，总行催报部分报告及签字盖章，用印流程只剩分行"一把手"未签字。以前的"一把手"都同意由普通员工亲自跑签。这次总行催得急，并且部门总经理及分行分管相关业务的副行长已经亲自跑签完毕，为了尽快完成手头工作，小于亲自找了分行"一把手"进行用印审批单签字，并报送了总行。
>
> 本以为高效完成了工作，没想到这一回的签字引起了分行"一把手"的不悦。他特地交代以后都让部门总经理找他签字，并批评了小于的部门总经理和分行分管相关业务的副行长。每个领导的风格是不一样的，小于在没有了解清楚新任"一把手"的性格特征前就贸然行事，这是一种错误的行为。
>
> （资料来源：笔者依据相关资料整理）

上司的类型多样，情况复杂时，很难将其分清楚、讲明白（见案例11-7）。但是，DISC分类法能够简洁地将上司进行大体分类，使分类管理上司关系成为可能。根据不同的人格特征，上司可以被分成D（Dominance）型（支配型）、I（Influence）型（影响型）、S（Steadiness）型（稳健型）和C（Compliance）型（规则型）4种类型。了解上司的DISC人格类型，有助于了解其价值主张、驱动力、工作偏好和对下属的偏好。

（1）D型（支配型）上司：结果导向。

D型上司行动力强，以结果为导向，脾气大，有魄力，如孙悟空。

D型上司是天生的领导者，其价值取向只有一个，那就是结果导向。他们的工作模式是以问题为主，以结果为唯一目标，勇往直前。D型上司的性格特征是自尊心极强，所以在D型上司面前，下属需要做的就是尊重他和服从他的指挥。

"支配"代表D型上司具有直截了当、控制一切和独断专行的性格特征，D型上司同时是"指挥者"和"支配者"。他在工作上追求的是结果和成就感。D型上司渴望控制并改善自己的生活和工作环境。

D型上司经常会说的话是"结果呢？""成果是什么？""下一步的行动是什么？""我们的目标是……""我们应该如何做呢？"，等等。D型上司追求的是实际的成果，成果是他最大的驱动力。

D型上司的特点：主动与他人握手，而且很用力；从来不怕直视对方，而且表情严肃，让人望而生畏；说话的口吻常常是命令式的；在谈话中经常打断别人；经常被人指出说话快、做事快、走路快，吃饭也快；总是质疑他人；常常忘记说"请"，很少说"谢谢"，几乎不说"对不起"。

（2）I型（影响型）上司：乐观的社交者。

I型上司的性格非常开朗，待人友善，其和D型上司一样是外向型性格，但是说话比D型上司要温柔婉转得多，如猪八戒。

通常在I型上司手下工作是非常开心的，因为I型上司喜欢营造一种轻松的、以人为本的工作氛围。如果I型上司在团队中，那么团队的气氛往往是很好的。I型上司喜欢影响他人而不是控制他人，喜欢交际和沟通，强调互动。

D型上司和I型上司的区别非常明显：D型上司追求的是结果，而I型上司最大的驱动力是社会认同。在工作中，I型上司需要上级、同事、客户和下属的认同，需要时刻感受到自己是受欢迎的。

I型上司喜欢讲信用的下属。如果下属自己承诺过什么，那最好做到。I型上司的抗压能力比较弱，遇到难题时容易逃避和陷入混乱。I型上司扮演的角色是"社交者"，其注重工作中的人多于事，喜欢交友和沟通，容易接近，在新团队中是最快融入、最能和团队其他成员打成一片的。

I型上司的特点：爱笑，而且是那种毫无掩饰的大笑；总是忍不住向人显摆一些"重要资料"；喜欢与人热情握手，十分健谈，尤其喜欢"煲电话粥"；觉得大家说得都有道理，所以对每个建议都表示同意；穿着很时尚，至少关注时尚；讲话时有很多肢体语言；被人说天真。

（3）S型（稳健型）上司：完美主义者。

S型上司是职场中最坚实可靠的后盾。S型上司通常是完美主义者，其注重程序和逻辑性，擅长分析和思考，讲究细节。把事情本身做好是S型上司最大的驱动力，绝不掺杂感情。

S型上司喜欢精确、稳定、有逻辑的做事方法，希望下属能够在工作中、汇报工作时提供完美的说明和详细的数据。S型上司是纯粹的理性者。

S型上司更多分散在技术部门，与程序和数据打交道是其最擅长的事情。如果一家公司由D型上司担任营销总监，由I型上司负责人事，由S型上司担任技术总监，那么这家公司的效率将大大提高。

和D型上司、I型上司不同，S型上司的性格谦逊而温和，稳定的情绪是其明显的特征。S型上司非常擅长履行职责，如果组织能够给出最详细的指令，其将是表现最好的那一种类型。

相对来说，S型上司是最关注下属感受的上司（虽然I型上司也很关心别人，但是其目的是使自己受欢迎）。S型上司非常有耐心和同情心。S型上司还是非常好的倾听者，在工作上不独断，善于理解和支持他人的工作。

S型上司在工作上具备的最大优势是持之以恒。创立事业时，D型上司更适合，而在做一成不变的工作时，其一定会感到无聊，但是S型上司能够坚持下去，像程序那样长期运行。

S型上司抗拒改变，其喜欢稳定的环境，喜欢稳固的工作关系，很少跳槽，对企业的忠诚度是非常高的。S型上司天生是被动的。

S型上司竭力避免冲突和对立，很少主动要求下属，也不擅长表达。S型上司更多的是调和冲突的人，其性格就像《西游记》中的唐僧——对待下属宽容，同时也不喜欢纷争。S型上司在做事之前会考虑很久，一旦决定之后就不会改变。D型上司需要团队的支持，I型上司善于融入团队，而S型上司则喜欢做团队背后的支持者。

S型上司的特点：握手轻而友好；安静、和善，面带微笑；能耐心地倾听他人，不时点头；办公室里会放着家人的照片；桌子上的东西井然有序，摆放整齐；一般说话慢、行动慢；不轻易表态。

（4）C型（规则型）上司：配合支持他人。

C型上司是服从者，服从的是组织和规则，通常尽忠职守、遵守规定、做事谨慎，如沙僧。

C型上司非常喜欢规则和程序，绝对遵守纪律，相较于S型上司，其更加关注细节且维持着极高的标准。C型上司永远是组织中最守规矩的人，如果一家企业即将倒闭，即使其他的上司都跳槽了，C型上司也会留到企业倒闭的那一天。最容易发挥C型上司优势的是那些极度要求规则和精确度的职业，如律师、医生、质量工作人员等。

C型上司的特点：握手矜持而轻微；办公室整洁有序；说话很有逻辑性；很在意准时，一切必须按计划进行；不习惯与人目光交流；身体语言可能比较拘谨而谦虚，容易愁眉苦脸；爱纠正别人细微的错误。

3. 多维度了解上司

现实中，下属总觉得上司难以捉摸。除了上司显性的特征，下属还需要从潜在特征方面加强对上司的了解，结合中国管理情境，多维度了解上司。

第一，从专业角度了解上司，关注具有不同专业背景的上司的内心差异（如理工科与人文社科），例如，人文社科专业的上司相对更为重视社会与尊重需求，上司沟通中需要关注其在这些方面的表达。第二，从年龄角度了解上司，不同年龄的上司对业绩要求有差异。第三，从性别角度了解上司，不同性别的上司在理性与感性、宏观与微观、对事与对人等方面有差异。第四，从家庭角度认识上司，上司的家庭状况、子女状况等都会对上司产生影响，不同家庭出身的上司在心理需求上有所差异。第五，从原生背景了解上司，了解上司的故乡，或者上司曾经说过的成长经历，从中抽取具有普遍性的个体倾向。

此外，下属还可以从以下角度来加强对上司的了解：第一，从工作部门了解上司，对于工作过的部门，上司会特别熟悉，也有人脉；第二，从KPI角度了解上司，了解上司近期的KPI压力及长期的绩效压力源自哪里；第三，从岗位职责了解上司，包括上司分管哪些部门，有哪些职责，哪些是显性的，哪些是隐性的；第四，从做事的角度了解上司，分析上司做过哪些事，哪些很擅长，还想做哪些事；第五，从人际关系角度，分析上司交往的人的特征，侧面了解上司的性格与情绪；第六，从沟通中了解上司，通过平时的沟通，了解上司的优点有哪些，哪些是沟通中的注意事项；第七，从风险角度认知上司，了解上司的风险偏好；第八，从时间角度了解上司，上司的微观时间安排如何，上司的宏观时间计划如何；第九，从阅读角度了解上司，上司读过什么书，请上司给自己列一下书单；第十，从爱好角度了解上司，上司有哪些爱好，上司不喜欢做哪些事。通过这些信息不断建立上司的领导画像，对其内在需求有基本认知，更容易读懂上司沟通中的潜台词。

4. 听懂上司的画外音

实践中，下属常被上司的画外音所困扰。在了解上司的类型与内在需求的同时，还要学会从多个维度听懂上司的画外音，主要可以从以下8个角度考虑：(1) 从KPI角度听画外音，即从组织的绩效目标出发，读懂上司话语的真正含义；(2) 从专业逻辑角度听画外音；(3) 从人性趋利避害角度听画外音；(4) 从上司需求角度听画外音；(5) 从多次与上司沟通经验角度听画外音；(6) 从PDCA闭环管理角度听画外音，当沟通涉及工作进展的时候，下属一定要做到事事有回应，在事件进展的各个环节及时与上司沟通；(7) 从客户或政府需求角度听画外音；(8) 从逆向思维角度听画外音。

（二）端正态度：建立上司沟通的前提

1. 做饱满谦逊的"稻穗"

> **案例11-8　谦逊有礼，放低姿态**
>
> 小刘和小王面试结束之后，主考官告诉他们："请回去等候我们的通知吧。"此时，小王和小刘都希望能够在较短时间内得到面试结果的答复。
>
> 小刘说道："请在3天内给我答复，因为有好几家单位已经决定录用我，我也需要好好考虑一下自己的选择。"
>
> 主考官有些不高兴，冷冰冰地说："那请便吧。"
>
> 小王谦虚地说："很希望能尽快加入团队，和同事一起为公司的发展尽一份力量。不知道公司会何时通知录取结果呢？"
>
> 主考官面色和悦地说道："我们会在3天内通知您面试的结果，请耐心等候。"
>
> （资料来源：笔者依据相关资料整理）

谦虚是下属在与上司交流时必备的素质。上司作为按照组织标准选择和安排的人才，必然在某些方面有过人之处，能够带领下属完成组织目标，因此，作为下属，要心怀敬畏，虚心向上司请教，学习上司的长处，帮助自我成长。

在工作中，尤其是面对上司的时候，一定要谦虚，不争功；当在工作中犯错误时，一定要勇于"低头"，承认错误，并认真改正。

古语道："低头的是稻穗，昂头的是稗子。"越成熟、越饱满的稻穗，"头"垂得越低（见案例11-8）。只有那些稗子，才会显摆招摇，始终把头抬得老高。在工作中，下属应谦虚地低下头，认真积累，做饱满谦逊的"稻穗"。

此外，下属要时刻保持积极向上的工作态度，只为成功找方法，不为失败找理由，将全部精力都集中在完成工作上。工作时全力以赴并取得成果的人必然会得到大家的好评，甚至周围的同事也会被这种不受任何因素影响的干劲儿所折服。但对于新人和年轻的员工来说，没有发挥的机会就算有饱满的工作热情也是无法取得任何成果的。因此，向上司毛遂自荐尤为重要。而如何让上司和前辈对自己产生好感呢？做到坦诚、努力、性格真诚、明朗，以及虚心接受指导才更受欢迎。那些耍小聪明或走歪门邪道的人是不会取得成功的。要坚信真诚、正直的人更容易成功。

2. 主动结盟：形成长期利益共同体

帮助上司成功，是下属不断成长的"金钥匙"。有智慧的下属宁愿上司和组织需要他，也不会让上司和组织感谢他。因为别人有求于自己，便能铭记于心，而感激的言辞转眼就会忘记。与其让别人在与自己沟通时彬彬有礼，不如让别人对自己产生依赖。

有个成语叫"兔死狗烹"，其意在于一旦自己失去了存在的价值，就会被取代。只有时刻被人需要，自己才能在别人心中留有地位。感激其实是很容易被遗忘的，如果失去了被利用的价值，感激也就显得不重要了。

在生活和工作中，自己所能做的就是一直完善自己，有自己的专长，使自己变得不可替代。如果上司或组织离了自己而无法正常运转，那自己的地位就是较高的。

3. 强化信任：建立上司沟通的基石

认真做事，忠于上司，充分信任上司，才能赢得上司的信任，建立上司沟通的基石。有些上司，不喜欢被阿谀奉承，却喜欢下属踏实做事、忠于自己。有些上司不信任他人，却希望下属能够充分信任自己。对此，下属必须认真做好本职工作，对上司表现出忠诚，充分信任上司，才能赢得上司的信任，加入他的"队列"。

将上司置于险境是职场大忌。作为下属，职责就是支持、拥护上司。当上司认为下属威胁到切身利益的时候，上司会猜忌、会臆想，甚至会打击报复。面对上司的猜忌，下属应拿出诚意，真诚沟通，及时汇报，服从安排，消除猜忌，赢得上司对自己的信任，只有这样才能避免让自己处于险境。

4. 建立积极的心态

上司的类型多种多样，在沟通中下属需要以积极的心态面对上司的反馈，从成长的视角解读上司沟通中的各个环节。例如，有的领导性格较为急躁，下属在与其沟通时就不要关注其情绪化的表述，而要将自己的重点聚焦在信息传递上。只有以积极的心态面对上司沟通，才有可能获得上司的认可，进而获得上司的支持或帮助。

案例 11-9　以积极心态面对急躁的领导

小胡的主管领导本身对于小胡所在部门的工作性质就很不认同，对于相关业务一直存在刻板印象，即使不熟悉业务也不愿主动学习，而且其脾气急躁，批评下属不讲究方式，很多人找他汇报工作都有很大的心理负担，生怕引来批评。

但是此领导对于很多事情预判得很准确，是非曲直也辨别得很清楚，总体来说算是一个正直的人。

为了获得该领导的认可，小胡建立了积极的心态，从以下几个方面做好上司沟通：对于他批评的点，自己当场要做的不是争辩和解释，而是先行接受，有些问题还有机会事后沟通；对于有争议的地方，现场不需要判断谁对谁错，而是要搁置争议，确定最终解决的方法。其实遇到这样的领导，也不一定完全是坏事，因为所有的情绪表达和价值判断都会在暴风骤雨似的批评中体现出来，相较于平静表面下的暗流涌动，这未尝不是一件幸事！

（资料来源：笔者依据相关资料整理）

案例11-9中的这位领导虽然性格有些急躁，但为人正派，小胡能够以积极心态面对上司

的批评，为自己良好的上司沟通提供了前提。

（三）主动汇报：掌握上司沟通的重点

为了及时准确地理解上司指示精神的实质和更好地把握上司的意图，作为下属，向上司汇报什么、采取何种方式进行汇报等，都不可等闲视之（见案例11-10）。

> **案例11-10　汇报的方式方法很重要**
>
> 由于发展速度快、传统方式管理受限，小段所在的企业准备加大对信息化系统建设的投入力度，上线人力资源管理系统。小段作为项目对接人，与软件开发商的项目经理和工程师对接，并向公司的部门经理汇报。
>
> 在系统上线的过程中，各分公司需要同步上线，将人力资源方面的历史数据导入系统并进行计算，与线下数据核对，同时发现系统中存在的问题。在这个过程中，小段需要向各分公司询问上线进度及发现的问题，并将询问的内容汇总后向部门经理汇报。
>
> 开始，小段以进度百分比的形式向部门经理汇报各分公司的上线进度，但是效果并不理想。各分公司对系统上线的工作有一定的懈怠，只要不提醒、不催促，进度就十分缓慢；部门经理也对小段汇报的信息不太满意，认为汇报不够积极、及时，汇报后自己所了解到的信息也过少。经过了几次这样令部门经理不太满意的汇报后，小段重新调整系统上线的汇报工作：将原本不定时的询问、汇报调整为每日上午固定时间进行询问、汇报；在向各分公司询问过程中不再询问进度百分比，而是询问具体的已上线项目数量、新发现的具体问题；在向部门经理汇报的过程中，每日向部门经理汇报具体的数量和具体的问题，并向部门经理提出公司现阶段需要完成的任务、应当采取什么方式完成任务。部门经理也会借此布置下一阶段的工作。
>
> 询问和汇报经过这一调整后，系统上线进度大大加快，各分公司都能在每天的工作计划中优先安排系统上线工作，同时部门经理也能更加准确地了解系统上线的进度及存在的问题，便于及时向软件开发商反馈。
>
> （资料来源：笔者依据相关资料整理）

1. 慎重选择汇报的方式

（1）定期汇报。

自己处理好的问题，如果不向上司汇报，往往会使上司不了解实情，做出错误的判断。当然，不少事情无须一一向上司汇报。但是，原则上可称之为"问题""事件"的，还是要向上司汇报的。汇报的时机因事情重要程度的不同而异。很重要的事，下属必须即刻向上司汇报。至于次要的或日常性事务，下属可以在一天的工作结束时，进行扼要的汇报。上司根据这些汇报能了解情况，并可以将其作为拟定计划的参考。

（2）及时汇报。

松下幸之助这样认为：一个人完成工作后是否马上汇报，不仅能看出他是否具备有始有终的责任观念，还能看出他是否具备不忽视小事的警觉能力。而"一个人如果能完成困难的工作，却不能做平凡的小事，这样的人就不是真正能担当大任的人，也不是企业的灵魂人物"。尤其是对于坏消息更要及时汇报，以便企业迅速处理解决。

（3）中途汇报。

如果一项工作完成得很顺利或完成时间很短，就不用中途汇报。不过在以下两种情况下，下属就需要中途汇报。其一，完成一项工作需要很长时间，在解决途中下属就需要向上司汇报工作的进展情况，以便上司对自己的工作有所了解。越是复杂且期限较长的工作，越应该在完成过程中让上司进行确认，这会对工作成果起决定性作用。其二，当有意外事故发生时，下属也需要中途汇报，分析原因，展示过程，并接受以后工作的指示。

2．获得上司满意的汇报方法

从一定意义上讲，汇报工作是一种比较特殊的问答式对话，既有说话的技巧，又有心理沟通的艺术，是一门综合学问。掌握这门学问的人，在汇报工作时说话既清楚、简练，又分寸得当、逻辑性强，说出的道理令人信服，上司一听就明白，且容易引起共鸣。在向上司汇报工作时，要令上司满意，下属需做好以下准备。

其一，注意汇报对象的唯一性。

其二，此次汇报的主要目的是什么。

其三，不进行这次汇报，自己能否顺利地解决问题（汇报的内容越重要，越要做好这方面的准备）。

其四，与汇报相关联的情况是否都了解清楚了。

其五，上司是否准备讨论自己提出的问题（这样可预估汇报时会出现的一些障碍）。

其六，对自己的汇报开端是否有信心（会遇到什么样的主观方面和客观方面的障碍？它们的严重程度如何）。

其七，什么样的汇报开端对自己和对方是合适的，什么样的是不合适的。

其八，在汇报中利用什么样的方法会对上司产生作用（如援引权威者的见解，谈解决问题的重要性）。

其九，上司可能向自己提出什么问题。

其十，是否做好了方案的准备（当领导问起自己的想法时，一定不能一问三不知，要设想几个方案）。

如果按照上述忠告和建议去做，汇报就会显得更加完美。

3．竭力避免不合时宜的汇报方式

上司听下属汇报工作，是与其沟通的最体面的方式，也是了解下属能力和智慧的有效途径。因此，在汇报工作中，下属一定要尽量避免如下几种不合时宜的汇报方式。

（1）长篇大论，却始终不见"庐山真面目"。

有些下属见到上司，好像总有说不完的心里话，唠不完的嗑儿。他们在汇报工作前，心里总暗暗告诫自己："机会难得，一定得把工作成绩一点不漏地向上司说清楚。"于是，汇报起工作来面面俱到。结果上司越听越烦，感觉无从回答。

（2）汇报中掺杂个人恩怨。

汇报中最忌讳掺杂个人恩怨，假借公事的名义，实施打击报复。如果下属在汇报工作中假公济私，上司察觉后，可能会非常讨厌这个人。

（3）汇报时间、地点不合时宜。

这类问题多出现在主动找上司汇报的时候。作为上司，特别是职级较高的上司，通常工作都比较忙，下属很难找到他及时向其汇报工作，于是有的下属就采取等、堵的办法找上司，如上下班时，午休前，回家途中，或者领导参加会议、活动期间。如无特殊情况和紧急事宜，这些时间或地点是不宜汇报工作的。这就犹如有些人会在深更半夜和朋友闲聊，难免会让朋友产生厌烦情绪。

4. 汇报中存在的问题及对策

向上司汇报，是下属履行职能过程中应行使的权利与义务，是沟通上下级关系、获得上司指导、支持的一个重要途径和手段。这项工作在执行过程中也存在如下一些忌讳。

（1）遮遮掩掩，耍小聪明。

有些下属将自己分管的工作视作自我的"小天地"，自认为能驾驭全局，将汇报视作累赘和多余。他们也因此喜欢个人说了算，长期不向上司或分管领导汇报工作，甚至出了问题、有了漏洞也进行"封锁"，上司找上门来还遮遮掩掩，以防"家丑"外扬。

（2）越级汇报工作。

在正常情况下，按照组织原则和领导程序，下属应逐级汇报。有些下属总认为单位最高领导水平高、权力大，为了图省事、走捷径，遇事不经直接上司，直接向单位最高领导汇报，不自觉地让直接上司处于尴尬的境地。

（3）自作主张，先斩后奏。

在决策一件事情之前，有些下属明知应向上司汇报，却自作主张，事后因怕担责任或已经出了漏洞才不得已向上司汇报，以便让上司替自己承担责任。这种汇报是推卸责任的表现。

（4）推诿扯皮，拈轻怕重。

个别下属由于个人主义或本位主义作怪，一遇到急、难、险、重的任务总想推给别人。为了卸包袱、踢皮球，便打着汇报的旗号进行推脱，或者以"不属于自己的工作范围""难以单独完成"为借口，借上司的权力把重担子压给他人，达到自己一身轻的目的。

（5）恶人告状，颠倒是非。

有些下属由于思想作风不正，当与同事产生矛盾、分歧时，不是先找自身原因，或者本着团结的原则进行沟通，以排解矛盾、消除分歧，而是借汇报之名，恶人先告状，而且汇报的内容往往与事实有较大出入，甚至颠倒是非。其目的是通过向上司打小报告，甚至通过造谣来发泄私愤。

（6）一味吹捧上司。

个别下属不是把自己的注意力放在事业上，而是挖空心思寻求赢得上司好感的途径和手段。其中之一就是假借汇报工作名义接近上司，特别是职级较高的上司，他们察言观色，专拣上司爱听的讲，甚至进行一味吹捧，企图由此取悦上司，进而获得上司的青睐。

5. 向上司汇报坏消息

向上司汇报坏消息是同上司最紧张、最艰难的对话之一。下属不仅因对话可能失败而局促不安（无论是不是自己的错），还担心这件事影响自己在组织中的地位。完成职责、避免潜在危险出现的关键是，尽快把汇报转变成一种讨论，商量下一步该怎么办，而不是去纠结事后的对错。下属应坦言，局势超出自己的控制能力，或者干脆承担责任，提出行动计划来减少损失。

（1）态度端正，行为得当。

把向上司汇报坏消息看成是证明自己善于随机应变的机会，做好承担责任的思想准备，但没必要自责。要明白，上司的怒气并不一定就是针对自己，而是针对局势。抓住每个机会，把话题引到眼下该办的事情上来。不要回避维护上司的自尊心——做得巧妙一点。说几句好话并不能取代承担责任,但能转移无名怒火。

(2) 做好准备工作。

做好为什么发生这种事的解释。如果有出现麻烦的迹象,下属要做好应答准备。最要紧的是写一份详细的书面建议,列举可行的改进方案。

(3) 时机选择。

不可以在不合适的场合突然提出坏消息,但应该尽快让此事引起上司的注意。关键是消息必须最早出自自己这里。如果上司能善待下属,或者继续询问客户的消息,下属则需要重申自己的立场,随即汇报准备采取的行动。万一上司发怒,下属可以想办法把话题转向马上要采取的行动。不管上司对自己计划的反应如何,下属都要坚定信念,相信它能奏效,并获取一切帮助来克服暂时的困难。

(四)讲好故事:提升上司沟通的能力

人们都喜欢听故事,尤其是精彩的故事。一个好故事之所以能打动人,是因为它能够真正走进听者的心中,形成情感上的共鸣。讲好故事是一门技术,也是成功的跳板。

案例 11-11 臣请不知

某公司决定民主选举工会主席,其中对王园园的呼声最高,某领导的亲戚刘帆位居第二。就在公布结果的前夕,几封匿名举报王园园的信件寄到了她的上司张溢文那里。张溢文刚调到公司不久,对公司的人都还不熟悉,谨慎考虑之后并没有顺民意让王园园担任工会主席。

通过一年工作接触之后,张溢文逐渐了解了王园园的为人,明白了当初的邮件是有人故意陷害。一日,张溢文对王园园说:"这就是当初举报你的信件,你想知道他们是谁吗?"王园园听罢,对张溢文讲述了如下故事。天授二年,狄仁杰身居要职,谨慎自持,从严律己。一日,武则天对他说:"爱卿啊,有人在背后说你的坏话,你想知道是谁吗?"狄仁杰说道:"如果陛下认为臣有过错,臣一定改过;如果陛下认为臣没有错,那是臣的荣幸。臣不知道告状的是谁,臣请不知。"一番话后,张溢文对王园园坦荡豁达的胸怀深为叹服。

(资料来源:笔者依据相关资料整理)

在案例 11-11 中,王园园并没有直接拒绝上司张溢文,而是通过狄仁杰的故事让张溢文明白了自己的想法,也让张溢文感受到了自己的人格魅力。人天生就是故事讲述者,但并不意味着讲故事是一件容易的事情。讲好故事有一个简单、有效的模板:故事=形势/欲求+纠葛/障碍+解决/结局。下面介绍一些讲好故事的方法。

1. 明确角色

角色是一个故事的核心。角色与故事的所有环节相互作用。当故事讲述者试图讲述某人的故事时,最关键的是明确指出角色想要的是什么,并用听者可以理解的方式表述出来。角色的需求有时是具体的(如收入),有时则是抽象的(如个人发展)。

除了讲明角色的需求,故事讲述者还必须展示出这个角色所独具的特点。一个角色之所以会引人关注，往往是因为其具有独一无二的特质。这些特质往往会透过一些发人深省、反差大的特征显露出来。故事中角色的特征往往就是故事讲述者所具有但不易直接表达出来的。这样故事中的角色很有可能代表着故事讲述者自己。很重要的一点是，要赋予角色个性，这样角色才能显得真实，才能吸引听者。

2. 构造情节

情节是讲好一个故事的关键要素。不管是电影、小说、纪录片，还是只是在吃饭时与大家分享的小故事，都是由情节来推动故事发展的。好的情节可以使听者兴趣盎然。一个情节由3个要素构成：主人公、主人公的目标，以及阻碍目标实现的矛盾因素。讲故事这门艺术的守则之一就是"展现，不要告知"。虽然讲故事有时也需要将事实摆出来，但重点在于调动听者的多重感官，让听者感同身受。

要想让一个故事产生最大的影响，故事讲述者不仅需要不断地对故事的宗旨或意义进行淬炼、打磨，还需要尽可能深入地了解故事的听者，要搞清楚听者需要采取什么行动，以及得到什么信息。之后，故事讲述者要选择事件的发生顺序。同时不能让故事内容冗长，要短小精悍，每个故事的讲述时间为3～5分钟即可。

3. 故事架构

故事架构指的是故事的形式，即承载情节的故事框架。故事有开端、中段和结尾。

讲故事时需要避免的一个陷阱是陈词滥调，故事的开端应当进展得相对迅速，因为听者想听到的是自己感兴趣的东西。换句话说，就是听者想听到故事中段。开端应当完成3件事：将听者引入情节中；提供所有必要的背景信息以使听者跟得上情节；提出首要戏剧问题。故事的开端就是"钩子"，讲述者可以适当采用提问的方式，"勾"住听者的注意力。

故事中段应当做好3件事：在开端向听者介绍过的人物和情节需要得到进一步发展；故事的中心情节要在这一部分展开；讲述主人公为实现目标接连不断遭遇的障碍，这是最重要的一点。

故事的结尾通常是故事中最短的一部分，但是至关重要。故事结尾一般遵循"3C"模式，即包括关子（Crisis）、高潮（Climax）、收场（Consequences）。关子是听者紧张度到达极限时的那个点，高潮到来时紧张解除，首要问题得到回答。最后就是收场，不管收场被处理得多么简短，它都会在故事的最后被提及。

4. 发现故事

发现故事也是讲故事的一个难题。首先，要想发现故事，最简单的方法就是善于观察生活，生活中会有各种各样的事情发生，因此，故事讲述者要多与他人交流，特别是了解他们克服困难的真实故事，并基于此创建一个"故事库"，那么听者也会觉得故事更加真实。

其次，故事讲述者可以增加自己的阅读量，多读历史、心理学、社会学等方面的书籍，拓宽自己的涉猎面，头脑中装的东西越多，到时候能运用的故事自然也越多。最后，发现故事还与对自我的认识有关。认识自我是发现故事的根基。对人性了解得越透彻，也就越能够体会人在善恶斗争中所表现出的人性。发现故事还需要做好自我认知。

（五）积极应对：掌握上司沟通的要点

1. 与D型上司沟通策略

在与D型上司进行沟通时，一定要以事本身为主，言语不要浮夸，直截了当，以结果为导向；随时让上司掌握状况，沟通明确的计划和问题，处理好他想不到的细节；赞赏上司的意见和想法（见表11-1）。

表11-1　与D型上司沟通策略

结果导向	以事本身为主，重视结果、成绩、效率、速度、成本
	需要考虑D型上司的性格特点，表达明确，一针见血
	公事为重，除非公事说完，否则不要说其他不相关的
明确的计划和问题	要问明确的问题，给D型上司至少2个选择
	方案需要明确、有效率、有逻辑，过程他满意
	如果双方意见不合，就针对事实展开讨论
负面评价和肯定	D型上司不容易接受别人的负面评价，下属应给出明确事实、委婉建议
	D型上司很喜欢获得别人的肯定，下属要赞扬他的行动力和能力
额外需求	给予适当的空间；要让D型上司感觉自己不会被人利用
	与D型上司谈判最好的结果是双赢
最常使用的词汇及句式	结果、成果、目标、效率、效益、百分比、条件、优势
	应该如何做？下一步的目标是什么？如何达成目标

2．与I型上司沟通策略

在与I型上司进行沟通时，最好以工作中的人为主，营造友善、和谐的气氛，积极向上司汇报，赞同他的想法，支持他的梦想，尊重他的地位（见表11-2）。

表11-2　与I型上司沟通策略

以人为本	多谈工作中的人，少谈工作中的数据和事实
	记下沟通中的细节，因为I型上司可能会忽略
	在与I型上司沟通时，需要营造一种友善、和谐的气氛
稳固的地位感	积极向I型上司汇报，并表现出充分的尊重；多征求其意见
	提供I型上司重视的人的想法和意见
	采取委婉的方式，不要让自己的意见威胁到I型上司
使他更有动力	和I型上司讨论新鲜、有趣的事情，生动地描述前景和未来
	支持I型上司的梦想
额外需求	I型上司需要地位和保持自己的地位提升
	要使I型上司感觉自己被重视
最常使用的词汇及句式	奖励、激励、多亏了你、和谐、奋进
	那就靠你了！多亏了你！我们可以做到

3．与S型上司沟通策略

在与S型上司进行沟通时，一定要有明确且利于理解的逻辑，遵循做事的计划和程序，聆听上司的想法，避免产生直接冲突（见表11-3）。

表11-3　与S型上司沟通策略

程序第一	告诉S型上司自己做事的逻辑是什么，提出明确的问题
	多谈论工作的程序和计划，使S型上司知道工作的进度
	告诉S型上司自己做事的顺序、流程、时间和步骤
安全感	聆听S型上司的话语，肯定他的意见，使其感到自己受重视
	当持有不同意见时，要态度温和、有逻辑性，避免使用激烈方式
需要的态度	为S型上司留出思考和决定的时间
	多肯定和感谢S型上司的无私贡献

续表

额外需求	采用温馨的相处方式，对 S 型上司表示自己的友善和忠诚
	可以先建立良好的气氛，再说公事
最常使用的词汇及句式	程序、数据、流程、步骤、顺序
	下一步是什么？程序？流程？工作是否顺利？是否需要支持

4．与 C 型上司沟通策略

在与 C 型上司进行沟通时，一定要遵循程序，汇报工作要简洁明了且有充分的数据支撑，要制定严格的时间计划表（见表 11-4）。

表 11-4　与 C 型上司沟通策略

程序第一	直截了当，就事论事，避免分散注意力
	要给出明确的事实和详细的数据，如百分比、对比数据
	给予明确的计划表
	给予明确的时间表
最常使用的词汇及句式	数据、数字、对比、同比增长、同比下降、百分比
	这是相关的资料和数据；我们需要做的是
	根据这个数据，我们能够得出的结论是

六、思考题

1．什么是上司沟通，其具有哪些功能？请结合自己的工作和经历加以阐述。
2．如何与不同类型（DISC 人格类型）的上司进行高效沟通？请举例说明。
3．通过本章的学习，您认为应该如何正确地汇报？您在过往的经历中忽视了哪些方面？

第十二章 越级沟通

本章目标

1. 帮助读者了解越级沟通的分类。
2. 引导读者认识到越级沟通的重要性和注意事项。
3. 帮助不同身份的读者掌握越级沟通的技能和方法。

本章要点

1. 越级沟通可以加快信息的传递,但因为其产生因素多样、沟通目的不同、现实问题较多,所以需要特别注意。
2. 法约尔一般管理理论和14条管理原则是人们在越级沟通中需要遵循的基础理论。
3. 帮助读者了解在分别作为基层、中层和高层时,如何发起或应对越级沟通,掌握相关沟通技能。

> "管理者的最基本功能是发展与维系一个畅通的沟通管道。"——切斯特·I.巴纳德(Chester I.Barnard,1886.11.07—1961.06.07)

一、引导案例

案例12-1 越级沟通,职场中的"双刃剑"

曾有一位知名高校毕业的高才生,在刚到华为时向任正非提交了一份"万言书",对华为的经营战略指点江山,不切实际地讲了公司很多需要进行整体改革的措施,还提出了很多在经营策略方面的想法与建议。任正非看完后,直接做出批示:"此人如果有精神病,建议送医院治疗;如果没病,建议辞退。"

然而,另一位员工却得到了任正非截然不同的批示。他在入职华为中试部后,根据自己的亲身经历,写下了题为《千里奔华为》的"万言书"。任正非看后,不仅称赞其为"一个会思考并热爱华为的人",还直接将其提升为部门副部长,时任董事长孙亚芳看完这份"万言书"后同样深受感动,也给予了很高的评价。

同样是建言献策,同样是"万言书",却让两位员工处于完全相反的境遇中,背后的主要原因就在于:在越级沟通的原则把握上能否做到恰当、合理与有效。

(资料来源:笔者依据相关资料整理)

📝 **带着问题学习**

1. 越级沟通，期望达到的目标是什么？
2. 什么情况下可以进行越级沟通？
3. 在越级沟通中，需要注意哪些问题？

二、越级沟通概述

（一）越级沟通的内涵

越级沟通又称斜向沟通、交叉沟通，是一种比较特殊的沟通形式，一般指组织内不同层级部门间或个人间的沟通。越级沟通包括群体内部非同一组织层次上的单位或个人之间的信息沟通和不同群体的非同一组织层次之间的沟通。

越级沟通的目的是加快信息的传递，但由于其跨越了不同部门、脱离了正式的指挥系统，容易被曲解和贻误，因此需要特别注意。

（二）越级沟通的分类

越级沟通在性质上大致可以分为两类：越级指挥和越级汇报。

越级指挥是指对下超越一级或数级实施指挥，如级别比较高的管理人员绕过员工的直接上司直接对员工进行指挥，向其布置工作，通常在紧急情况下和执行特殊任务的团队中被采用。

越级汇报是指当下属有问题、有情况时不直接报告其直接上司，而越级报告给更高级别的领导，或者经直接上司授意后直接与更高级别的领导沟通。越级汇报并不一定仅仅是工作上的事，还可以带有明显的个人色彩。在日常工作中，越级汇报一般是不允许的，会影响上下级关系，造成工作无法开展，但若沟通得当，将会得到意料之外的收获。

（三）越级沟通的主要原因

虽然越级沟通被认为是职场大忌，但在现实工作中，越级沟通并不少见。这是因为越级沟通的内容丰富多彩，越级沟通的原因多种多样，归纳起来可以大致分为3个因素：主观因素、客观因素和偶然因素。

1. 主观因素

主观因素是指下属有预谋地进行越级沟通。之所以进行越级沟通，一般是因为下属觉得自己的意见长期得不到重视或与直接上司关系僵化，只能向更高级别的领导报告，还有一种原因是下属争强好胜，希望展现自己的能力，从而有机会获得晋升。

一般情况下，主动进行越级沟通的人包括以下几类：职场能力超强的人、喜欢打小报告的人、话多无心的人和心浮气躁的人。

2. 客观因素

客观因素是指下属被动地进行越级沟通。例如，当硬性的组织架构与极富创造力的人之间无法对应时，领导可能会为了提高效率或使个人利益最大化，越过直接上司向下属了解情况或部署工作，或者在直接上司有特殊情况不能进行汇报时，授意下属与更高级别的领导共同参会或进行工作汇报等。

3. 偶然因素

偶然因素是指临时进行的越级沟通，如路上偶遇，这就需要下属日积月累，提前做好演练或预案，以便在这种场景下应对自如。

三、现实问题

（一）越级汇报，谁之"过"

> **案例12-2　"不可避免"的越级行动**
>
> 　　23岁的小程大学毕业快一年了，是个不折不扣的社会新人，毕业后就应聘到某知名文化策划公司工作，具体岗位是电影部营销策划部门经理小钱的主管助理。
> 　　在一次事关小钱升职的策划方案中，小钱希望通过电视广告和平面广告，特别是在公交车、超市等人流量大的场所高密度地发布平面广告，宣传新片。而小程认为，此次营销的主要对象是年轻人，应该以网络营销、社会化营销、微博营销为主，并提出了自己的具体想法。
> 　　但是小钱因为之前一次失败的尝试，拒绝了小程的提议。
> 　　某天下班后，小程并没有和往常一样离开公司，而是在一楼大厅等候公司CEO（首席执行官）饶总下班，上前自我介绍后，他言简意赅地说明了对这一策划方案的营销思路。饶总听后不时点头，并让小程回去细化打磨，先设计一个更完善的策划方案，再进行详细汇报。
> 　　小程喜出望外，在之后的日子里全神贯注于整理、完善自己要汇报的策划方案，把小钱交代的事情都暂时搁置在了一边。
> 　　转眼到了汇报当天，小钱和小程在去会议室的路上与饶总不期而遇，饶总微笑着对小钱说："上次事情发生后，我还担心你在网络营销方面会有疑虑，跟不上行业大趋势，现在看来你干得挺不错，我的担心是多余了，改天请你吃饭。"小钱听了面露茫然之色，不知饶总此言从何说起，一时不知道如何作答。
> 　　跟在小钱后面的小程心里七上八下。10分钟后，当小程站在三楼会议室投影屏幕前向公司高层讲述自己设计的营销方案时，不禁担忧直到此时还毫不知情的小钱会有何感想，会议结束后会有何举动。他心想：如果小钱将自己越级汇报一事广而告之，公司上下会怎么看自己？哪个部门主管以后还愿意接受自己？自己今后在公司的职业前景是被人看好还是走跌……
>
> （资料来源：笔者依据相关资料整理）

越级沟通的产生因素多种多样，最终结果也是有喜有忧。但从管理沟通角度分析，一次未征得直接上司同意的自下而上的越级汇报，往往是由多方面造成的。

1. 不会沟通的基层

一个人的沟通方式和沟通能力，在很大程度上决定了与其他人，特别是与上司的沟通效果。

在案例 12-2 中，小程在与直接上司小钱有不同意见时，未进行深入沟通就擅作主张进行越级汇报，且在与饶总汇报时未告知这一事实，导致饶总无意中做出损害小钱管理权威的行为，在越级汇报后，小程也未及时向小钱汇报这一情况，导致小钱一直到最后一刻还被蒙在鼓里。现实中类似小程这样的，由于不会沟通，经常碰壁。

2. 独断专行的中层

中层管理者是公司连接基层和高层的桥梁，是为公司创造利润、实现社会价值的推动者和实践者，但是大多数中层管理者习惯于按照过去的经验进行决策，容易犯经验主义错误，且听不进下属的意见和建议。

3. 不明情况的高层

在案例 12-2 中，作为高层，饶总在不了解具体情况的前提下就表态，使得小钱非常被动，很容易使小钱和小程之间的矛盾由工作矛盾上升为私人矛盾，恶化上下级关系，最终损害公司的利益。

（二）越级汇报，前途未卜

案例 12-3 "一把手"跨级安排进人

小吴是公司人力资源部的招聘主管，她的直接上司是人力资源部的张部长，张部长的直接上司是公司分管人事的副总经理王总。一天，王总突然把小吴叫到办公室，说："小吴，公司的社会招聘是不是一直在按计划进行？完成得怎么样？"

小吴当即向王总汇报起当下公司的招聘计划及简历、面试的流程进展，并表示，除了一个专业技术岗，其他岗位的人选基本已经可以确定了。

这时，王总对小吴说："小吴，我知道公司有内推的渠道，我进公司这几年也都没有用过。我有一个亲戚，她的条件很不错，想来咱们公司，你们能否安排一下？当然，如果她能够顺利留下，就更好了。"

小吴心中一惊，不知道该如何作答，心想：我只是个主管，也不是部长，决策权又不在我这里，我怎么敢答应？不过考虑到王总这个级别，想要个名额，应该没有这么难吧，我回去给张部长一说，估计就同意了！

于是，小吴满怀信心地答应了王总的要求，并说会尽快安排面试。王总又对小吴的其他事项表达了关心后，对话在愉快的氛围中结束了。

回到部门后，小吴马上找到张部长，对他说："部长，刚才王总找我了！说他有个亲戚，想来咱们公司，让咱们安排一下。我准备下午联系一下，要份简历，之后就发面试邀请，您觉得怎么样？"

张部长一愣，说："候选人不是都定好了吗？现在也超过时间了，有内推的机会也已经过了时间了，这怎么走流程？"

小吴："可是这是王总亲自安排的呀，再说王总……"

张部长没等小吴说完，便打断了她的话："好了，你不用说了，把你的本职工作做好，王总那里如果有事，他会直接来找我的。"

小吴只好灰溜溜地离开了部长办公室。

（资料来源：笔者依据相关资料整理）

一般情况下，大家认为直接上司不知情的越级汇报是不可取的，这是因为越级汇报大概率会带来一些不良影响。

从组织角度看，越级汇报可能会破坏组织管理，导致某些制度、流程虚设，中层被架空，领导力下降。从个人角度看，越级汇报容易造成上下级之间关系不和睦，给越级沟通者带来不必要的麻烦（见案例12-3）。

1. 容易造成组织管理混乱

公司设置不同级别的职位，是为了更高效的运作，即上级只需与下一级的负责人进行沟通，从而减少沟通成本，提高沟通效率。

越级汇报是对公司组织架构的蔑视，特别是在组织架构比较严谨的公司里，越级汇报容易造成信息不对称、管理层丧失权威、员工工作计划混乱、员工关系紧张等一系列问题，从而造成组织管理混乱。

2. 搞僵与直接上司的关系

越级汇报工作，在直接上司不知情的情况下，会被认为是对其地位的最大威胁，直接上司一般会担心如下几点：一是担心下属打小报告，说自己坏话；二是担心长此以往自己被架空，下属不服从管理；三是担心自己失去权威，不好领导其他人。无论担心哪一点，大多数直接上司的心理都会发生微妙变化，进而直接影响双方关系。

3. 引起上上级领导的不满

如果越级汇报的是非重要工作或没必要让上上级领导知道的细节等问题，在一定程度上会浪费上上级领导的时间，增加上上级领导的工作成本，导致其工作效率低下。同时，有可能导致上上级领导在不了解情况的前提下做出决定，进而引发一系列后续问题，最终引起上上级领导的不满。

四、理论基础

（一）法约尔一般管理理论

亨利·法约尔（Henri Fayol）是古典管理理论的代表，他认为管理有5种职能，即计划、组织、指挥、协调和控制。

法约尔一般管理理论将管理定义为"有关管理的、得到普遍承认的理论，是经过普遍经验检验并得到论证的一套有关原则、标准、方法、程序等内容的完整体系"。

作为西方古典管理思想的重要代表，法约尔一般管理理论逐渐发展成为管理过程学派的理论基础，也是之后各种管理理论和管理实践的重要依据，对管理理论的发展和企业管理的历程均有着深刻的影响。

法约尔一般管理理论，通过对管理5种职能的分析，为管理科学提供了一套科学的理论构架，具有系统性和理论性强等特点，是经过长期实践总结出来的管理原则，为实际管理人员提供了巨大的帮助。

（二）法约尔的 14 条管理原则

1．劳动分工原则

不仅仅是技术工作，管理工作也同样需要通过劳动分工来提高效率。同时，劳动分工有一定的限度，一般情况下不应超越这些限度。

2．权力与责任原则

有权力，就有责任。责任是权力的孪生物，是权力的当然结果和必要补充。要贯彻权力与责任相符的原则，就应该有有效的奖励和惩罚制度，即应该鼓励有益的行动而制止与其相反的行动。

3．纪律原则

纪律应包括两个方面，即企业与员工之间的协定和员工对这个协定的态度及其对协定遵守的情况。没有纪律，任何一家企业都不能兴旺繁荣。制定和维持纪律最有效的办法包括：其一是各级领导尽职尽责；其二是签订的协定尽可能明确而公平；其三是合理执行惩罚。

4．统一指挥原则

统一指挥是一个重要的管理原则，按照这个原则，一个下级只能接受一个上级的命令。如果两个领导同时对同一个人或同一件事行使权力，就会出现混乱。在任何情况下，都不会有适应双重指挥的社会组织。

5．统一领导原则

统一领导原则指的是一个下级只能有一个直线上级。它与统一指挥原则之间既有区别又有联系。统一领导原则侧重于组织机构设置，即在设置组织机构的时候，一个下级不能有两个直线上级。而统一指挥原则侧重于组织机构设置以后的运转，即当组织机构设置好以后，在运转的过程中，一个下级不能同时接受两个上级的指令。

6．个人利益服从整体利益原则

为了能坚持个人利益服从整体利益原则，领导需要坚定和做榜样；尽可能签订公平的协定和进行认真的监督。

7．人员报酬原则

贯彻人员报酬原则需要注意几个方面：首先，保证报酬公平；其次，奖励有益的努力和激发热情；最后，不应有超过合理限度的过多的报酬。

8．集中原则

组织权力的集中与分散，是一个简单的尺度问题，问题在于找到适合于企业的度。在小型企业中，上级可以直接把命令传给下级，所以权力就相对比较集中；而在大型企业中，在高层与基层之间，还有许多中层，所以权力就比较分散。影响一家企业权力是集中还是分散的因素有两个：一个是管理者的权力；另一个是管理者调动下级积极性的能力。

9．等级制度原则

等级制度就是从最高权力机构到低层管理人员的领导系列。贯彻等级制度原则，有利于组织加强统一指挥，保证组织内信息联系的畅通。但是，一个组织如果严格地按照等级制度原则进行信息的沟通，则可能由于信息沟通的路线太长而使得信息联系的时间长，同时容易造成信息在传递过程中的失真。

因此，组织应该将遵循等级制度原则与保持行动迅速结合起来。这也是越级沟通的重要参考之一。

10. 秩序原则

秩序原则包括物品的秩序原则和人的社会秩序原则。坚持物品的秩序原则就是要使每一件物品都在它应该放的地方。贯彻人的社会秩序原则就是要确定最适合每个人的能力发挥的工作岗位，使每个人都能在充分发挥自己能力的岗位上工作。

11. 公平原则

所谓公平原则就是"公道"原则加上善意地对待员工。也就是说，在贯彻"公道"原则的基础上，根据实际情况对员工的工作表现进行善意的评价。当然，在贯彻公平原则时，管理者不能忽视任何其他原则，不能忘掉整体利益。

12. 人员稳定原则

要使员工的能力得到充分的发挥，就要使其在一个工作岗位上相对稳定地工作一段时间，使其能有一段时间来熟悉自己的工作，了解自己的工作环境，并取得别人的信任。

疾病、退休等都会造成企业中人员的流动。因此，人员的稳定是相对的，而人员的流动是绝对的。对于企业来说，要掌握人员的稳定和流动的度，以使员工的能力得到充分发挥。

13. 首创精神

人的自我实现需求的满足是激励人们的工作热情和工作积极性的最有力的刺激因素。对于管理者来说，需要有激发和支持员工的首创精神的各种手段。

当然，纪律原则、统一指挥原则和统一领导原则等的贯彻，会使得组织中员工的首创精神的发挥受到限制。

14. 团队精神

管理者需要确保并提升员工在工作场所的士气，培养个体和集体积极的工作态度。为了加强组织的团结，法约尔特别提出在组织中禁止滥用书面联系。他认为在处理业务问题时，当面口述要比书面联系快，并且简单得多。另外，一些冲突、误会可以在当面交谈中得到解决。

这也是在管理沟通中需要注意的地方之一。

五、实务操作

本书依据辩证沟通思维，结合法约尔一般管理理论及14条管理原则，对越级沟通提出如下建议。

（一）基层：如何应对不得不为的越级沟通

案例12-4　机会留给有准备的人

陈经理是上海一家外资金融咨询公司的高管，年龄不过38岁的他，已经成了这家知名公司驻上海分公司的副总。陈经理MBA（工商管理硕士）毕业后，应聘到公司的香港总部。

第十二章 越级沟通

上班一个月,陈经理发现一个不成文的规矩:每当总裁乘坐电梯时,同事们都纷纷避让,自觉不去打扰。陈经理想起攻读MBA时老师讲过的话:在一个形成潜规则的公司里,要想有所作为,不妨试着忘掉这些规矩。

公司人才济济,若按部就班从职员做起,等到总裁听到自己的声音时,恐怕头发都熬白了,如何想办法让总裁对自己有印象呢?

机会来了。一次,当总裁单独进电梯时,陈经理瞅准机会冲了进去,按照平时测算出到达总裁办公室所需的28秒时间,他做完自我介绍后,表达了自己对公司现状的看法,当然,一番表达之后,还故意留了个未表达完自己观点的"尾巴"。

其间,这位总裁一直没开口,直到要出电梯口时,他突然回头问陈经理:"你是哪个部门的?我这周三下午有空,你到我办公室来,我想听听你对公司的不同看法!"

陈经理用这短短的28秒,完成了晋升历程中最重要的一步。为了充分利用这28秒,他做了大量的准备工作,因此得到了总裁的赏识。用28秒表述对公司的看法,这需要平时多下功夫。

机会是留给有准备的人的,不仅仅是在电梯里,工作中还有许多和电梯相类似的场景。只有多准备,才能抓住这样的机会。

(资料来源:笔者依据相关资料整理)

虽然越级沟通比较敏感,在大多数情况下并不提倡,但也并不代表完全不能越级沟通。无论是主动越级还是被动越级,一次得体有效的越级沟通,都会带来意想不到的结果,让沟通者受益良多(见案例12-4)。

1. 沟通前:准备充分

(1)明确沟通目标。

无论是以公事汇报为主还是以个人利益为主,在越级沟通前,一定要清晰自己想要达到的目标,即通过此次沟通,希望传递什么信息、解决什么问题、完成什么任务等。

(2)权衡后果利弊。

在明确沟通目标后,需要理性地权衡后果利弊,如果沟通后失去的大于获得的或发生无法确定的情况,建议尽量不要选择越级沟通。另外,如果高层主动要求进行越级沟通,且涉及重大问题,那么最好先与直接上司沟通后再见高层。

(3)分析沟通对象。

在沟通前,需要尽可能地多了解直接上司和高层的背景,明确各个角色处理事情的习惯与风格,根据其喜好以确定沟通的方式、环境、渠道等。同时需要换位思考,了解直接上司、高层和同事们的看法等,以及他们对于越级沟通的态度及处理艺术,如果直接上司心胸狭窄或高层非常不喜欢越级沟通,就应该暂时放弃越级沟通。

(4)提前排练预演。

一般情况下,越级沟通的时间、环境都会有很大的限制,因此如何在有限的条件下进行最有效、最充分的沟通,沟通者需要提前进行思考。特别是对于偶然因素造成的越级沟通,在不经意的状态下,精心的准备更能达到最佳的状态。案例12-4中陈经理的成功,就得益于充分的调研和演练。

值得一提的是,在越级沟通前,最重要的准备其实是提升自身实力。只有实力达到越级沟通的水平,越级沟通方能事半功倍。

2. 沟通中：讲究事实

（1）只说个人认识。

在越级沟通中，注意尽量客观陈述；多做有理有据的分析，尽量多说结果，不要加太多过程进去；尽量换位思考，从高层的角度来分析问题；就事论事，对事不对人，不做主观评价，特别是在涉及直接上司的事情上，尽量少评价或不评价。

（2）注重沟通技巧。

根据沟通对象的特点、沟通信息的内容等方面，综合选择沟通渠道、沟通环节及沟通话术等技巧。可以选择直接或间接沟通，书面或语言沟通，正式或非正式沟通。同时，沟通的环境也是非常重要的，选择合适的时机、合适的场所和合适的方式等来展开，方能达到最佳沟通效果。

3. 沟通后：及时反馈

（1）第一时间向直接上司汇报。

在越级沟通，特别是被动越级，即受中层之意或受高层要求的越级沟通后，一般要在第一时间向直接上司进行汇报，并且注意沟通话术，说明缘由，从而减少直接上司的猜忌。

此外，沟通者还需要及时让直接上司知晓后续工作的进展，如有需要确认的决定等也需要先请示直接上司，万万不可让其有被蒙在鼓里的感觉。寻求直接上司的支持和帮助，十分有必要。

（2）情况有变尽快向高层汇报。

面对高层布置的工作或任务，特别是因为某些原因没有办法预期完成的，一定要提前给予反馈，不能等处理事情的时间已经结束了，才去汇报。

之后，要综合考虑实际情况，选择由自己再次越级沟通还是由直接上司去汇报，以便既能很好地完成任务，也妥善地处理了与直接上司的关系。

（二）中层：被下属"绕过"沟通怎么办

> **案例 12-5　"夹心饼干"的苦恼**
>
> 工作中，下属越级向上上级汇报较常见。经理吕明最近就碰到了这样的事情。
>
> 几个月前，吕明负责管理的部门来了一位工作能力非常强的同事小周，小周入职以来表现得非常好。但是随着时间的推移，小周有时候会跳过吕明，直接找吕明的上级领导沟通事情。次数多了，吕明的上级领导也并没有"挡"回来，其他同事也开始有了一些想法。
>
> 吕明找小周沟通过很多次，但一直没有任何进展。某一次，两个人在沟通中发生争吵之后，小周直接打电话找到了那位上级领导，向他哭诉吕明在管理上有问题。那位上级领导把吕明批评了一顿，并告诫他管理不要太强势。
>
> 吕明认为越级沟通就算了，关键是上级领导还纵容对方越级沟通这种行为，他觉得自己就像"夹心饼干"，夹在中间非常苦恼，不知道该如何是好。
>
> （资料来源：笔者依据相关资料整理）

面对下属越级沟通（见案例 12-5），采取攻击和逃避的方式，如让上级领导换人、利用职权打压对方行事或忽视对方的言行、辞职，都不是妥善的处理办法。

应对下属越级沟通可以从以下 3 个方面着手。

1. 改善自己，提升管理业务水平

作为职场的管理者，必须提高自身的业务能力和管理水平，从而树立起良好的职场形象。

提高业务能力。业务能力是管理团队的核心力，如果中层无法对下属的业务进行指导，就容易被下属瞧不上从而越级沟通。因此，不断学习、不断提高业务能力对于管理者，特别是中层管理者尤为重要。

提高管理水平。管理是一门艺术，作为中层，要综合利用管理方法，形成自己的管理风格。中层要掌握科学有效的管理方法，提升与下属沟通交流的技巧、能力，合理安排工作分工与日程，不断调动下属的积极性，从而有效减少下属越级沟通的次数。

2. 上下联动，利用越级增加助力

下属有权进行越级沟通，但这并不意味着可以放任自由，中层应根据不同情况，进一步加强与下属沟通，主动与高层交换看法，避免因越级沟通而给上下级之间造成误会，影响工作。

报告上级，取得支持。中层要主动找机会与上级领导进行沟通交流，力争获得上级领导的信任和支持。在沟通交流过程中，中层可以直接或间接地探口气看上级领导对这个下属的看法，同时请上级领导帮忙，提点下属改变越级沟通的工作习惯。同时，也可以利用下属越级沟通，将面临的工作困难适当地通过下属在上级领导面前暴露，以便获得资源支持或解决自己的问题。在这一过程中，中层需要把握好如何去做，特别是把握好上级领导对越级沟通的态度，从而为自己的工作增加助力。

点拨下级，防止"破窗"。对无职场经验的下属，中层可以选择恰当时机，主动与下属真诚沟通，了解其原因、目的及结果等，并提醒对方注意汇报工作的层级关系。对一些有特殊情况的下属，中层可以采取以退为进的方法，在工作中动之以情、晓之以理，明确告知这种行为可能带来的后果和影响，让下属自行判断和选择，也可以向上级领导汇报下属的特殊情况，听取上级领导的意见。如果下属比较狂妄或目中无人，可以在其犯错的时候交由上级领导直接处理。对有矛盾冲突的下属，中层可以放低身段，放平心态，与对方进行真诚交流，尽可能化解掉彼此之间的隔阂与矛盾，解开下属的心头之结。

特别提醒：一个下属通过越级沟通得到了好处，其他下属有可能也会效仿，这样对于中层来讲是致命的，所以如果确实无法解决下属越级沟通的问题，中层就需要想办法尽快让其离开，以便消除团队中的不安定因素。

3. 强而不霸，畅通上下沟通渠道

（1）越级沟通并非"禁区"。

作为中层，需要认识到越级沟通是有存在的必要的。因此，在面对越级沟通的下属时，中层没有必要耿耿于怀、百般猜忌，也不必压制下属、阻塞言路，而是要宽容大度，认真反省自己，争取下属的理解与支持。

（2）消除越级沟通"盲区"。

中层要深入基层，力求营造"大事小事有人谈，大事小事有人管"和"人人关心组织，组织关心人人"的良好组织氛围。同时，建立制度，形成上下畅通的信息反馈机制，让下属有话敢说、有话能说，满足其合理要求。长此以往，越级沟通才不会成为工作中的困扰。

（三）高层：充分利用好越级沟通

> **案例 12-6　一场面试**
>
> 　　苹果公司的创始人之一史蒂夫·乔布斯，是一位具有创造力的企业家，他的一生充满了传奇色彩。在其因病去世几年后，一位曾在苹果公司工作的工程师回忆了他去苹果公司面试的经历。
> 　　他抱着"去了就是聊聊，并且会拒绝苹果公司承诺的任何职务"的态度参加了面试。然而，面试中途乔布斯的偶然进入并与他直接交流后，一切都改变了。
> 　　"你是谁？""你知道我是谁，对吧？""是的。""跟我一起走走吧！"短短几句话，让工程师心潮澎湃，当下就决定加入乔布斯的阵营。
> 　　"乔布斯的个人魅力吸引了我，我被他'抓住了'。"工程师这样描述整个沟通过程。
> 　　沟通是一门艺术，越级沟通更是一门学问，把握好说话的方式、方法，才能达到事半功倍的效果。
>
> （资料来源：笔者依据相关资料整理）

如何正确对待下属的越级沟通或发起面向下属的越级沟通（见案例 12-6），绝大多数高层都有自己的认识及想法，但总体而言，需要先明确以下几点。

1. 防止"捂盖子"，必须有越级

良性的组织结构要防止单点故障，当一个不当的决定、不当的策略甚至不当的人出现在组织中时，要防止"捂盖子"。最直接、最有效的方式是越级沟通。所以，组织中所有管理者特别是高层应该向下看一级。

从工作效率来看，当涉及一些比较紧急或重要的事项时，高层需要跟具体负责人沟通才能明确详情。

从权力安全来看，当直接下属或组织出现问题时，高层需要有员工随时向自己汇报，以便了解具体情况，避免被糊弄或被架空。

从领导风格来看，有些高层属于实干型，喜欢深入第一线，或者希望在适当的时候以示亲民，从而维护员工的稳定性。

需要注意的是，作为高层，越级沟通是允许且必需的，但在实际工作中，也需要区分情况，要注意尽量避免越级指挥，但是可以越级检查。

2. 了解情况前，勿随意表态

（1）不要拒之门外。

无论沟通的内容是以工作为主还是以个人事情为主，高层都不应该把越级沟通者拒之门外。因为越级沟通很有可能已经是员工对公司信任的最后一道屏障了。因此，面对越级沟通，高层应热情接待、认真倾听、真诚地与之沟通交流，从而达到了解情况、答疑解惑、解决问题、团结员工等目的。

（2）找出问题更重要。

在越级沟通特别是下属反馈问题时，高层可以通过了解越级沟通者在此之前是否按照正常流程反映过，直接上司是如何反馈的等信息，关注事情的背后，即所隐藏的机制、流程、团队等问题。对于高层来说，相比于评判某件事的对错，了解并找出出现这个问题的原因更重要。

（3）切勿随意表态。

即使觉得下属说得有理，也不要现场给出判断，就算再紧急，也务必给自己留出了解情况、冷静判断的时间。同时和沟通者约定一个时间，表明自己会直面问题、积极解决。

3. 顶层设计上，重规范有序

传统意义上，越级沟通是一种不得已而为之的沟通方式，在一定程度上反映了管理上的某些机制不够健全。作为高层，应在越级沟通后及时总结思考，采取相应的措施予以补救。

例如，规定下属可以越级沟通，当其直接上司"违规"时还可越级投诉，但不可以越级汇报；高层可以越级检查，但尽量不要越级指挥，除非遇到紧急情况，或者当直接下级工作能力存在问题但还未来得及撤换时。

从长远来看，高层可以从借助信息技术减少管理层次、建立有效沟通机制、加强对权力的监督与考核等方面着手，不断加强对体制机制、运行规范等方面的管理，保证组织运行的有序性和规范化。

六、思考题

1. 您是否有过越级沟通的经历？请简要阐述。
2. 以路上偶遇为背景，试想作为下属如何与高层进行一次效果显著的越级沟通。
3. 作为中层，面对下属的越级沟通，试想应如何与其进行沟通。

向外沟通篇

第十三章 客户沟通

本章目标

1. 引导读者明白什么是客户沟通，以及客户沟通的作用。
2. 帮助读者理解"尊重差异，展示特色"在客户沟通过程中的作用。
3. 引导读者了解客户生命周期的不同发展阶段及相应的沟通策略。

本章要点

1. 通过对员工态度不给力、客户差异不尊重和沟通方式不灵活等现实问题的探讨，使读者理解客户沟通的内涵、内容、原则和作用。
2. 了解客户需求的重要性，确定不同客户群体的特点和需求，尤其是在人工智能时代下探索多样化的客户沟通方式。
3. 根据辩证沟通思维和客户生命周期理论，引导读者培养积极态度，尊重差异，展示特色，借助新技术丰富沟通方式。

> "计划赶不上变化，不如客户一通电话。"——郭台铭（1950.10.18—）

一、引导案例

案例13-1　携纪委谈判

奥盛集团是一家以创新为驱动的高科技制造企业，20世纪末由汤亮在上海创立。历经20多年砥砺奋斗，奥盛集团始终立足主业、深化主业，以科技创新引领企业的转型升级，已经形成"一树四翼"布局的高科技产业制造板块，其中"一树"是上海新材料产业技术研究院，"四翼"分别是全球桥梁缆索研发制造、心脑血管介入医疗器械研发制造、高端精密制造、超导电缆研发制造。

奥盛集团多年位列中国制造业500强、中国民营企业500强，是中国科技创新的领军企业。美国旧金山奥克兰新海湾大桥便是由奥盛集团建设的，美方对于大桥的质量要求几近苛刻，且明确要求要有抗御8级地震的能力。

奥盛集团通过多项新技术突破与科研成果，成功拿下这项工程。在整个施工过程中，面对美方聘请的工程监理的挑剔目光，奥盛集团非但没有"吃过"一张"停工单"，反而在建设结束后收到一封美方表示由衷佩服的感谢信。

奥盛集团的成功与创始人汤亮的管理沟通紧密相连，奥盛集团的客户遍及世界，汤亮深知客户沟通的重要性，其客户沟通策略处处体现辩证沟通思维，具体体现在以下3个方面。

第一，携纪委投标是奥盛集团客户沟通的鲜明特点。

奥盛集团在全国各地投标大桥缆索工程时，都会携带一个"秘密武器"保驾护航，这个"秘密武器"就是奥盛集团的纪委。对于企业的商务谈判，纪委都可随时监督。汤亮说："这么多年来，奥盛能拿下无数大订单，靠的是过硬的技术。带着纪委谈生意，这反倒让客户更加信任奥盛。因为这么守规矩的企业，其产品质量绝对有保证。"

这是奥盛集团汤亮的智慧所在。携纪委开展客户沟通不但提升了奥盛集团的客户沟通质量，而且有利于留住与奥盛集团志同道合的合作伙伴。

第二，汤亮的个人魅力与自我沟通。

汤亮是一个极具个人魅力的创业者，不仅琴、棋、书、画样样精通，语言天赋也极高，掌握英语、西班牙语、法语和意大利语四门外语。汤亮的个人魅力同样体现在企业管理中，在奥盛集团内部，无论是谁犯错被罚款，汤亮都会掏出同样数额的钱上交，他的理由是"员工有错，我也有责任"。这不仅折射出汤亮的个人魅力，还体现了他的辩证自我沟通思想。

很多人都不由地感叹汤亮是一位全才，然而他最强的不是全，而是"专"。作为高科技制造企业的管理者，汤亮特别关注客户最本质的需求——产品质量，以高质量产品打动客户，奠定良好的客户沟通基础。在这一层面，汤亮不仅自己积极与国际同行对话，向外沟通，还为员工提供向外沟通的机会。具体而言，汤亮特别注重企业产品对标国际，紧跟国际技术发展的步伐，积极与国际同行对话，与世界桥梁权威对话。奥盛集团新的技术参数，都要送到第三方的国际一流实验室去检验。汤亮还注重员工的对外沟通。奥盛集团的技术骨干，无论入职时间长短，都被全力支持走出国门，与世界交流；鼓励技术骨干学习顶尖技术，实现科技创新，积极支持员工参与世界桥梁大会等专业会议，开阔员工视野。

第三，团队沟通支持客户沟通。

奥盛集团非常注重内部员工之间的团队沟通与亲密沟通。具体而言，奥盛集团通过与员工的父母、子女之间的互动沟通来构建更紧密的团队沟通与亲密沟通。

每年，奥盛集团都会邀请新员工的父母来参观企业，让他们亲眼见证奥盛集团的发展实力和企业文化。员工的父母们回去后会与自己的子女分享这次参观的经历，表达对奥盛集团的认同和赞赏。这种口碑传播不仅增加了员工对奥盛集团的认同感，还进一步激发了员工为企业付出的动力，进而更好地服务客户。

此外，奥盛集团还定期举办员工子女夏令营活动，且汤亮亲自担任营长，主持夏令营活动。在夏令营期间，员工子女会参观奥盛集团的工厂，与员工互动交流，甚至亲身体验一些工作环节。这样的亲身体验让员工的家人对奥盛集团产生了深刻的认同和信任，他们会向员工传递这种认同和信任的情感。员工在与客户进行沟通时，会感受到家人对奥盛集团的支持和赞许，进而全力以赴地做好客户沟通和服务。

综上所述，汤亮以辩证沟通思维为指引，通过自我沟通、团队沟通和亲密沟通的全方位实施，支持了奥盛集团的客户沟通。

（资料来源：笔者依据相关资料整理）

> 📖 **带着问题学习**
> 1. 请结合上述案例思考客户沟通的内涵。
> 2. 请结合辩证沟通思维思考奥盛集团的客户沟通。
> 3. 奥盛集团的案例给您的客户沟通带来哪些启发？

二、客户沟通概述

（一）客户沟通的内涵

客户沟通是指企业与客户之间的信息交流，包括在整个客户生命周期中发生的所有交互，如查询、反馈、投诉、支持请求和一般沟通。客户沟通可分为狭义和广义两类：狭义的客户沟通是指与提供产品和服务的对象展开的沟通全过程；而广义的客户沟通则不局限于客户关系，任何向他人表达需求或提出建议的情况都是客户沟通。有效的客户沟通可以帮助企业建立信任、提高忠诚度和树立良好声誉。

（二）客户沟通的内容

客户沟通主要包括需求沟通、情感沟通、意见沟通和政策沟通。

需求沟通。它是指企业在工作、项目或业务过程中，与相关方（如客户、合作伙伴、团队成员等）进行有效的沟通，以明确并理解彼此的需求、期望和目标。它是确保各方在项目或工作中达成一致、做到相互理解，并能够满足彼此需求的关键过程。

情感沟通。它是指企业通过情感和情绪的表达来建立与客户之间的连接和形成共鸣，关注情感层面的交流，包括对客户的理解、关怀、共情和情感表达。

意见沟通。它是指企业和客户在交流中表达与交换意见、观点和想法。在客户沟通过程中，意见沟通有助于促进理解、解决问题、达成共识，并推动工作或合作关系向更好的方向发展。

政策沟通。它是指企业主动将合作相关政策、制度向客户传达、宣传并确认客户知晓且无异议，主动了解客户在合作方面的政策、制度要求。

（三）客户沟通的原则

1. 信任、尊重原则

在客户沟通过程中，信任、尊重原则是建立和维护与客户之间良好关系的基本准则。

信任原则意味着企业要建立客户对自己的信任和依赖。这可以通过始终保持诚实、透明和可靠的行为来实现。在与客户进行沟通时，做出承诺并遵守承诺、提供准确和可靠的信息、兑现承诺等都是建立信任的关键。企业通过积极履行承诺，树立可靠的声誉，能够赢得客户的信任，并在长期合作中建立稳定的关系。

尊重原则意味着尊重客户的权利、意见和需求。这包括倾听客户的观点，对其意见给予重视，并在决策和行动中尊重其意愿。尊重客户意味着与客户进行平等对话，避免态度傲慢、消极或对客户的需求不予重视。企业通过展示尊重客户的行为，能够营造良好的沟通氛围，促进客户的参与和合作。

因此,在客户沟通过程中,企业应该始终遵循信任、尊重原则,以建立良好的合作伙伴关系,满足客户的期望,促进共同的成功。

2. 准确、完整原则

在客户沟通过程中,准确、完整原则是指确保传递的信息准确无误、全面、完整的准则。这意味着在与客户进行沟通时,企业需要确保所传递的信息准确地表达了自己的意图,并且包含了所有必要的细节和内容。

准确原则要求企业在沟通中使用清晰、明确的语言,以确保所传递的信息不会产生误解或混淆,应该避免使用模糊的词汇或含糊不清的表达,尽可能准确地描述自己的想法、要求或承诺。同时,需要注意语气和语调的准确性,避免产生歧义或误导。

完整原则强调企业在沟通中提供全面、完整的信息,确保客户了解所有相关的细节和事实。这包括提供必要的背景信息、解释和说明,以便客户能够全面理解所讨论的问题或所提供的解决方案。完整原则还要求企业避免有意或无意地隐藏或省略重要信息,以免给客户留下不完整的印象。

遵循准确、完整原则有助于企业建立信任和提高透明度,确保客户对自己所提供的信息和承诺有正确的理解。这样能够避免误解、纠纷和不必要的疑虑,从而建立稳固的客户关系并达成共同的目标。

3. 及时、主动原则

在客户沟通过程中,及时、主动原则是指及时响应客户需求并主动提供相关信息和支持的准则。

及时原则意味着及时回应客户的问题、需求和反馈。客户往往期望得到迅速的回复和解决方案。因此,及时回应客户的咨询、请求或投诉是非常重要的。无论是通过电话、电子邮件、社交媒体还是其他渠道,企业及时地回应客户可以传递出其对客户的关注和重视,并建立起高效沟通的信任基础。

主动原则意味着主动地提供相关信息和支持,而不是被动地等待客户的要求。主动性体现在企业为客户提供有用的信息、解答潜在的问题、预测客户的需求,并主动寻找机会提供帮助和支持,积极主动地表示对客户的关心,创造良好的客户体验等方面。

因此,在客户沟通过程中,企业应该始终遵循及时、主动原则,以确保及时响应客户需求并主动提供相关信息和支持。这将有助于建立良好的合作关系,提高客户满意度,并促进长期的合作和共同发展。

(四)客户沟通的作用

1. 建立客户关系

有效的客户沟通有助于企业与客户建立积极、长期、双向的关系,从而有助于提高客户的忠诚度和满意度。

2. 了解客户需求

客户沟通是企业了解客户需求的重要渠道,可以通过与客户交流来了解其需求和意见,从而为客户提供更好的产品和服务。

3. 解决问题和投诉

通过客户沟通，企业可以及时了解客户的问题和投诉，从而及时采取措施，解决问题，防止问题进一步扩大。

4. 提供支持和服务

通过客户沟通，企业可以向客户提供及时、准确的支持和服务，帮助客户解决问题，提高客户的满意度。

5. 建立品牌形象

通过客户沟通，企业可以建立积极的品牌形象，提高公众对企业的信任度和好感度，从而提升竞争力。

三、现实问题

（一）员工态度不给力

"态度"指的不仅仅是个人的观念，还包括他人的感知。在客户服务中，员工对客户的积极态度不仅仅体现在内心的愿望，还需要通过具体的言行和优质的服务让客户实际感受到。因此，在服务客户的过程中，企业追求的反馈是客户真实感知到的员工的良好态度。

尽管绝大多数企业都高度重视员工服务客户时的态度问题，特别是在服务行业，更是秉持着"顾客是上帝"的服务理念，然而，仍然存在着顾客反馈员工态度不佳的情况，这对企业的声誉产生了负面影响。在实际工作中，员工态度不给力会带来一系列的负面影响，具体包括如下几点。

客户投诉增多。客户会对服务态度不好的企业进行投诉，这会给企业管理带来额外的成本负担。

销售额下降。由于口碑受损和客户流失，企业产品的销售额可能下降，从而影响经济效益。

口碑受损。客户对于企业的口碑是很重要的，如果客户对企业的服务态度不满意，就可能会传播负面消息，导致企业与相关人员的声誉受损。

顾客流失。员工服务态度不佳会让客户感受到不被重视或不受尊重，从而降低客户的信任度和忠诚度，导致客户流失。

（二）客户差异不尊重

客户的需求、偏好、习惯和文化背景等因素都具有独特性，这意味着其对同一产品或服务的需求也会有所不同。此外，客户的经济状况、地理位置、购买力、语言能力和教育水平等也有差异。

然而，许多员工在与客户互动时并未充分认识到或尊重这些客户差异，因此未能提供有针对性的服务或产品，这使得他们在市场竞争中处于劣势。不尊重客户差异可能导致以下几种不良影响。

无法满足客户的个性化需求。每个客户都有其独特的需求和偏好，如果企业提供的服务或产品不具有针对性，就可能无法满足客户的个性化需求，从而影响客户满意度。

难以深化客户关系。如果企业对客户的独特性视而不见，就无法深入理解客户，进而影响与客户的关系深化。客户可能会感觉企业并未真正理解自己,这会降低他们对企业的信任度和忠诚度。

销售业绩和收入可能受损。如果企业无法提供满足各类客户需求的定制化服务或产品,可能会失去部分客户,进而影响销售业绩和企业收入。

(三)沟通方式不灵活

为了确保企业的产品、服务、流程和管理满足一定的质量标准、安全标准和效率标准,以及满足客户和利益相关者的需求与期望,企业需要进行标准化建设。标准化可以提高产品或服务的质量,降低成本,从而提升竞争力。然而,如果企业仅仅依赖标准化来生产和销售产品或服务,那么在市场中就难以脱颖而出。这是因为其他竞争对手也在遵循同样的标准化要求,产品和服务的同质化现象较为普遍,消费者难以区分。

因此,企业需要在标准化的基础上,结合不同客户的需求,提供差异化的服务。在这里,企业需要特别注意线上沟通和线下沟通的差异。线上沟通通常包括电子邮件、短信、社交媒体、在线聊天等,而线下沟通则包括面对面会议、互动等。客户可能对某一种沟通方式有偏好,因此,企业必须学会在不同的沟通方式之间灵活转换,以满足客户的需求。

例如,一些客户可能偏好线上沟通,因为这样他们可以随时随地与企业及其员工进行联系。然而,对于那些希望全面了解企业及其产品的客户来说,线下沟通可能更能满足他们的需求,因为这样可以直观地了解企业及其产品。

值得注意的是,不同年龄段的客户对于沟通方式的选择也会有所不同。因此,如果企业不能根据不同的客户喜好、情境和服务内容选择适宜的沟通方式,那么可能会影响沟通效率,甚至可能会失去客户。

四、客户生命周期理论

客户生命周期理论(Customer Life Cycle Theory)是指企业在与客户进行业务往来时,客户在不同的阶段所呈现的特定状态和行为,这些阶段包括接触阶段、培养阶段、成熟阶段和流失阶段。针对不同阶段的客户,企业需要采用不同的关注和沟通方式,以保证客户满意度和忠诚度的提升。各阶段特征及应对策略如下。

1. 接触阶段

在接触阶段,客户可能只是听过企业的名字,或者通过广告宣传了解到企业的产品或服务,此时企业需要通过积极的市场营销手段吸引客户的注意力,并建立初步信任和留下良好印象。

在这个阶段,企业应该加强与客户的交流,提供充足的信息和充分的支持,引导客户了解产品或服务的特点和优势,增强客户对企业及其成员的信任感,同时也要尽量避免向客户施加压力,而要让客户自主做出决策。

2. 培养阶段

在培养阶段,客户开始对企业及其成员进行深入的了解,既了解了产品或服务的优势和特点,对企业及其成员的信任度也在逐步提升。此时,企业需要提供详尽的信息,积极回答客户提出的问题，帮助客户更好地了解企业的产品或服务。

在这个阶段，企业应该持续提供有价值的信息和支持，强化品牌形象，让客户对企业的产品或服务产生信任感和好感，同时也要了解客户的需求和偏好，主动、积极地向客户寻求反馈，根据客户的需求与反馈提供个性化的解决方案，以便更好地吸引客户并推动客户做出购买决策。

3．成熟阶段

在成熟阶段，客户已经决定购买企业的产品或服务，但仍需进一步的实际体验。此时，企业需要提供优质的售前和售后服务，满足客户的需求，确保客户在使用产品过程中的满意度和信任度双提升。

在这个阶段，企业应该巩固客户关系，保持与客户的沟通，提供优质的售后服务，让客户对企业的产品或服务感到满意，进一步提高客户的忠诚度，并促使客户向其他人宣传企业的产品或服务，以扩大企业的影响力。

4．流失阶段

在流失阶段，客户可能已经减少与企业的业务往来，或者转而向竞争对手寻求服务。此时，企业需要认真对待客户的反馈和投诉，积极寻找问题的根源，并提出解决方案，以挽回客户的信任和业务的维系。

在这个阶段，企业应该及时采取措施，了解客户的不满和疑虑，积极主动地与客户沟通，寻找解决问题的办法，改善产品或服务的质量，使客户重新建立对企业的信任感，并争取挽留客户。

五、实务操作

本书依据导论中提出的辩证沟通思维，结合客户生命周期理论，对客户沟通提出如下建议。

（一）拥有积极的态度

积极的态度是成功路上的助推器。那么，什么是积极的态度呢？积极的态度可以总结为"态度五上"：写在脸上，表情暖；挂在嘴上，常问候；拿在手上，随手帮；踏在脚上，行动快；记在心上，暖人心。

具体而言，积极的态度可以概括为以下八点：微笑多一点，说话和气点；工作认真点，嘴巴甜一点；思考细致点，困难克服点；帮人多一点，动作快一点；宽容厚一点，质量高一点；失误少一点，猜疑少一点；准备充分点，姿态低一点；选择多一点，表情暖一点。

消极的态度可以概括为以下八点：太以自我为中心；蛮横无理不尊重；功高盖主不低头；独断专行不商量；盛气凌人不客气；凡事归因不认错；指桑骂槐不放过；把颐指气使当家常便饭。

在客户沟通中，用积极的态度对待客户是至关重要的，特别是在客户生命周期的4个阶段，即接触阶段、培养阶段、成熟阶段和流失阶段。下面是企业在客户生命周期阶段做到拥有积极的态度需要注意的几个关键。

1．接触阶段

在接触阶段，企业应关注的是与潜在客户建立初步联系和吸引其注意力。拥有积极的态度意味着保持乐观和开放的态度,积极地传达企业的价值和优势。在与潜在客户的初次接触中,企业应表现出友善、专业和真诚的态度,以建立良好的第一印象。

2. 培养阶段

在培养阶段,与客户建立良好的关系是关键。拥有积极的态度意味着关注客户的需求和关注点,并提供有价值的信息和支持。通过定期沟通和交流,建立信任和互动,确保客户感受到关心和被重视。

3. 成熟阶段

在成熟阶段,客户已经与企业建立稳固关系,并持续购买和使用企业的产品或服务。拥有积极的态度意味着企业应继续提供优质的客户服务和关怀。保持开放的沟通渠道,积极收集反馈和建议,以不断改进产品或服务,确保客户的满意度和忠诚度双提升。

4. 流失阶段

在流失阶段,客户可能表达不满或考虑终止合作。拥有积极的态度意味着企业应以积极的方式处理客户的反馈和抱怨,并努力挽回客户。重视客户的意见,提供解决问题的方案,并展示对客户的重视和对客户重返的诚意。

拥有积极的态度意味着企业应在客户生命周期的每个阶段都保持乐观、专注和真诚的态度。通过关注客户需求,建立信任,提供优质的体验,并积极处理问题和反馈,企业可以有效地进行客户沟通,增强客户关系,提升客户满意度和忠诚度。

(二)尊重差异,展示特色

"尊重差异,展示特色"体现的辩证沟通思维,也是客户沟通过程中应关注的重点。个体差异通常是建立良好人际关系的"拦路虎",常见的差异有原生家庭不同、性别不同、年龄不同等。正确认识这些差异,并采取相应的解决方式,是企业与客户顺畅沟通的关键。

1. 原生家庭差异与特色

人一生有两个家庭:一个是自己出生、成长的家庭,也就是原生家庭;另一个是进入婚姻生活后所建立的家庭,也就是自己"当家"的新生家庭。原生家庭中父母的婚姻状况、贫富程度、工作性质、处事方式等,都会对子女产生一定的影响(见案例13-2)。原生家庭塑造个体的个性,影响其人格成长、人际关系沟通、管理情绪的能力,甚至是个人生活习惯的养成。人们所看到的一个人在沟通行为上的困难与障碍,在很大程度上是其家庭问题的表现。

案例 13-2 哪里出了问题

小强有一个10岁的侄子名叫杨杨,总是说自己身体不适,常觉得腰酸、背疼、虚弱、没精神,时时疑虑自己患有什么严重的病。杨杨妈妈很担心,到处带他去看病,但总不见好。其实,杨杨爸爸在和杨杨妈妈重组家庭前,还有个儿子,比杨杨年纪大,身体结实,个性也强,念完中学就上军校去了。杨杨妈妈和杨杨爸爸重组家庭后,只生了杨杨一个孩子,再加上杨杨自小多病,杨杨妈妈更是对他爱护有加。

杨杨爸爸性格强势,看不惯杨杨总是没勇气,躲躲藏藏的,而且一碰到小困难就哭哭啼啼找妈妈,要妈妈替他解决困难。因此,爸爸对杨杨特别凶,常常教训他,想锻炼他。杨杨受不了爸爸的严厉对待,总是找妈妈。因此妈妈经常和爸爸吵架,责备他不体谅杨杨身体虚弱。爸爸看妈妈袒护儿子,说她不该溺爱孩子,为此对杨杨更凶。而爸爸越

> 凶，杨杨就越向妈妈诉说自己身体不适，好让妈妈有借口责备爸爸。杨杨的疑病心理趋向可以归因于父母及一家人的关系问题。
>
> 要医治杨杨的身体不适或疑病问题，就得改善父母的关系，调整父母与子女的关系。换言之，在家庭关系问题上下功夫，才是对症下药。
>
> （资料来源：笔者依据相关资料整理）

虽然物质是构成家庭的重要且必要的一部分，但仅靠物质是无法构建一个真正充满爱的家庭的。家庭的核心在于情感的交流和连接。然而，很多人面临一个现实且严峻的问题，那就是缺乏情感交流的能力。

每个人的童年或多或少都存在一些不完美的地方，但这并不意味着来自不完整家庭的孩子就无法获得幸福。他们同样有权利和可能性去追求并获得幸福。

企业的员工在与客户沟通时，一方面要注意原生家庭对自己的沟通模式、沟通习惯的影响；另一方面也要留意客户可能因原生家庭或成长背景而形成的偏好和特征。

2. 性别差异与特色

性别差异对沟通的影响是复杂的，既有可能产生冲突，也有可能带来吸引力。在沟通目标、习惯和结果等方面，男性和女性之间存在显著的差异。例如，男性在沟通时往往以解决问题为目标，他们的沟通方式更具有目的性；而女性则更倾向于通过沟通来表达情感，以建立良好的关系为目标。在沟通习惯上，男性倾向于直接陈述结果，他们会迅速抓住重点并立即解决问题；而女性则更注重过程，她们会详细地从头到尾讲述事情，并总结出结果和原因。在沟通结果上，男性更关注宏观层面，只要目标达成，他们往往就不会过于纠结细节；而女性则更关注微观层面，她们追求细节的完善。

因此，在与异性客户进行沟通时，企业需要理解并适应性别差异。否则，企业可能会在沟通失败后，无奈地感叹"女人来自金星，男人来自火星"。由于生理结构的差异，男性和女性在沟通方式上存在显著的差异，这种差异不仅可能导致沟通困难，还可能引发矛盾和误解。然而，如果企业能够正视男女之间的性别差异，就可以在面对不同性别的客户时，展现出不同的沟通特色，从而实现顺畅的沟通。

3. 年龄差异与特色

在实践中，企业在进行客户沟通时需要考虑到年龄的差异，以确保信息能够有效传达并建立良好的关系。以下是企业在与处于不同年龄段的客户沟通时需要注意的几个方面。

年轻客户。这一群体通常更加倾向于数字化、社交化和多样化的生活方式。他们能熟练地使用各种数字工具和社交媒体平台，喜欢通过即时通信、社交分享和在线评论与他人互动。因此，在与年轻客户沟通时，企业应利用数字渠道和社交媒体，提供便捷的沟通方式，并保持客户的活跃度。同时，注重创新和个性化，提供有趣、有价值的内容，以吸引他们的关注和参与。

中年客户。这一群体通常承担着家庭和职业的责任，他们更注重稳定性、可靠性和经验。因此，在与中年客户沟通时，企业需要展现专业性和信赖度，提供稳定、可靠的产品或服务，并强调长期合作和共同成长的价值。此外，企业应倾听和充分理解他们的需求和挑战，提供个性化的解决方案，并与他们建立信任的关系。

老年客户。这一群体通常更加注重服务和人情味，他们可能对数字技术和社交媒体的使用较为陌生。因此，在与老年客户沟通时，企业需要用亲切、耐心和温和的语气，提供个性化的服务和支持。面对面的交流对他们来说更有意义，因此企业需要注重身体语言和非语言沟通的互动。此外，企业应以尊重和关怀为基础，理解并满足这个年龄段客户的特殊需求和期望。

（三）借助新技术丰富沟通方式

在科技时代，新的沟通工具、系统及人工智能技术不仅能够帮助企业实现与客户之间高效、广泛的沟通，还能够使企业根据沟通内容进行及时的反馈和客户需求分析。企业可以借助以下新技术丰富沟通方式。

在线客服系统。企业可以通过在线客服系统提供实时的客户支持。这个系统可以与企业网站、社交媒体和移动应用程序集成，使客户能够在任何时间、任何地点与企业取得联系。这种方式可以增强企业与客户之间的互动性，为客户提供更为便捷的服务。

社交媒体。企业可以通过社交媒体与客户进行便捷的交流和互动。客户可以在社交媒体上提出问题、反馈，企业可以及时回应并解决问题，从而提升客户满意度。

视频会议技术。利用视频会议技术，企业可以进行远程会议和在线演示，实现与客户的实时互动。这种方式可以节省企业与客户面对面进行会议的时间和成本，同时提高与客户的交流效率。

人工智能技术。企业可以利用人工智能技术优化客户沟通方式。例如，使用自然语言处理技术构建聊天机器人，让客户在任何时间、任何地点都可以获取企业服务。此外，利用机器学习技术分析客户数据，可以为客户提供更个性化的服务，从而提升客户满意度。

移动应用程序。通过移动应用程序，客户可以随时随地与企业进行交流和互动。企业也可以在移动应用程序上提供产品信息、服务支持、订单追踪等功能，以增强客户服务的便利性和提高客户的满意度。

然而，企业也需要注意，新技术可能会带来一些问题，如网络安全问题、信息保密问题，甚至可能因为技术问题导致客户沟通内容的质量受损。在利用新技术进行客户沟通的过程中，企业需要注意并预防这些可能的不良影响。

六、思考题

1. 什么是客户沟通？
2. 客户沟通需要做好哪几步？
3. 客户沟通应遵循哪些原则？

第十四章 供应商沟通

本章目标

1. 引导读者学习供应商、供应商沟通的内涵及供应商沟通的类型。
2. 带领读者深入了解供应商沟通,学会与不同类型的供应商展开沟通。
3. 引导读者了解谈判策略与技巧,实现与供应商的高效沟通。

本章要点

1. 思考供应商沟通中可能存在的议价能力不强、信息不对称及信息保密性不够的现实问题,并结合现实问题思考应对策略。
2. 学习谈判理论,了解谈判理论的主要内容,探讨如何在实际情境中,特别是在与供应商的沟通中,有效地运用谈判理论。
3. 思考供应商沟通过程中提高议价能力、加强信息交流、注意信息保密等应对举措,并延深探讨更多供应商沟通策略。

> "记住人家的名字,而且很轻易地叫出来,等于给别人一个巧妙而有效的赞美。"——戴尔·卡耐基(Dale Carnegie,1888.11.24—1955.11.01)

一、引导案例

案例 14-1 小米"硬辟"手机供应链

在小米进军手机硬件业务之前,其核心业务主要集中在软件领域,对复杂的供应链管理缺乏经验。然而,为了实现"硬件+软件+新零售"的全面布局,小米决定踏上一条艰辛的硬件之路。

为什么说这条路艰辛呢?尽管手机看起来很小巧,但它需要大量零部件的协同配合,并且核心零部件供应链资源主要掌握在业界头部企业手中。

面对严峻的挑战,小米制定了一系列严格的策略:只采用非苹果供应商的零部件,只选择与非三星旗舰供应商合作,并且坚持采用高通平台设计和旗舰芯片。只有这样的配置,才能确保小米手机从一诞生就成为卓越之作。

对于当时的小米而言,从零开始涉足手机领域,面临着以下几个艰巨的问题。

缺乏可借鉴的同行经验。当时几乎没有纯粹依靠互联网销售手机的品牌可供参考。

尽管当时魅族手机通过互联网营销推广产品，但其销量大部分仍依赖线下渠道。因此，小米当时处于摸着石头过河的阶段。

供应链流程不成熟。尽管小米创始人雷军通过自身丰富的人脉资源挖掘了大量传统硬件行业的人才，但针对互联网手机的供应链流程缺乏可参考的体系。在运作过程中，初创公司小米屡屡受阻，付出了不少学习成本。

品牌信誉相对薄弱。当时，许多供应商由于吸取了山寨机厂商库存积压导致的三角债教训，要求手机公司提供过去三年的销售数据。对于刚刚成立的小米来说，根本无法提供过去三年的销售数据，因此在供应商眼中，小米甚至不如山寨机厂商可靠。

供应价格没有任何优势。由于处在从零到一的阶段，小米对产品未来销量把握不足，缺乏有效的销售渠道，这给采购端带来了不利影响。一方面，供应价格偏高，另一方面，供应商配合度低。在竞争如此激烈的手机市场中，成本高于竞争对手意味着少了一项战胜竞争对手的筹码。

应对困境，小米采取了以下策略。

核心高管亲自挂帅沟通。小米创始人雷军和刘德全程亲自参与供应商沟通。他们不仅会亲自讲解公司的理念和战略，还会与供应商进行面对面的交流，分享对市场和行业的观察。通过亲自演示PPT、进行演讲和交流，他们让供应商深入了解到了小米的愿景和合作的重要性，同时减少了沟通层级，提高了沟通的效率和准确性。

优先拿下核心部件的供应商。小米在供应链的关键核心部件上，选择不惜一切代价与供应商签约合作，特别是与像高通这样的核心供应商建立紧密的合作关系。这不仅确保了供应链的稳定性和产品质量，而且通过借助合作供应商的声誉和影响力，将其作为对其他合作商的信任背书，进一步打消了其他合作商的疑虑和顾虑。

专项对接局部零配件。对于需要定制化的零部件，小米派遣专门的技术团队与供应商进行密切对接。这些技术团队与供应商共同解决技术难题、优化产品设计，并确保零部件的质量和性能符合小米的标准。通过专项对接，小米与供应商建立了更紧密的合作关系，促进了双方的共同成长。

展示实力与信心。小米向有困惑的供应商展示自己的实力和信心，如向供应商展示自身的融资记录、市场份额的增长情况及与主流电商渠道的战略合作协议。通过这些展示，小米增强了供应商对其的信心，让供应商相信与小米合作将获得更大的机遇和回报。

坚持与持续努力。面对初期的困难和拒绝，小米坚持不懈、寻求与供应商的合作机会。小米不因一次的拒绝而气馁，相信与有意向的供应商合作只是时间和沟通的问题。通过不断努力和耐心沟通，小米逐渐赢得了供应商的信任和合作机会。

小米直面供应链挑战，"硬辟"出高质量的供应商合作伙伴，为成功奠定了基础。

（资料来源：笔者依据相关资料整理）

带着问题学习

1. 请结合案例分析小米是如何打动供应商的。
2. 小米是如何应对自身议价能力劣势的？
3. 企业应如何与供应商建立长期的合作关系？

二、供应商沟通概述

（一）供应商

供应商是指为企业提供物品或服务的个人、公司。其可以提供原材料、零部件、设备、人力资源、技术支持等服务。供应商与企业之间的关系通常是以合同为基础的商业关系，合同规定了供应商提供的产品或服务的详细要求、价格、交货期等条款，以及企业的付款方式和责任范围等内容。

（二）供应商沟通的内涵

供应商沟通是指企业与供应商之间进行交流、合作和协商的过程。这个过程可以包括各种类型的沟通方式，如电话、电子邮件、面对面会议等，目的是达成共识、解决问题、协商合作方案及确保供应链高效运转。在供应商沟通中，企业需要与供应商建立良好的合作关系，并且在合作中保持沟通的透明、及时和有效，以便更好地满足客户需求和提高企业的绩效。

（三）供应商沟通的类型

订购沟通。它是指企业在向供应商订购物品或服务时的沟通过程，包括确认订单细节、产品规格、价格、交货时间、支付方式等。

质量沟通。它是指企业与供应商就产品质量标准、检验标准、质量问题的解决等方面进行的沟通。

交付沟通。它是指企业与供应商就产品的交付时间、方式、数量等方面进行的沟通。

技术沟通。它是指企业与供应商就产品的技术细节、技术支持、研发合作等方面进行的沟通。

合作沟通。它是指企业与供应商就战略合作、共同发展、利益分配等方面进行的沟通。

反馈沟通。它是指企业与供应商就对方表现、服务质量、产品质量等方面进行的沟通。

（四）供应商沟通管理

供应商沟通管理是指企业与供应商之间的交流和合作，以确保供应链顺畅运作，实现企业战略目标。它包括企业与供应商在合同谈判、需求沟通、质量控制、交货期管理、价格协商等方面的沟通管理。建立有效的供应商沟通管理需要从以下几个方面着手。

建立有效的沟通机制。企业应建立沟通协议、明确责任和沟通频率，确保与供应商在合适的时间，采用合适的方式进行沟通。

识别和解决问题。企业应及时检测和解决供应商方面的问题，确保供应商能够按时提供符合要求的产品或服务。

意识到供应商的价值。企业应与供应商建立长期的战略伙伴关系，承认供应商的重要性，并考虑与供应商共同发展。

建立透明的关系。企业应与供应商建立良好的关系，保持透明度，分享信息，以确保共同目标的实现。

合理协商。企业应与供应商合理协商价格和条件，并与供应商协调交付和服务质量等问题，以确保合作关系的平衡和稳定。

三、现实问题

（一）议价能力不强

实践中，由于需求方或供应方垄断、市场缺乏替代品、规模效应、依赖性与时间限制，企业与供应商双方都存在议价能力不强的问题等。这对于企业与供应商来说都将产生不良影响，具体如下。

采购成本过高。企业在与供应商谈判时，由于议价能力不强，很难争取到合理的价格和条款，从而导致采购成本过高，影响企业的盈利能力。

产品质量不稳定。供应商可能会在产品制造过程中使用低质量的材料或采用不规范的生产工艺，导致产品质量不稳定。企业在与供应商沟通时，由于议价能力不强，难以对供应商的生产流程和质量控制进行有效的监管，从而影响产品质量的稳定性。

供应链风险增加。议价能力不强可能会导致企业对单一供应商过度依赖，从而增加供应链风险。如果该供应商出现任何问题，如质量问题、生产延误等，企业也可能会面临无法及时获得所需零部件的风险。

利润减少。供应商在面对议价能力不强的企业时，可能无法获得应有的利润，导致供应商的盈利能力下降。

依赖风险。企业议价能力不强可能会让供应商过分依赖其订单，而当企业出现问题时，供应商可能会面临订单骤减的风险，影响其生存和发展。

（二）信息不对称

由于供应商和企业之间的力量不平衡，在供应商沟通中可能会出现信息不对称的情况。例如，对于产品零部件，供应商有时能获取到更多的信息，而企业则可能无法获取到所有必要的信息。此时，企业应该多与供应商进行沟通，进而获取更多有关产品零部件的信息，避免因为零部件影响整个产品周期。

案例 14-2　产品质量差异与信息不对称

M 公司与供应商 A 签署了一份合作协议，明确规定了产品的价格、交付时间及质量标准。然而，在实际的合作过程中，M 公司发现供应商 A 提供的产品质量与合同中约定的标准存在显著差异，尤其是在产品的性能、耐久性和可靠性方面，都未能满足 M 公司的要求。

为了解决这个问题，M 公司主动联系了供应商 A，表示了对产品质量不符合约定的担忧，并要求供应商 A 立即采取行动解决这个问题。然而，供应商 A 却对这个问题的严重性进行了淡化，坚称其提供的产品质量是符合标准的，不存在任何问题。这种情况导致了信息不对称，M 公司在不知情的情况下继续使用了这些质量不达标的产品，结果造成了一系列的损失。

最终，M 公司不得不向法院提起诉讼，这个过程中由于信息不对称和沟通不畅，双方都承受了不必要的损失。

（资料来源：笔者依据相关资料整理）

案例14-2体现的便是由信息不对称引发的问题，供应商A在向M公司供货时，面对产品质量的质疑并没有做好充分调查，而是淡化问题，造成后期双方的损失。具体来说，企业与供应商之间信息不对称可能带来如下具体问题。

质量问题。如果供应商没有提供准确的信息，企业可能会收到不符合其要求的产品或材料，从而影响产品或服务的质量。

成本问题。如果供应商没有提供准确的信息，企业可能会面临额外的成本，如修复或替换不合格的产品或材料。

生产延误问题。如果供应商没有提供准确的信息，企业可能需要等待更长的时间才能收到所需的产品或材料，从而导致生产延误。

法律问题。如果供应商提供虚假的信息，企业可能会面临法律风险，如违反法律法规或合同规定。

品牌形象问题。如果由于供应商的不当行为，产品或服务出现问题，企业的品牌形象可能会受到影响，从而影响企业声誉和市场地位。

（三）信息保密性不够

供应商沟通中的信息保密性是指企业与供应商在商业活动中所交流的信息，受到保密条款的约束，未经授权不应向合作方或其他第三方泄露。这些信息可能包括商业机密、技术机密、设计机密、销售数据、合同条款等。维护供应商沟通中的信息保密性对于企业来说至关重要，因为信息泄露可能会导致企业的商业优势丧失、知识产权被侵犯、声誉受损，同时可能引发一系列合规性问题等。同时，信息保密性是保护企业的合法权益和利益，确保企业在竞争中取得成功的重要因素。如果在与供应商的合作中出现信息泄露问题，可能会带来如下危害。

知识产权风险。信息泄露可能导致商业机密、专利、商标等知识产权受到侵犯，从而对企业的经济利益造成损害。

市场竞争风险。信息泄露可能导致企业的竞争对手获取其商业机密、研发成果等关键信息，从而影响企业在市场上的竞争地位。

品牌形象风险。一旦信息泄露被公众知晓，就会影响企业声誉和品牌形象，进而影响企业业务拓展和客户信任度。

合规风险。一些行业或政府机构可能会要求企业遵守特定的信息保护和数据隐私法规，一旦发生信息泄露问题，企业可能会面临合规风险或承担法律责任。

四、谈判理论

（一）理论来源

谈判理论（Negotiation Theory）是由多个学者在不同领域的研究成果逐步形成的。该理论涵盖了各方在谈判过程中的行为模式及结果预测，对在商业、政治等领域解决矛盾、达成共识以至于实现合作共赢的目标发挥着重要作用。

哈佛大学教授罗杰·费舍尔（Roger Fisher）和威廉·乌里（William Ury）提出了原则性谈判的概念，强调在谈判过程中注重双方的利益而非立场。行为经济学创始人丹尼尔·卡恩曼（Daniel Kahneman）和阿莫斯·特沃斯基（Amos Tversky）的研究则从心理学角度揭示了人在决策过程中的行为模式。此外，"哈佛谈判项目"的创始人之一布鲁斯·巴顿（Bruce Patton）等人的贡献也对谈判理论的发展产生了重要影响。

（二）主要内容

谈判双方的利益。在谈判过程中，双方通常会追求自身利益最大化，因此需要充分了解双方的利益诉求，以便在达成协议时找到符合双方利益的"最大公约数"。

谈判策略。谈判策略是指在谈判过程中为实现自己的目标所采取的行动方案。常见的谈判策略包括合作策略、竞争策略、回避策略、妥协策略与社交策略等。

谈判技巧。谈判技巧是指在谈判过程中为达成协议所使用的技巧和方法。

谈判流程。谈判流程是指在谈判过程中各个环节的顺序和具体内容。常见的谈判流程包括准备阶段、开场白、谈判主题、让步、协议达成和执行等环节。

谈判文化。谈判文化是指不同国家和地区在谈判过程中所持有的不同文化价值观和习惯。在跨文化谈判中，了解对方的文化背景和特点，有助于避免文化冲突，增进和谐。

（三）谈判策略

常见的谈判策略包括合作策略、竞争策略、回避策略、妥协策略与社交策略，具体如下。

合作策略，即强调双方合作，寻求双赢的解决方案。这种策略通常适用于双方关系良好，希望维持合作的情况。

竞争策略，即强调自身利益，试图在谈判中占据优势地位，迫使对方做出让步。这种策略适用于双方利益冲突较大的情况。

回避策略，即试图避免或延迟谈判，通常是因为企业认为自身处于弱势地位。这种策略适用于对方实力强大或自身无法获得利益的情况。

妥协策略，即双方各做出一些让步，以达成妥协。这种策略适用于双方利益相对均衡的情况。

社交策略，即强调双方关系的友好与互信，通过建立良好的关系达成协议。这种策略通常适用于长期合作伙伴关系的情况。

（四）谈判技巧

常见的谈判技巧包括听取对方观点、提出问题、找到双赢的解决方案、准备备选方案、控制情绪、注意时间，具体如下。

听取对方观点。在谈判中，要尽可能了解对方的观点、利益和关注点，以更好地理解对方的需求和想法。同时，听取对方观点也有助于建立良好的人际关系和营造良好的沟通氛围。

提出问题。通过提出问题，可以让对方更深入地表达自己的观点，同时也可以更好地理解对方的需求和利益。此外，提出问题也可以更好地掌握谈判进程。

找到双赢的解决方案。在谈判中，不仅要考虑自己的利益，还要考虑对方的利益。通过找到双赢的解决方案，可以建立更好的合作关系，并为双方带来更好的结果。

准备备选方案。在谈判中，应该准备备选方案，以备不时之需。准备备选方案可以更好地应对突发情况，保护自己的利益。

控制情绪。在谈判中，控制情绪非常重要。过于激动、沮丧或愤怒会影响思考和决策能力，导致失误。因此，在谈判中应尽量保持冷静和理智，避免情绪化。

注意时间。在谈判中，时间是非常宝贵的资源。因此，要合理使用时间，掌握谈判进程，避免浪费时间。

在案例 14-1 中，小米充分利用辩证沟通思维与谈判理论，实现了双方的利益平衡，并与供应商建立了长期合作关系。首先，小米重视利益识别和共享，通过了解自身和供应商的利益、需求，寻找双方的共同利益，并致力于寻求双赢的解决方案。其次，小米进行了充分的信息收集和准备工作，了解供应商的产品、价格、市场竞争情况等重要信息，以在谈判中更有底气和把握。

此外，小米采用创造性的解决方案，如共同投资、资源共享、合作研发等，以促进合作关系的发展。在谈判过程中，小米强调自身的价值定位和独特竞争优势，并运用谈判技巧来推动谈判进程。最重要的是，小米注重与供应商建立长期合作关系，强调合作的长远利益和共同发展的机会。通过这些努力，小米能够与供应商建立互信和合作的基础，确保供应链的稳定和产品的质量，从而为客户沟通提供良好的支持。

五、实务操作

本书结合辩证沟通思维与谈判理论，对供应商沟通提出如下建议。

（一）提高议价能力

在供应商沟通中运用辩证沟通思维有助于建立合作关系、解决问题和推动共同发展。议价能力体现了辩证沟通思维的核心原则，对供应商沟通至关重要。如果企业议价能力不强，可能会被供应商利用，导致花费更高的成本或被迫接受不利条件。而拥有较强的议价能力可以使企业在保证质量和交货时间的同时，获得更优价格和条件。因此，企业应利用谈判理论中的技巧提高议价能力，这不仅体现了企业在供应链中的地位和影响力，还有助于建立稳定的供应关系。以下是提高议价能力的具体策略。

明确谈判目标和策略。在谈判之前，企业需要明确自己的谈判目标，并制定相应的策略。这有助于在谈判过程中占主导地位，从而更好地实现目标。

充分准备。在与供应商谈判之前，企业需要充分了解供应商的需求和利益，确定自己的底线。同时，企业还需要了解市场行情和竞争对手的价格，以便在谈判中占据主动。

聚焦共同利益。在谈判过程中，企业应聚焦于共同利益，即使在某些方面议价能力不强，也可以通过强调合作给供应商带来的利益，来创造更优的合作条件。

建立长期合作关系。企业与供应商建立长期合作关系，可以增强相互之间的信任和依赖感，从而提高议价能力，获取更优的合作条件。

提供附加价值。企业可以通过提供附加价值来提高议价能力，如提供更优惠的付款条件、优质的售后服务、长期的合作期限等，使供应商愿意为此付出更多。

考虑联合谈判。企业可以考虑与其他企业联合谈判，共同争取更优的合作条件。通过联合谈判，企业可以扩大谈判的规模，从而提高议价能力。

(二)加强信息交流

在供应商沟通中,加强信息交流非常重要,因为信息充分交流有利于企业与供应商之间建立健康、稳定的合作关系,提高供应链的效率和效益。为帮助企业和供应商建立健康、稳定和可靠的信息分享机制,具体建议如下。

确定信息交流边界。企业需要确定信息交流边界,确定哪些信息需要交流或公开,哪些信息需要保密。这样可以避免信息公开不当导致的风险和问题。

建立透明的供应链管理系统。建立透明的供应链管理系统可以让企业和供应商之间的信息流畅、透明,也可以让供应商了解企业的需求和要求,提高供应商的参与度和满意度,同时还可以让企业更好地管理和控制供应链。

建立合理的信息共享机制。企业需要建立合理的信息共享机制,让供应商和企业之间的信息共享更加顺畅和高效。这可以提高供应商的理解能力和认同度,加强双方的沟通和合作。

加强沟通和交流。企业需要加强与供应商的沟通和交流,及时反馈信息,解决问题,避免信息不对称和产生误解,以便于建立良好的合作关系,提高供应商的信任度和忠诚度。

(三)注意信息保密

在供应商沟通中注意信息保密是非常重要的,这有助于确保商业机密和竞争优势不会被泄露。以下是几种在供应商沟通中实现信息保密的策略。

签署保密协议。在与供应商进行沟通之前,企业可以与供应商签署保密协议,明确双方对于涉及商业机密的信息的保密责任和义务。这有助于防止供应商在沟通中泄露企业的商业机密。

分级保密。企业可以将供应商沟通中的信息进行分级保密,根据信息的重要性和敏感程度进行分类和分级,并限制不同级别的人员查看和访问的信息内容。

数字安全保障。为了防止信息泄露和被盗,企业可以采取数字安全保障措施,如加密等方式,确保只有授权人员才能查看和使用信息。

建立监管机制。建立监管机制,对企业员工和供应商的行为进行监控和审核,确保企业员工和供应商不会违反保密协议和保密规定。

培训与教育。对企业员工进行保密意识培训和教育,让员工了解企业的保密政策和规定,并提高其保密意识和能力。

案例 14-3 如何在谈判中取得双赢

HD 电子有限公司决定在海外寻找一家优质的电子元件供应商,以满足公司不断增长的生产需求。在多次考察后,HD 电子有限公司选定了一家位于日本的供应商,与其开始了合作。

然而,合作不久之后,HD 电子有限公司发现,日本供应商提供的产品价格较高,质量也无法满足公司的需求,交货时间也不能保证。于是,HD 电子有限公司开始与该供应商展开谈判,以争取更优惠的合作条件。

张经理(采购经理)被委任为谈判的主要代表,他深知谈判的重要性,并做好了充分的准备工作。在谈判前,他与李总(公司总经理)商讨,明确了公司的谈判目标和策略,并确定了自己的底线。

谈判一开始，王先生（供应商代表）对价格的要求非常高，但由于张经理准备充分并运用了谈判技巧，成功地说服了王先生接受了更合理的价格。另外，HD电子有限公司还承诺在订单量达到一定数量后，会提供更长的合作期限和更优惠的付款条件。

此外，在谈判过程中，HD电子有限公司加强了信息交流，与供应商共同探讨如何提高产品质量和缩短交货时间。同时，HD电子有限公司也注意信息保密性，确保自己的商业机密不被泄露。

经过共同的努力，最终HD电子有限公司与日本供应商达成了令双方都满意的协议，HD电子有限公司成功地降低了成本，保证了产品的质量和交货时间，与供应商建立了长期稳定的合作关系。

（资料来源：笔者依据相关资料整理）

案例14-3体现了在供应商沟通中，提高议价能力、加强信息交流与注意信息保密等方面的重要性。通过有效谈判和交流，HD电子有限公司成功地争取到了更好的合作条件，与供应商建立了长期稳定的合作关系，为企业的发展打下了坚实的基础。

六、思考题

1. 供应商沟通包括哪些类型？
2. 供应商沟通存在哪些现实问题？
3. 好的供应商沟通需要如何管理？

第十五章 政府沟通

本章目标

1. 帮助读者理解政府沟通的作用,并从多元视角解读政府沟通。
2. 引导读者深入了解并掌握政府沟通的原则与策略。
3. 引导读者认识到政企差异,以及如何利用差异来实现更有效的政企沟通。

本章要点

1. 认识政府沟通中存在的变化快,变动多;诉求多,成本高;本位强,差异大的现实问题,并结合自身经历,深入思考政府沟通所面临的挑战。
2. 从政府与企业的异同点出发,剖析政企沟通的差异,明晰差异来源,并结合本章内容思考现实情境中的政企差异及对应的沟通差异。
3. 针对"以不变应万变,有所为有所不为,通力合作、沟通共赢"的政府沟通策略,思考如何将其应用于实践中。

> "在沟通中,大多数人总是急于表达自己,一吐为快,却一点也不懂对方。"——欧内斯特·米勒·海明威(Ernest Miller Hemingway,1899.07.21—1961.07.02)

一、引导案例

案例 15-1 政府沟通要设计

张总是某集团副总,总经理想培养他为接班人,所以将其调到集团新成立的分公司担任总经理,负责带领分公司实现正常运营。作为响应政府号召成立的分公司,该公司的很多业务都需要政府部门的支持。张总上任数月后,熟悉了各部门业务及与之往来的对应政府机关,发现有些项目需要各政府部门全力支持才能按期完成。但由于公司刚刚入驻该区域,对该区域各委办局的工作人员了解不多,还未有机会建立关系网络。此时张总期望各委办局全力支持公司项目的挑战较大。

面对这种状况,大多数人可能会想到直接找区委、区政府领导帮助协商或直接找各委办局科室负责人协商。但张总并没有去找区委、区政府领导或各委办局科室负责人协商,而是有条不紊地推进项目,并在项目中期阶段策划了一场中期考察活动——邀请区委、区政府领导检查工作。在活动中,他向区委、区政府领导汇报了工作成绩,点出了各委办局科室负责人的支持与帮助对项目推进的积极意义,并隆重感谢了在场领导与各委办局科室负责人的大力支持,同时在汇报最后也提出继续推进工作面临的挑战与困难。区委、区政府领导在听完张总的工作汇报后,立即就其汇报的挑战与困难问题对各委办局科室负责人进行部署,当场表示各委办局科室负责人一定要全力协助张总推进项目,争取按期甚至提前高效完成项目。

这场活动后,张总积极联系各委办局科室负责人,各委办局科室负责人也积极配合张总的项目推进,最终,项目提前3个月完成,张总也获得集团总部的认可。

其实,张总能顺利推进项目,获得政府各部门全力支持,是张总历经多次自我沟通,与各类方案权衡的结果。在最初面对这个棘手的问题时,张总整日在办公室里踱步思考,针对各种方案,一一设想可能的结果,以期从中选择预期最好的方案。

对于此次开展的政府沟通,张总也设想过如果没有全盘思考政府各方,没有进行政府沟通设计,那么项目推进必定困难重重。首先,如果张总绕过区委、区政府领导直接与各委办局科室负责人协商则会导致沟通困难。缺乏区委、区政府领导的关注和支持,各委办局科室负责人可能对项目缺乏重视,无法提供必要的资源和支持。其次,如果张总没有及时与区委、区政府领导沟通并汇报工作中的挑战和困难,领导就无法了解存在的问题,也无法及时调动资源来解决。这将导致问题无法得到及时解决,进一步阻碍项目推进。最后,如果张总在向区委、区政府领导汇报完之后未能与各委办局科室负责人积极联系并寻求其帮助,那么可能也无法及时推进项目。

这个案例向我们展示了在政府沟通中,与政府建立良好关系、善于利用汇报和考察等方式的重要性。通过这样的设计,可以增加项目成功的可能性,并获得政府的支持和认可,为企业的发展打下坚实基础。

(资料来源:笔者依据相关资料整理)

带着问题学习

1. 如何评价张总的政府沟通设计?
2. 如何应对政府沟通中的变化和挑战?
3. 如何促进政府沟通中的通力合作和共赢?

二、政府沟通概述

(一)政府沟通的内涵

政府沟通是指企业与政府之间进行的沟通交流活动。这种沟通可以包括各种形式的互动,如与政府代表面谈、提交文件和建议书、公开发表评论和声明等。政府沟通旨在帮助企业与政府建立良好关系,加强彼此之间的理解和信任,进而达成各自的目标。政府沟通也可以被视为一种公共关系活动,因为它通常涉及企业与公共利益相关的政策和法规。

（二）政府沟通的原则

1. 推己及人，换位思考

在与政府沟通时，首先，企业要做到换位思考，站在政府立场上与自我进行沟通，找到其需求点、痛点与难点；然后，结合自身资源、条件，在自己能够承受的范围内最大限度地满足政府的需求；最后，与政府建立良好的政企关系。

2. 由内而外，真心诚意

政府主要考虑社会利益、民众利益、国家利益。企业在与政府沟通前，应进行内部沟通，厘清与政府沟通的目标。企业在与政府沟通过程中，明确表达企业需求点、难点及希望政府提供的帮助，做到真诚沟通、真诚合作，真诚为当地经济、社会发展贡献力量。

3. 上下沟通，横向沟通

政府的大局观往往比较强，因而企业在与政府沟通时应该注意上上下下、左左右右、前前后后的协调。

4. 先易后难，循序渐进

与政府合作一定要注意沟通节奏，不能心浮气躁。与政府接触应该注重长期利益、长期合作，不能抱着立见收益的焦躁心态。与政府合作应该循序渐进，先从小项目开始，处理好与政府的关系，摸清当地政策，关注长期利益。

5. 系统设计，言简意赅

与政府沟通要有时间观念，要提前系统设计沟通流程，明确沟通目标，言简意赅，少兜圈子，拿依据，讲事实。

6. 及时响应，言行一致

与政府合作，一定要及时反馈、响应政府需求，不要因未能及时响应政府需求而错失合作机会。此外，企业还需要注意，诚信非常重要。

（三）政府沟通的作用

1. 维持和谐政企关系

企业积极主动地与政府沟通可以加强与政府的联系，使沟通渠道更畅通，熟悉政府各部门运作机制、服务机制，充分利用政府在资源调动方面的主动权。与政府密切沟通、交流有助于企业对时下局势，以及政府下一步的经济社会发展方向有一个初步的预判，进而有利于企业结合自身现状进行相应的调整。

2. 表达政企双向需求

企业在遇到一些涉及当地资源调动、政企合作及依靠政府搭建平台等方面的问题时，需要及时与政府真诚沟通，表达自己的需求及希望获得的帮扶。

3. 及时获取关键信息

掌握竞争对手不了解的最新消息意味着企业已经抢占了一部分市场先机。与政府积极沟通有助于企业获取关于政策、当地资源的最新消息，这些消息让企业拥有更广阔的视野，进而使企业做出更有利的决策。

三、现实问题

（一）变化快，变动多

政府沟通常见的问题之一是政策变化快，政府政策的调整可能导致企业原有的计划和战略失效，企业需要及时进行相应调整。此外，政府领导的变动也会对政府沟通产生影响。新的领导可能会重新制定政策，调整政府与企业的关系，企业需要及时调整沟通策略以适应新的形势。政策和领导的变动可能会给企业带来的不利影响如下。

计划和决策的不确定性。政策和领导的变动可能导致政策目标和方向的调整，企业原有的计划和决策可能会因此失效或受到影响。这会给企业的发展带来不确定性和风险，影响企业长期发展和投资决策。

行政审批和市场准入难度加大。政策和领导的变动可能导致政府部门组织结构和工作方式的调整，导致行政审批和市场准入的难度加大，增加企业成本。

政策和法律环境的不稳定性。政策和领导的变动可能导致政策和法律环境的不稳定，这可能会给企业的运营和管理带来困难和风险。企业需要时刻关注政策和法律的变化，及时调整经营策略和风险管理措施。

（二）诉求多，成本高

与政府有效沟通是企业建立良好政企关系的基础，可以提高企业在政策制定、项目审批等方面的议价能力和竞争力，因此企业需要投入一定成本用于政府沟通。在与政府沟通过程中，企业需要投入必要的人力、时间、费用等，如企业需要寻找政府人员的联系方式，同这些人员进行沟通，同时也需要进行相关的准备工作，如资料的准备、场地的租赁等，这些都需要企业投入一定的成本。此外，政府人员可能还有一些其他诉求，这也需要企业在沟通过程当中将其作为成本加以列支。

（三）本位强，差异大

本位强是指以自己的价值观、行为标准和需求来评价其他文化、价值观和行为的一种倾向，简单地说是站在自己的角度考虑问题，如政府较为强调公共利益，而企业则较为强调商业利益。本位强可能导致政企沟通、交流、合作困难。

现实中，政企沟通不仅包括企业积极主动地与政府沟通，还包括政府主动地与企业沟通。政府在招商引资的过程中不仅需要主动与企业进行招商谈判，还必须了解政企需求的差异，站在企业的角度思考，抓住企业痛点、需求，提出对企业有利的帮扶政策，助力其成功招商。而企业在寻求政府帮助时，需要考虑公共利益，站在政府角度思考商业活动，进而推动政企项目稳步前进。

因此，政企双方需要认真分析各自的需求差异，并采取有效的沟通和协调措施，以确保双方在合作过程中实现双赢。

从政府视角而言，政企差异可能带来的沟通困境包括如下几点。

沟通难度增加。政府人员和企业人员的职业背景和经验可能存在差异，因此在政府沟通中，政府需要花费更多的时间和精力来了解企业的需求和问题，从而导致沟通难度增加。

影响政策制定。政府需要制定相应的政策来支持企业的发展，但是政企差异可能会导致政府制定的政策与企业的需求不匹配，从而影响政策的落地，甚至出现政策风险和舆情风险等问题。

增加成本。政企差异可能会导致政府需要投入更多的人力、物力和财力来理解企业的需求和问题，并制定相应的政策和措施来支持企业的发展，从而导致成本增加。

从企业视角而言，政企差异可能带来的沟通困境包括如下几点。

沟通困难。由于政府和企业所需的信息、数据，以及二者之间的表达方式和沟通方式等可能存在不同，因此双方需要在沟通过程中进行适应和调整，否则可能会导致沟通困难，进而影响沟通效果。

合作受限。政府和企业的目标和利益不一定完全一致，可能会出现利益冲突。如果双方不能妥善解决，就会导致合作受限，企业无法得到政府的支持和资源，政府也无法得到企业的配合和贡献。

项目延误。政府和企业对于项目的要求和时间表可能存在差异。如果双方不能协调好，可能会导致项目延误，企业的投资和预期收益也会受到影响。

法律风险。政府和企业在法律法规的理解与执行方面可能存在差异。例如，政府要求企业在环保、安全等方面采取措施，但企业可能出于成本和利益考虑而忽视这些要求，从而带来法律风险。

四、社会影响力理论

（一）理论来源

社会影响力理论（Social Impact Theory）是社会心理学中的一种理论，主要研究人际互动中的影响力过程。该理论由比布·拉坦内（Bibb Latané）于1981年提出，其认为个体在社会交往过程中会受到他人的影响，从而改变自己的态度、信念和行为。

社会影响力理论包括3个基本概念：力量（Force）、约束（Restraint）和影响（Influence）。力量指的是个体所拥有的资源和能力，如社会地位、知识和财富等；约束是指个体所面临的外部限制和压力，如规则、法律和社会规范等；影响是指一个人通过与他人互动而影响其态度、信念和行为的过程。

社会影响力理论认为，影响力可以通过两种方式实现：一种是强制性的影响力，即通过惩罚或奖励等方式对他人进行控制；另一种是非强制性的影响力，即通过说服、引导、教育等方式影响他人的思想和行为。

（二）理论应用

在政府沟通中，社会影响力理论可以用来解释政府对企业和公众的影响力。政府作为一个拥有权力和资源的机构，可以通过各种方式影响企业和公众的态度、行为。例如，政府可以通过法律、经济等来规范企业行为，促进企业的发展和给公众带来福利。政府也可以通过宣传、教育等方式来增强企业和公众对某些政策或事物的认识和理解。

政府和企业作为社会中的重要角色，双方的互动会影响社会的发展和进步。政企沟通需要建立在互相尊重、平等合作的基础上,共同寻求社会利益的最大化,实现政府和企业的共赢。在这个过程中,政府可以利用自身的权力、资源和政策来影响企业,而企业也可以通过创新、发展和纳税来影响政府。双方需要理解彼此的需求和利益,进行有效的沟通和协商,以达到共同的目标。

政府在与企业沟通时,应该注重平等合作,避免单方面施压和利用权力压迫企业。政府可以通过创造良好的沟通氛围、提供便利条件支持企业发展等方式,促进政企合作,实现共赢发展。结合社会影响力理论,政府需要利用自己的权力增强政府影响力,推动当地经济发展。

政府可以利用其权力向企业传递信息,传达政策和规定,指导企业发展。具体而言,政府可以通过发布公告、制定法规、组织会议等方式,向企业传达政府意图和政策方向,以此引导企业发展,达成政府与企业共赢的目标。

政府也可以利用其约束力来影响企业行为。具体而言,政府可以通过制定法规和规章制度,对企业进行监管,限制其不良行为,避免企业损害社会公共利益,从而提升政府的公信力和权威性,为与企业建立互信关系打下坚实基础。

政府还可以利用影响力通过与企业合作共赢的方式来实现政企合作。具体而言,政府可以通过提供优惠政策、招商引资、为企业提供便利条件等方式,创造良好的政企合作氛围。

同时,企业可以通过各种方式来影响政府的决策和行为。例如,企业可以通过游说、宣传等手段来获得政府的支持和资源,结合社会影响力理论,企业可以通过如下三点提升政府沟通效果。

企业可以通过提高自己的实力和竞争力,增强对市场的掌控力度,从而增强自己的话语权。例如,企业可以通过不断提升产品品质、降低成本、创新技术等方式,提高市场份额和增强影响力,从而在与政府的沟通中占据更有利的地位。

企业在与政府的沟通中需要遵守相关法律法规和行业规范,同时注重企业的社会责任,避免违反公共利益和社会伦理,保持公正、透明的态度和行为。这样不仅可以避免被政府约束和制裁,还可以树立良好的企业形象,提升社会声誉和影响力。

企业可以通过积极参与社会公益事业、建立良好的企业文化、拥有媒体资源、与公众建立互动渠道等方式,增强自己的社会影响力。这样可以让政府更加重视企业的意见和建议,在政策制定和执行的过程中更多地考虑企业的利益和需求,从而实现企业与政府的共赢。此外,企业还可以积极争取成为人大代表或政协委员,建言献策,共同推进经济社会可持续发展。

五、实务操作

本书结合辩证沟通思维与社会影响力理论,对政府沟通提出如下建议。

(一)以不变应万变

以不变应万变充分体现辩证沟通思维,它指的是在沟通过程中坚持自身的立场和原则,同时灵活应对外部环境的变化和对方的需求。它强调在与对方交流时要保持稳定和一致,同时也要灵活适应和回应外部变化。

基于政府沟通过程中政策变化快、政府领导变动多的现实问题，企业需要把产品与服务做好，建立随机应变的组织系统，平时做好准备工作，以应对外界变化。具体包括如下应对策略。

1. 对于政策变化

建立稳定的关系网络。企业应与政府建立稳定的关系网络以更好地应对政策的变动。与不同级别、不同部门的政府人员建立良好关系，可以帮助企业更好地了解政策动向和内部运作机制，并及时调整策略。

增强政策敏感度。企业应该密切关注政策变化，并及时了解最新的法规、政策和规定。这有助于企业更好地应对政策变化，避免因政策调整而遭受损失。

建立紧密的合作关系。企业应该积极与政府合作，建立紧密的合作关系，如参与政府的公共事业项目或社会责任活动，这可以提升企业的公信力和社会声誉，并为政府沟通打下坚实的基础。

做好风险管理。企业在进行政府沟通时应该时刻保持风险意识，做好风险管理。在与政府进行合作或进行政府沟通时，企业应该清晰地了解相关法律法规，并建立相应的制度和流程，避免给自身带来风险和损失。

建立快速反应机制。政策变化是不可避免的，企业需要建立快速反应机制，及时应对政策变化所带来的影响。企业应该建立相关部门或团队，负责监测政策变化并制定相应的应对措施，以确保企业在政策发生变化时能够及时调整策略和措施。

2. 对于领导变动

建立长期关系。企业需要与政府人员建立稳定的关系，这样不仅可以减少领导变动给自身带来的影响，还可以增强政府对自身的信任和支持。企业可通过定期交流、合作、公益等方式来与政府建立长期合作关系。

加强信息收集和分析。企业需要关注领导变动的动向，做好信息收集、分析工作，并及时调整策略和行动，以更好地应对领导变动给自身带来的影响。

多渠道沟通。企业需要建立多渠道沟通机制，与不同的政府部门和政府人员进行沟通，减少某个政府领导变动对自身的影响，同时也可以提升自身的话语权和影响力。

加强内部管理。企业需要加强内部管理，建立完善的制度和流程，确保自身的行动合法合规，减少领导变动对自身造成的影响，并增强自身的可持续发展能力。

（二）有所为有所不为

在政企合作中，政府与企业都需要强化内部沟通，在各自社会影响力范围内，有所为有所不为。就企业而言，需提前做好企业内部沟通，明确需要与哪些政府部门合作，提前进行设计，与关键部门建立关系，从而节省时间与经济成本。参照案例15-1中张总的做法，提前设计政府沟通，既能完美解决政府沟通中的困难，也能与政府建立良好的关系。就政府而言，也需要做好各部门之间的内部沟通，避免出现各自为政的现象，同时要用好政府权力，尽到政府职责，真正为企业、为人民谋福利。

政府沟通过程中的额外诉求和成本问题给企业带来的影响较大，但通过采纳以下对策和建议，企业可以更好地应对这些问题，提升政府沟通的效果和效益。

明确沟通目的和议程。在与政府沟通之前，企业需要明确自己的沟通目的和议程，并在沟通过程中始终关注重点。这样有助于减少不必要的讨论，避免无意义的话题，也有利于企业更好地把控整个沟通过程。

合理分配资源。企业需要对政府沟通过程中的成本进行充分的准备，并进行合理的资源分配，如时间、人力等方面的投入。同时，企业也需要审慎考虑投入的效益，尽可能减少不必要的成本支出。

建立信任关系。企业与政府之间的信任关系，是解决政府沟通过程中额外诉求和成本问题的关键。企业可以通过建立公共关系、参与公益活动等方式来提高政府和公众对企业的认同度，从而在政府沟通过程中获得更好的支持。

提高沟通能力。企业需要培养具备优秀沟通能力的人才和团队，从而更好地与政府沟通和交流。在沟通过程中，企业要善用交流技巧，提高表达能力，更好地传递企业诉求和期望，增强政府对企业的理解和支持。

（三）通力合作，沟通共赢

政企差异是客观存在的，虽然需求不同，但政企都需要跳出本位主义，通力合作，只有这样才能实现共赢。政府与企业需要携手共进，做好前期准备、建立互信机制、提高公众参与度、建立政企协同机制、建立知识共享平台等，合理应对由政企差异带来的沟通问题。具体如下。

做好前期准备。在与政府沟通前，企业需要对政策法规、政府人员背景及政府的发展战略等方面进行深入了解，以便更好地掌握政府的需求和政策方向，从而更好地适应政府要求。

建立互信机制。政府与企业之间的合作需要建立在互信的基础上。企业可以通过积极与政府沟通，建立双向沟通渠道，加强互动与协作，以增进彼此之间的信任关系。

提高公众参与度。政府和企业需要加强宣传和提高公众参与度，提高公众对企业和政府之间合作的认知度和理解度。通过增加公众参与度，政府和企业可以更好地了解社会需求和社会舆论，以便更好地制定政策和推广企业形象。

建立政企协同机制。政府和企业需要建立政企协同机制，加强沟通与协作，凝聚合作共识，从而更好地应对政策变化和市场变化，降低政企差异带来的风险。

建立知识共享平台。政府和企业需要建立知识共享平台，通过知识共享和技术创新，推动政府和企业的合作与发展，提升企业的创新能力和市场竞争力，实现双赢局面。

六、思考题

1. 政府沟通的内涵是什么？
2. 与政府沟通应该遵循哪些原则？
3. 与政府沟通时的主要策略是什么？

第十六章　危机沟通

本章目标

1. 引导读者认识到危机沟通的重要性，关注危机发生时的整个沟通系统。
2. 引导读者了解危机沟通的内涵，并结合自媒体时代背景思考危机沟通。

本章要点

1. 危机沟通是在危机发生时保持有效沟通的关键。它可以帮助组织及时应对危机，减少危机给其带来的损失，并最大限度地维护组织的形象和声誉。
2. 思考在自媒体时代组织如何通过危机沟通有效地传递信息、管理舆论、维护声誉和处理危机事件。
3. 针对危机沟通过程中的事前、事发、事中、事后的四阶段举措，引导读者思考四阶段举措的内在逻辑与现实应用性。

> "在危机时期，最好的策略就是诚实和透明。"——沃伦·巴菲特（Warren Buffett，1930.08.30—）

一、引导案例

案例 16-1　钉钉危机巧化解

2020 年 2 月，为了响应教育部的延期开学和停课不停学的要求，钉钉从一个协助在线办公的应用软件转型成了一家网课平台。钉钉的特点是实时监控学生的在线状态和消息接收情况，需要学生多次签到和打卡，这让一些学生感到被过度"监控"，对此表示不满。有传言称应用商店将下架评分低于 1 星的应用软件，于是钉钉的评论区成为学生们发泄的场所。一些学生联合起来在各大应用商店给钉钉"刷" 1 星评价。钉钉的评分从最初的 4.7 分急剧下降到 1.3 分（行业通行 5 星打分规则，每位用户的最低评分都是 1 分，无 0 分选项，因此评分低于 1 分不可能实现）。

面对这种情况，钉钉于 2020 年 2 月 16 日晚上 8 点，在以"Z 世代"用户为主的哔哩哔哩上发布了一段名为《钉钉本钉，在线求饶》的视频。视频中，钉钉以可爱的形象向那些给钉钉"刷" 1 星评价的用户喊话，并跪求好评。这段视频的发布让钉钉在应用商店的评分和网络好感度得到了回升。该视频甚至进入了当时哔哩哔哩热门视频 TOP10 榜单。

（资料来源：笔者依据相关资料整理）

带着问题学习

1. 请思考钉钉应对危机的做法。
2. 组织应该如何制定危机沟通策略？
3. 请结合案例思考危机沟通的作用。

二、危机沟通概述

（一）危机沟通的内涵

危机沟通是指在危机事件发生前后，组织采取有效的沟通手段，及时、准确、全面地向各方传递危机信息、解释危机事件、安抚受众情绪、消除不利影响，从而最大限度地减少危机对组织造成的损失，并维护组织的形象和信誉。

（二）危机沟通的流程

确定沟通目标。确定危机沟通的目标，如减轻事件的影响、保护组织形象等。

制定沟通策略。制定危机沟通的策略，包括选择沟通渠道、制订沟通计划、培训沟通人员等。

开展危机沟通。组织与公众进行沟通，包括向公众提供事件的真实情况、组织的反应及措施等信息。

监测危机反馈。监测公众的反馈，了解公众对组织的看法和态度，及时进行调整和改进。

评估危机沟通效果。对危机沟通的效果进行评估，以便更好地指导未来的危机沟通工作。

（三）危机沟通的作用

减轻危机事件的影响。通过及时、有效的沟通，组织可以在危机事件中快速做出反应，减轻事件对组织的影响。

维护组织形象。在危机事件中，组织采取及时、有效的沟通，可以维护组织的形象。

增强公众信任。通过与公众进行沟通，组织可以提高公众的信任度，建立良好的公众关系。

（四）自媒体时代的危机沟通

自媒体时代的危机沟通是指组织在面对危机事件时，借助互联网和社交媒体等新兴媒体平台，采取相应的传播策略和沟通措施，及时回应公众关心的问题，有效应对危机，并最大限度地减少危机对组织形象、声誉、经济利益等方面造成的损失。相比传统媒体时代，自媒体时代的危机沟通更加复杂，更具挑战性，要求组织具备更强的应变能力，同时需要灵活运用多种沟通手段和渠道，积极引导舆论，树立积极正面的组织形象。

自媒体时代的危机沟通具有传播速度快、信息来源多样、用户互动性强、公众期待更高的特点，在这种时代背景下，组织在危机沟通过程中需要遵循以下原则。

及时回应。组织应该及时、准确、全面回应危机事件，尽可能地防止谣言的扩散和不必要的误解产生。

坦诚相待。组织在危机沟通中应该坦诚相待，向公众透露真实情况，并承认责任，尽可能地化解公众的不满和恐慌情绪。

公开透明。组织在危机沟通中应该做到公开、透明，向公众讲明事实真相，并及时发布信息，尽可能地避免谣言的传播和不必要的误解产生。

积极应对。组织在危机沟通中应该积极应对，采取措施，尽可能地减少损失和影响。

关注公众心理。组织在危机沟通中应该关注公众的心理，了解公众的需求和反应，尽可能地满足公众的期望和需求。

三、现实问题

（一）危机信息公开不透明

在危机发生时，对外界的信息披露不及时、不全面或不准确，使公众产生误解和疑虑，这样会导致组织失去公众的信任和支持，甚至进一步引发公众的不满和抵制情绪，从而加剧危机的严重程度，给组织带来更大的损失。危机信息公开不透明带来的影响具体包括如下几点。

信任度下降。危机信息公开不透明可能会使公众产生怀疑和不信任，对组织与公众的信任关系造成长期的破坏。

舆论压力增大。危机信息公开不透明可能会引发公众对组织的批评和谴责，进而引发负面的舆论效应，对组织的声誉和形象造成严重影响。

造成经济损失。危机信息公开不透明可能会给组织造成股价下跌、客户流失、销售下降等经济损失。

增加法律风险和诉讼成本。信息公开不透明可能会引发法律纠纷和诉讼，导致组织的法律风险和诉讼成本增加。

（二）危机应对不及时

危机应对不及时是指组织在危机发生后应对不及时，没有及时采取措施，或者反应迟缓、应对不力，导致危机加剧。危机应对不及时可能带来的不利影响如下。

丧失主动权。如果组织不能及时回应危机，就会引发公众的猜测，甚至猜测组织在掩盖问题，从而导致公众对组织的不信任感进一步加深。

影响声誉。如果组织不能及时回应危机，不仅会使公众产生不信任感，还可能会影响组织的声誉。一旦声誉受损，组织的市场地位和竞争力就都会受到影响。

市场份额下降。如果组织不能及时应对危机，就会导致消费者流失，从而降低组织的市场份额。此外，危机处理不当还可能导致其他竞争对手的市场份额增加。

法律诉讼风险增加。如果组织不能及时回应危机，受害者可能会对组织提起诉讼，从而增加组织面临法律诉讼的风险。

（三）危机沟通系统未闭环

危机沟通是一个系统性的沟通过程。组织需要在危机发生前进行预防和应对策略的规划，同时在危机发生时及时采取措施，向外界传递准确、及时、透明的信息，以减轻危机对组织形象和利益的影响。在危机之后，组织也需要做好后续的沟通工作，以尽可能地恢复受到影响的利益相关者对其的信任和支持。在危机沟通的整个过程中，组织需要进行各种应对和管理，包括舆情分析、危机评估、信息发布、危机处理和评估等。因此，组织在危机沟通中需要具备系统性思维和计划，以有效应对危机。而如果组织的危机沟通系统出现问题，则可能出现以下问题。

预警不及时。组织可能错过最初的危机预警信号，无法在危机发生前及时采取行动，导致危机失控。

危机处理不当。组织可能采取不恰当或不充分的危机处理措施，导致危机加剧或无法得到有效解决，进而引发公众的不满和质疑。

沟通失误。组织可能在危机沟通中存在传递信息不准确、不清晰，采取沟通策略不当等问题，导致公众对组织的信任度降低。

在危机沟通闭环系统中，组织尤其需要注意自媒体时代危机的舆情传播更快、范围更广。好事不出门，坏事"瞬间"传千里。因此，不论是政府还是企业，做好数字时代下的舆情管理非常关键。例如，进行危机监控与预测，通过监测网络舆情、社交媒体及时预警、发现和控制潜在的危机事件；实施危机处理计划，当危机发生，组织需要立即实施危机处理计划，采取行动并向公众传递准确、及时、透明的信息；进行评估和修正，危机处理结束后，组织需要对处理效果进行评估和修正，总结经验，完善对策。

四、危机情景沟通理论

（一）理论来源

危机情景沟通理论（Situational Crisis Communication Theory）是蒂莫西·库姆斯（Timothy Coombs）提出的一套危机应对理论，该理论主要讲述在危机发生前后，通过有效的沟通管理，组织与危机应对人员能够迅速回应和适应危机，最小化危机对组织造成的损失和负面影响的一种理论。

蒂莫西·库姆斯将危机情景沟通分为否认型危机情景沟通、退缩型危机情景沟通、辩解型危机情景沟通、顺应型危机情景沟通4种类型。否认型危机情景沟通指组织在遭遇危机时，坚称没有任何问题或错误，否认事件的严重性和影响。这种情况下，公众常会对组织产生不信任和愤怒情绪，进而引发更大的危机。退缩型危机情景沟通指组织承认危机的存在，但试图最小化其影响和责任。这种情况下，组织通常会把责任归咎于其他人或外部因素，以减轻自身的压力，但会使公众对组织的信任度降低。辩解型危机情景沟通指组织承认危机的存在，并且采取积极措施处理和解决，同时试图解释或辩解事件的原因和责任。这种情况下，组织应该尽可能地提供及时、透明、准确的信息，以及有效的解决方案。顺应型危机情景沟通指组织在危机事件中表现出高度的责任感和诚信度，并采取积极措施恢复公众对其信任。这种情况下，组织应该尽可能地与公众进行沟通，提供及时、透明、准确的信息，以及有效的解决方案，并在事后采取措施，防止危机再次发生。

（二）理论应用

在案例 16-1 中，钉钉在处理危机时就采用了顺应型危机情景沟通的方式，面对学生的低分评价，钉钉选择顺应学生心意，并主动请求学生手下留情，最终凭借着真诚与幽默的道歉化解学生对钉钉的敌对情绪，并阻止学生对钉钉软件进行恶意评价，挽回钉钉的应用软件评分。

危机情景沟通的主要目标是通过有效的沟通管理，控制危机的发展和影响，维护组织的声誉和形象，保护组织的利益。其内容具体如下。

危机发生前的准备工作，包括建立危机管理团队、制订危机管理计划、建立危机情景沟通流程和机制等。

危机发生时的及时响应，包括危机识别、评估和响应等方面。在这个阶段，组织需要及时采取措施进行危机处理，同时通过有效的沟通管理，向各方透露危机信息。

危机发生中的危机管理。危机管理中，有效的沟通和危机公关至关重要。这包括向内部和外部相关利益方传达及时、准确、透明的信息，解释和回应公众关心的问题，处理舆情，维护组织声誉和形象。

危机发生后的长期维护。对危机的处理需要持续跟踪和评估，同时需要进行危机后的长期维护工作，包括建立危机情景沟通的长效机制、预防类似危机的发生等。

五、实务操作

组织在危机沟通过程中需要处处善用辩证沟通思维，本书结合危机事件的事前、事发、事中与事后，对危机沟通提出如下建议。

（一）事前：加强危机防范准备

> **案例 16-2　危机防范**
>
> 某动画公司遭遇强势火灾侵袭，出现了人员受伤的情况。但由于公司的危机防范系统较为完备，包括安装火灾自动报警系统、定期组织员工进行火灾应急演练、制定应急预案等，当火灾发生时，该动画公司迅速采取应对措施，包括呼叫救护车、向警方报案、组织员工疏散等。
>
> 该动画公司也及时向外界发布情况通报，并在之后的处理过程中持续与受伤员工家属、员工个人及社会各界保持沟通。由于在危机前采取了危机防范措施并在危机发生后迅速处理和公开信息，该动画公司不仅将遭受的影响控制在一定范围内，还得到了社会的认可和支持。
>
> （资料来源：笔者依据相关资料整理）

正如海恩法则所指出：每一起严重事故的背后，必然有 29 次轻微事故、300 起未遂先兆及 1000 起事故隐患。每一起突发事件发生之前，必定存在着大量的事件诱因，这些诱因是潜在的、隐蔽的、偶然的、孤立的、非连续性的，其尚未对系统运转构成威胁。此时，如果组织能够防患于未然，建立快速、灵敏的沟通机制，做到"一叶落而知秋之将至"，及早发现隐患，并迅速采取措施进行整改，就可以将潜在的危机消灭在萌芽状态（见案例16-2）。

（二）事发：及时的危机预警调度

> **案例16-3　诚信化解危机**
>
> 　　某餐饮企业由于一位记者深入后厨获得照片加以报道被推上了舆论的风口浪尖。
> 　　报道一出立即引起该餐饮企业高层领导的高度重视，他立即着手调查并进行危机公关，并于当日距离报道发出后3个小时发布公开声明，主动承认媒体报道属实，并在官方微博发布公告，诚恳道歉，以负责、诚恳的态度扭转了舆论风向。
> 　　该餐饮企业认真负责、迅速及时的危机处理方式不仅获得了消费者的体谅与信任，还将企业损失降到最低，堪称危机公关的典范。
>
> （资料来源：笔者依据相关资料整理）

　　事发阶段，良好的信息沟通能够使危机主体尽早掌握信息，及时启动预案，优化配置应急资源，最大限度地遏止突发事件的进一步发展，降低危机应对成本，而利用自身信息源的权威性、广泛性和灵通性，及时、真实地披露信息，可以使公众了解事件的真实情况，降低公众的恐惧感，杜绝谣言，起到稳定社会情绪、恢复社会秩序的作用（见案例16-3）。

（三）事中：提供危机决策支持

　　从信息的角度看，决策是将信息转换为行为的过程，信息是危机决策的重要基础与前提条件，贯穿于危机决策过程始终。在危机状态下，由于事件本身无章可循，高度不确定，与事件相关的信息是缺失的、不完整的，并不能提供决策所需的信息和资源，所以，危机决策是非程序化的。同时，危机决策又是紧迫的，组织必须在信息缺失的情况下做出决策，采取应对措施，这就使得危机决策具有很大的风险性。一是因为在这种状态下做出的决策可能有利于后续行动，也可能会加剧损害；二是因为组织最初的反应与解释可能会是公开的表态或承诺，这些表态和承诺并不能被撤销、否认或修改，而组织一旦实现不了，就会严重影响到自身的公信力。

　　即便如此，信息依然是危机决策的重要基础与前提条件，组织做出决策必须建立在相关负责人收集、分析和处理信息的基础上，信息越完整，做出的决策就越可能正确。因此，在突发事件应对过程中，健全、高效、畅通的信息沟通机制，能够使组织提高决策的可信度和增强决策实施的可行性，在有限的时间、资源和人力等约束条件下，做出正确的决策，采取有效的应对措施。

（四）事后：危机后重建

> **案例16-4　重塑公众信任**
>
> 　　某医药公司在市场上推出一种新药，声称其具有治疗某种常见疾病的效果。然而，不久后，有报道指出该药物可能存在严重的副作用，并且一些患者出现了严重的健康问题。这一消息引发了公众的广泛关注和担忧，对该医药公司产生了质疑和不信任。

面对这一危机,该医药公司采取了以下措施来重塑公众信任。

及时回应和透明沟通。该医药公司立即发布一份公开声明,承认存在的潜在问题,并表达对受影响患者的歉意。该医药公司承诺全力配合调查,及时公布调查结果,并与相关医疗机构和监管部门保持紧密沟通。通过及时回应和透明沟通,该医药公司向公众传递了积极的信号,展示了负责任的态度。

启动独立调查和监测机制。为了消除公众对药物安全性的疑虑,该医药公司启动了独立的第三方调查,并聘请专业机构对药物安全性进行监测。该医药公司也及时将调查结果和监测数据公布,并与相关专家和机构进行充分讨论和验证,以确保信息的准确性和可信度。

提供补偿和采取有效措施。为了回应受影响患者和公众关心的问题,该医药公司承诺提供适当的补偿措施,并采取有效措施提高药物的安全性和质量。该医药公司展示了对解决问题的决心和行动,以恢复公众对其信任。

(资料来源:笔者依据相关资料整理)

在案例16-4中,通过采取措施,该医药公司积极地回应了公众关心的问题,并重建了公众对自身的信任。该医药公司通过及时回应和透明沟通、启动独立调查和监测机制,以及提供补偿和采取有效措施,展示了责任感和承诺,这有助于恢复公众对该医药公司的信任。这种积极的危机沟通策略使该医药公司赢得了公众的理解和支持。

在危机沟通的过程中,事后阶段是最后一个阶段。在这个阶段,尽管尖锐的矛盾已经得到了大幅度的缓解,组织与公众的关系也基本得到了缓和,但这并不意味着这个阶段的重要性可以被忽视。

实际上,事后阶段的信息沟通起着至关重要的作用。这个阶段的工作重点主要包括:一是积极地完成危机的善后修复工作,例如,对损失信息进行准确的评估,并根据评估结果提出有针对性的措施;二是进行深入的反思和学习,包括对危机发生的原因进行深入分析,总结经验教训,以防类似的危机再次发生;三是对危机管理过程进行评估,看看哪些措施有效、哪些地方需要改进,以提升未来危机管理的效果。完成这些工作不仅有助于提升组织的危机应对能力,还展现了组织对公众的一种负责任的态度,可以进一步增强公众对组织的信任。

六、思考题

1. 什么是危机沟通?危机沟通的作用是什么?
2. 在危机发生时,组织应遵循怎样的危机沟通流程?
3. 自媒体时代下的危机沟通需要遵循哪些原则?

亲密沟通篇

第十七章 恋爱沟通

本章目标

1. 让读者系统认知恋爱沟通，从而提升亲密沟通的能力。
2. 让读者了解两性的需求及恋爱沟通的技巧。
3. 让读者熟悉两性相处的现实问题及恋爱沟通的理论基础。

本章要点

1. 恋爱沟通的内涵。恋爱沟通的目标是促进理解、增强信任，并建立深度的连接。本章讨论了恋爱沟通的技巧。

2. 两性及恋爱关系中男女不同的爱的需求。本章提供恋爱沟通的技巧及正确给予对方所需要的爱的方式供读者学习。了解男女各自的需求，做到"强而不霸，弱却有心"，不仅有利于生活幸福，还有利于自身在职场中与异性的相处，有利于自我成长。

3. 两性相处的现实问题，以及爱的经典理论。本章解析一些常见的两性问题，如感情的起伏、争吵的原因、恋爱的阶段等。同时，本章介绍两个经典的爱情理论，这些理论可以帮助读者从理论层面上理解爱情，为处理实际问题提供参考。

> "爱的能力是人类得以生存的基础，是每个人拥有人格健全、心理健康、优质人际关系的基础。"——埃里希·弗洛姆（Erich Fromm，1900.03.23—1980.03.18）

一、引导案例

案例 17-1 恋爱的难题

小杨与同样刚进公司的小景接触频繁，发现双方有着相似的兴趣爱好和共同话题，渐渐地在日常与工作的交流过程中彼此产生了爱慕之情，二人开始交往。

"我喜欢你忠厚，为人踏实。"小景曾经这样对小杨说。在公司里，凭借勤奋和踏实，小杨总是能够完成各项工作任务，他也因此获得了领导、同事们的认可，同部门的同事在私下聊天时甚至讨论道"小杨是恋爱对象的首选"。处于热恋期的小景也认为自己和小杨是天造地设的一对。

"你不记得昨天是我们的纪念日吗？""对不起。"

"你工作忙到没时间对我说一声节日快乐吗？""对不起。"

"你每次除了说对不起还会说其他的吗？""对不起。"

过了热恋期，没有了新鲜感的加持，小杨和小景不再那么亲密无间，时常因为生活中的一些小问题发生争执，几次争执都以小杨的道歉结束，两人继续陷入无言的状态。二人的感情转而进入冰点，没有很大的矛盾却总觉得无话可说，在工作中也开始有意回避。小杨心中明白二人的感情出现了危机，却不知该如何化解，每天心事重重，工作效率低下，反常的工作状态也引起了公司领导的注意。

小杨和小景之间的隔阂该如何消除？恋情能否继续？如何摆脱情绪的影响，找回曾经的工作状态？这些都是双方面临的难题。

（资料来源：笔者依据相关资料整理）

带着问题学习

1. 小杨和小景的争执应该如何解决？
2. "恋爱只能保持短时间的新鲜感"这个说法有什么不合理之处？
3. 公司领导发现小杨近期的异常后，应该怎样和小杨沟通？

二、恋爱沟通概述

（一）恋爱的内涵

随着时间的推移，人们对恋爱的理解也会发生变化。现今，恋爱被定义为两个人基于一定的物质条件和共同的生活理念，彼此之间产生深厚的爱意，一起生活、相互扶持，期望对方成为终身伴侣。这种情感是稳定、专注和真挚的。

（二）恋爱的类型

恋爱源于恋爱双方彼此间的爱慕。根据爱慕的原因，可以将恋爱分为以下3类。

外貌型。这种恋爱是因对对方外貌的爱慕而产生的，是较普遍的类型，但也是难以维持和稳定的。

才华型。这种恋爱是因对对方拥有自己崇拜的某种能力或才华的爱慕而产生的。

品格型。这种恋爱是因对对方具有自己所崇尚的品格的爱慕而产生的，相对持久。

（三）恋爱的形态

人们对恋爱的认知可分为5个不同的时期：无知期、虚荣期、懵懂期、渴求期和成熟期。这些时期之间并没有必然的递进关系，并不是每个人都会经历所有时期。了解这些时期的特征，有助于恋爱发展。

无知期。处在这个时期的人们不明白恋爱的意义，也不明白什么是感情，其行为导向的根据是内心的好奇或处于叛逆期。主要人群多为小学生、初中生。他们的行为表现包括：对有好感的人嘲笑、作弄、欺负；默默关注，避免发生交集；喜欢在一起玩耍等。

虚荣期。虚荣期是指在恋爱意识形态的早期，人们对恋爱的意义和感情缺乏理解，其行为导向的根据是好奇心、反叛心理或对性的渴望。主要人群广泛，通常为年轻人，尤其是高中生和大学生比较多。他们的行为表现包括：注重外表、形象，倾向于通过运动技能（如打篮球、跳街舞等）或不良嗜好等来展示个性；喜欢通过张扬的行为来吸引异性关注；易于产生脚踩两只船、玩弄感情等问题。

懵懂期。在这个时期，个体对恋爱和感情产生了需求，但多数人并不自知。主要人群跨越各年龄段。他们的行为表现包括乐于社交和与异性接触、为了建立恋爱关系愿意付出、对对方产生依赖等。

渴求期。在这个时期，人们对于恋爱和婚姻都有明确的目标。其恋爱的目的是结婚，而结婚的原因则可能是避免家人、朋友的催婚，或者周围的人都已经结婚，自己也开始向往婚姻生活，或者希望通过婚姻来改善生活质量。他们更加注重价值观，并受到普世价值观的影响，注重外貌、经济状况、学历等自身条件。他们的行为表现包括参加相亲活动、急于结婚等。

成熟期。在这个时期，人们对恋爱和婚姻有明确的定义，受个人价值观的影响较大，更注重另一半的内在品质。他们通常具有高度的包容性，与人相处时给人以舒适感，尊重不同的观点。他们的行为表现包括：谦逊、不冒进；有所追求但不强求；不轻易确定恋爱关系，但一旦步入婚姻，普遍幸福感更强。

三、现实问题

（一）"剩男""剩女"现象存在

> **案例 17-2　听众的疑惑**
>
> 在某省电台教育广播的《教育全媒体》栏目中，马老师探讨了"如何解决'剩男''剩女'的社会问题"的话题，并回答了热心听友们的提问。
>
> 有一位 31 岁的听友表示，自己不是"剩男"，受父母、亲朋的影响，他觉得自己需要先有经济基础才能谈恋爱和结婚。马老师认为，在恋爱和婚姻中，我们不应该只看重经济因素，而应该与适合自己的人一起努力奋斗。
>
> 一位听友表示自己长相普通，在学习上和职业发展上也不出众，感觉自己被爱情遗忘了，但还是希望能够找到自己的幸福。马老师认为，每个人都有自己的优点和不足，要学会欣赏自己的不足，积极地去寻找合适的对象。
>
> 有一位听友认为，父辈和现在的年轻人在婚恋观念上存在很大的差异，双方需要理性地看待恋爱和婚姻，真诚地沟通，才能更好地解决问题。马老师表示，沟通是解决问题的重要手段，各方需要理解和尊重彼此的想法和观点。
>
> 还有一位听友表示，自己是在单亲家庭环境中长大的，从来不相信真爱，也不考虑结婚，一个人生活也很好。马老师认为，每个人都有自己的生活方式和价值观念，要学会尊重和理解不同的选择。
>
> （资料来源：笔者依据相关资料整理）

1. "剩女"现象产生的原因

社会的进步推动女性地位的提高。随着社会的不断进步，女性地位不断提高，越来越多的女性走出家门，步入社会，成为社会发展中不可或缺的一部分。女性享有自由和权利并得到了社会的认同和尊重，女性也有机会与男性平等竞争。然而，女性经济地位的提高和对独立自主的生活方式的追求与传统观念之间存在冲突。传统观念认为女性应当"相夫教子"或做"家庭主妇"，而现代社会中独立自主的女性勇于追求自己向往的爱情，不会仅仅因为男性拥有经济实力而委身于对方。

多元化的价值观念和外来文化的渗透。在中国，20世纪七八十年代是新旧观念变革、固有观念遭到质疑的时代，计划经济年代单纯的价值观念一去不复返，市场经济培育了人们多元化的价值观念。与此同时，随着信息技术的发展，国内外的人们交往频繁，多元的文化相互渗透，人们的爱情观、婚姻观发生了改变。现在，很大一部分"剩女"对爱情、婚姻的要求越来越高。

高等教育的普及化。随着社会生活节奏的加快，以及高等教育的普及化，接受过高等教育的女性中普遍存在晚婚晚育的现象。接受过高等教育的年轻女性中很多是男性望尘莫及的。高等教育也促使越来越多高知女性改变观念，她们的固守和等待是为了有一份长久的柏拉图式的爱情，而不是过早地进入婚姻。当这份对爱情的期望无法实现时，她们宁可将这份固守与等待转变为对事业的不断专注。

2. "剩男"现象产生的原因

出生男女性别比升高。自20世纪80年代中期以来，我国婴幼儿人口性别比持续升高。2000年第5次人口普查公布的信息显示，婴儿出生性别比高达116，而2010年第6次人口普查的出生性别比显著高于2000年水平，超过了国际公认的107的最高警戒线，表明这一问题仍然严重。

经济的不和谐发展及传统的落后观念存在。部分"剩男"由于学历、收入等条件的限制被"剩下"，房价升高等社会经济问题也使这一群体压力倍增。现今，大部分家长通常希望子女选择门当户对的对象，有些家长对于婚姻对象的经济条件要求过高，甚至要求具体的金额，这种要求对于爱情的意义和价值造成了挑战和颠覆。

对事业上成就的追求。"剩男"中也存在与"剩女"有着相似特征的男性，这些"高学历、高收入、高身材"的男性对感情的渴求欲不及对事业的渴求欲，事业上的成就才是其努力奋斗的目标（见案例17-2）。

（二）男女性别差异引起恋爱沟通脱节

案例17-3 恋爱中的小事

场景一
女朋友：我感冒了。
男朋友：多喝水，记得吃药。
女朋友：（悲伤脸）。
男朋友：快去休息吧！

场景二
女朋友：昨天我去聚餐吃坏了肚子。
男朋友：吃药了吗？多喝水。
女朋友：上吐下泻，我感觉好难受。
男朋友：你们在哪里吃的饭？
女朋友：公司楼下火锅店。
男朋友：那一定要转告身边的人以后别去那里吃饭才好。

场景三
女：我在上班呢，好无聊。
男：无聊了可以看看视频，或者玩会儿网页游戏呀！
女：没意思，我又不喜欢玩儿网页游戏。
男：……

（资料来源：笔者依据相关资料整理）

在中国文化传统中，男性常被灌输"男儿有泪不轻弹"的思想，即男性应当展现出强大、权威、有男子气概的形象，不能向他人展示自己脆弱的一面，即使是最亲密的人也不行。因此，成年后的男性通常不会将工作中的情绪带回家，即便在工作中遇到不愉快的事情，男性也不太愿意与女性分享。

随着女性主义运动的发展，女性得到了和男性同等的教育和工作机会。现今，女性在家庭和职场中都充满活力，有些女性甚至能够做到协调两者。许多女性由于从小没有接受过隐忍式教育，她们有倾诉和交流的欲望，懂得如何向伴侣表达情绪，也愿意在伴侣面前展现自己脆弱的一面。

所以，男性不明白为什么女性那么喜欢聊天、倾诉，什么事都要讲出来，而女性也不明白为什么男性有事要憋在心里，一言不发。性别差异造成有亲密关系的双方在沟通需求、沟通频率、沟通时长等方面存在差异，从而出现恋爱沟通脱节（见案例17-3）。

在很多情况的交谈中，男性的回答都会引起女性的不满，而男性也会"丈二和尚摸不着头脑"。男性的回答可能并没有错，而双方之所以出现恋爱沟通脱节，是因为女性需要的是被关爱，男性需要的是被理解。在大多数情况下，男性的思维模式是，发现问题—分析问题—解决问题—积累经验。所以，在女性说"我感冒了""我肚子不舒服""我好无聊"的时候，男性会说"多喝水""记得吃药""注意休息"等，在男性的思维模式下，当女性提出问题的时候，男性认为必须解决这个问题，而解决方法就是喝水、吃药、休息或玩游戏等。而女性的思维模式是，发现问题—产生感受—表达感受（或者不表达感受）。所以，女性在说"我感冒了""我肚子不舒服""我好无聊"的时候，实际上需要的是男性给予其情感抚慰与关爱，并不是希望男性怎样解决这个问题。

另外，在恋爱关系中女性在表达情感需求时往往更为含蓄，男性则更直接。女性想表达思念或想要与男性聊天时往往不会直接说，而会旁敲侧击，提醒男性，例如，女性说"我好无聊"，言外之意就是"咱们聊会儿天吧"。又如，女性说"我生病了"，作为成年人，她们当然知道自己应该吃药、休息，所以对话的意义就在于希望男性可以关心她们。而思维更加直接的男性很多时候不能理解这种暗示，容易造成"沟而不通"。

（三）缺乏沟通导致恋情破裂

> **案例 17-4　失败的恋情**
>
> 小超和女友是在大学期间开始恋爱的，感情甜蜜，被很多人羡慕。毕业后，女友被安排到国外留学，而小超则选择了在国内创业。虽然最初两人商量得很好，女友留完学后回来与小超共同经营公司，但事业心强的两人沟通逐渐减少，两人几乎一个月也很少说几句话。
>
> 随着时间的推移，两人变得陌生。女友结识了一个幽默风趣的学长，她在与小超交流的时候总是不断提及他，这使小超很嫉妒。两人经常因此吵架，女友埋怨小超不陪伴她，控制她的社交，而小超则认为女友感情不专一。两人之间的矛盾越来越多，几乎任何事情都能引发两人争吵。
>
> 后来，女友无法忍受这种状况，于是与小超谈判。她选择不再联系学长，但是两人之间的感情已经没有挽回的可能了，因此提出分手。小超不同意分手，请求她原谅自己。
>
> （资料来源：笔者依据相关资料整理）

1．恋人之间缺乏沟通的原因

语言表达能力的不足。恋人之间产生矛盾常常是由于对某事或某物的看法不一致，进而引起言语上的冲突，若双方均具有良好的语言表达能力且愿意听取对方的意见，找到产生矛盾的根本原因并共同解决，冲突就能化解。但是很多恋人在产生矛盾后，不知道该如何清楚地表达出自己的想法，或者对方表达了想法，自己难以理解，语言表达能力的不足导致"冷战"成为双方应对冲突的解决方式（见案例17-4）。

碍于面子而不愿主动沟通。很多时候，恋人之间存在的只是小矛盾，可能是因为不小心把汤泼在了对方的白衬衫上，也可能是因为白天工作太累晚上不小心睡着了而没有跟对方说晚安，生活中的琐碎造成的隔阂用一句真诚的"对不起"就能解决，但是很多恋人因为好面子，不愿意去主动认错，甚至觉得"谁先主动谁就输了"。这种碍于面子而不愿主动沟通的行为可能会导致恋人之间的小矛盾积累成大矛盾，简单的事情变复杂。

新鲜感过后无话可说。新鲜感是维持恋爱甜蜜的重要因素，很多恋人因为新鲜感，在恋爱初期无话不说，恨不得天天待在一起。随着时间的流逝，新鲜感逐渐被消磨，缺点也慢慢暴露在对方面前。长时间的相处需要恋爱双方主动去寻求新的体验，如果不主动寻找使恋爱保鲜的方法，就很容易使"恋人"逐渐变成"熟人"。

2．恋人之间缺乏沟通的危害

双方互不信任。恋人之间的相互信任建立在沟通的基础上，没有沟通，没有日常生活中的分享，一方就无法了解对方的生活、工作，从而产生一种对方可能有事瞒着自己的错觉，进而导致双方互不信任。

小矛盾积累引发大矛盾。恋人在相处的过程中难免会产生一些小矛盾，这些小矛盾如果能得到根本的解决，双方会更加了解彼此，情感也会进一步加深。但是如果这些小矛盾因为沟通的缺乏而得不到解决，一两次可能双方会装作没发生，时间一久，次数一多，这些没有得到解决的小矛盾便会引发更难解决的大矛盾。

四、理论基础

（一）爱情三角理论

美国心理学家罗伯特·斯滕伯格（Robert J. Sternberg）在他的著作《爱情心理学》中提出"爱情三角理论"。斯滕伯格认为，"完美的爱情"需要具备三要素：激情、亲密和承诺（见图17-1）。

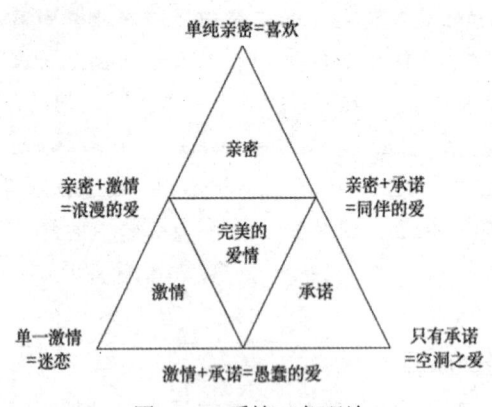

图 17-1　爱情三角理论

1. 爱情始于激情

爱情的诱导因素之一是激情，它是一种原始的冲动，当一个人与另一个人相遇时，会出现心跳加速、体温升高等身体变化。激情是一种情绪上的迷恋，外在和内在的魅力都会影响它的产生。激情来自人类的本能，即"性需求"，但是相比于其他动物，人类作为更高级别的生物，激情的成因不仅仅是性需求，性需求只是产生激情的主要因素而不是唯一因素。相对于动物的"性需求"，自尊、归属感、支配和照顾需求等是人类特有的激情成因。

2. 爱情长于亲密

亲密可以让爱情更加长久，是两个人关系上的亲近，亲密的两个人在一起会有温馨、温暖的感觉。一般来说，亲密包含10个基本要素：希望对方幸福、希望跟对方在一起、两个人在一起做事都会感到愉快、尊重对方、互相理解、互相分享自我和占有物、给予对方感情支持、接受对方给予的感情支持、彼此坦诚沟通、彼此珍重。

3. 爱情忠于承诺

承诺是爱情中的重要组成部分，它会让爱情更加长久、牢固。很多人觉得承诺就是给对方一个结果——婚姻，其实恋爱中的承诺不仅包括最终的归宿，还包括个人内心或口头对爱的预期，是爱情中理性的成分。承诺的表现形式不一定只有语言，有些人习惯用语言表露爱与承诺，而有些人可能更习惯用行动来证明自己的爱。

4. 爱情三要素缺一不可

激情是指爱情中的欲望成分，代表着情绪上的迷恋。不可否认，爱情中存在欲望，甚至有些人始于欲望，但是爱情中绝不仅仅只有欲望，只有欲望的爱情是不能长久的，甚至会是痛苦的，爱情还需要有精神上的满足。

亲密是指在爱情关系中，双方可以获得温暖的体验。在孤单时，一份礼物、一个拥抱、一句问候，都会给彼此带来亲密感，但是仅仅有亲密感的爱情也是不长久的，很多爱情的早期都只有亲密，无法长久。

很多人都希望在爱情中获得一份承诺，如"我娶你""爱你一万年"等，这些都有助于爱情的长久，但是仅仅有承诺也是不够的，承诺迟迟不兑现或没有激情和亲密，会让爱情成为一种交易。

在"爱情三角理论"中，亲密是"温暖"的，激情是"热烈"的，而承诺是"冷静"的，三者缺一不可，只有三者全部满足，才会成为完美的爱情。

（二）爱的艺术理论

埃里希·弗洛姆（Erich Fromm），美籍德国犹太人，人本主义哲学家和精神分析心理学家，《爱的艺术》是他最著名的作品之一。

在《爱的艺术》一书中，弗洛姆提出爱情与个体的成熟度有关，需要全身心的投入。他指出，个体只有通过积极塑造自己的人格，培养创造性倾向，才能使爱情得以成功。如果个体不具备爱他人的能力，不能真正谦虚、勇敢、真诚、有纪律地爱他人，那么其爱情生活永远无法得到满足。

在《爱的艺术》一书中，弗洛姆进一步探讨了爱的本质，他认为爱是一门艺术，人们需要不断地学习和实践。他认为爱不仅仅指的是狭隘的男女情爱，也不是靠技巧就能轻易获取的。爱是人格的体现，要提升爱的能力，人们需要不断发展自己的人格，朝着有意义的目标前进。

1. 爱的能力

（1）表达爱的能力。

敢于表达并善于表达爱是人们在亲密沟通过程中需具备的重要的能力，当一个人内心充满爱时，就需要勇敢地表达出来，而要表达爱，不仅需要有自信心，还需要尊重和关注自己与对方。表达爱是一种积极向上的表现，它能够增强双方之间的联系和理解。

（2）接受爱的能力。

一个人需要有能力及时、准确地判断别人对自己的爱，并且能够坦然地接受这份爱，这也是爱的能力之一。接受爱是自信的表现，一个缺乏自信的人难以接受属于自己的爱。

（3）拒绝爱的能力。

一个人应该勇敢地拒绝自己不想或不值得接受的爱。拒绝不合适的爱情，需要持有果断的态度和采取恰当的拒绝方式。正视不合适的爱情不仅是尊重他人的表现，而且是对自己的珍重。

（4）鉴别爱的能力。

当一份爱向自己"走来"时，无论这份爱是来自一般朋友的爱，还是来自异性朋友的喜欢，抑或是来自未来恋人的爱情，人们都需要有鉴别爱的能力。

（5）处理爱的冲突的能力。

在爱的过程中，难免会出现一些冲突和不和谐的情况，如何妥善地处理这些问题，是展现爱的能力的重要方面。

（6）承受爱的挫折的能力。

当爱情逝去时，如何应对失落和挫折，是展现爱的能力的一个重要方面。

(7) 保持爱情长久的能力。

爱情是可以保鲜的，作为一个成熟的人，有能力通过不断学习爱的艺术，提升自己的内涵、修养，完善自己的人格特征来获得保持爱情长久的能力。

2. 爱的要素

(1) 关心。

弗洛姆认为爱是对所爱对象生命和成长的积极关心。如果缺少这种积极关心，就根本没有爱。

(2) 责任。

在今天，责任经常用于指某种外加于人的职责，除此之外，真正意义上的责任还包括对他人需求所做出的积极响应。

(3) 尊重。

在爱的能力中，尊重是至关重要的。尊重意味着一个人尊重他人的成长和发展，让对方顺应自然的规律和意愿。尊重与关心、责任相辅相成。如果缺乏尊重，责任可能就变成支配或占有。

(4) 知识。

要尊重他人就必须了解他人，这需要人们具备一定的知识。如果没有积累一定的知识，不以知识为引导，那么关心、责任甚至尊重就都是盲目的。同样，不以关心、责任、尊重为目的的知识又是空洞的。人们只有超越对自身的关心，设身处地地理解他人，知识才能产生。

五、实务操作

本书运用辩证沟通思维，结合爱情三角理论和爱的艺术理论，对做好恋爱沟通提供如下建议。

（一）"剩男""剩女"主动突围

"剩男""剩女"中，有一部分是因为各种客观因素被"剩下"，对于这部分人群，可以通过调整计划生育政策、完善福利制度、建立社会保障体系等措施帮助他们突破一些客观条件的限制。而"剩男""剩女"中还存在另一部分因为"高收入、高学历、高职务"等条件及"先立业，后成家"的观念自愿被"剩下"的人群。

随着经济的进一步发展，物质生活水平的不断提高，人们逐渐把幸福指数作为衡量生活质量和存在意义的重要标准。那些自愿单身的大龄青年也逐渐认识到，追求一份稳定、和谐、幸福的婚姻远比追求高薪工作更加艰难。然而，他们不应该单纯秉持"先立业，后成家"这种观念，应相信随着国家各项保障制度的不断完善，"面包"和"黄油"都能得到保障。因此，即使是"剩男""剩女"，也应该认识到美满幸福的恋爱和婚姻是人生重要的体验。他们需要超越自身的主观限制，不要等待，而要调动自身的积极性去寻找生命中的伴侣。

需要提醒的是，在父母健在、兄弟姐妹之间有情感支持的状况下，个人可能对异性、对家庭的渴望程度并不是特别强烈。而父母终将故去，兄弟姐妹也会有各自的家庭，与其将来后悔错过了最佳恋爱或婚姻时期，不如现在主动突围，选择更适宜目前和将来的情感体验和生活方式。

（二）认识两性的需求

1. 女性的需求

（1）女性需要关心与理解。

当男性对女性的生活表示感兴趣时，她会觉得被爱、被关心。作为伴侣，如果男性能够在一天繁忙的工作后，给她打个电话，问她"你怎么样""这一天过得如何""心情如何"，或者当她去看病的时候，打电话问她"今天看医生，结果怎么样"，就可以让她产生被爱的感觉。事业固然很重要，但不能以忽视伴侣为代价，女性需要得到爱人的重视。

了解女性最好的方式是倾听。女性渴望被理解，倾听可以满足她们的需求。如果男性不妄断，感同身受，认真倾听，女性就会感到自己被爱与被理解。

（2）女性需要尊重。

> **案例 17-5　新三从四德**
>
> 　　胡适的婚姻是由家人包办的。虽然他一开始对这种婚姻安排有所反感，但很快就接受了。随着时间的推移，他逐渐适应了这种婚姻安排，并与妻子的关系越来越融洽。胡适在家庭中表现得非常体贴，每次当和太太拍照时，总是让太太坐着而自己站着。
> 　　他还提出了"新三从四德"：太太出门要跟从，太太命令要服从，太太说错了要盲从；太太化妆要等得，太太生日要记得，太太打骂要忍得，太太花钱要舍得。两人厮守一生，惧内不过是玩笑话。
>
> 　　　　　　　　　　　　　　　　　　　　　　　　　　（资料来源：笔者依据相关资料整理）

胡适提出的"新三从四德"，充分体现了对太太权利、愿望和需求的优先考虑，这会让太太觉得自己很受尊重。以记得对方生日或结婚周年纪念日这样的方式表达尊重是满足女性需求的基本方法之一。此外，男性还要尊重她的选择、喜好，尊重她的朋友，尊重她的家人。若她能感到受尊重，则她也能给予男性需要的感受。

（3）女性需要忠诚。

> **案例 17-6　忠诚与浪漫**
>
> 　　巴乔和妻子玛丽·安德蕾娜在童年时期是邻居，他们的爱情故事令人感动。在一次采访中，巴乔表示："对我来说，家庭占第一位。我很幸运能与安德蕾娜结婚，并一直陪伴在她身边。当我遇到困难时，她总是在我身边支持我。"尽管有人称赞他帅气，但巴乔并不认为自己是性感偶像，也没有什么抵挡不住的诱惑，因为他的心中只有安德蕾娜。他爱她，尽管已经在一起生活了很多年，两人的感情依然如初。
>
> 　　　　　　　　　　　　　　　　　　　　　　　　　　（资料来源：笔者依据相关资料整理）

女性渴望一份稳定、长久的爱情。她们希望找到一个安全的、可以停靠的港湾，在那里，她们可以被永远地理解、支持和爱护。她们害怕被忽视或被遗忘。在参加婚礼时，很多女性在听到誓言"无论贫穷或富有、健康或疾病、年轻或衰老，我都会爱护你、支持你、陪伴你，一生一世不离不弃"后，都会感动落泪，因为这是男性给女性安全感的承诺。男性把女性的需求放在第一位，以支持和满足她们为自豪，这意味着女性的这种爱情需求得到了满足（见案例17-6）。

（4）女性需要认同。

随着时代的变迁，女性形象呈现出多元化的特点。从过去一味强调温柔贤惠、小鸟依人的传统女性形象到如今主张彰显个性、独立自主的现代女性形象，她们的角色已经不再局限于传统的生育子女和辅助丈夫。现代女性渴望实现自己的职业理想和追求人生的价值，希望得到家人和伴侣的支持和认同。

（5）女性需要安慰。

女性常常需要男性的安慰来抚慰她们受伤的心灵，给予她们关爱。尤其是职场女性，由于时常会遭受工作中的各种打击，因此她们大多数人的意志可能会逐渐瓦解，这时男性的安慰是让她们重拾信心与勇气的"能量棒"。

2. 男性的需求

（1）男性需要信任。

> **案例17-7　异想天开的成功之路**
>
> 亨利·福特原来是个农民，后来到一家电器公司当了一名雇员，他决心利用业余时间设计出一台新发动机。当时，包括他的父亲在内的所有人都认为他异想天开，永远不会从创造中得到任何新的有用的东西，只有他的妻子相信他能够成功，并尽力帮助他。
>
> 夜晚，他的妻子总是拿着一盏煤油灯为他照亮，经过3年的不懈努力，福特终于成功设计出一台新发动机。他将引擎安装在马车上，取代了马匹，于是一个全新的产业诞生了。福特后来回忆道："如果没有我的妻子这位忠诚的支持者，我不可能取得成功。"
>
> （资料来源：亨利·福特．亨利·福特自传[M]．崔权醴，程永顺，译．北京：中国书籍出版社，2021．）

女性对于男性的信任，是对男性最大的支持（见案例17-7）。女性是否承认他们的价值，相信他们的能力直接关系到男性事业的成与败。当他们感受到被信任时，就会迸发出巨大的能量，不断取得进步；但当他们感受到不被信任时，就会失去活力与力量，陷入对自己能力的怀疑中。

（2）男性需要接受。

如果女性试图通过各种手段来改变男性，男性会觉得自己受到控制、操纵，会拒绝和缺乏爱。只有当女性充满爱意，接受男性的真实面貌，而不是试图改变他们时，男性才能真正感受到女性的爱。男性需要别人接纳他们的缺点。尽管接纳别人的缺点很不容易，但请记住，帮助男性成长的最好方法就是不要试图用任何方式改变他们。当然，女性未必总是赞同男性的观点，但是要学会接受男性的想法、言语、举动和感受的合理之外。当男性被接受时，他们会释然，并更容易认同女性的感受。

（3）男性需要感激。

> **案例17-8　才男才女的甜蜜生活**
>
> 杨绛在就读东吴大学时，据传追求她的男同学多达"七十二人"，其中不乏孔门弟子。1932年，钱钟书在清华园结识了无锡才女杨绛，对她一见钟情。次年，两人举行了订婚仪式。
>
> 杨绛和钱钟书可以称得上是天作之合。胡河清赞叹道："钱钟书、杨绛夫妇可以说是

当代文学界的一对名剑。钱钟书如英姿勃发之雄剑，常出鞘自鸣，惊扰天下；而杨绛则如隐匿锋芒之雌剑，大智若愚，不露锋刃。"在这样一个温馨的学者家庭里，两人过着"琴瑟和谐，鸾凤和鸣"的美好生活。

有一天早上，杨绛还在睡梦中，钱钟书早已在厨房里忙碌起来。虽然他平时不擅长做饭，但是他这次不仅煮了鸡蛋、烤了面包、热了牛奶，还泡了醇香的红茶。杨绛缓缓从睡梦中醒来后发现钱钟书已经将一张小餐桌放在床前，并在上面放置了美味的早餐，以便她可以坐在床上慢慢享用。品尝着丈夫亲手烹制的美食，杨绛满心欢喜地说："这是我吃过的最美味的早餐。"听到妻子满意的回答，钱钟书开心地笑了。

（资料来源：杨绛. 我们仨[M]. 北京：生活·读书·新知三联书店，2003.）

当男性做某事得到伴侣的感激时，会感到自己的努力得到了肯定和认可，这会让他们受到鼓舞和激励，更加愿意投入更多的精力和时间做这件事。表达感激对男性来说就像一剂强心针，可以让他们充满力量和动力，也更加珍惜和尊重自己的伴侣。因此，表达感激是维系健康恋爱关系的重要一环。

（4）男性需要赞美。

赞美男性也就是表达对他的崇敬、喜悦和认可之情。赞美可以让男性感动和受到激励，激发他们更大的动力，也会让其更加尊重自己的伴侣。例如，当男性修理好家里的电视保险丝后，女性应该表扬他，让他知道自己的努力受到了认可。男性需要的是女性欣赏他们的才华，以及口头上的赞美（见案例17-8）。

（5）男性需要鼓励。

爱情需求（女性的鼓励）得到满足之后，男性就会展示出美好的一面。女性的鼓励会让处于情绪低落期的男性感到有爱人的依靠，重新燃起斗志。

（三）掌握恋爱沟通的技巧

要建立良好的恋爱关系，既要在恋爱沟通中掌握自我成长、自我丰富的技巧，又要注重提升与恋人相处的沟通技巧，不断调适自我与恋人的关系，与恋人和谐相处。

1. 恋爱中女性自我成长的途径

女性丰富自己的途径可以有很多，如养成看书的习惯，跟有思想、优秀的人交朋友，重视自己的身体，学会投资理财，试着发现生活中的美等。

有兴趣爱好的女人，生活是丰富多彩的。沉浸在美好的兴趣中，不仅可以使自己避免成为"望夫石"一样的女人，还可以陶冶性情，修身养性，提高自己的生活品位和素质，同时还能自得其乐。

无论男女，都需要有社会生活，而工作是参与社会生活的重要途径。对女性而言，工作可以让自己拥有自给自足的经济能力、不卑不亢的社会身份、固定节律的健康生活。

处于恋爱时期的女性需要保持理智，有主见，而不是盲目地迎合男性。如果女性太过听话，男性很可能会对其失去兴趣。与有主见的女性相处，对男性来说是一种挑战，这种挑战会让他们更加坚定爱情。然而，女性也不能过于强势，否则可能会伤男性的自尊心，不利于感情的发展。

现今，性感的定义已经不仅仅局限于身材的丰满和穿着的暴露，任何女性都可以展现出令人心动的"性感",而自信是女性性感的第一要素(见案例17-9)。

> **案例17-9　自信是"丑小鸭"变"白天鹅"的秘诀**
>
> 吕燕在开始做模特时被评为"丑女模特",既没有高学历也没有城市背景。然而,这个没有任何优势的女孩,在2000年巴黎世界超级模特大赛中获得了亚军,并成为时尚界公认的性感魅力模特。与吕燕合作的摄影师称赞她在镜头前表现得特别自信,并且非常乐于合作,将她独特的东方魅力发挥得淋漓尽致。
>
> (资料来源:笔者依据相关资料整理)

从性格特质的统计学角度来看,女性的情绪稳定性比男性差。女性不应该让自己的情绪到处蔓延,也不应该随意向别人宣泄自己心中的愤怒。有研究表明,人类80%的愤怒情绪是自己制造的。当女性感到情绪不稳定时,应该学会冷静下来,没有人是完美的,任何事情都不可能总是按照计划进行的。

2. 恋爱中女性与恋人相处的技巧

不要追问他的过去。每个人都有过去,过去的恋情已经成为回忆,而很多女性常常出于好奇试图挖出这些回忆,这种做法可能会唤起恋人的伤痛,不利于感情的发展。

不要每天逼他说"我爱你"。男性再怎么深爱他的恋人,在公共场合,尤其是在他的同事和朋友面前,让他说出"我爱你"这句话,几乎比登天还难。因为男性总是希望在他人面前展现出独立、强悍的硬汉形象,而把"我爱你"这3个字挂在嘴边给人的感觉太过柔弱。

以柔克刚。许多职场女性在工作中展现出强势、坚定的作风,习惯于指挥下属。在恋爱中,她们依然试图控制男性。没有男性愿意忍受恋人整天在自己面前发号施令、炫耀自己的才干。当需要男性的帮助时,女性应该用委婉的语气请求,或者偶尔撒娇,让男性自愿为自己服务,这才是恰当的相处方式。

接受他的家人。女性和恋人的家人没有任何血缘关系,虽然和恋人因为爱情走到一起,但是难以对其家人也产生很深的爱,有的甚至矛盾重重,让男性夹在中间甚是为难。如果想继续保持恋爱关系并顺利地步入婚姻的殿堂,女性应学会理解、体谅并接受恋人的家人,并告诉自己,恋人的健康成长、成才离不开家人的辛勤培育,应心存感激之情。

赞美他并注意方式与方法。大部分男性喜欢听到恋人的赞美,这可以满足他们的英雄情结。合适的称赞总能给男性带来无限的幸福感。懂得如何称赞他人的人可以轻松表达自己的想法,并给被赞美者带来荣耀感。不过,还有一部分男性不喜欢接受"赞美",当听到别人夸他们时会感到自我否定。因此,在与这些人相处时,女性应该采取一些更为谨慎的方式,例如说"我觉得你在某个方面很出色""我喜欢你的某种品质",这样的话会更容易被其接受,女性也能传达自己的想法(见案例17-10)。

> **案例17-10　赞美艺术**
>
> 卡米拉之所以能够赢得查尔斯王子的心,是因为她善于运用赞美艺术。在两人的电话交流中,查尔斯曾说:"你最大的成功就是爱上我。"卡米拉则回答道:"亲爱的,你是那么吸引人,爱上你比从椅子上掉下来还容易。"这种精心策划的赞美不仅满足了查尔斯的英雄情结,还让他感受到了被珍视和被崇拜的感觉。
>
> (资料来源:笔者依据相关资料整理)

允许他有异性朋友。生活中，与没有异性朋友的人相比，与异性有正常交往的人往往更加成熟、智力更加发达、身心更加健康。拥有异性朋友的男性会更加了解女性的思维方式，懂得和女性的相处之道，从而有助于避免与恋人产生矛盾。但是，异性交往是人际交往中最敏感、最微妙的，男性必须把握好"度"。在正常交往的前提下，女性不应过度猜疑、干涉或破坏男性与异性朋友的来往。

3. 恋爱中男性自我成长的途径

丰富自己。男性丰富自己的途径有很多，如端正工作和学习的态度，养成看书的习惯，培养自己的兴趣，跟有思想、优秀的人交朋友，重视身体健康，远离网络游戏等。

学会倾听他人。不仅是恋爱中的男性，生活中与职场中的男女同样都需要经常与人沟通交流，而学会倾听他人是与对方实现良好互动的前提。要学会倾听，就要做到全神贯注，不打断对方，体会其背后的深意并加以复述，从而让对方感觉到被接纳。同时还要边听边思考，分析对方传达的信息并适当表达自己的观点，切忌不要让对方觉得在自说自话。

学会自我肯定。感情对于灵魂来说是一面巨大的镜子。通过与伴侣的交往，男性能够发现自己的特点。如果男性无法接受自身的某些特点，就不要期待伴侣能够接受。学会自我肯定可以带来很多好处，其中一个好处就是能减少感情上的隔阂，这也意味着可以给恋爱关系带来更多的良性循环。

拥有自己的事业。事业是男性生存的基础，是男性价值的真正体现。拥有事业的男性是自信的，因为事业是对其能力的一种肯定。钟爱自己的事业并为之奋斗的男性在女性眼里是迷人的、有魅力的。

培养幽默感。有幽默感是一种让他人与自己相处更愉悦的能力。对于男性而言，幽默感就像女性的好身材一样，是一种自然的吸引力。有幽默感的男性可以从多个方面展现个人魅力，例如，有幽默感的男性可以运用幽默、诙谐的语言调节尴尬的谈话气氛，展现自己的机智和聪慧；有幽默感的男性可以在适当的场合适度地自嘲，展现自己的自谦和礼貌等。要培养幽默感，男性需要从修养、思想等多个方面努力。因为有涵养支持的幽默感才是真正的幽默，否则可能会变成不受欢迎的玩笑。

4. 恋爱中男性与恋人相处的技巧

适度殷勤地灌溉爱情。恋爱中最不可缺少的就是真心，男性通过向恋人献殷勤，确实可以为对方提供许多实际帮助，解决一些麻烦问题，同时也可以向恋人表明自己是真心爱着对方的，这对于获得恋人的信赖和增进两人的感情是十分必要的。但过犹不及，凡事都有度，很多时候过度献殷勤非但不会获得恋人的认可，反而会给对方造成生活上和心理上的负担。

善于交流沟通。女性经常抱怨，在跟男性说话时，对方要么根本不听，要么听了也不理解。这在恋爱交往中乃至婚姻生活中十分常见。研究表明，男女之间难以进行顺畅交流和沟通的一个重要原因在于，男女说话的语调和方式存在差异。要解决这个问题，男性在恋爱中与对方沟通时就要学会倾听恋人的诉求，凡事多从对方的角度出发，以女性习惯的沟通方式清楚地表达自己的意见和观点，避免不必要的误会。

适当照顾好对方的喜好。在女性的各类需求中很重要的一点是认同。随着时代的进步与收入水平的提高，女性的形象更加多元化，现代女性越来越热衷于培养和发展自己的特长与喜好，如果爱人能够认同她的喜好并给予必要的支持，对女性来讲将是莫大的满足。

给予对方适度的安全感。若问女性在恋爱中最想要的是什么，她们最有可能回答的并非昂贵的礼物、浪漫的氛围或欲望的满足，而是安全感。缺乏安全感的本质是害怕被遗弃、害怕处于危险之中、害怕自己不被珍惜，且无力独自面对这个世界。因此，对于男性而言，如果能够恰到好处地给予恋人必要的安全感，不仅能够使其免于担忧和恐惧，还能够增进恋人对自己的信任。最重要的是要保持忠诚，因为对于女性来说，如果男性对自己不忠，花言巧语或在感情上不专一，她们只会感到不踏实，看不到爱情的希望。

切忌自私、小气。自私、小气看似无伤大雅，实则伤人于无形之中。自私、小气的男性，在每件事情上只会在意自己的感受，很少站在女性的角度看问题。由于心胸狭窄，他们在工作中和生活中也很难表现出豁达的心态，与同事之间、邻里之间很难融洽相处，所以他们的事业很难有大的发展。因此，男性不管是对待恋人还是对待组织中的其他人，切记不要自私、小气。

六、思考题

1. 恋爱沟通中男女双方的需求有何不同？
2. 性别差异对恋爱沟通有什么影响？
3. 在恋爱沟通的过程中，男女双方应该掌握哪些恋爱沟通的技巧？

第十八章　夫妻沟通

本章目标

1. 让读者系统认知夫妻沟通，提升亲密沟通的能力。
2. 让读者了解夫妻沟通中可能出现的问题，培养积极的心态。
3. 让读者熟悉夫妻沟通的技巧和相关理论，为应对现实问题提供依据。

本章要点

1. 夫妻沟通的重要性和有效提升夫妻沟通的技巧。本章将讨论如何通过有效的沟通方式，提高夫妻沟通的能力，从而增进夫妻之间的理解，构建信任和深化情感连接。
2. 应对婚姻生活中现实问题的积极态度。无论是针对误解、期望落差，还是其他形式的沟通障碍，本章都提供了实用的沟通技巧，帮助读者保持积极、坚韧的品质，有效地应对这些挑战，做到"角色明确，换位思考"。
3. 四骑士理论等相关理论知识。本章通过对理论知识的介绍，帮助读者提升在婚姻关系中的沟通技能，为其处理现实生活中的问题提供参考和支持，使家庭成为其职场坚实的后盾。

> "'金玉缘'的秘诀就是'给'与'受'。"——林语堂（1895.10.10—1976.03.26）

一、引导案例

案例 18-1　爱情的"岔路口"

经过几年的恋爱相处，小新和小婉在双方家长的认可下，决定步入婚姻的殿堂。但是从恋人转换为夫妻，并不只是领一份结婚证那么简单。

"你们结婚之后，财产由谁管呢？""你们准备结婚几年生小孩呢？""你们结婚之后跟父母住一起吗？""你们准备在哪儿买房呢？""小孩是父母帮忙带吗？"

解决了婚前的各种问题，和想象中的一样，小新和小婉组建了温暖、幸福的家庭，一起生活。但两人的感情随着时间的流逝也开始降温，日子逐渐趋于平淡，两人每天除了柴、米、油、盐再无共同话语，朝夕相处也使两人的缺点暴露在彼此面前，争吵占据了生活的大部分。

"你可以不要把脏衣服丢在沙发上吗？"

"不要在外面喝这么多酒回来。"

"我每天白天上班那么累，晚上回家你能别在我旁边吵吵吗？"

"我跟你说了多少次了，不要……"

小新每天要在公司里处理工作上的各种问题，下班后回到家等待自己的依旧是无尽的埋怨和争吵。相对于家来说，公司仿佛才是逃避一切的港湾，因此小新回家的时间变得越来越晚，在家里待着的时间也越来越少。

小新和小婉不知如何与对方沟通，也不知道自己是否真的像那句话说的一样，走进了"爱情的坟墓"。

（资料来源：笔者依据相关资料整理）

带着问题学习

1. 小新和小婉在结婚前需要沟通哪些问题？
2. 小新和小婉婚后争吵的原因是什么？应该如何解决？
3. "婚姻是爱情的坟墓"这句话是否正确？为什么？

二、夫妻沟通概述

（一）夫妻关系的内涵

夫妻关系是指生理成熟的男性和女性以婚姻为纽带，建立起互相帮助、成就对方、共同构建家庭的主要角色关系，它是人类独有的一种人生形态，通常需要民政部门确认，以确立法律地位。

（二）良好夫妻关系的特征

案例 18-2　身份不同，幸福相同

许燕吉是著名的散文家和小说家许地山的女儿，1933 年 1 月在北京出生，后以优异的成绩考入了当时的北京农业大学畜牧系。大学毕业后，许燕吉与成绩优异、性格开朗的吴富融结婚，开始了一段幸福平静的婚姻生活，不过这种平静很快就被打破了，1958 年，许燕吉因家庭背景被判入狱，吴富融急着和她撇清关系，果断提出离婚。

1964 年，许燕吉出狱，在独自生活 5 年后，她离开河北寻找亲人做依靠。可在那个时代，亲兄妹之间也很难伸出援手，看着年岁渐长的妹妹，哥哥只能建议她再婚，于是在哥哥的介绍下许燕吉认识了陕北农民魏振德。魏振德不仅没读过书，而且比许燕吉大 10 岁，有一个儿子，不过后来两人还是成婚了。婚后，刚开始两人之间的差异让他们没有共同话题，并且经常产生矛盾。后来，由于丈夫在日常生活里十分关心许燕吉，加上许燕吉慢慢适应了农村的生活，两人的感情逐渐升温。

后来，许燕吉被聘为江苏省农科院副研究员，有人劝她再找一个门当户对的男人，不过她并没有那么做，在成为副研究员后，她把魏振德和儿子接到了南京一起生活。

> 许燕吉对婚姻的理解非常朴素,却给人以震撼人心的警醒,她说:"婚姻是非常严肃的,即使没有爱情,也是一个契约。魏老头儿已经老了,没有劳动力了,我有义务养活他……我们的结合,就是按各自的方式活着,就像房东与房客,过去在关中,他是房东,我是房客,现在在南京,我是房东,他是房客。"
>
> [资料来源:陈爱华. 许燕吉:"落花生"一定有春天[J]. 档案春秋,2017(03):33-37.]

在很多人看来,许燕吉和魏振德并不般配,但是什么样的夫妻关系是最好的,其实没有标准答案。每一对夫妻的相处方式各有不同,有的夫妻两天一小吵、三天一大吵,有的夫妻相敬如宾、举案齐眉,有的夫妻十年如一日、恩恩爱爱。良好的夫妻关系一般具备以下几个特征。

关爱和包容。夫妻二人因为彼此相爱,步入了婚姻的殿堂,开始了共同的生活。在这个过程中,难免会有一些摩擦和冲突,关键是彼此能否包容和理解对方。包容对方的小错误,宽容对方的性格缺陷,甚至可以为了对方改变自己。关爱和包容是夫妻关系中不可或缺的重要元素。

经常沟通。随着现代社会的快速发展,追求更高质量的生活水平需要付出更多的努力。因此,夫妻双方都需要努力工作,回到家后也需要好好休息。然而,这也导致夫妻之间的沟通变得越来越少。对于那些工作和家庭压力较大的夫妻来说,沟通不畅和频繁争吵的问题也越来越普遍。因此,抽出时间与对方分享生活和工作,有助于增进彼此之间的感情。

相互信任。信任是人与人之间相处的基础,对于夫妻来说也是如此,彼此不信任会导致婚姻生活偏离幸福的方向,进而导致关系的破裂。

奉献精神。如果在夫妻相处的过程中,一方总是以付出为前提而期待对方有所回报,可能会导致吵架和产生矛盾。因此,既然选择对方作为自己的终身伴侣,就应该更加包容和大度,不要小题大做,要具有奉献精神,用爱和关心来维系婚姻。毕竟,家庭幸福是建立在互相理解和支持的基础上的。

相同的兴趣和爱好。每个人都有自己的兴趣和爱好,拥有共同兴趣和爱好的夫妻更易有共同话题,可以做到步调一致,共同进步和成长,因此相同的兴趣和爱好能够使夫妻感情升温。

(三)夫妻沟通的功能

卡耐基曾说过:"婚姻幸福的普通人,比幽居的天才快乐得多。"良好的夫妻沟通能给双方带来极大的情绪价值。夫妻沟通具有以下功能。

信息传递。夫妻沟通是一种交流方式,可以让彼此了解对方所发生的事情。通过沟通,夫妻可以共同面对和解决问题,感受到对方的支持和关爱,从而增强夫妻之间的亲密感和归属感。

征求、表达意见。通过沟通,征求对方的意见,表达自己的意见,夫妻双方可以在对一件事情的看法上达成一致,避免矛盾和冲突。

表达情感。夫妻在沟通中扮演着非常重要的角色,一方要随时让对方感受到自己对他或她的情感。表达欣喜、喜爱和专情,能够强化夫妻间的情感纽带,增进彼此之间的感情。

三、现实问题

（一）婚前缺乏必要的沟通

> **案例 18-3　缺乏沟通的婚姻**
>
> 电视剧《人民的名义》中，祁同伟娶了比自己大 10 岁的大学老师梁璐，祁同伟追求梁璐是为了自己的前途，梁璐与祁同伟在一起是为了报复自己的前夫，两个出于不同目的的人，因为各自的利益走到了一起。
>
> 但是，他们并不幸福。祁同伟和梁璐没有经过恋爱沟通和婚前沟通的环节，便直接进入婚姻。恋爱不仅是婚姻最好的铺垫，还是对两个人生活习惯和品性的一种磨合，祁同伟和梁璐并没有任何的恋爱基础，两人捆绑在一起的原因无非是权利、地位。婚后，两人亦是从不沟通，人前假装恩爱，回家则是冷战争吵。当祁同伟如愿以偿地当了公安厅厅长之后，他们婚姻唯一的根基开始瓦解，祁同伟嫌弃梁璐比自己大，而梁璐也看不惯祁同伟的家庭背景。
>
> （资料来源：周梅森，孙馨岳. 人民的名义[M]. 北京：北京十月文艺出版社，2017.）

家庭作为职场的后方，其幸福稳定对个人的职业发展至关重要。尤其对于刚刚踏入职场的新人而言，通常工作不久便要面临结婚成家的现实，婚姻生活能否成为个人职业发展的效能倍增器取决于婚前的准备是否充分。作为新人，婚前的准备应是婚姻而非婚礼，因此，在准备结婚的时候，与婚礼定在哪一天、婚礼有多梦幻、宾客有多少相比，找到科学系统的方法来管理、检测和保持婚姻的长久与幸福更为重要。

夫妻虽说是一个共同体，但双方依旧是两个独立的个体，结婚也不是简单的两个人搭伙过日子，双方需要就财产、生养孩子、性与诱惑、兴趣爱好、家庭和事业的平衡等问题达成协议或观点的一致。婚前只有把这些事情考虑清楚，双方沟通好并达成共识，才能保证婚姻如细水长流、事业基业长青（见案例 18-3）。

（二）婚后生活幻想的破灭

> **案例 18-4　最熟悉的"陌生人"**
>
> 小钰和丈夫结婚虽已 10 年，但随着时间的推移，夫妻之间的感情似乎被日常琐事磨灭了，两人形同陌路，缺乏交流和互动。小钰试图让丈夫参与家务，却只换来他的抱怨和不理解，这让小钰备感失落，觉得自己像家里的一个免费保姆，而非丈夫的妻子。
>
> 对于这样的婚姻，小钰感到无望，她甚至开玩笑地问丈夫是否不再爱她，但丈夫避而不谈，这让小钰感到更加沮丧和失望。尽管小钰试图和丈夫沟通，但最终仍然没有解决问题。最终，她对这个家庭也没有了过多期待，提出了离婚，而丈夫也没有挽留，原本的幸福家庭破裂了。
>
> （资料来源：笔者依据相关资料整理）

步入婚姻殿堂之后，随着激情褪去，日子逐渐趋于平淡，此时女性就会发现丈夫好像婚前把要说的话都说完了，对自己的喋喋不休，丈夫总是以最简短的词句来回答。男性则会觉得妻子应该照顾好家里的一切。然而，现实的婚姻生活给男女双方当头浇了一盆冷水，导致他们对婚姻的各种"幻想"被一一浇灭（见案例18-4）。

幻想与现实1：婚前幻想彼此还会像以前那样因为分别而用电话缠绵，婚后女性只有在感到无聊或有事时才会给男性打电话，而男性出差后则干脆不给女性打电话。

幻想与现实2：婚前幻想坦诚告诉对方关于自己的一切，婚后却都学会了把真正重要的事情藏在心里。

幻想与现实3：婚前幻想无论发生多大分歧彼此都会做出退让，婚后男性会为了小事与女性抬杠，女性也变得斤斤计较。

幻想与现实4：婚前幻想如果其中一方生病另一方会悉心照顾，婚后当女性生病时丈夫常常忙于应酬，当男性生病时妻子常常心生厌烦。

幻想与现实5：婚前幻想热衷于为对方做可口的饭菜，婚后双方都对做饭越来越深恶痛绝，甚至会因为对方吃了自己爱吃的菜而生气。

幻想与现实6：婚前幻想对方遵守结婚时许下的诺言，为了自己而改正所有的缺点，婚后对方不仅将诺言忘得一干二净，而且增添了更多毛病。

（三）离婚率升高

1. 离婚的定义

离婚是指夫妻依照法定的条件和程序解除婚姻关系的法律行为。

2. 离婚的原因

引起离婚的原因很多，主要有以下几种。

（1）缺乏两性相处的技巧与方法。

当物质需求得到满足后，人们便开始关注精神、情感方面的需求。然而，男女两性在认知、思维和行为方式上存在很大差异，导致彼此很难满足对方的这些需求。即使夫妻双方都在付出爱，但这种爱可能并不是配偶真正需要的，这是因为人们并不真正了解配偶的需求是什么。有些人自认为对配偶很了解，实际上对配偶的心理需求一无所知。

（2）缺乏爱或不能同步成长。

缺乏爱指的是以夫妻双方非爱情因素为基础维系婚姻。例如，夫妻双方匆忙结婚或基于实用目的而结婚，其中一方可能追求对方的社会地位或财富，或者违背个人意愿。在这种情况下，经过一段时间发展后，双方往往以离婚收场。

不能同步成长则是指夫妻之间无法共同进步和发展。例如，一方热爱学习、积极进取，而另一方却过于消极，整天玩乐，缺乏自我提升的意识。随着时间的推移，夫妻之间的共同语言和兴趣会越来越少，世界观和价值观也会出现分歧，最终导致婚姻破裂。

（3）个性不匹配。

个性不匹配意味着夫妻双方的性格特点存在很大差异。例如，一个人性格非常外向，而另一个人性格则非常内向；一个人依赖性很强，而另一个人则独立性很强。这种夫妻组合很容易引发婚姻问题。

（4）婚外情。

婚外情是一种常见的婚姻问题，它涉及复杂的社会、家庭和个人心理因素。婚外情的成因多种多样，主要可以分为两类：一类是基于男性在社会文化中的优越地位；另一类则是由于一方的需求在婚姻中未能获得满足。婚外情通常会对所有相关人际关系造成伤害。

（5）一方生理问题或其他方面的问题。

在婚姻中夫妻双方还可能因为一方有生理问题、传染病、精神疾病等而离婚。此外，还有的夫妻双方因住房问题、长期分居、一方出国等而离婚，以及因孩子户口问题而假离婚。

（6）经济问题或生活发生重大改变。

当夫妻一方出现经济问题或生活发生重大改变时，另一方可能不想被连累，或者出现问题的一方因感到愧疚主动提出离婚。

四、婚姻关系中的回应方式和四骑士理论

约翰·戈特曼（John Gottman）和他的妻子用了 40 年的时间来研究一组问题：是什么塑造了一个稳定的家庭？又是什么导致了离婚和婚姻不幸呢？戈特曼认为，对于那些最初非常相爱的夫妻来说，最容易导致他们离婚的不是大的困难，而是生活的琐碎。戈特曼关注婚姻中的冲突，他认为无论是在幸福的家庭中还是在不幸的家庭中，冲突都会扮演重要的角色，婚姻的成败不在于是否存在冲突，而在于当冲突出现的时候，夫妻双方怎么面对。戈特曼把夫妻分为两类，一类是 Master 型（成功型），另一类是 Disaster 型（灾难型），并考察这两种类型的夫妻在对方有情绪需求时不同的回应方式，以及对夫妻的幸福程度造成的深远影响。

戈特曼邀请 190 对新婚夫妇参加一天的华盛顿大学游览，并使用摄像机跟踪拍摄每对夫妻在游览过程中的互动情况。随后，他对这些拍摄材料进行了分析。

其中一对夫妻，丈夫是一个鸟类爱好者，在这方面投入了很多精力，而妻子不喜欢鸟。当走在华盛顿大学的校园里时，丈夫突然发现了一只鸟，说："哇！这只鸟太漂亮了，我从来没有见过。"说完，他情不自禁地走了过去。

这时候，妻子的回应方式特别重要，如果她是一个 Master 型的妻子，那么即使不喜欢鸟，也会积极回应丈夫的需求，如"哇！这只鸟真漂亮，我也没见过这种鸟"。那么丈夫会感觉到自己受到了尊重，能感受到一种积极的情感和支持。

如果她是一个 Disaster 型的妻子，那么她会觉得：不就是一只鸟吗？有什么好看的！家里的钱都用来倒腾鸟了。她会把平时压抑在内心的情绪释放出来。这时候，丈夫就会感觉到自身价值的丧失和沮丧。

戈特曼经过 11 年的严谨研究，预测出这对夫妻 6 年后对夫妻关系的满意度，准确率高达 94%。他发现：Master 型和 Disaster 型的夫妻通常会以不同的方式对待对方。Master 型的夫妻会努力寻找对方身上值得赞赏和感激的部分，并努力培养尊重和欣赏的习惯，这需要有意识地付出努力。与之相反，Disaster 型的夫妻往往会聚焦于对方身上的缺点，并不断地进行批评和指责，缺乏尊重和欣赏，这是两者之间最本质的差别。对 Master 型和 Disaster 型这两种类型的夫妻来说，哪些因素会损害到婚姻关系呢？Disaster 型的夫妻身上的哪些特质会破坏亲密关系呢？针对这些问题，戈特曼进而提出了"四骑士理论"。

第一个骑士是批评和指责。批评和指责比一般的抱怨程度更深，对亲密关系的伤害更直接，包含对人格特质的攻击。此外，抱怨的扩大化也体现在批评和指责上，夫妻会使用一些概括性的语言，如"你从来不……""你总是……"等，让夫妻的紧张关系升级到争吵和冲突。因此，

为了培养尊重和欣赏的习惯，夫妻双方应该有意识地避免抱怨的扩大化和使用概括性的语言。

第二个骑士是轻蔑和鄙视。相较于批评和指责，轻蔑和鄙视对亲密关系的破坏更加深远。无视对方的价值和对家庭的贡献，会让对方感到自己毫无存在意义。轻蔑和鄙视常常伴随着讽刺、嘲笑、诋毁、翻白眼、怒视和恶意的玩笑，目的是贬低对方，表现出居高临下的态度。这种态度会让对方产生敌意，并加剧情绪冲突。有时候，这种轻蔑和鄙视不仅仅是针对伴侣个人，还会波及其他家庭成员，导致情绪进一步扩大化、升级。因此，培养尊重和欣赏的习惯比展现轻蔑、鄙视更加有益，可以使亲密关系更加稳固。

第三个骑士是防卫。受到攻击后自然产生的反击行为，也会加剧夫妻间的矛盾。当一个人受到批评和指责时，有时候会反击、防卫，通过这一模式，夫妻双方可能会逃避攻击，撇清责任。

第四个骑士是筑墙回避。当夫妻经历过批评和指责、轻蔑和鄙视、防卫以后，依然没有解决他们之间的问题时，其中一方可能会筑墙回避，具体表现为逃避冲突，表现出一副不闻不问的样子。

除了"四骑士"，戈特曼提出现实生活中还存在一种情感解离现象。在一些夫妻的相处过程中虽然没有出现"四骑士"问题，但是他们缺乏积极的情感，与幸福夫妻相比，最显著的差异在于他们缺乏共同的兴趣爱好、情感和幽默感。因此，情感解离现象是指表面上看起来是一对夫妻，没有矛盾，没有争吵，但实际上他们之间关系非常冷淡。尽管表面上他们之间相处得不错，但内心其实非常绝望。

戈特曼认为避免"四骑士"和避免情感解离是非常重要的，如果想改善夫妻关系，就要在日常生活中给予对方更多的善意，不局限于一方给另一方买衣服、做饭、按摩等，而应该渗透到生活中的每一个细节之中。

五、实务操作

本书依据辩证沟通思维及四骑士理论，对夫妻沟通提出如下建议。

（一）妻子的沟通技巧

1. 妻子应该做的事情

（1）接受丈夫的全部。

女性对男性的接受，对于男性来说十分关键，很多婚姻的破裂都源于夫妻双方不接受彼此的真实模样。不要有意去设法"改造"对方，要求对方变成自己心中构建的样子。这种要求不仅会威胁亲密关系的和谐稳定，还会阻碍对方深入了解和认识自己，更会影响实现个人成长。

（2）顾及丈夫的脸面。

有些女性非常善于顾及男性的情绪，从不伤害男性的自尊心。而有些女性缺乏智慧，经常毫不留情地损害男性的自尊心，如当众批评丈夫的缺点、在亲戚面前指责丈夫无能、在朋友圈埋怨丈夫不会挣钱、在聚会上发脾气并且撒手不管、经常在家庭矛盾产生时斥责丈夫无能、不时地外扬家庭的丑事等。一旦男性丢了面子，他内心的阴影面积就会越来越大，甚至他的心灵也会受到深深的伤害。

（3）懂得对丈夫表达感恩。

随着女性受教育程度的提高，越来越多的女性具有了强烈的事业心，并且在职场中取得了成功。给"女强人"提出三点忠告：适时"示弱"、懂得感恩、舍得牺牲。虽然工作繁忙，但也要多花一点心思在爱情及家庭上。对于老公的点滴付出，要懂得感恩，肯定丈夫对家庭的贡献。

（4）肯定丈夫的优点但要适度。

对于丈夫的优点，要积极认同并加以鼓励。在肯定丈夫优点的时候，也要讲究方法，不能一味地肯定和赞美，不能盲目崇拜和敬仰。若盲目崇拜，可能导致对方轻视他人；若把对方捧在天上，自己就势必会低到尘埃里；若一味地表扬甚至附和，对方会变得骄傲。

（5）支持丈夫所做的努力。

大多伟大的男性背后总会有一个伟大的女性。女性不应该只站在男性身后，而应该支持丈夫所付出的努力。当妻子用任何一种方式接受并且鼓励丈夫的时候，其能量是超乎想象的。

2. 妻子不应该做的事情

（1）不要多疑。

妻子可以保持适度敏感但不可过度敏感。对于丈夫和异性的正常交往，如说话、聊天、发短信等，大可不必耿耿于怀。夫妻之间只要不违反婚姻的契约关系，完全可以给对方足够的自由。猜疑对方只会让对方感到不受尊重，进而产生屈辱感。

（2）不要尝试去控制丈夫。

控制对方，等于限制自己。当丈夫遇到问题和有压力时，妻子需要给予足够的空间和理解。这意味着妻子应该允许丈夫有自己的时间和空间去休息、思考应对策略，并且做到不打扰。妻子可以提供一个"山洞"，让丈夫独自待一会儿，静心思考。这种支持和理解可以让丈夫感到安慰和信任，从而更好地处理自己的情绪和问题。夫妻虽然关系很近，但是也必须有自己的隐私和自由。过分地注意对方的一言一行，时时刻刻追寻对方的踪迹，就是在消耗时间和精力，自己也会变得不堪重负。

（3）不要当着丈夫的面夸另一个男性。

就像女性不希望男性在她面前称赞另一个女性一样，男性也很在意女性当着他的面称赞另一个男性，即使这个男性是女性的亲戚或男性的朋友，男性可能也无法容忍。

（4）拒绝任何形式的暧昧。

在职场中，妻子应自尊自爱，与领导和同事保持适当的距离，婉拒不明确的职场社交，不接受异性的暧昧馈赠，警惕上司给予的与个人工作、学习、业绩不相符的奖赏和提拔。在虚拟世界中，妻子应保持对丈夫的忠诚，拒绝任何破坏夫妻感情的网络活动，如与男性朋友网上暧昧，与陌生男性网络交友或玩虚拟婚姻游戏等。

（5）防止沉迷网购。

据报道，某市有一个女子因为对网购上瘾，引发了家庭纠纷。最终，她在一时冲动下剁掉了自己的大拇指，以此表明自己要戒掉网购瘾的决心。这显示出部分女性对网购的痴迷程度已经到了无法自拔的地步，甚至对个人健康和家庭生活产生了负面影响。

（二）丈夫的沟通技巧

1. 丈夫应该做的事情

（1）关爱疼惜妻子。

阿德勒说过："在夫妻关系中，给予对方的关心胜过自己，婚姻关系才会真正幸福美满。"因此，作为丈夫，出门在外，由于妻子十分牵挂自己，为了让她放心，别忘记每天打一个电话。除此之外，丈夫还要记得自己妻子的生日，因为女性很重视仪式感，如果忘记了她的生日，她会很伤心。

（2）陪妻子聊天。

女性天生喜欢倾诉，她们习惯通过倾诉把压力释放出来。所以，作为丈夫，一定要学会倾听和聊天。不轻易打断妻子的话，偶尔表示赞同，这会让妻子更加爱自己。

（3）准时回家。

一位演员说过，好男人的基本标准包括：不一定要浪漫，但一定要负责任；不一定要挣大钱，但一定要养家；不一定要事事听父母，但一定要有孝心；不一定要对老婆百依百顺，但一定要宠老婆；不一定要飞黄腾达，但一定要有时间陪家人。回家的男人，才有饭吃，才有衣穿，才有人嘘寒问暖，才能够体会到妻子的担心，才能够感受到儿女的挂念，才能够享受到天伦之乐。

（4）充分理解妻子。

妻子的唠叨实际上是她表达关心和爱的一种方式，这使她感到幸福满足。当妻子撒娇时，这是她赠予丈夫的爱的礼物，表达了她的温柔和爱意，因此丈夫不应该忽视她。丈夫应该尊重妻子，也应该懂得退让，这是爱情的真正体现。

（5）坚守婚姻的承诺。

张中行先生说过："已成伴侣，应珍视如意部分，忽视不如意部分，'躬自厚而薄责于人'。坎坷经历，时间拉长，会使不如意部分淡化、如意部分浓化，所以，伴侣不难成为恩爱的。事来于天，成于人。"张先生的话无疑是经营婚姻的一个秘诀。

（6）主动承担部分家务。

家务应由夫妻双方共同承担，如果其中一方工作较忙，那么另一方可以多承担一些。夫妻一起从事家务劳动也是一种家庭生活情趣，所谓"男女搭配，干活不累"，夫妻一起协作，有利于加深夫妻感情，培养情趣。

（7）保证亲子时间。

尽管《三字经》中有"子不教，父之过"的教导，一些男性仍然不愿意担负起父亲的角色，认为看孩子是女人的事。参与亲子教育是父母共同的责任，这有助于孩子理解男性和女性在家庭中的不同角色。如果父亲没有参与，男孩和女孩在表达其性别特征时就会遇到困难。研究表明，4岁前未与父亲一起生活的男孩在性别角色上更趋向于女性化，早期缺失父爱的女孩在女性角色的形成上也会受到影响。

（8）积极开导妻子。

女性天生内心敏感、心思细腻，加上需要兼顾家庭和工作的压力，难免会有脆弱无助的时候。丈夫应该常常换位思考，积极开导妻子，帮助妻子打开心结。说积极而温暖的话语是开导妻子的方式之一。此外，丈夫也可以组织户外活动来帮助妻子走出情绪低谷。

2. 丈夫不应该做的事情

（1）不可斤斤计较财产。

家庭里该购进的，一定要开支，家里可以没有奢侈品，但是得有必需品。如果有能力，丈夫应适当满足妻子穿衣打扮的消费需求，因为爱打扮是女性一生的爱好。

（2）不可大男子主义，也不可蛮横。

传统大男子主义意味着男性在婚姻中占有绝对的主导和支配地位，一切是他"说了算"，这充分体现了男女之间的一种不平等。作为丈夫，不可以蛮横，不能仗着自己有力气，在生气的时候以武力相威胁，或者直接付诸武力。

(3) 坚决拒绝诱惑。

男性必须有道德良知，面对诱惑，一定要态度明朗，坚决回绝；在职场中，一定要公私分明，把握好分寸；任何时候都需要控制冲动，临危不乱。做到这一点，才能坚守好婚姻阵地，保卫好爱情成果。

(4) 不可沉迷于网络。

互联网在给人们提供便利的同时，也带来了不少问题。婚后，不少丈夫因沉迷于网络游戏而不收拾家务，不读书学习，知识退化，不思进取，导致夫妻关系恶化，进而可能导致婚姻关系破裂。

（三）积极应对幻想与现实的差别

针对前文提到的婚后生活中幻想的破灭，如果不能理智面对婚前和婚后的差异，那么婚姻非但不会成为搭载人们走向家庭幸福、事业成功的列车，反而会成为消耗彼此、滑向深渊的陡坡。因此，夫妻双方都应该采取积极的态度去应对幻想与现实的差别。

积极应对 1：调整心态。长情是深埋心底最温暖的情意，没有用电话缠绵并不意味着对方不爱自己，充分信任彼此，给予对方自由呼吸的空间。

积极应对 2：正是因为在意对方才会有所隐瞒。只要无伤婚姻实质，留些滋味在心里倒也无妨。

积极应对 3：保持平和的心态比什么都重要。夫妻吵架无所谓谁对谁错，当发生分歧的时候，一方暂时让步，容忍另一方，双方才能避免争论。

积极应对 4：不应要求自己的伴侣太过完美。丈夫要兼顾好事业和家庭，多抽时间陪陪妻子，妻子要多些耐心，体谅生病时内心脆弱的丈夫。

积极应对 5：习惯从婚前幻想中"琴棋书画诗酒花"到婚后现实中"柴米油盐酱醋茶"的转变。在婚姻中，双方不仅要共同经营感情，还要共同经营饭桌。

积极应对 6：尝试着慢慢接受或淡化对方的缺点，换个角度看待问题。丈夫不要奢求妻子是完美的，妻子也要多发现丈夫的可爱之处。

（四）婚后角色的转换

在婚姻的初期，无论是男性还是女性，都需要花时间来转换自己的角色。

婚后角色的转变实际上是一种心态上的转变，从单身男女到组成一个家庭，需要承担起更多的责任和义务。在这个过程中，夫妻之间需要互相理解和支持，共同营造一个和谐幸福的家庭环境。只有尽早磨平身上的棱角，学会关爱对方，才能构建良好的婚姻关系，进而才有精力和能力处理好与外界的其他关系。

新婚夫妻可以用以下 6 个小妙招适应婚后角色的转换。

1. 学会处理好工作与家庭的关系

新婚的年轻人通常都处于就业或创业的初级阶段，他们渴望在公司中更多地表现自己，或者在事业上干出一番天地，加班甚至以办公室为家是他们一贯的作风。由于刚从单身的状态进入婚姻，他们还未成功转换角色，还未形成按时回家的习惯。平衡好工作与家庭是一个长久的课题，作为新婚夫妻，在好好工作的同时，一定不能忘记家里还有人在等着自己。

2. 学会理财，拒绝"卡奴"和"月光"

婚前许多年轻人可能会有超前消费的习惯，这种消费习惯可能会导致他们每月的收入所剩无几，甚至负债累累。作为新婚夫妻，应改变婚前不良的消费习惯，每月制订存钱计划。只有这样，刚搭建的小家庭在遇到突发事件时才能更好地应对，做到游刃有余。

3. 家里开火，不再冷火秋烟

处在恋爱阶段，男女双方看电影、喝咖啡、下馆子是"爱情三部曲"，因而有些恋人们养成了经常下馆子的习惯。长期在外面吃饭，不是长久之计。婚后，夫妻应养成在家开火做饭的习惯，既健康又实惠，同时两人在做饭过程中交流互动，可以增进夫妻间的感情。

4. 由恋人变为家人

当被生活磨平棱角，两人之间的爱情变为亲情，两人的关系也就从恋人变成家人。婚后，恋爱时期的你侬我侬可能会慢慢消退，更多的是夫妻间的相濡以沫。两人应充分意识到角色的转变，不要因感到爱情浓度的下降而抱怨。

5. 参加聚会，记得"报备"

婚前，男女双方可以随心所欲地熬夜聚会，可有了家庭之后，参加聚会一定要提前告知对方，以免对方担心，切不可放任自流。

6. 坚定地表明自己已婚的身份

结婚之后，夫妻双方需要承担起对彼此的责任和义务，需要对婚姻保持忠诚。当遇到有人对自己表达暧昧的时候，一定要表明自己已婚的身份，以免给婚姻带来伤害。

六、思考题

1. 夫妻沟通同恋爱沟通有何异同点？
2. 夫妻在结婚前后分别需要进行哪些沟通？
3. 夫妻沟通存在障碍会造成哪些不利影响？

第十九章 亲子沟通

本章目标

1. 让读者知晓亲子沟通的欠佳形式及其危害,掌握正确的亲子沟通方式。
2. 让读者掌握如何面对孩子不同成长时期带来的沟通困难,建立良好的亲子关系。
3. 让读者学习有效的亲子沟通技巧及相关理论,增进亲子之间的理解和信任。

本章要点

1. 欠佳的亲子沟通形式。本章介绍一些常见的欠佳的亲子沟通形式,如在指责、过度保护、过高期望等情况下沟通,同时也会讲解这些欠佳的亲子沟通形式带来的危害和影响。
2. 如何建立良好的亲子关系。本章阐述如何正确应对孩子的叛逆期等成长时期,如何倾听孩子的心声,理解孩子的需求,以及如何营造一个开放、支持和信任的沟通环境。
3. 有效的亲子沟通技巧及 P-A-C 沟通分析理论。本章提供一些有效的亲子沟通技巧,这些技巧能够帮助父母更好地理解孩子,增进亲子之间的信任,有效解决亲子沟通难题。通过相关理论的学习,帮助父母理解"沟通系统,细节感人"在亲子沟通过程中的重要性。

> "留给子女的不应是财富,而应是智慧和人品。"——曹德旺(1946.05.14—)

一、引导案例

案例 19-1　不再乖巧的心肝宝贝

结婚几年后,小华和小林有了爱情的结晶——小小华。小小华的到来,给平淡的家庭生活增添了不少乐趣,夫妻二人围绕着小小华忙里忙外,疲惫也都化作了过眼云烟。

对处在幼年时期的小小华来说,父母就是世界的全部,父母说什么,什么就是真理。如此听话乖巧的小小华是父母的心肝宝贝,父母哄着、护着,生怕小小华遇到一点挫折。但是随着小小华逐渐长大,他不再是那个整天跟在爸爸、妈妈身后的小男孩,不再像小时候一样向爸爸、妈妈讲述自己在学校里的事情,如看见了一只蝴蝶、中午吃了一大碗饭,突然之间他变得沉默,把父母的叮嘱也逐渐当成了唠叨。

步入高中,小小华面临决定人生方向的一个转折点——高考,但小华注意到小小华最近似乎无心学习,时常跟着一群朋友在外游荡,并且拒绝与父母交流。小华和小林尝试各种方法跟小小华沟通,但每次都聊不了几句就不欢而散。

小华和小林应该如何和小小华进行沟通？应该如何去面对随着年龄增长而变得不同的小小华？

（资料来源：笔者依据相关资料整理）

带着问题学习

1. 小小华可能因为什么开始拒绝和父母沟通？
2. 父母应该用什么样的方法消除与孩子之间的隔阂？
3. 在与处于叛逆期的孩子沟通时，什么因素是最重要的？

二、亲子沟通概述

（一）亲子关系的定义

亲子关系有两种主要的定义方式。一种是基于生物学的定义，即亲代和子代之间的遗传关系。另一种是基于社会学的定义，即社会关系中的父母子女关系，主要涉及法律、制度和地位等方面的关系。

根据我国《婚姻法》的规定，父母子女关系又称为亲子关系，其中"亲"指父母，"子"指子女，而亲子关系是最近的直系血亲关系。

（二）亲子沟通的重要性

作为孩子个性发展的社会化动因，家庭是孩子实现社会化的主要场所。在家庭中度过的几年是孩子个性形成和社会行为习得的关键时期。孩子与父母的情感互动和关系性质对个性发展有着重要影响。在家庭中，社会信仰、价值观念等社会化目标会通过父母的过滤传递给儿童，父母会以高度个体化、有选择性的方式塑造孩子的成长轨迹。

但是，不少父母在完成这种传递时面临种种障碍。父母耗尽心血，孩子却不能如自己所愿；父母节衣缩食，尽量满足孩子的需求，孩子却满不在乎，大肆挥霍，对父母心存不满；父母谆谆教诲，孩子却当作唠叨……

实际上，孩子在任何时期都是需要父母的关心和帮助的，但并不是所有的孩子都能体会到父母的良苦用心，父母想说的不一定是孩子想听的。正是亲子沟通的不到位或效率低导致父母和孩子之间产生了隔阂。

（三）有效的亲子沟通的特点

父母的性格不同，与孩子的沟通方式也不同，沟通方式的好坏没有固定的标准。有效的亲子沟通一般都具有以下特点。

能够促进进一步的沟通。亲子沟通不是一个短暂的过程，而是不断延续、没有终点的。每一次亲子沟通除了传达信息、向对方敞开心扉、让对方更好地了解自己，还应该起到促进进一步沟通的作用，让沟通更加顺畅和深入地进行。

传递接纳与理解。一定程度的接纳与理解，是沟通顺利进行的基础，如果沟通双方都拒绝接纳与理解对方，沟通便难以进行。作为父母，面对智力和能力都在逐渐发展的孩子，应该表达出一定程度的接纳和理解，吸引孩子主动与自己沟通，让其不恐惧犯错误和被指责。

传递信任和希望。信任是沟通的基石，如果父母对孩子十分不信任，孩子便会觉得没有沟通的必要，因此，父母应该选择信任孩子。同时，父母对沟通的效果和孩子的成长应该心怀希望，这会让孩子更有自信。

创造自由表达的空间。很多时候，孩子不敢与父母沟通，不敢向父母寻求帮助，一方面是害怕被父母批评，另一方面是孩子的表达能力和逻辑思考能力还没有发展完全，不知道应该如何沟通。因此，父母要主动交流，表达自己的理解，鼓励孩子说出心中所想。

提升成长和执行的动力。父母在沟通过程中主动向孩子表达关心与爱，使孩子的内心得到滋养，这样孩子就会更加愿意倾听和理解父母，也会更愿意接受父母的教诲和指导，更有动力去实现父母的期盼。

读懂孩子的言外之意。父母在倾听孩子说话时，不仅要理解表面意思，还要读懂言外之意。不管是渴望得到新的玩具，还是隐晦地表达自己的不满，如果父母都能够读懂并且给予适当的满足，亲子关系就会更亲密，孩子也会更愿意与父母沟通。

三、现实问题

（一）亲子沟通形式欠佳

1. 在指责中沟通

卡耐基说过："指责是祸根，礼让享安宁。"有些父母不能正确地评价孩子，即使孩子犯一个小错误，也会大声训斥、指责、谩骂。长期这样，孩子会感到茫然无措，性格孤僻（见案例19-2）。心理学研究表明，经历过不知所措、被动和孤独的孩子，在个性上会出现强烈的排斥感：一种是排斥自己，自卑，自我否定；另一种是排斥外界，怀疑一切，具有强烈的反叛意识。

案例 19-2　玲玲的梦想

"玲玲，你将来的梦想是什么呀？"爸爸问。

"我要当一名伟大的科学家！"玲玲很认真地回答。

一旁的妈妈冷笑一声插话道："切！这次期末考试五门中有三门不及格，你还想当科学家？"

玲玲想起这次期末考试的成绩，不禁低下了头。

（资料来源：笔者依据相关资料整理）

---

2. 在过度保护下沟通

案例 19-3　翠鸟移巢

为了避免人类的干扰，翠鸟通常会选择在高处筑巢。然而一旦孵化出雏鸟，翠鸟就会对它们照顾备至，生怕它们从高处摔下受伤。因此，翠鸟会逐渐将鸟巢移低。等到雏鸟长出羽毛后，翠鸟会更加关注它们，进一步降低鸟巢位置。不幸的是，这种行为使得翠鸟更容易遭到天敌的捕捉。

（资料来源：笔者依据相关资料整理）

许多父母存在"关爱强制"的问题。这一问题通常表现为父母过分需要孩子依赖自己，并且喜欢向孩子提供孩子不需要的关爱，甚至会强迫孩子接受自己的关爱。这会导致双方都处于压抑和痛苦的生活状态中。过度保护孩子会让孩子变得软弱、娇气，缺乏意志力（见案例19-3）。

3．在过高期望中沟通

案例19-4　除了学习还是学习

小浩是一名初二学生，父母对他要求极为严格，他的生活中除了学习还是学习，就算是放假也不能休息，一大堆补习班在等着他上。没有娱乐、没有朋友，只有写不完的作业，这使得小浩憎恨学校，厌恶学习，但同时，小浩又很期待得到父母的赞扬，于是，他拼命压抑自己的情绪，硬逼自己读书。

在这种状况下，小浩的成绩不断下滑。渐渐地，他也产生了异常想法，那就是不允许任何人碰他的头，小浩认为只要别人碰了他的头，就会损坏他的脑细胞，影响他的智力。慢慢地，小浩不想出门，不想去学校，出现了严重的精神问题。

（资料来源：笔者依据相关资料整理）

费孝通先生曾说："在父母眼中，孩子常是自我的一部分，子女是他理想自我再来一次的机会。"大多数父母都存在一个相同的现象，将自己未实现的梦想强加在孩子身上，即对孩子有过高的期望，如必须参加兴趣班、必须进入省重点、必须考上一流名校等，一个期望满足了还会有下一个期望，孩子如果达不到期望，就会变得无望，甚至自暴自弃、产生逆反心理（见案例19-4）。

4．在过分溺爱中沟通

父母对孩子的爱是必然且必要的，但是过度溺爱孩子只会削弱他们承受挫折和困难的能力。溺爱会导致孩子变得自私、冷漠、傲慢、叛逆。同时，过分的庇护会削弱孩子的心理承受力。当在学习或生活中遇到困难而得不到父母的帮助时，在过分溺爱中长大的孩子会感到束手无策，甚至可能变得自卑并走向极端。

5．在过于偏执中沟通

案例19-5　偏执的母亲和女儿

小刘是一家公司的职员，在大家的眼里，她很孤傲，不苟言笑。她的女儿已经16岁，母女关系非常糟糕。

为了缓解母女之间的关系，小刘报名参加了一个专门调节家庭矛盾的训练营，在训练营里，所有来解决问题的父母和孩子都表现得态度积极，相当配合，只有小刘这对母女，冷眼相对，谁也不理谁。

在一个寻找问题根源的环节中，小刘把问题的根源全推到了女儿与丈夫身上，认为

> 女儿没有考上重点高中都是因为她自己不用功和丈夫不负责。
> 　　同样，她的女儿也在这个环节中把一切问题的根源都推到了妈妈身上，认为正是妈妈的过高期望，导致自己的心理压力过大，在考试中犯了不该犯的错误，名落孙山。
>
> （资料来源：笔者依据相关资料整理）

　　一些父母在遭遇失败时，往往不是从自身找原因，而是将责任归咎于外部，对他人进行严厉的批评，甚至对竞争对手进行谩骂、侮辱。另外，一些父母在离婚后，会在孩子面前毫不掩饰地指责前配偶。这种行为不仅不利于孩子的成长和发展，还会给孩子带来不良影响。有些父母还会说一些偏执之语，这些话对于父母来说可能只是一时的气话，但由于孩子暂时没有辨别是非的能力，说这些话实则是在孩子的心田播种仇恨的"种子"，可能导致其性格扭曲，甚至产生情感障碍。

（二）因孩子叛逆造成的沟通困难

1. 叛逆的定义

　　叛逆是一种反抗正常规则、违反他人意愿的思想和行为，往往表现为做出违背他人意愿的举动。这种心理本质上是幼稚的，是一种想要表现自我、引起他人注意的欲望。在思维方式上，它属于"求异思维"，即通过标新立异，甚至唱反调的方式，试图改变他人对自己的看法，改变自己的处境。

2. 叛逆产生的原因

　　青少年产生叛逆心理的原因是多种多样的，其中父母不恰当的教育方法是导致叛逆心理的主要原因之一。具体分为如下几点。

　　传统思想影响着一些家长。有些家长受传统思想的影响，仍然存在长期的家长专制思想，在教育子女上缺乏民主意识。他们总是认为孩子还不够成熟，应该绝对服从自己，不应有自己的看法。因此，孩子很少将父母当作倾诉对象，因为他们害怕自己做错事后会受到家长的责备。

　　家长认识上的错误，造成教育方式不当。有些父母缺乏常见的心理学知识，在教育子女上急于求成，方法过于简单粗暴，往往无视孩子的自尊心和心理承受能力。特别是在孩子犯错时，他们不是与孩子一起分析错误并商量补救措施，而是责骂甚至殴打孩子，导致孩子在犯错误时感到孤立无援，进而产生叛逆心理。

　　父母与子女缺乏双向交流，产生思想矛盾。随着孩子的成长，他们逐渐形成了独立和自我意识，渴望有自己的处事方式，希望摆脱父母的管束。然而，一些家长过度保护孩子，包办一切，这与孩子渴望独立和表达自己的想法的愿望不符，从而导致思想上的冲突和矛盾产生。由于缺乏与父母的沟通和交流，孩子更容易产生叛逆心理和行为。

（三）亲子之间缺乏沟通

1. 缺乏沟通的原因

（1）身份不同。

　　在生活中，父母通常会以指导者的身份与孩子交流，但是孩子更倾向于与同伴进行交流。在童年时期，孩子需要父母的关心和平等的交流，而父母也会愉快地为孩子付出。成年后，孩子会独立生活，更愿意与同龄人交流，而在父母的心中，孩子永远是孩子，他们依旧以指导者的身份对孩子提出要求，这种做法反而会引起孩子的不满。

（2）目的不同。

随着孩子逐渐成长，父母想要给予其更多的指导和经验，而孩子则更加希望分享自己的经历和感受。到了一定的年龄，孩子不再需要父母的过度干预和指导，过多的干预反而可能引发他们的反抗。处在青春期的孩子之所以躁动和反叛，不仅仅是生理上的原因，还因为他们在反抗父母的掌控和权威。

（3）角色不同。

父母大多是以家长的身份与孩子相处，居高临下，而子女渴望的是平等相处。面对孩子在儿时的好奇和依赖，父母不断给予和灌输，逐渐树立了权威，却也形成了不良的沟通模式。

2．缺乏沟通的危害

（1）孩子会变得自卑。

父母与孩子缺乏沟通，孩子会缺少陪伴，变得自卑。他们不肯把自己的事情与别人分享，看起来乖巧，实际上容易压抑负面情绪，也缺乏安全感。

（2）亲子关系紧张。

父母与孩子缺乏沟通，亲子关系会变得紧张，久而久之，孩子会与父母针锋相对，家庭中会充满无意义的争论。这样一来，对于孩子来说，与父母之间的关系甚至还不如与陌生人之间的关系，亲子沟通会越来越少。

（3）孩子会变得叛逆。

如果父母与孩子缺乏沟通，在孩子的印象里，自己犯什么样的错误，父母都会解决，而且从来不会教育自己，这样的孩子在父母面前表现得很乖，但是在其他人面前会表现得嚣张跋扈、特别叛逆，甚至可能会误入歧途。

四、P-A-C 沟通分析理论

（一）理论的主要内容

艾瑞克·伯恩（Eric Berne）在《人们玩的游戏》一书中提出了 P-A-C 沟通分析理论，他认为父母与子女之间的沟通，也是一种人际交往关系。子女在成长过程中，早期会受到父母的教导与熏陶，而在往后与他人的互动过程中，会形成 3 种不同的自我状态，它们分别为：父母式（Parent）、成人式（Adult）、和儿童式（Child）。在日常生活中，个人配合着不同时机和环境，会运用不同的自我状态与他人沟通，形成特殊的人际关系。

1．父母式自我状态

观察孩子的行动可以发现，有些孩子会跟弟弟或妹妹说"不要讲话啦""安静点"，这种命令式的话语，通常学自父母平时所说的话。

父母式自我状态分为以下两种。

第一种类型表现为体谅、信任、欣赏、照顾孩子，常用的话语包括"不要哭，我会帮助你的""你要乖乖的，我们都很疼爱你"等。这种为抚育型父母式自我状态。

第二种类型是以批评和管教为主,对孩子的行为常常表现出苛责和挑剔,甚至使用贬低、恐吓等方式来强迫孩子服从,而且自己的言行举止也不是良好的示范,常用的话语包括"你应该这么做""你必须这么做""你这么笨""连这个都不会""我不管你,谁管你"等。这种为批评型父母式自我状态。

2. 成人式自我状态

成人式自我状态是指就事论事,依据现实环境做出客观的思考,以弹性及清晰的思维来沟通。其特质是客观分析、就事论事、明辨是非,常说的话语包括"让我想想看""也许这样比较有效""你这意见不错,还有没有其他的可能性"等。这种类型的父母通常喜欢说理,孩子可能会缺乏情感上的滋润。

3. 儿童式自我状态

儿童式自我状态是在儿童时期形成的,记录着孩子所感受和经历的情绪和想法。这种状态通常表现出好奇、好玩、好问和比较自由的特点。这种类型的父母经常说出稚嫩的话语。儿童式自我状态分为下列两种类型。

第一种类型表现的特质是自然的、冒险的、愉快的,碰到高兴的事,马上就会欢笑、跳跃,常用的话语包括"好棒""我好喜欢""爸爸妈妈最好啦"等,这种类型是自然儿童型状态。

第二种类型是智能型的,表现的特质是凭直觉、有创造力、喜欢察言观色、不按常理出牌,常说的话语包括"我认为应该这样""那你为什么不好好用功呢"等,这种类型被称为小教授儿童型状态。

(二)理论在沟通中的运用

在上述 P-A-C 沟通分析理论的自我状态中,人与人之间互相给予刺激和反应的过程,就展现出所谓的沟通类别。

互补沟通。亲子之间对彼此有期望,并互相给予满足,例如,孩子说:"昨天,老师说要带我们去科学博物馆,结果竟然下雨了,他决定不带我们去了。"父母说:"这让你们失望,对不对?你一定感到很难过。"

交错沟通。通常子女对父母会有期望,却没有得到预期的回应,例如,孩子说:"妈妈,带我去自然科学博物馆,好吗?"父母会说:"你不好好用功读书,还有脸要我带你去玩。"

暧昧沟通。这种沟通发生时,往往会牵动两种自我状态,一种是表面的,另一种是隐藏的。例如,孩子拿着低分试卷说:"妈妈,我好好用功了,考试时也很认真。"孩子表面上是说自己学习用功,其实暗藏着"成绩不佳不是我的错,你不可以骂我"的意思。

从沟通中可反映出自我状态,而自我状态影响了双方的互动关系。

五、实务操作

本书依据辩证沟通思维与 P-A-C 沟通分析理论,对亲子沟通提出如下建议。

（一）父母应该做的事情

1. 活得有自我，平衡生命中的角色

许多人有了孩子之后，一直都在为父母这个角色而活，甚至忘记了自我。越是把孩子当成生活全部的父母，和孩子的关系问题通常也越严重。如果一个人无法在一段关系中做到独立，就容易失去生命的重心，进而把这个重心放到孩子身上，对孩子有非常多的要求和期待。

其实每个人在生命中扮演的角色是多种多样的，在公司里是员工，和父母在一起是子女，和爱人在一起是伴侣，和友人在一起是朋友。每个角色都是用来服务各自的生命本体，而不是用自己的生命来服务某个特定的角色，若沉迷于某个角色而对自己的生命本体遗忘太多，则会渐渐失去自我。

2. 给予孩子充满爱的原生家庭

所谓幸福的家庭指的不是物质上丰富的家庭，而是充满爱的家庭。每个存在心理缺陷的成年人，大都在童年时期没有获得足够的关注和爱。幼年时期哭闹得不到回应、父母关系冷漠、父母强势指责等，这些因素对后天的亲密关系和性格形成的作用虽难以察觉，却是至关重要的。每个人无法选择自己的原生家庭，但可以为自己的孩子创造一个充满爱的原生家庭。

3. 做到与孩子共情

在建立良好亲子关系的过程中，父母需要具备共情能力。共情能力包括同感、同理、通情达理、设身处地等，能够理解他人的内心世界。有时候，当孩子向父母倾诉时，他们需要的是理解和认同，而非替其做出选择或批评。因此，父母需要设身处地理解孩子，这样不仅能让孩子感到被理解和接纳，感到愉悦和满足，还能促进孩子的自我表达和自我探索。

当父母与孩子沟通的时候，如果缺乏共情能力，孩子会感到失望和受到伤害，认为自己不被理解、不被关心，进而会减少甚至停止自我表达。

> **案例19-6　总统的成长故事**
>
> 一个1岁左右的男孩被年轻的母亲带到公园广场，准备上一段十几阶的楼梯。男孩挣脱开母亲的手，试图自己攀爬上去。他用胖乎乎的小手爬了一会儿，母亲并没有帮助他，只是在一旁鼓励他。男孩爬了两级阶梯，回头看看母亲，发现母亲没有伸手去扶他，只是用鼓励的目光看着他。男孩又开始继续爬，虽然很吃力，但他最终成功攀登上了楼梯顶部，小脸通红，手和衣服也都很脏。母亲这时才走过来，拍拍男孩身上的灰尘，并亲了他一口。这个男孩的母亲是南希·汉克斯，而这个男孩后来成为美国第16任总统，他就是林肯。
>
> （资料来源：笔者依据相关资料整理）

4. 充分尊重并支持孩子

陶行知先生曾经说过："解放孩子的手，让他们自由玩耍；解放孩子的脚，让他们四处奔跑；解放孩子的思维，让他们自由思考；解放孩子的口，让他们自由表达。"对待孩子的天性，父母常有两种极端的态度：一种是忽视孩子的天性，不注重培养，这会导致孩子的天性被扼杀；另一种是期望太高，强制要求孩子按照自己的期望去发展，这会让孩子感到压力和被束缚，会阻碍他们的自我发展。因此，父母应该充分尊重孩子的天性，为他们提供自由的环境和支持。

5. 高质量的陪伴

没有足够的时间陪孩子是不少职场父母所焦虑的问题，实际上，陪伴质量比陪伴时间更

为重要。相关研究表明，父母在孩子 3~11 岁时给予其的陪伴时间与孩子的成长结果并没有必然的关系。

高质量的陪伴需要父母排除工作和外界干扰，专注于与孩子的亲近互动。高质量的陪伴不是看时间长短或频率多少，而是关乎用心的问题，父母要让孩子感受到快乐、安全，并且过程是有趣的，不会给孩子带来精神压力。同时，也要避免表面上是在陪伴孩子，实际上却在玩手机或惦记工作的"隐性失陪"情况。

（二）父母不应该做的事情

1. 不靠宠，靠约束和节制

爱孩子并不是凡事都顺着孩子，溺爱只会导致孩子有恃无恐，做事没有原则、乱发脾气、为所欲为。作为孩子，尚且没有能力去辨别什么事情是对的、什么事情是不应该做的，仍需要父母的帮助、引导。父母在引导时需要注意方式和方法，让孩子明白事情的好坏、为什么要这样做，对孩子提出具体要求并且一定要坚持原则，同时对于孩子提出的要求要有约束、有节制地满足他们。

2. 不要拿孩子作比较

几乎所有孩子都曾经或多或少地被父母与别人家的孩子比较过。然而，这种比较行为容易打击孩子的自信心，造成其自我价值和认同感过低，产生消极情绪。特别是当孩子处在青春期等关键时期，父母这样做还容易引起孩子的反感，从而使孩子产生抗拒情绪。

3. 不要急于把孩子拔高成朋友

孩子是有独立灵魂的个体，随着孩子长大，他们的自我意识开始觉醒，不会全然按照父母所定的道路去走，他们有自己的人生轨道。当孩子开始成熟独立后，父母可以把孩子当成朋友。但在孩子心智未完全成熟时，父母不要急于把孩子拔高成朋友，向孩子过多地索要情绪价值。

4. 不要打骂孩子

许多家长都持有"打是亲骂是爱"的观念。然而，说服孩子比体罚更有效。让孩子理解自己的错误，认识到自己错在哪里，对于他们的成长和发展更有意义。相比于通过暴力的方式解决问题，说服的意义更加深远且更能从根本上解决问题。

5. 不要替孩子做选择

根据心理学中"投射认同"的概念，在父母和孩子的关系中，如果父母认为孩子没有选择的能力，认为孩子在选择时肯定会犯错，那么父母就会在与孩子相处时无意识地表现出这种想法。尽管父母没有明确对孩子说"你不行""你不会选"，但是孩子会从父母的言行中接收到这种信号。这种信号会通过父母的言行举止不断地传递给孩子，导致孩子失去选择的能力。随着时间的推移，孩子可能会成为人们口中的"妈宝男""妈宝女"，缺乏独立性和生活自理能力。

（三）正确应对孩子的叛逆期

观察孩子和自己的沟通方式。当处理孩子的叛逆问题时，父母需要脱离自身的角色，从第三者的视角来看待问题。有时候，问题并不完全出在孩子身上。由于父母通常认为自己是正确的，因此孩子的不顺从就会被看作叛逆行为。作为父母，有时需要谦卑，摒弃自己的固执想法，从不同的角度来看待孩子，并做出适度的让步。

保持冷静。当孩子有叛逆行为时，成年人很可能会感到不满和急躁。然而，作为父母，应该先提醒自己保持冷静，等待孩子情绪稳定后再进行沟通。孩子在叛逆期可能会用激烈的言辞和行为来表达情绪，父母应该懂得控制自己的情绪，保持冷静。

寻求意见。在教育孩子时，有时父母需要寻求他人的建议。例如，可以向同龄孩子的家长或朋友询问如何处理类似问题、参加讲座、向孩子的老师寻求帮助。如果情况特别复杂或有特殊需求，可以寻求心理专家的帮助。这将有助于父母更好地了解孩子的情绪和叛逆行为，更好地应对问题。

开放自我，了解孩子。有些父母不允许孩子有兴趣爱好，担心会影响他们的学业。实际上，当发现孩子的兴趣爱好时，父母应试着了解孩子的情况。例如，与孩子讨论他们的兴趣和偶像，提醒他们学习应该注意的事项。只有深入了解孩子的内心世界，才能与其建立融洽的亲子关系。如果孩子与父母相处融洽，就不会轻易产生叛逆情绪。

改变教育方法。在教育孩子上，父母需要经常调整方法。例如，在孩子处于婴儿期，父母是唯一的教育者，孩子只需要听从。但是，随着孩子的成长，双向沟通变得更加重要，父母应该多倾听孩子的建议。如果某种教育方法不起作用，父母应该及时调整，并不断尝试，直到找到有效的教育方法。

（四）亲子沟通的技巧

1. 平等地对待孩子

与孩子进行沟通，父母应把孩子放在一个平等的位置上。很多父母觉得孩子是自己的，自己怎么对待孩子都可以。但是这样的父母很难与孩子进行良好的沟通，孩子是一个独立的个体，有自己的感情，有自己的人生，所以想要跟孩子建立良好的关系，一定要记住与孩子平等地沟通交流，学会尊重孩子。

2. 分清楚教育和交流的区别

父母在与孩子沟通的过程中需要清楚两个概念，一个是教育，另一个是交流，教育不等于交流。如果跟孩子相处仅仅是教育孩子，告诉孩子什么是对的、什么是错的，那么孩子会觉得和父母沟通对自己来说是一种压力，进而会逃避与父母沟通。可能父母"走的路"比较多，但如果一直把自己的经验灌输给孩子，那么可能会让亲子关系变得紧张。

3. 多参与孩子的活动

在平时，父母要多陪陪孩子，多参与孩子的活动，例如，当学校组织亲子活动的时候，父母应尽量放下手中的工作，要去陪伴孩子成长。孩子的成长只有一次，如果错过了，就真的不会有了。在工作之余，父母也要多陪陪孩子，拿出时间和耐心与孩子沟通交流，和孩子一起玩耍，这样彼此之间的关系会更加亲近。

4. 管理好自己的脾气

在与孩子沟通的过程中，父母要控制好自己的脾气，不要因为一点小事就对孩子非打即骂。如果父母因为一点小事就指责孩子，这样会让孩子对父母产生戒备心理，会让孩子觉得父母不是爱他的。所以父母要学会宽容自己的孩子，如果不是触及底线和违反原则的问题，一定要学会包容自己的孩子，控制好自己的脾气。

5. 学会倾听

如果孩子有什么事情想要跟父母分享一下，父母要学会放下自己手中的工作，放下自己的家务事，耐心地听孩子讲述。可能在父母的心目中这是一件很幼稚的事情，但是孩子的世界就是这样单纯，父母要耐心地陪着孩子长大，学会倾听，在必要的时候可以给孩子一些经验，这样亲子关系也会更加融洽。

六、思考题

1. 在与孩子沟通的过程中，有哪些事是父母不应该做的？
2. 如果孩子进入了青春期，开始拒绝沟通，厌烦父母的叮嘱，那么父母应该怎么做？
3. 在孩子成长的幼年期、少年期和青年期，父母扮演的角色有何不同？

第二十章 特殊场景下的亲密沟通

本章目标

1. 让读者了解特殊场景下亲密沟通的困难和挑战。
2. 让读者掌握在特殊场景下进行有效亲密沟通的方法和技巧。
3. 让读者学会如何应对特殊场景下亲密沟通过程中出现的问题和挑战。

本章要点

1. 特殊场景下亲密沟通的困难和挑战。本章介绍办公室恋情、异地恋沟通和婆媳沟通过程中存在的困难和挑战，同时分析这些困难和挑战产生的原因及带来的后果。

2. 有效亲密沟通的方法和技巧。本章提供一些在特殊场景下进行有效亲密沟通的方法和技巧，这些方法和技巧能够帮助读者在特殊场景下建立和维护健康、稳定的亲密关系。

3. 解决特殊场景下亲密沟通过程中出现的问题和挑战的方法。本章提供一些应对特殊场景下亲密沟通过程中出现的问题和挑战的方法，让读者在工作和生活中都能巧妙摆脱沟通困境。

> "熟悉是从时间里、多方面、经常的接触中所产生的亲密的感觉。这感觉是无数次的小摩擦里陶炼出来的结果。"——费孝通（1910.11.02—2005.04.24）

一、办公室恋情

办公室恋情是职场生活中十分敏感的话题，恋情涉及与同事、下属、上司间各种复杂的关系，若恋情处理不当，很容易影响到工作，甚至断送前程。面对办公室恋情，恋爱双方应综合考虑，权衡利弊，运用辩证沟通思维，根据具体情况采取对策。

（一）引导案例

案例 20-1　不被接受的办公室恋情

戴维和黛西都在同一家国际公司工作，戴维是黛西的上司。随着时间的推移，他们之间不仅建立了深厚的工作关系，而且在互相支持和理解的过程中，感情也越来越深厚。经过一段时间，他们的关系超越了工作关系，最终，他们决定共度余生，步入婚姻的殿堂。

> 然而，他们的幸福生活很快遭遇了挑战。公司员工手册明确规定，如果公司内部有员工结为夫妻，为了遵守避免利益冲突的原则，公司有权对他们的工作岗位进行调整。因此，公司的人力资源部门找到了戴维，决定将他调往公司的其他部门工作，以维护公平公正的工作环境。
>
> 戴维并不同意公司的这个决定。他认为自己和黛西在同一部门工作并不会引起任何利益冲突，因为他们的职责各不相同，他们都有自己的工作重心和责任，而且他们对职业操守的理解和遵守，使他们能够在工作中保持清晰的界线。此外，他认为公司的这种做法实际上是对他们的不信任，这让他感到既困惑又失望。他认为自己和黛西有能力在他们的婚姻和他们的职业之间找到平衡，不需要公司进行干预。
>
> （资料来源：笔者依据相关资料整理）

（二）办公室恋情的特点

1. 办公室恋情的优点

恋爱的安全系数大大提升。相比通过网恋、他人介绍等途径认识的相亲对象，办公室恋情的双方作为同事知根知底，更加可靠。

见面机会增多。与异地恋不同，办公室恋情的最大优势在于两人可以在工作时间内相见，并且可以在工作后的休闲时间一起享受美好时光。

拥有共同话题。由于双方都在同一个单位工作，双方的朋友圈交集很多，双方也会有非常多的共同话题。有共同话题是恋爱双方拥有感情默契的表现。

降低第三者插足的概率。由于办公室恋情的双方在同一个单位工作，所以双方能够及时了解彼此的动态，降低了艳遇、第三者插足等不良事件发生的概率，有利于维护恋情的稳定。

2. 办公室恋情的弊端

易产生视觉疲劳。恋爱需要适当的空间和距离，如果两个人总是在一起，可能会失去一些神秘感和独立性。随着时间的推移，两个人缺乏个人空间和时间来培养自己的兴趣爱好和拓展人际关系，彼此之间的热情可能会逐渐减退。

工作中接触异性会有所不便。当职场人与异性共事时，可能会不自觉地感受到对方的目光，这可能会让他们感到不自在、紧张，最终影响工作效率。特别是当他们与自己的恋人在同一个工作环境中工作时，可能会让感情影响到工作。

出现以公谋私现象。上司与下属建立恋爱关系可能会对工作评价和升职审查产生影响，因为情感因素难免会融入其中。如果上司不能对每个下属做出公正评价，而是偏袒恋人，会造成其他员工的不满，尤其是当明显比恋人表现更优秀的员工无法得到提拔时，员工的不满情绪会更大。这不仅会影响员工之间的关系，还会对整个公司的运营产生负面影响。

如果两人分手，会特别尴尬。办公室里最需要的是和谐友爱的工作氛围，团队成员间密切配合、精诚合作，可以提高团队的工作效率。若两人分手则可能会影响团队的氛围和业绩。

（三）处理办公室恋情的方法

办公室恋情的双方可以采用如下方法，正确对待办公室恋情，让这段爱情更加健康、稳固。

1. 了解企业对于办公室恋情的规定

企业对于办公室恋情的规定往往迥然不同。有的企业禁止办公室恋情，更不能在公司公然宣传，如有发生，至少有一方必须离开公司；而有的企业鼓励办公室恋情，提倡"肥水不流外人田"，将办公室恋情当作员工的"福利"。当所在企业明令禁止办公室恋情时，恋爱双方需要权衡利弊，如果决定步入婚姻，就要考虑失业和再就业的问题。

2. 恋情是否适合发展

恋爱有时会让人感到困惑，因此双方需要理智地审视爱情的本质，是两个人彼此相爱，还是为了权力和利益等进行的交换。双方应该认真考虑彼此是否适合并且有发展的前景。如果发现彼此并不适合，就应该彻底分开；如果认为彼此有未来，就可以进一步考虑其他因素。

3. 隐瞒比公开更好

办公室恋情是一把双刃剑，特别是当恋情公开时，两人都会受到很大的影响。如果周围的人不看好这段关系，就会向外传播负面消息，一旦恋爱双方出现工作上的闪失，他们就可能会进一步破坏这段关系。因此，保持低调可能是更好的选择。

4. 在工作场所减少接触

作为情侣，要在工作中避免引人注目，懂得掩盖自己与恋人的关系，不要给他人留下"他们是恋人"的印象。因此，减少接触是最妥善的选择。

5. 双方之间建立信任

办公室恋情是脆弱的，恋爱双方需要经受许多考验，并做到对对方的举止了如指掌。一方与同事之间的一些过于亲密的举动有时会使另一方产生误会，因此双方之间建立信任尤为重要。

6. 树立坚定的信念

一对恋人要在坎坷的路上不断前行，需要有坚定的信念。如果两人的信念不够坚定，即使是微不足道的挫折，他们的爱情防线也可能被击溃。

7. 双方共同努力

爱情需要双方共同努力才能获得美好的结局，这一点对于办公室恋情来说更是如此。恋爱双方只有互相支持、理解和信任，共同面对职场中的挑战和压力，才能让恋情不断发展，最终获得美满的结局。

二、异地恋

异地恋一直是很多恋人面临的困难与挑战。受空间的限制，恋爱双方不能第一时间分享彼此的喜怒哀乐，不能像普通情侣一样随时牵手、拥抱，一起在河边散步、聊天。能否经受住异地恋的考验，决定着双方的恋情能否继续发展，并成为彼此不可替代的人。虽然网络、交通、灵活办公等为异地恋提供了便利，但恋爱双方需要理性地运用辩证沟通思维，做好自我沟通和亲密沟通。

（一）引导案例

> **案例 20-2　痛苦的异地恋**
>
> 　　有一对情侣，大学时期总是在一起，形影不离。毕业后，他们选择了一起生活，分享日常的欢笑和挑战。男生经常接女生下班，下班后，他们会一起去超市买菜。回到家，女生负责做饭，男生则负责清洗碗筷。晚上，他们会一起坐在沙发上看电视，一边讨论剧情，一边享受对方的陪伴。然而，一切都在男生被调往其他城市工作后发生了改变，他们开始了一段痛苦的异地恋。
>
> 　　在异地恋的初期，女生就频频抱怨这种关系的困难。她表示自己和男生的生活节奏完全不同步，往往要通过电话才能交流。两人很少有机会见面，即使有，也只是短暂的。两人的生活交集越来越少，有时甚至让她感到自己像是单身。她尤其痛恨在自己难过的时候，男生只能通过电话说两句安慰的话，却无法陪在她身边。曾经关系和谐而稳定的两人，因为异地恋的压力，开始频繁发生争吵和冲突，这让原本甜蜜的两人充满了不安和疑惑。
>
> （资料来源：笔者依据相关资料整理）

（二）异地恋经常出现的问题

1. 缺乏安全感，矛盾不断升级

安全感是一种心理需求，意味着人们渴望稳定和安全。它体现在确定感和可控感上。在异地恋中，由于双方相隔较远，对这段感情的可控感降低了，因此对这段感情也会感到不稳定。这种不稳定感可能会因为一句话或一件小事而被放大，进而导致关系破裂。

2. 缺乏必要的情感纽带，聊天话题匮乏

其实异地恋就是把双方的生活彻底分开了。恋爱双方各自都有一个社交圈，认识了新的人。属于双方的共通意义空间变小了，自然而然也就没有了聊天话题，把有兴趣的话题说完了，双方渐渐地从无话不说变成了无话可说。

3. 陪伴和互动少，引发猜忌和焦虑

两个人长时间不见面，加上时不时地争吵，感情会慢慢淡下来。如果能调整好心态和情绪，那么恋爱双方会期待下一次见面；如果以不好的心态面对，那么双方都会感到疲惫。

不管相处时间长还是短，异地恋经常出现的问题大多都是以上 3 种。正确处理这 3 种问题，异地恋将变成一段很美好的旅程。妥善维持异地恋，能够夯实彼此的感情基础。

（三）异地恋感情的维持与处理

1. 安全感与归属感

安全感是在感情中给对方的感觉，而归属感是自我获取的感觉。给予对方安全感与归属感是为了让对方体会到：我知道你会一直在，也确定我不会离开。

大多数异地恋情侣分手的原因是彼此之间不信任，或者有第三者的介入。异地恋情侣只有彼此坚定、信任对方，才能突破重重障碍，不受外界挑拨，走到最后。

2. 重视仪式感

仪式感是一个随着年龄的增长就容易被人忘却的东西。孩子会把"我爱你"挂在嘴边，因为他的世界里只装得下几个人，而随着世界里的东西越来越多，仪式感渐渐地被挤了出去。

记住每一个重要的日子，向对方大方表现，不羞于承认自己的爱意。不能经常见面的异地恋情侣，在每一个普通情侣可以相拥的节日，为对方挑选一份充满心意的礼物是对双方极大的安慰，这份礼物不用多么贵重，只要承载着爱，就是治愈异地情绪的一剂良药。

3. 保持分享欲

异地恋情侣感情降温的一个征兆就是不再有共同话题，双方的生活圈子和工作环境不同，很容易使双方处于无话可说的状态下。

每天记得向对方分享自己的生活，吃了什么、干了什么，像孩子向爸爸、妈妈讲述自己的幼儿园生活一样，情侣双方也应该做彼此世界里的小孩。在分享中，双方之间的距离不知不觉间就会被拉近。

4. 共同规划未来

什么时候能够结束异地恋，什么时候能够步入婚姻，以后在哪个城市里生活、工作，这些规划对于异地恋情侣来说，就是未来日子里的期待。

规划不一定会成真，也可能会不切实际，但是在规划的过程中，彼此会知道，对方的未来规划里是有自己的。

5. 长痛不如短痛

虽然"熬过了异地恋就是余生"，但并不是所有人都能熬过异地恋。异地恋情侣除了在日常生活里珍惜当下，把在一起的每一天经营好，还应该理性对待这段恋情。

双方可试着做以下评估：双方在未来是否能够结束异地恋的状况，一方是否愿意为了另一方从一个地方移居到另一个地方，异地期间双方是否有时间、精力及能力维持一定的见面频率等。如果评估完发现未来基本无法解决异地的状况，该断则断对双方来说可能是最好的解决方式。

三、婆媳关系

传统家庭注重纵向关系，而不是横向关系，母子关系优于夫妻关系。婆媳关系属于家族内部的纵向关系，在注重孝道的伦理环境下，孝道远远重于夫妻感情。

在现代社会中，随着人们自主意识和经济能力的提高，媳妇不再是完全被动地承受，而是有了与婆婆抗衡的能力。因此，婆媳矛盾变得更加普遍和激烈。任何一件小事都会引起婆媳矛盾。虽然事情都不大，但次数一多，矛盾会越积越深。父母和子女的成长环境是不同的，加上社会导向的变化，导致婆媳之间的分歧非常多。

（一）引导案例

案例20-3 婆媳关系自古是难题

小丹和丈夫是自由恋爱。丈夫是家里的独生子，凡事家里都依着他。所以，两人从恋爱到结婚都是顺利的。婚后，由于工作关系，夫妇俩也没在家里待上多少天，因此，婆媳之间没有闹过任何矛盾，直到小丹怀孕。

剖腹产的前一天，小丹独自躺在医院的病房里，婆婆去楼道里送客人。忽然，小丹听到了婆婆和别人在通电话，说起了小丹："好什么呀，没在一起待几天，回家后还得有人伺候，早上该起不起，不懂事，不会说话，如今这年轻人，有几个懂事的？"就这样，婆婆一连说了好多小丹的坏话，小丹越听越生气。

正在小丹气得不知如何是好的时候，婆婆推门进来了，跟没事儿人似的。小丹哪里受得了，当场质问婆婆，婆婆却一口否认。小丹一字不落地背了一遍婆婆刚才说的，婆婆一下子翻脸，跟小丹闹了起来。从那天起，婆婆对小丹就没好气了。

小丹觉得说过就过去了，回家后，还是该叫妈叫妈，可婆婆却一点也没好起来……

（资料来源：笔者依据相关资料整理）

（二）婆媳矛盾产生的原因

1. 地域生活习惯差异

随着经济社会的发展，文化的交融，不同地域间的交流越来越频繁、深入，即便很多人都没有意识到亲密关系中的冲突与地域有很大关系，地域的影响也依然是存在的。不同地域的人对事情的看法、对过日子的要求、对吃食的喜好等，都是有差异的，有差异就会有分歧存在。

案例 20-4 一顿饭的风波

周五早上，小玥的婆婆给丈夫打来了电话，说："今晚大家聚个会吧，你家的房子比较大，就去你家吧！让小玥早点下班去买菜。"下班后，小玥和丈夫匆匆忙忙赶到市场买菜，在买完菜出市场的时候，婆婆的电话又打来了："小玥，你姐夫的爸妈还有妹妹一家也来啊，多买点菜。"他们回家之后，婆婆说："回来得还挺快啊，哎呀，菜买少了吧！我不是跟你说多买点菜了吗？"小玥黑着脸说："够吃，我去做饭了。"

吃完饭，把大家送走后，小玥跟婆婆在厨房里洗碗。

婆婆问小玥："你今天怎么不高兴？"

小玥说："没事儿。"

婆婆说："你肯定有事！没事你刚才吃饭黑着脸干吗？人家看了怎么想？"

小玥终于爆发："每次聚会，都来我家，有咱们自己家人就行了，姐夫他家里人为什么也总来，上次妹妹还带了朋友来。我和吴伟上一周班也挺累了，还要应付熟的、不熟的各种人。"

婆婆听后气愤地说："一家人最重要的就是团结、相亲相爱，来家里吃饭怎么了？你姐夫父母来那也是给你面子！谁家不是这样，今天来你家明天去他家，你又不是没去过亲戚家！再说你们这周不是不用加班吗？有什么累的？"

小玥很委屈地说："在我们北方，家里人就是逢年过节才聚一聚，哪有每个月都见面的，每次都吃一堆，玩一晚，我很不习惯啊！"

婆婆说："你既然嫁来我们西南了，就要跟着我们这边的风俗走。"

小玥说："不管累不累以后都别来了，我们也不去了，对谁都好。"

婆婆听完摔门而出。

（资料来源：笔者依据相关资料整理）

在案例 20-4 中，婆媳之间发生冲突的原因在于家庭聚会。小玥生在北方，北方人大多是平时可以各忙各的，有事儿的时候都会挺身而出。而小玥的婆家在西南，西南的风俗就是大家庭亲亲密密、和和美美，所以小玥并不习惯婚后的生活。其实婆婆和小玥都没有错，"错"在地域生活习惯差异。所以，在亲密沟通中出现此类情况时，婆媳双方一定要学会换位思考，理解体谅对方，并多多沟通，尽量达成共识。

2. 原生家庭差异

> **案例 20-5　事业发展与生病的婆婆**
>
> 　　近期，与国外某知名企业的合作洽谈任务落在了小秦肩上，等这个合作谈下来，小秦的职业发展就可以更进一步了。但是在洽谈的关键期，小秦的婆婆因病进了医院。小秦的丈夫在国外进修，此时只有小秦能够照顾老人，可是自己的工作处于关键期，小秦无法放弃这来之不易的机会，让自己之前的努力付诸东流，于是请了一个护工照顾老人，并联系了丈夫的妹妹，告知她自己的工作情况，希望她能理解并且抽空来照看老人。
>
> 　　有一天，在开晨会的时候，护工打来电话，说老人无论如何都不让护工给她擦拭身体，也不好好吃饭。趁着中午午休的时候，小秦赶到医院，婆婆向小秦表达了自己的不满，认为小秦理应放下工作来照顾自己，而不是请一个外人。小秦向婆婆解释是因为自己的工作问题，希望婆婆理解，等她忙完这一阵就会来照顾婆婆，而且丈夫的妹妹也会来照顾她。
>
> 　　但是婆婆并不理解，还给儿子打电话，哭诉儿媳"不孝"，说嫁出去的女儿就是泼出去的水，怎么能让女儿天天来，小秦作为儿媳，理应承担照顾老人的责任，就不应该让她忙事业，女人要以家庭为重。自己也不是没当过儿媳，她的婆婆就是这样要求她的，她也是这样做的，婚后一定要把重心放在家庭，哪怕辞掉工作也要照顾好家庭和公婆。小秦的丈夫当然能明白妻子的难处，但是母亲这种情况让他也很为难。
>
> （资料来源：笔者依据相关资料整理）

在案例 20-5 中，小秦和婆婆的矛盾凸显了原生家庭的差异，导致她们对于彼此的角色和责任有着不同的看法。婆婆认为做到听从一切是儿媳的责任，因为女人嫁人就是嫁入一个家庭，儿媳有侍奉公婆的义务。而社会中，大多数儿媳认为婆媳双方应该各自独立，在需要的时候应该互相支持和帮助，及时关心和问候对方，这才是彼此的责任。对于儿媳来说，她嫁给的是那个男人而不是整个家庭，公婆只是她丈夫的附带社会关系，她更注重的是她和丈夫的小家庭，而她努力维护和经营的也是这个小天地。

3. 心理预期差异

> **案例 20-6　小静的苦恼**
>
> 　　小静最近很烦恼，因为在孩子出生后，她与婆婆的矛盾又升级了。她跟闺蜜诉苦："我怀孕时在郊区上班，我老公每周五开车来接我，路上接到了婆婆电话，问我们在干什么，要不要去吃饭，老公说刚接到我，直接回自己家，不去吃饭了。当时婆婆在电话里就说自己的儿子又给他媳妇做饭去了，儿子怎么对媳妇那么好！"
>
> 　　"而实际情况是怀孕前几个月我吃不下东西，对味精很敏感，吃不了饭店里的饭。老

公又不在身边，周一到周五我只能自己戴着口罩炒菜。"

"其实，在跟婆婆的接触中我发现婆婆觉得她这辈子最大的成就就是生了两个很棒的儿子。别人都不如她的两个儿子！"

闺蜜问："你婆婆和公公关系怎么样？"

"他们完全就不是一个世界的，吵吵闹闹，凑合着过完了这一辈子。"

说完这句话，小静忽然醒悟：婆婆是在公公那里得不到关怀，所以把全部精力都放在了两个儿子身上。孩子就是她的全部，认同自己的孩子就是认同她自己。

（资料来源：笔者依据相关资料整理）

作为男性，除了做母亲的孩子，还要做别人的丈夫，以及另一个小生命的爸爸。但是有些母亲接受不了这样的现实，作为婆婆，儿子是她们的希望和后半生的依靠，她们会觉得儿媳"抢"走了自己的依靠，所以才会对儿子关心儿媳的举动感到不满，甚至有"吃醋"的感觉。作为媳妇，丈夫是她的挚爱和终生生活在一起的人。很多婆婆希望儿子处理母子关系先于夫妻关系，而媳妇自然认为相伴一生的丈夫应该事事以现在的小家庭为重。婆媳心理预期的不同，加上同为女人的敏感及其带来的妒忌心理、占有心理容易使双方产生矛盾（见案例20-6）。

婆媳矛盾是一件非常复杂的事情，其中涉及新旧价值观的冲突、对儿子或丈夫主导权的争夺、权力斗争和路线斗争等。更重要的是，这种矛盾还涉及家庭成员之间的伦理道德和情感纠结，包括父母和子女之间的情感等。因此，不能仅仅根据普通社会标准来评判婆媳矛盾，"清官难断家务事"，应该正确看待婆媳的心理预期差异，谨慎处理婆媳关系。

（三）解决婆媳矛盾的方法

1. 处理婆媳关系的禁忌

（1）禁搬救兵。

作为晚辈，儿媳应该懂得尊重长辈，不要过度追求自己的权利而忽视礼节。如果在矛盾中出现争吵，只会让问题变得更加复杂，也会让婆婆感到不安和失望。因此，运用辩证沟通思维，保持冷静并寻求妥善解决问题的方式，是与婆婆和谐相处的关键。同时，婆媳也要遵守家庭内部的规矩，尽量避免在家庭之外公开家务事，以免造成不必要的困扰和尴尬。

（2）禁闷闷不乐。

作为儿媳，即便再有品德，再有学问，如果整天板着脸，那么婆媳关系也可能就会在不到一小时内恶化。要知道，喜欢笑的女性，运气通常都不会太差。

（3）禁动口、动手。

婆媳之间的矛盾如果升级到口角甚至动手，那么只会让婆媳关系更加恶化。作为儿媳，如果做错了事情，即使婆婆认为无关紧要，也应该及时道歉，这是最基本的礼貌和尊重。不要因为自己的固执而拖延矛盾的解决，必须懂得反思和改正错误，才能和平相处。

（4）禁攻击弱点。

许多婆婆讨厌那些整天喋喋不休、吵吵闹闹、挑剔琐事的儿媳。她们认为，如果儿媳觉得她们做得饭菜不好吃，可以自己做，不应该去批评她们，她们也没有义务为儿媳洗碗或做饭。

2. 处理婆媳关系的法宝

（1）主动跟婆婆套近乎。

在日常生活中，与婆婆保持良好的交流很重要。在闲暇时间，儿媳可以和婆婆一起逛街，赞美她试穿的衣服，以增进彼此的感情，减少不必要的心理防备，让相处更加愉快和谐。

（2）不在婆婆面前与老公发火。

作为儿媳，可以换个角度思考，如果自己的儿子娶了一个经常板着脸的媳妇，自己会有何感受呢？因此即使对老公心有不满，也不要当着婆婆的面发泄，可以找机会私下与老公沟通。

（3）听婆婆讲过去的事。

老人们对往事会记得很清晰，而对近期发生的事情却容易记不清楚，因此随着时间的推移，他们喜欢念叨过去的事情。这是一种表达方式，作为儿媳，可以适当倾听，以增进彼此感情，也可以从婆婆那里学习一些经验，毕竟婆婆的年龄较大，阅历也更加丰富。这样也可以让婆婆感到被理解和满足，婆媳关系自然会变得更加和谐。

（4）记住婆婆的生日。

生日是一个特殊的日子，儿媳可以通过给婆婆庆祝生日来表达对婆婆的爱和感激之情。即使婆婆平时比较节俭，也不要忽略这个特殊的日子，适当地表达自己的心意，她一定会感到温暖和开心。在庆生过程中，注意不要让婆婆觉得太过麻烦或浪费，尊重她的意愿和选择，让她感到被尊重和关爱。这样做不仅可以让婆婆感到开心和满足，还能增进亲密关系。

（5）在婆婆面前不要与老公过分亲热。

老人毕竟有着传统的思想，所以在公共场合儿媳和儿子过分亲热可能会被其看作是不尊重别人的行为。虽然在自己的家中，可以自由表达自己，但是考虑到家里有老人，作为儿媳还是需要注意这方面的行为。

（6）多孝敬婆婆。

妻子要理解丈夫对母亲的情感，和他一起尊重他的母亲。如果丈夫对自己的父母不尊重，自己也会感到不满。因此，要多向婆婆笑，陪她聊天，以增进彼此之间的感情。妻子对丈夫的母亲好，丈夫也会对妻子的母亲好。

（7）不要拿婆婆和妈妈作比较。

婆婆对自己的子女比对儿媳更好，这是一种天性，儿媳不需要嫉妒。同时，不要把婆婆和自己的妈妈作比较，毕竟女儿和妈妈之间血脉相连。与母子关系相比，与婆婆的关系还没有建立得很久，儿媳需要耐心地与其相处并要理解她。

（8）教育孩子各让一步。

对孩子来说，家庭的和谐和知识的获取是很重要的。一个和谐的家庭是培养孩子情商的最佳土壤。如果家庭成员之间经常吵架，就会影响孩子的心理健康。如果老人过度溺爱孩子，媳妇就要让老公出面与老人好好谈谈，让他们意识到这种行为的严重性。必要时，可以引用一些教育失败的案例，让他们明白过度溺爱会给孩子带来的负面影响。教育孩子在原则上不能妥协，但也要适可而止，不能过于强硬。

3. 处理婆媳冲突，丈夫是良药

在婆媳关系中，丈夫起着十分重要的作用。丈夫的作用如果发挥得好，辩证沟通思维运用得娴熟，则可以加强婆媳之间的情感联系；反之，丈夫则容易成为矛盾的焦点，面临"两面受敌"的困境。

（1）匀和。

男人在对待妻母时不可偏袒，避免给母亲"娶了媳妇忘了娘"的印象，也不要让妻子觉得自己只重亲情不重爱情。例如，在妇女节、母亲节给妻子和母亲都买礼物，妈妈是自己的母亲，妻子是孩子的母亲。

（2）调和。

丈夫应当善于调和妻子和母亲之间的关系。若不慎引起矛盾，而双方都难以向对方道歉，丈夫便需要从中调解。女性较为感性，需言语安慰与物质刺激。例如，先买一些母亲喜欢的礼物，送给母亲，并告知她是妻子特意买来的，随后安慰几句；再买些妻子喜欢的礼物，告诉她是母亲送的，并表示老人家年纪大了，应当给予体面。这样，母亲和妻子之间的矛盾才有可能化解。

（3）劝和。

当丈夫和妻子单独在一起时，不妨和她谈论一下母亲对她的爱和关怀，告诉她母亲很想疼爱她，也很担心她在家里受苦。同时，提出希望她能和自己一起孝敬母亲的想法，共同营造一个和谐温馨的家庭。当儿子和母亲单独在一起时，可以向她描述一下妻子的优点，告诉她妻子多么贤惠，经常主动表示要孝敬婆婆，同时表达妻子担心自己做得不好会让婆婆不满意。总之，要让她们知道彼此都关心对方。

尽管每个家庭可能会出现不同的情况，但基本上都是类似的，只要丈夫愿意在母亲和妻子之间扮演好纽带的角色，那么婆媳关系一定能够处理好。相反，如果丈夫不闻不问，即使母亲和妻子再懂事，也难免会产生矛盾。

四、思考题

1．办公室恋情的优缺点有哪些？
2．异地恋情侣应该采取哪些措施维持这段感情？
3．处理婆媳矛盾有哪些小妙招？

互联网沟通篇

第二十一章　互联网边界沟通

本章目标

1. 了解互联网沟通在生活和工作中的作用和边界。
2. 认清互联网沟通与传统沟通的异同。
3. 学会让互联网沟通赋能日常生活与工作。

本章要点

1. 互联网的边界属性对互联网沟通而言，既是挑战也是机遇。其挑战在于，工作与生活的边界逐渐模糊，导致人们容易沉迷、分身乏术；其机遇在于，互联网给人们带来了丰富多样的沟通可能。

2. 作为一种具有鲜明时代烙印的信息交流形式和社会联系方式，互联网沟通既能成为人们工作与生活的负担，也是一个很好的工具。如何用好互联网沟通，在工作和生活之间找到一个平衡点，是当代人面临的一个重要问题。

3. 通过辩证地看待和把握互联网的边界特征，结合工作—生活平衡理论、特质激活理论等内容，可以更好地认识互联网沟通在平衡工作与生活关系中发挥的积极作用。

> "真正的空闲不是有不工作的自由，而是在工作中有自由，而且在工作中有时间谈话，有时间反复思考，有时间思考生活的意义。"——刘易斯·芒福德（Lewis Mumford，1895.10.19—1990.01.26）

一、引导案例

案例21-1　被边界伤害的工作

小李是一家外贸公司的职员，每天都要应付各种各样的客户和订单，工作压力很大。渐渐地，他觉得应该有自己的私人空间和时间，不能让工作占据他的全部生活。于是，小李决定在下班后把工作用的手机关掉，屏蔽所有与工作相关的信息，只使用自己的私人手机。

小李觉得这样做很有必要，也很有意义：这是对自己的一种尊重，也是对生活的一种态度。他想要有自己的兴趣爱好，有自己的社交圈，有自己的情感世界，不想成为那种没有个人生活、只知道拼命工作的人。

但是，小李没有想到这种做法会给他带来麻烦。在关掉工作用的手机的第二天早上，他像往常一样穿着休闲装去上班。当他走进办公室时，却发现所有的同事行色匆匆，而且都穿着正式的西装和裙子。小李感到很奇怪，不知道发生了什么事。

当走到自己的座位上打开工作用的手机后，小李惊讶地发现，昨天晚上领导在工作群里通知大家，今天要参加一个重要的客户会议，并且要求着正装出席。而且，领导还特别点名小李，让他代表公司去做一个产品介绍的演讲。

小李顿时感到一阵头晕目眩。怎么会错过这么重要的消息呢？怎么能这么不负责任呢？怎么能这么不尊重领导和客户呢？怎么能这么不尊重自己呢？小李意识到自己犯了一个大错误，这可能会影响到公司和客户之间的合作关系，也可能会影响到自己的职业前途。

（资料来源：笔者依据相关资料整理）

案例21-2　被边界伤害的生活

在坐了几个小时的火车之后，小白的父母终于到了北京。第一次来到女儿工作的城市，两位老人既兴奋又不知所措。在过了约定时间两个小时后，站在火车站广场上的小白父母仍然没有见到自己的女儿，甚至没能接到一通电话。

小白的父母以为女儿忙于工作，一时间忘记了他们要来的事，觉得又气又好笑，于是给女儿打去了电话。然而电话始终无人接听，这让两位老人慌了神。在陌生的城市里，两人不知道该去哪里，也不知道该找谁来联系自己的女儿，最后只能找了一个附近的旅馆住下，等待女儿联系他们。

而一直沉浸在新工作中的小白完全忘记了与父母的约定。刚刚获得的新工作和更高的职位让小白很有成就感，也很享受同事们的赞扬，于是她每天都把时间和精力投入到工作中。为了让自己更加专注，把手机调成静音已经成了小白的日常习惯。

如往常一样，加班到很晚的小白虽然感到疲惫，但也感到无比的满足。但当她拿起手机的一刻彻底慌了：十几个父母的未接来电！

小白这才想起来，为了让父母为自己骄傲，看到自己在大城市奋斗是值得的，小白几天前给父母定了今天的车票，想要带他们感受一下自己现在的生活。然而由于工作，她把这件事完全抛之脑后了。

一个小时后，小白终于在车站旁的旅馆里见到了父母。"没事孩子，明天我们再去吃好吃的！"父亲微笑着说，小白却感到无比羞愧。

（资料来源：笔者依据相关资料整理）

带着问题学习

1. 有哪些平衡工作与生活的技巧？
2. 如何避免网络沉迷？
3. 如何让互联网沟通赋能日常生活与工作？

二、互联网边界沟通概述

目前，全球互联网用户的数量已占全球人口的六成以上，而中国是全球网民数量最多的国家。作为全球最大的"网民共同体"的一分子，该如何在互联网中建立和维持良好的沟通呢？

（一）互联网沟通

互联网沟通是指以互联网为依托，以文字、音像、多媒体等为媒介进行的沟通。通过这种信息交流形式，人们不仅可以与远在千里之外的人进行互动，还可以加强现实生活的人际关系，形成新的社会关系。

互联网沟通的优势在于诸多方面，如降低沟通成本，节省时间和资源；使语音沟通立体化、直观化，提高沟通效率；缩小信息存储空间，方便信息管理；使工作便利化，提高工作效率等。

然而，互联网沟通与传统沟通相比，也可能引发许多问题，如缺乏面对面沟通的真诚和信任，容易产生误解和冲突；缺乏情感和温度，容易导致人际交往的冷漠和疏远；缺乏反馈和互动，容易影响沟通的有效性和质量；缺乏规范和约束，容易滋生网络暴力和谣言等。

（二）沟通边界

沟通边界是指在社会环境下人与人之间关系的一种界限，它反映了人们对自己和他人的所有权的认知。沟通边界不清是指在沟通过程中，人们没有明确自己和对方的权利和责任，没有尊重对方的意愿和感受，没有征求对方的同意就跨越了对方的边界。

在传统沟通中，沟通边界不清的问题就普遍存在。例如，有些人在与他人交谈时，喜欢问一些私密或敏感的问题，如收入、婚姻、家庭等，这种可能让对方感到不舒服或尴尬的行为被称为强迫性提问。又如，有些人在与他人交往时，喜欢给对方提供一些未经请求的建议、意见或批评，如在工作、学习、生活等个人方面，这种可能让对方感到不尊重或反感的行为被称为过度干涉。

（三）互联网沟通边界

不可否认的是，互联网的出现在给予人们多样沟通可能性的同时，也放大了传统沟通存在的诸多边界问题，为人们带来了不少烦恼。

在互联网沟通的过程中，人们既会遇到一些与传统沟通边界相似的边界问题，也会遇到一些非常具有鲜明互联网特征的边界问题。正确识别和把握互联网沟通边界，能够为更好地进行互联网沟通打下基础。

1. 被淡化的物理边界

互联网对物理边界有着深刻而复杂的影响，既有积极的一面，也有消极的一面。

积极的一面是，互联网扩大了物理边界的覆盖范围，使得人们可以跨越物理边界，与不同地域和文化背景的人进行沟通和交流，如视频会议、社交媒体、在线教育等。这样，物理边界不再是沟通的障碍，而是沟通的资源，可以增加人们的信息量和开阔视野。

消极的一面是，互联网打破了物理边界的固有逻辑，人们可以在网络空间中形成新的圈子和社区，与原有的物理边界不一致或相互冲突。这样，物理边界不再是社会关系的基础，而是社会关系的变量，其多样性和创新性带来了许多不稳定的要素。

2．被强化的虚拟边界

在互联网上分享信息时，人们可以根据信息的重要性和敏感性，选择不同的平台、群体和对象，如微信、微博、QQ 等，以及亲友、同事、陌生人等。人们也可以设置一些信息的权限和范围，如完全公开、仅粉丝可见、仅朋友可见、仅自己可见等，尽可能精确地控制内容的传播范围。

这些方式虽然大大提高了人们在互联网沟通过程中的自主性，但不可否认的是，这也在一定程度上强化了虚拟边界。不当地选择传播范围，例如，完全不让同事看到自己分享的生活日常，虽然在一定程度上能保护个人的隐私，但可能会限制同事间关系的促进；又如，完全不让亲友看到自己对工作内容的分享，虽然会减少不必要的解释和闲聊，但同时也会在一定程度上失去获得亲友支持的机会。

3．被模糊的时间边界

在互联网上沟通时，人们可以根据日程和优先级，安排好沟通时间，如工作时间、休息时间、娱乐时间等，也可以设置一些沟通的规则和习惯，如回复的速度、频率和时长等，还可以使用一些功能和模式，如静音、免打扰、勿扰等，来避免沟通被打断或被干扰。

然而不可否认的是，以上方式是需要投入一定学习成本和配置成本的。如果人们无法及时对时间边界进行有效管理，除了会出现案例 21-1 和案例 21-2 中的问题，还可能会导致诸如生活和工作时间相互侵占等问题，从而影响工作与生活的关系。

三、现实问题

> **案例 21-3　和谁签订了协议**
>
> 2020 年 6 月 29 日，中国裁判文书网披露了一则民事裁定书。裁定书中，法院同意了原告腾讯公司查封、冻结被告老干妈公司名下价值约 1624 万元财产的请求。查封理由是，腾讯公司与老干妈公司在 2019 年 3 月签订了一份《联合市场推广合作协议》，腾讯公司随后便投放资源，用于老干妈公司油辣椒系列推广。然而随着时间的推移，老干妈公司却始终未按照合同约定付款。腾讯公司多次催办无果，因此不得不依法进行起诉。
>
> 2020 年 6 月 30 日，微信公众号"老干妈"发布声明，称其公司从未与腾讯公司或授权他人与腾讯公司就"老干妈"品牌进行市场推广合作，且从未与腾讯公司进行过任何商业合作。这可让腾讯公司犯了难：那我和谁签订了协议？
>
> 一天后，贵阳市公安局双龙分局发布警方通报称，犯罪嫌疑人曹某、刘某、郑某伪造老干妈公司印章，冒充该公司市场经营部经理，与腾讯公司签订合作协议。其目的是获取腾讯公司在推广活动中配套赠送的网络游戏礼包码，之后通过互联网倒卖非法获取经济利益。3 人因涉嫌犯罪已被依法刑事拘留。
>
> （资料来源：笔者依据相关资料整理）

> **案例 21-4　落下一身病的花季网瘾少年**
>
> 　　2021 年 9 月中旬，17 岁的小凯（化名）被父亲用轮椅推着到湖南省胸科医院内三科复查，他的左膝关节肿胀、疼痛一个多月了，被确诊为全身多部位结核，疾病与他沉迷网络游戏多年有很大关系。"网吧里人群聚集，空间密闭，很容易感染结核病菌。"湖南省胸科医院内三科主任梁珍分析说。
>
> 　　小凯在 8 岁的时候就迷上了网络游戏，放学后经常去网吧看别人玩游戏。初中毕业后，小凯便辍学了，过起了以网吧为家的生活。
>
> 　　2020 年 5 月，小凯被确诊为结核性腹膜炎、肠结核，后转入湖南省胸科医院内三科接受进一步治疗。经过医护人员的悉心治疗，病情得到了明显的控制。
>
> 　　然而，出院居家服药治疗期间，小凯经常偷偷跑出去上网，在网吧一待就是四五天，抗结核药物也顾不上吃，也一直未进行规律、全程的抗结核治疗。
>
> 　　2021 年 8 月 7 日，小凯的膝盖开始出现剧烈疼痛，连站立、走路都成了难题，父亲再次带他来到医院。
>
> 　　入院后，内三科主任梁珍带领医护团队为小凯进行了相关检查，并邀请医院骨科专家进行会诊。通过相关检查，小凯最终被确诊为膝关节结核、结核性腹膜炎、肠结核、肝结核等全身多部位结核。这个 17 岁的少年，在花季就有了一身病，包括不完全肠梗阻、支气管扩张、慢性非萎缩性胃炎、低蛋白血症等，需要进行一定时间的恢复治疗。
>
> 　　（资料来源：笔者依据相关资料整理）

（一）沟通环节难把控

　　互联网沟通与传统沟通相比，在许多方面都有不同，存在各种新的问题和挑战（见案例 21-3）。

　　首先，互联网沟通有时缺乏及时的反馈和互动，容易造成信息的不对称和不完整，从而造成"信息"难把控的问题。究其原因是互联网沟通的双方可能处于不同的时间和空间，既不能实时地看到对方的回应和反应，也不能及时地解决疑问和困惑。这样就会影响沟通的效率和质量，也不利于建立信任。因此，互联网沟通相比传统沟通，容易造成沟通相互性的弱化。

　　其次，互联网沟通往往缺乏面对面沟通的肢体、表情等非语言信息，而这些信息是理解对方意图和情绪的重要线索。这些信息的缺乏，可能会导致"理解"难把控的问题。在互联网沟通中，人们只能通过文字、图片、表情符号等有限的方式来表达自己的想法和感受，而这些方式往往不能完全传达人们的真实意思和态度。如果没有足够的共同语境和背景知识，人们就容易产生误解和冲突。因此，互联网沟通相比传统沟通，容易造成理解基石的弱化。

　　最后，互联网沟通往往缺乏真诚和温暖的情感表达，容易让对方感觉冷漠和无趣，造成"情绪"难把控的问题。在互联网沟通中，人们难以通过眼神、语调、动作等方式来表达关心和喜爱，也不能感受到对方的温度和情绪。这样既会降低沟通的亲密度和满足感，也不利于建立良好的人际关系。因此，互联网沟通相比传统沟通，容易造成感情传递的弱化。

（二）身心俱疲难专注

网络沉迷是一种心理和行为的障碍，表现为无节制地使用网络，强烈渴望使用网络，以及带来一定的身体、心理损伤和痛苦。其原因有多种，如个人的性格、情绪、动机、认知，社会的环境、压力、支持，网络的吸引力、可用性等。网络沉迷对个人和社会都有不良影响，且存在于多个方面，如使人难以专注于学习、工作、生活，使社会产生不稳定因素等（见案例21-4）。

网络沉迷者往往在游戏或其他网络活动中花费大量的时间和精力，过度投入或沉溺，忽视其他重要的生活领域。有些网络沉迷者无法控制自己的网络使用行为，即使知道有负面后果，也无法减少或停止使用网络，从而失去控制。有些网络沉迷者通过使用网络来逃避现实生活中的困难、压力或不满，以获得暂时的快乐或满足，出现代偿行为。

网络沉迷者产生心理和行为障碍可能与他们的人格特质有关，例如，内向型、神经型和冲动型的人可能更容易产生抑郁、人格障碍和物质依赖等心理问题。此外，网络沉迷者的大脑也可能受到损伤，如脑电波节律失调、脑可塑性下降等。

（三）工作生活难平衡

互联网的蓬勃发展，使人们在工作和生活之间寻求平衡充满了挑战。要辩证地看互联网，准确识别其对家庭和工作关系的正面及负面影响。

互联网带来的正面影响主要指提高沟通效率和增加工作灵活性。互联网使人们可以随时随地与家人和同事保持联系，通过邮件、语音、视频等方式交流信息和增进情感，弱化了距离的影响，减少了时间的消耗。同时，互联网使人们可以在家或其他地点远程工作，减少了通勤时间，降低了成本，提高了工作效率，有利于平衡家庭和工作的需求。

然而，互联网带来的负面影响也不容忽视。首先，人们过度依赖互联网，忽视了面对面交流的重要性，导致人际关系的疏远和冷漠。其次，互联网也会干扰人们的休息和娱乐时间，使人们难以真正放松和享受生活。最后，互联网使人们难以区分工作和生活的界限，使人们面临更多的竞争和挑战，进而导致工作压力和干扰增加，影响了工作质量和效果，增加了工作不安全感和不满意感。

目前已有大量实证研究显示，互联网在工作与生活关系上产生的冲突会在个人、家庭、企业和社会层面带来一系列负面影响。例如，在个人层面，可能会对身心健康造成威胁，降低幸福感；在家庭层面，可能会拉低生活满意度，影响婚姻质量和生育率；在企业层面，可能会影响工作效率，造成缺勤和离职率上升；在社会层面，可能会导致酗酒、性别歧视等一系列社会风险。

四、理论基础

（一）工作—生活平衡理论

工作—生活平衡理论，又称工作—家庭平衡理论，是一系列分析个体如何平衡工作和生活的理论。相关讨论兴起于20世纪80年代的西方社会，当时服务业的兴起推动了大量女性进入劳动力市场，在一定程度上激化了家务责任和儿童照顾责任的再分配问题。

工作—生活平衡主要指个体平等参与工作和生活的满意程度。该定义包括了3个要素：投入工作和生活的时间程度相同，心理参与工作和生活角色的程度相同，对工作和生活的满意程度相同。与之相反的是工作—生活冲突，它主要指工作和生活在时间、角色和行为上的不协调而产生的压力。

随着互联网的发展，工作与生活关系的话题重新获得了人们的关注。为了解释工作与生活平衡或冲突的形成机制，学界出现了许多视角不同的理论。

工作—生活边界理论由学者苏·坎贝尔·克拉克（Sue Campbell Clark）提出。该理论认为，个体每天在工作和家庭两个领域之间穿梭，并不断地进行角色转换。人们塑造了工作和家庭这两个"世界"，也塑造了这两个"世界"之间的边界。人们如何处理及协调这两个"世界"的范围与边界，决定了其在工作与家庭关系上的平衡状态。

工作—生活冲突理论最早于1964年被提出。该理论认为，工作—生活冲突是指工作角色对个体的要求与家庭角色对个体的要求发生了冲突，而个体不能够平衡来自两方的压力。例如，当工作需要加班而家庭需要照顾孩子时，就会出现时间上的冲突；当工作需要高度专注而家庭需要多元化的技能时，就会出现能力上的冲突；当工作需要遵守规则而家庭需要自由表达时，就会出现价值观上的冲突。

工作—生活弹性理论认为，工作和生活是两个动态变化、相互适应的领域，它们之间有一定的界限，但也有一定的弹性，人们在不同的领域有一定的行为规范和价值观，但也有一定的灵活性和创造性。当人们从一个领域转换到另一个领域时，需要根据具体情况进行适当的心理和行为上的调整，以达到最佳效果。

（二）特质激活理论

特质激活理论认为，人的思想、感受和行为的体现与情景一样，只有在特定的环境下才能观测。21世纪初，以心理学教授罗伯特·泰特（Robert Tett）为首的研究团队在互动主义的基础上，结合人格、特质、情景、人格动力学等相关研究理论，提出了用于研究工作场景下人格对绩效的影响的理论，即特质激活理论。

特质激活理论以交互心理学为基础，将外部情景和个体的内在特质联系起来，探究了其间的联系机制，并尝试以此来预测个体的行为。该理论不仅为人和情景的交互关系提供了新的思路，还为人们理解并运用这一交互关系创造了新的路径。

五、实务操作

结合辩证沟通思维看待互联网边界沟通中的诸多挑战，从不同视角去看待互联网沟通过程中的难把控、易上瘾、难平衡的问题，既要看到其固有特点，又要看到这些特点该被如何妥善利用。通过"沟通系统"，可以优化互联网沟通的各个环节；通过"尊重差异"，可以管理好互联网的各种边界；通过"认清处境"，可以高效管理目标和时间。

（一）系统沟通，形成闭环

互联网让工作和生活的界线渐渐模糊。人们可以在家中处理复杂的表格，也可以在工作间隙查看家中电费余额。方便之余，工作和生活"两边不讨好"的情况时有发生。如何处理二者之间的关系，是当下许多人关注的问题。尤其是在互联网的便捷性解放了固定的办公场所，使居家办公、远程办公等成为常态后，在合适的时间合理地"各司其职"成为人们持续面临的挑战。

有人选择强行将生活和工作分割开来，像案例 21-1 中的小李一样，但并未能收获理想的结果；有人选择顺其自然，任由互联网将生活和工作搅在一起。显然，这两种极端的处理方式都可能给人们带来难以预料的麻烦。所以，系统提高互联网沟通的效率变得尤为重要。

1．明确沟通目标和标准

与传统沟通一样，在开始互联网沟通之前，要确定沟通的目的、内容、对象、方式、时间等，以及沟通的预期结果和反馈机制，避免无效和重复的沟通。

2．选择合适的沟通工具

根据不同的沟通场景和需求，选择合适的沟通工具，如即时通信软件、邮件系统、语音电话、视频会议等。利用不同互联网沟通工具的功能和优势，有针对性地进行沟通，提高沟通的效率和质量。

3．优化沟通内容和方式

在沟通时，要注意使用清晰、简洁、准确的语言，避免模糊、冗长、复杂。如果沟通工具允许，尽量使用列表、图表、截图等辅助信息，利用互联网沟通的优势增强沟通的可读性和可理解性。

4．及时反馈和跟进

在互联网沟通后，人们需要做的也与传统沟通基本一致：及时反馈和确认，表明自己已经收到并理解对方的信息，避免出现信息丢失或误解的情况；同时，根据沟通的结果，制订相应的行动计划，并按时执行和汇报，保证沟通的有效性和连贯性。

（二）尊重差异，管理边界

互联网包含各种层出不穷的工具、平台，它在带来大量信息的同时，也在不断刺激着人们的神经，让人产生愉悦感，并在不知不觉中沉迷其中。如何在互联网中找到与自己的相处之道，是人们值得关注的问题。

管理学理论中，有许多跟时间管理有关的方法（如时间管理矩阵法、4D 时间管理法、番茄工作法等），能够帮助人们形成有效的事项边界、时间边界，从而让人们进行效率优化。

1．时间管理矩阵法

时间管理矩阵法把任务按照重要和紧急两个不同的程度进行了划分，基本上可以分为 4 个"象限"：既重要又紧急、重要但不紧急、紧急但不重要、既不重要又不紧急（见图 21-1）。这个方法可以帮助人们区分任务优先级，合理安排时间，避免浪费时间。

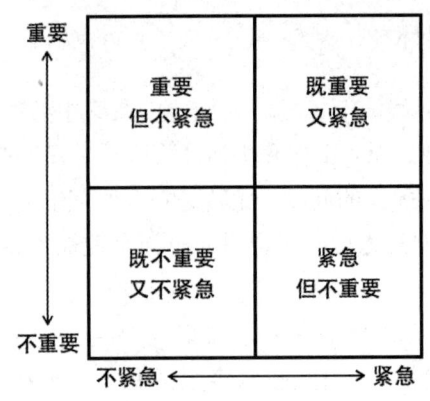

图 21-1　时间管理矩阵法

2．4D 时间管理法

在时间管理矩阵法的基础上，人们进一步提出更具操作指导价值的"4D 时间管理法"包括：删除（Delete）、委派（Delegate）、推迟（Defer）和执行（Do）（见图 21-2）。这是一种时间管理技术，用于对任务进行分类和排序，通过使人们专注于最重要的任务和避免不堪重负来帮助其提高生产力和效率。

当人们由于待办事项过多而难以做出抉择时，利用 4D 时间管理法便能够做出相对正确的判断：对于既重要又紧急的任务，如即将开始的一次公开汇报演讲，选择立即执行将是更好的选择；对于重要但不紧急的任务，如查看工作邮箱中的电子邮件，可以推迟去做，或者选择在每天的特定时间进行查阅；对于紧急但不重要的任务，如随时在办公系统中更新团队工作进度，可以委派团队中的其他成员去完成；对于既不重要又不紧急的任务，可以从目前的待办事项中删除或隐藏，更有利于提高工作效率。

图 21-2　4D 时间管理法

3．番茄工作法

番茄工作法是指把工作分为 25 分钟的"番茄时间"和 5 分钟的"休息时间"，每完成 4 个"番茄时间"后，休息 15 分钟。这个方法可以帮助人们集中注意力，提高效率，减少干扰。

（三）认清处境，分清主次

只有认清当下的处境，才能够对事项的优先级、时间的安排、工作的内容等形成清晰的认识，从而让互联网沟通赋能生活和工作。运用辩证沟通思维，把握工作与生活之间的平衡，将"认清处境"和特质激活理论结合，从而有针对性地形成解决方案。

1. 做好事前评估

想要同时满足生活和工作的多方面需求，我们在开始做决定前就要做好评估。我们可以思考一下目前的工作与生活状况，感受一下自己对这两个方面的具体理解：是否有足够的时间做真正喜欢的事情？是否把足够的时间和精力投入到了有意义的人或事上？是否觉得自己的个人职业和个人目标一致？目前感到最困扰的地方是哪里？是因为什么产生了这种感觉？

在思考这些个人化的问题时，利用各式各样的互联网沟通工具，记录下想法和感受，以确定哪些领域需要进行调整，帮助自己正确认识现状。

2. 确定优先事项

在对需要改变的地方有了更清晰的认识之后，我们就可以确定哪些事情是重要的。在这个过程中，按照不同的优先事项划分标准可能会导致不一样的结果。这时我们就需要妥善利用互联网沟通的优势，参考利用别人的经验、方式/方法，搞清楚最重要的是什么、在哪些地方可以做出妥协、是否在某些地方做出了过多的妥协等问题，最终找到适合自己的优先事项划分标准。

3. 反思与调整

无论决定采取什么行动来实现工作与生活之间的平衡，我们都应该意识到，这些行动都应该随着时间的变化而变化。对于生活中的重大变化，我们可能需要时间去"消化"，因此反思方法并定期调整它可能是这个过程不可或缺的一部分。在这个过程中，无论是对工作、家人还是自己，我们都需要将互联网沟通的优势发挥出来，做到"赋能"，而非"负担"。

对工作而言，要学会利用互联网沟通提高工作效率和灵活性。互联网可以让我们更快地获取信息，更方便地沟通协作，更灵活地安排时间和地点。这样不仅可以减轻工作压力，提高工作满意度，还可以为家庭生活留出更多的空间和时间。

对家人而言，要学会利用互联网沟通增进家庭沟通和亲密感。互联网可以让我们与远方的家人保持联系，通过视频通话等方式分享彼此的生活点滴，表达彼此的情感和关心。这样不仅可以增强家庭成员之间的亲密感，还可以缓解工作中的孤独感和压抑感。

六、思考题

1. 互联网沟通和传统沟通相比，有何异同？
2. 从辩证沟通思维来看，工作—生活弹性理论和工作—生活冲突理论有何异同？
3. 本书第二章提到的"角色理论"将如何促进工作和生活之间的平衡？

第二十二章　互联网碎片化沟通

本章目标

1. 认识互联网碎片化导致的信息过载如何影响日常生活。
2. 了解信息孤岛与信息茧房现象,并避免受到影响。
3. 学会利用互联网进行系统的差异化沟通。

本章要点

1. 互联网的碎片化导致信息过载。面对海量的信息,人们难以筛选出有价值的内容,也难以深入地理解和消化信息,从而影响认知和判断,使沟通变得困难。人们应尽量做到"取其精华,去其糟粕",才能尽可能避免互联网碎片化带来的负面影响。

2. 互联网的不当使用可能会使人形成信息孤岛或进入信息茧房,从而缺乏对不同观点和信息的了解,形成偏见和误解,不利于知识的拓展、创新和平等交流。

3. 不同群体对互联网的认识和使用水平并不一致。只有在组织层面系统地给予不同的群体足够的关注和尊重,才能进一步促进平等沟通,避免数字鸿沟问题。

> "五人团结一只虎,十人团结一条龙,百人团结像泰山。"——邓中夏
> (1894.10.05—1933.09.21)

一、引导案例

案例22-1　乱花渐欲迷人眼

小张是一家大型企业的职员,负责公司各个项目的数据统计、处理和分析工作。每天通过各种互联网工具将海量的信息整理成有价值的报告,小张感到这份工作很有意义。

最近,小张被分配到一个新的任务:为公司的一个重要客户提供一个关于市场趋势和竞争策略的方案。这对他来说是一个难得的机会,也是一个巨大的挑战。他知道客户对方案的要求很高,不仅要有充分的数据支持,还要有创新和实用的想法。他决定制作一个完美的方案,让客户和领导都满意。

小张通过搜索关于市场趋势和竞争策略的关键词,发现网上有无数相关的文章、报告、视频等,这些都很有价值,能够为他制作方案提供帮助。于是,小张便开始无差别地一个一个地浏览,并将这些信息下载、保存,希望能够找到一些灵感和线索。

但是，小张很快就发现，自己陷入了一个无底洞。越来越多的信息让他感到困惑和迷茫。他不知道哪些信息是真实和可靠的，哪些是虚假和误导的；哪些信息是重要和相关的，哪些是无关和琐碎的。

随着时间一点一滴地过去，小张并没有取得实质性进展。他看了看日历，发现距离方案提交的截止日期已经越来越近了。

（资料来源：笔者依据相关资料整理）

案例22-2　低效的数字化转型

为了提高工作效率和增强竞争力，一家老牌中型企业在经历了数字化转型后，各个业务板块都进行了线上平台的适配。但是由于转型时间长达数年，各部门前后换了好几任领导，每个平台的系统服务供应商各不相同。这导致财务、经管、技术、人资等各个业务部门虽然都能做到线上办公，但系统各不相通。

小格是这家公司财务部门的一名主管，每天都要处理大量的报表和数据。由于财务部门系统布局较早，与其他部门使用了不同的供应商系统和平台，因此财务部门与其他部门之间难以实现数据共享和协同工作。

有一天，小格收到了一个重要的任务：在当天下午5点前完成一份年度财务总结报表，并提交给新上任的总经理。小格立刻开始了工作，他从A系统中导出了所有需要的数据，并用Excel进行了整理和分析。他花了3个小时才完成了报表的编写，之后他打印出来，准备去找人资部门签字。

当到达人资部门的办公室时，小格发现人资部门的主管已经提前下班了。他急忙打电话给主管，然而对方说自己已经在回家路上了，无法回来签字。时间一分一秒地过去，总经理还在办公室等着，小格感到无比绝望。

最后，小格只能拿着没有签字的报表去找总经理。他敲开了总经理办公室的门，发现总经理正坐在电脑前查看其他部门提交的电子报表。小格走上前去，把纸质报表递给总经理，并向他解释了原因。总经理看了看报表，又看了看小格，冷冷地说："你知道吗？我们公司已经进行了10年的数字化转型，为什么你还在用纸质报表？其他部门都已经用B系统提交了电子报表，并且都已经得到了我的电子签名。你是唯一一个没有按时完成任务的人。你让我很失望。"

小格感到既难过又委屈，低着头走出了办公室。

（资料来源：笔者依据相关资料整理）

📎 带着问题学习

1. 什么是碎片化？互联网是如何影响碎片化的？
2. 互联网的碎片化是如何影响生活的？
3. 如何正确地认识和利用碎片化，以加强互联网沟通？

二、互联网碎片化沟通概述

（一）碎片化与信息过载

1. 碎片化

碎片化正如它的字面含义，是指完整的东西分割成诸多零碎。在社会发展的转型时期，社会分工进一步细化，经济、科技、文化等领域的发展呈现出专业化、快速化的趋势，整个社会呈现碎片化的特征，如碎片化阅读、碎片化交往、碎片化营销、碎片化媒体、碎片化信息、碎片化服务等，碎片化到处存在，并充斥着人们的生活，成了现代人生活方式的典型特征。

互联网对碎片化有促进和抑制的双重作用。促进作用在于，互联网使信息传播更加快速、广泛、多样，导致信息过载和信息分散，使人们的注意力和时间被分割成许多零碎的片段。抑制作用在于，互联网提供了信息整合和筛选的工具和平台，帮助人们从海量的信息中找到自己感兴趣和需要的内容。

2. 信息过载

信息过载通常是指人们面对大量的信息，无法有效地处理和利用的情况。而出现这种情况的原因可能是多方面的。

一是信息生产和传播的速度过快。现代信息技术使得信息的生产和传播变得非常快速，而人们对信息的处理和消化速度却远远跟不上信息的生产和传播速度。

二是信息的重复和冗余。互联网上有很多相同或类似的信息，这些信息会分散人们的注意力，增加人们筛选信息的难度。

三是信息的多样性和复杂性。互联网上有各种各样的信息来源和形式，这些信息往往涉及不同的领域和知识，人们需要花费更多的时间和精力去理解和评价这些信息。

四是人们的心理因素。人们往往有思维惰性、损失厌恶、筛选无能、认知焦虑等心理，这会影响人们对信息的选择和处理，导致人们更容易受到信息过载的困扰。

（二）信息孤岛与信息茧房

1. 信息孤岛

孤岛，顾名思义，就是独立的小岛。各岛之间是独立分散、互不联系的，不同岛上的人也无法彼此交流沟通，信息存在着严重阻塞。信息孤岛最初是一个计算机概念，又被称为信息烟囱、孤岛式信息系统或烟囱式信息系统，它是指在功能上不关联互助、信息上不互换共享，以及信息与业务流程和应用相互脱节的计算机应用系统。随着信息时代的发展，它逐渐演变为一个泛传播概念，指的是在一个单位的各个部门之间，由于种种因素信息完全孤立脱节的现象。

在信息孤岛上，原本完整的业务链被拆分为一个个单元，各部门各自为政，中间有着不同的信息阻塞，难以实现信息的互相交流。例如，在一家产品生产类企业中，存在着多个不同的部门，如采购部门、生产部门、销售部门、研发部门等。原本各部门之间应该互通信息，共同制订生产计划。如果信息不互通的话，可能会出现采购部门不考虑生产部门的需要盲目采购等问题，不利于企业正常生产经营的维系。在这个环境中，各独立部门即不同的信息孤岛。

信息孤岛是普遍问题，无论是社会企业还是政府部门，无论是部门内部还是不同部门之间，都面临着信息孤岛的问题。

2. 信息茧房

信息茧房又被称作回声室效应、同温层效应，一般指在一个相对封闭的环境中，一些意见相近的人不断重复一些故事，并以夸张或其他扭曲形式重复，令处于相对封闭环境中的大多数人认为这些扭曲的故事就是事实的全部。在现代社会中，随着互联网的应用和社交媒体的发展，这个现象变得更加普遍。部分商业网站会根据人们的搜寻结果或使用习惯进行记录与分析，持续提供人们所喜欢的内容，造成一个人在同一网站上接收到的资讯被局限在某个范围内，这就直接导致了信息茧房的形成。

哈佛大学教授凯斯·R.桑斯坦（Cass R. Sunstein）在其著作《信息乌托邦——众人如何生产知识》中提出，信息茧房以"个人日报"的形式呈现：伴随着互联网技术的发达和信息的剧增，人们可以随意选择想关注的话题，可依据喜好定制报纸、杂志，每个人都可为自己量身打造一份"个人日报"。当个人被禁锢在自我建构的信息环境中，生活必然变得程序化、定式化。桑斯坦指出，在信息传播中，因公众自身的信息需求并非全方位的，公众只注意自己选择的东西和使自己愉悦的领域。久而久之，其会将自身桎梏于"信息茧房"之中。

（三）数字化转型与数字鸿沟

1. 数字化转型

数字化转型是指人们利用信息技术来改造原有的业务，通过推广数字化流程来取代非数字化或人工作业流程，或者用较新的信息技术取代旧的信息技术。

作为通过现代技术和通信手段改变企业为客户创造价值的方式，数字化转型涉及企业的业务模式、客户体验、流程和运营等方面，其目的是适应数字经济环境下企业生存发展和市场变化的需要，提升信息时代的生存和发展能力。

然而数字化转型对大多数企业而言并非易事。因为数字化并不仅仅是单纯的技术变革，还关乎企业的价值主张、经营管理模式、生产流程、员工的工作方式，数字化转型的过程具有长期性、曲折性和不确定性。

2. 数字鸿沟

数字鸿沟是指在数字化转型过程中，不同国家、地区、行业、企业、社区之间，由于对信息和互联网技术的拥有程度、应用程度及创新能力存在差别，而造成的信息落差的趋势。数字鸿沟不仅影响了人们的生活质量，还威胁了社会的公平和稳定。因此，弥合数字鸿沟是当今世界面临的重要挑战之一。

碎片化与数字鸿沟的关系是一个复杂的问题。积极的方面是，互联网的普及和信息的碎片化可以缩小一些"接入鸿沟"，让更多的人能够获取和分享信息。消极的方面是，信息的碎片化也可能加深一些"使用鸿沟"，导致不同人群在数字技术的掌握、应用和创新方面存在差距。因此，要弥合数字鸿沟，人们不仅要提高接入能力，还要提升使用能力和数字素养。

三、现实问题

案例 22-3　不够人性化的系统

一位老人为激活社保卡，在银行柜机前被家人抱起来进行人脸识别。视频截图在网络上引起热议：有网友同情老人面对智能设备的无奈，呼吁加强对老年人的数字教育；有网友认为是银行的业务系统不够人性化，没有照顾到不同年龄段的用户。

（资料来源：笔者依据相关资料整理）

（一）信息过载难用心

碎片化的消极影响，主要在于海量的信息正在弱化人们思考、记忆和专注的能力，导致人们难以保持专注，从而引发决策困难、记忆减退、效率下降等多方面的问题。

1. 决策困难

信息过载会让人们难以做出正确的决策，因为面对大量的信息人们难以进行分析和筛选。人们的注意力、记忆力、思维能力等认知资源是有限的，当信息量超过人们的认知能力时，人们就会感到困惑、疲劳、焦虑等，从而影响决策的质量和效率。

同时，过多的选择方案会增加人们的选择成本和后悔风险，使人们难以确定自己的偏好和目标，甚至导致选择困难或选择拖延。互联网上存在很多不准确、不完整、不客观、不一致的信息，这让人们难以判断其真实性和可靠性，从而干扰人们对事实的认知和判断。

2. 记忆减退

人的工作记忆容量是有限的。工作记忆是一种对信息进行暂时加工和储存的记忆系统，在许多复杂的认知活动中起重要作用。当信息量超过工作记忆容量时，人们就会遗忘一些信息，或者无法有效地组织和编码信息，从而影响长期记忆的形成。

人的注意力是容易分散的。面对大量的信息，人们往往不是把注意力集中在最重要的信息上，而是被一些无关或次要的信息吸引。这会导致人们无法深入地理解和加工信息，也会影响长期记忆的形成。另外，注意力分散也会降低人们对已经记住的信息的回忆效率。

3. 效率下降

信息过载会让人们无法专注于重要的任务，导致注意力分散和效率降低。当信息量过大时，尤其是在经历决策困难和记忆减退的困扰后，人的注意力机制通常就会失效。人们就会难以区分信息的重要性和相关性，从而降低任务完成的质量和速度。

同时，信息过载会让人们面临多个任务或目标，这会增加人们的认知负荷和切换成本，使人们难以有效地处理多个任务或目标。另外，多任务或多目标处理也会影响人们对已经完成的任务或目标的回顾和评估，从而减少学习和改进的机会。

（二）信息零碎难互通

信息碎片化和信息茧房是信息时代的两个特征，它们对人际关系的影响是复杂而深刻的，主要体现为使得沟通过程中的信息与信息、人与人的互联互通难度增加。

对个人而言，信息碎片化和信息茧房可能会窄化人们的信息接收面，使人们形成思维定式和产生偏见，削弱人们的批判能力和创新能力，影响人们的社会参与意愿和公共意识。

对于企业而言，信息碎片化和信息茧房可能会使企业信息处理变得困难。它们会增加企业数据管理和分析的难度，使得企业需要投入更多的资源和技术来整合和利用数据，从而避免数据的重复、冗余、无效等情况。

（三）群体差异难平等

数字鸿沟导致的不平等问题体现在多个方面。例如国际数字鸿沟，是指发达国家和发展中国家在数字技术的普及、创新和应用方面存在巨大差距，导致贫富之间的新型不平等。又如国内数字鸿沟，是指在一个国家或地区中，不同地域、收入、教育、性别、年龄等因素导致的数字技术的使用和受益的不均衡。

又如案例 22-3 中暴露出的问题，老年人在数字技术的熟悉程度、使用能力和接受程度方面与青少年存在显著的差异。随着数字技术在各个领域的广泛应用，这些"互联网弱势群体"面临的数字化挑战越来越多。如何帮助他们适应数字时代，使各个群体都能享受到数字化的红利，是一个亟待解决的问题。

四、理论基础

（一）强弱关系理论

强弱关系理论是由社会学家马克·格兰诺维特（Mark Granovetter）提出的一种分析人际关系网络的理论，它将人际关系分为强关系和弱关系两种。强关系是指个体的社会网络同质性较强，人与人的关系紧密，有很强的情感因素维系着人际关系。弱关系是指个人的社会网络异质性较强，人与人的关系并不紧密，也没有太多的情感维系。

强弱关系理论的核心观点是，弱关系在传播信息、创新思想、拓展社会资源等方面有着重要的作用。通过弱关系，个体可以接触到更多的信息和机会，也可以跨越不同的社会群体，形成更广泛的社会联系。而强关系虽然有利于维持社会稳定和个人信任，但也容易导致信息孤岛形成和思想僵化。

（二）目标设定理论

目标设定理论由心理学教授埃德温·洛克（Edwin Locke）和加里·莱瑟姆（Gary Latham）提出。该理论指出，相比于敦促和鼓励个体尽其所能地完成一项任务，给予其一个特定的、基础的，甚至是困难的目标，将更有可能使其表现得更好。

首先，设定目标可以帮助个体更好地将注意力和精力集中在特定的目标，而不是与目标无关的事情上；其次，可以激励个体在更具挑战性的任务中付出更多努力；再次，可以有效提高个体为实现目标而所需的毅力；最后，可以帮助个体更好地唤醒、发现或利用与目标相关的知识。

五、实务操作

将辩证沟通思维与强弱关系理论、目标设定理论相结合，从"细节感人"的角度将互联网碎片化相关问题细化，从而避免在碎片化的互联网沟通过程中出现难用心、难互通、难平等的问题。

（一）取其精华，去其糟粕

在信息爆炸的时代，要从众多信息中"取其精华，去其糟粕"，需要保持独立清醒，不盲从、不轻信，并且从多方面分析和判断信息的真实性和价值。

首先，了解信息的来源，看信息是从哪里来的，是否来自权威可信的渠道，是否有明确的作者和出处，是否有客观的证据和数据支持。

其次，比较信息的差异，看不同的媒体和平台对同一事件或话题是否有不同的报道和观点，是否有矛盾或漏洞，是否有偏颇或误导。

再次，反思信息传播的目的，看信息背后是否有隐藏的利益或动机，是否是为了影响或操纵情绪或行为，是否符合价值观和判断标准。

最后，关注信息的更新，看信息是否与最新的事实和发展相一致，是否有过时或错误的内容，是否需要补充或修正。

（二）明确目标，收放自如

互联网的碎片化会给人们带来一些弊端，如导致注意力分散、思维浅薄、记忆力下降等。因此，面对碎片化信息，人们需要保持高度清醒，合理安排时间，明确任务和目标，提升自身的信息素养和判断能力。要做到这些，人们需要理性看待互联网碎片化的优点，并通过明确完成当下目标的方式，尝试将它们利用起来。

如果想要与时俱进，获取最新的资讯，可以考虑适度利用互联网的碎片化，利用其可以让人们足不出户便能了解世界动态、社会问题、发展趋势等的特点，经过适当筛选后获得丰富的信息。

如果想要提高学习效率和兴趣，应该谨慎对待互联网的碎片化，认清互联网的碎片化允许我们在任何时间、地点都可以进行学习的特点，目标清晰地规划碎片化学习。

如果想要激发创新思维，可以大胆拥抱互联网的碎片化，发挥其可以帮助我们发现新的知识、拓宽视野的特点，不断拓展思维边界。

面对不同的目标，我们需要正确地看待和利用互联网的碎片化，针对不同的个性化和多元化需求，做到在互联网的使用上"收放自如"。

（三）系统思考，服务沟通

结合强弱关系理论，组织和个体可以从以下几个方面应对碎片化和信息孤岛带来的负面影响。

首先，建立数据共享和交换机制，打破数据壁垒和孤岛，实现数据的开放、流通和整合，提高数据的价值和效率。

其次，加强数据安全和隐私保护，制定合理的数据使用规范和监管措施，防止数据泄露、滥用、篡改等风险，保障数据的安全和可信度。

再次，培养多元化和包容性的信息视野，利用弱关系网络拓展信息来源和渠道，获取广泛和多样的信息内容，避免陷入信息茧房中。

最后，提升信息素养和判断能力，利用强关系网络筛选和验证信息真伪和质量，减少或消除信息噪声和误导，形成客观和理性的信息认知。

六、思考题

1．如何"取其精华，去其糟粕"，避免信息过载？
2．如何避免形成信息孤岛或误入信息茧房中？
3．组织和个体该如何应对数字鸿沟问题？

第二十三章　互联网责任沟通

本章目标

1. 认识到责任意识如何影响互联网沟通。
2. 了解如何在互联网中对自己和他人负责。
3. 学会在互联网沟通过程中保障自己的信息安全。

本章要点

1. 良好的责任意识不仅是每个网民的基本素养，也是维护和谐、健康的互联网舆论环境的重要保障。只有大家自觉遵守网络道德，才能共同营造一个清朗、健康、文明、有序的互联网沟通空间。

2. 网络暴力作为信息时代特有的暴力形式，严重侵犯了他人的合法权益，破坏了互联网秩序，影响了社会和谐，不应被忽视或纵容。理性地进行互联网沟通，拒绝网络暴力，是所有网民应尽的责任。

3. 对自己负责是保障信息安全的基本前提和必要条件。只有正确使用网络，注意保护个人隐私，防范网络诈骗，才能有效地避免信息泄露、信息被篡改等风险，确保信息安全。

> "对于同一句格言，出自饱经风霜的老年人之口与出自缺乏阅历的青少年之口，其内涵是不同的。"——黑格尔（Hegel，1770.08.27—1831.11.14）

一、引导案例

案例 23-1　不明真相的帮手

随着行业竞争的加剧，小章所在的公司不得不加快调整战略、更新策略的步伐，以求在同行竞争中占得先机。公司行业研究人员的最新调研结果显示，智能机器人的应用将是未来趋势，研发智能机器人可以给公司带来新的生机。恰巧小章在大学时学习过相关知识，于是公司高层每次在召开战略研讨会时，都会带上这名唯一的"非高层人员"。

然而在精心研讨布局几个月后，公司突然宣布智能机器人项目停止研发，同事们发现，请病假的小章已经一个多月没有音讯了。又过了一段时间，公司宣布了小章离职的消息。

原来，小章为了获取更多的前沿资讯和经验，在网络社区与网友分享了许多具体的项目细节。小章甚至还在攻克难题的过程中，求助大学同学进行具体的设计。这一系列的操作直接导致公司研发智能机器人的计划被竞争对手准确把握，抢占了先机。

由于在网络上泄露了公司的机密，小章离开了工作了近10年的公司。心情郁闷的小章在进行了一段时间的休整后，打起精神，拿起简历，准备在本地找一家和原公司同行业的公司工作。在尝试面试了许多不同规模的公司并吃了闭门羹后，一名HR向小章道出了实情。原来，小章没有信息安全意识导致公司项目胎死腹中的事已经传开了，本地所有公司都将其当作反面教材，对员工进行信息安全教育。

小章知道后感到既委屈又气愤，回到家中越想越憋屈，于是将自己如何为公司辛苦付出、如何兢兢业业、如何因为"犯了一件小错"就被公司扫地出门的故事写成了一篇文章并分享到了社交网络上。由于前任雇主在本地小有名气，小章在"控诉"中又点名道姓，所以这篇文章迅速传播开来，许多网友都觉得小章的确委屈，不应该受到如此待遇。随着时间的推移，此事逐渐发酵，越来越多的网友在网络上展开了对小章原公司的攻势，甚至有人打电话到公司前台指责公司太没有人情味儿。看到这些不明真相的网友为自己出头，小章感到既兴奋又忐忑。

（资料来源：笔者依据相关资料整理）

带着问题学习

1. 近期的网络热议话题中，积极的多还是消极的多？为什么？
2. 网络上有哪些令人印象深刻的网络暴力事件？
3. 你知道哪些保障自己信息安全的技巧？

二、互联网责任沟通概述

（一）网络舆论与意见领袖

1. 网络舆论

网络舆论通常指舆论在网络中传播的状态，是一种社会舆论的表现方式，体现为网络上对于不同社会问题的流行的意见或看法。网络舆论能够为公众对于生活热点问题、焦点问题的意见、见解、观点或言论提供传播媒介。

网络传播本身的数字化、多元化、多媒体化、实时性、交互性、虚拟性等传播特点，使网络传播具有比其他传播方式更即时、传播范围更广的优势。而网络传播的匿名性，使得那些网络上的活跃者可以更加肆无忌惮地表达自己的观点，甚至用极端言语抨击与自己不同的观点。

网络舆论既可以促进民主参与和社会进步，也可能引发网络暴力和导致舆论失控。正确地看待和处理网络舆论，对于组织和个体而言都是互联网时代非常重要的课题。

2. 网络意见领袖

意见领袖，又称"舆论领袖"，最早是由社会学家保罗·拉扎斯菲尔德（Paul Lazarsfeld）在20世纪40年代提出的。意见领袖指的是在人际传播网络中经常为他人提供信息，在团队中构成信息和影响的重要来源，同时对他人施加影响且能左右多数人态度倾向的"活跃分子"。这些人通常具有一定的专业知识、社会地位、社交能力或个人魅力，可以在不同的领域或话题上发挥作用，甚至影响他人的观点和行为。

相对于传统的大众媒介而言，以微博、微信等社交网络平台为代表的社交新媒体让更多草根化的、去中心化的新型意见领袖——网络意见领袖出现并得到认可和发展。在网络舆论的具体形成过程中，网络意见领袖起着重要的中介、节点作用，他们在信息的发布、信息的传播扩散、引发讨论、形成主流强势意见及对媒体的解读与反解读的过程中起着重要的作用。

在网络舆论的形成过程和传播过程中，网络意见领袖具有设置网络议程、引导网络舆论的作用，并且能够唤醒网络中"沉默的螺旋"。

（二）网络暴力

网络暴力是指在互联网上对他人进行语言或行为攻击，从而侵犯他人合法权益的行为。辱骂、威胁、恐吓、诽谤、诋毁、泄露隐私、人肉搜索、黑客攻击等都可以被认定为网络暴力，其可能导致的后果涉及心理创伤、社会隔离等多个方面，甚至会导致自杀。

网络暴力形成原因具有多样性，如网络的匿名性、缺乏道德约束、缺乏法律制裁、缺乏社会监督等。所以，相关防治工作需要从多方面努力，如加强网络道德教育、完善网络法律法规、加大网络监管力度、提升网络素养等。

传统的暴力和网络暴力在性质和表现上，既有不同也有一致性。具体来说，二者的异同可以从以下方面进行辨析（见表23-1）。

表23-1 传统的暴力与网络暴力的异同

	传统的暴力	网络暴力
异	直接的生理或心理上的伤害	间接的语言或行为上的伤害
	发生在现实空间中的行为	发生在虚拟空间中的行为
	通常有明确的施暴者和受害者	可能有多个不明身份的施暴者和受害者
	通常有明显的证据和后果	可能难以查证和消除
同	二者都是一种侵犯他人权利和尊严的行为，都会对受害者造成伤害和影响	
	二者都是一种反社会和违法的行为，都将受到道德和法律的制裁和惩罚	
	二者都是一种源于社会中潜在的偏见和歧视的行为，都需要通过教育和引导来消除和预防	

（三）信息安全性

对于任何国家、政府、部门、行业而言，信息安全都是不容忽视、必须重视的问题。具体而言，信息安全是指信息系统（包括硬件、软件、数据、人、物理环境及其基础设施）受到保护，不受偶然的或恶意的原因而遭到破坏、更改、泄露，保证系统连续、可靠、正常地运行，信息服务不中断，最终保证业务的连续性。

三、现实问题

案例23-2 "人肉搜索第一案"

无法忍受自己丈夫有外遇的姜某，从24楼一跃而下，跳楼身亡。

姜某因其丈夫王某有外遇而跳楼的事，引发轩然大波。姜某的大学同学张某实在看不下去，便专门开办了一个网站，公开谴责王某的行为，试图为同学讨回公道。为了扩大影响力，张某将网站的内容转载到了几个知名的网络社区。

许多网民在看到这些内容后，都认为王某的"婚外情"行为是促使姜某自杀的原因之一。一些网民在参与评论的同时，在网络社区中发起对王某的"人肉搜索"，使其姓名、工作单位、家庭住址等详细个人信息被披露，进而导致部分网民对王某及其父母进行骚扰，在其家门口墙壁上刷写、张贴"无良王家""逼死贤妻""血债血偿"等标语。

随着事件的不断发酵，因不堪忍受网友的人肉搜索、骚扰恐吓，王某将张某和几个网络社区诉至法院。

（资料来源：笔者依据相关资料整理）

案例 23-3　盗取信息的测试程序

2020 年 6 月至 9 月，李某制作了一款可以窃取用户手机相册内照片的软件。当手机用户下载安装该软件并打开使用时，软件就会自动获取用户手机相册内的照片并上传到李某搭建的服务器后台。

李某将该软件发布在某暗网论坛售卖，截至 2021 年 2 月 9 日，共卖得网站虚拟币 30 美元。后李某为炫耀技术、满足虚荣心，又将该软件伪装成"颜值检测"软件，发布在某论坛供网友免费下载安装，他以此方式窃取安装者手机相册照片达 1751 张。其中，含有人脸信息、姓名、身份证号码、联系方式、家庭住址等 100 余条公民个人信息。

2020 年 9 月，李某又用虚拟币在该暗网论坛上购买"社工库资料"并转存于境外网盘。2021 年 2 月，李某为炫耀自己的能力，在明知"社工库资料"含有户籍信息、车主信息等的情况下，将网盘链接分享到"业主交流"QQ 群（150 名成员）。经去除无效数据、合并去重后，该"社工库资料"包含公民个人信息共计 8100 万余条。

2021 年 3 月 9 日，公安机关将李某抓获。经侦查，因"社工库资料"内容庞大且存储于境外网盘，未查到有人下载使用。2021 年 3 月 26 日，公安机关对李某提请批准逮捕。

（资料来源：《最高检发布 5 件依法惩治侵犯公民个人信息犯罪典型案例——推动形成个人信息保护多元共治新格局》）

（一）网络舆论乱流难自觉

柏拉图曾说："智者说话，是因为他们有话要说；愚者说话，则是因为他们想说话。"网络舆论中，网民的不自觉、不负责任的行为能够造成诸多方面的负面影响，如影响社会稳定、扭曲公众价值观、损害个人和组织权益、干扰正常的社会秩序等（见案例 23-2）。

在影响社会稳定方面，网络舆论中可能存在一些敌对组织、敌对势力或某些别有用心的人。其在互联网上发表的煽动性言论可能会引发社会动荡，甚至造成极其严重的影响。

在扭曲公众价值观方面，网络舆论中可能存在一些不真实、不客观、不负责任的言论，削弱公众对行业、社会甚至政府部门的信任感，人们的主流价值观容易发生扭曲、变形甚至迷失，从而给社会带来各种负能量。

在损害个人和组织的权益上，网络舆论中可能存在一些侵犯他人隐私、名誉、知识产权等合法权益的言论，给个体和组织带来不必要的麻烦和损失。例如，一些泄露、盗用、篡改等行为在网络上发生，可能导致个人和组织的信息安全与形象受损（见案例23-3）。

在干扰正常的社会秩序方面，网络舆论中可能存在一些违反法律法规、道德规范和违背社会公德的言论，破坏正常的社会秩序和风气。例如，一些色情、暴力、赌博等内容在网络上流传，可能诱导公众产生和养成不良的行为习惯。

在这些负面影响的萌芽、产生、发展等过程中，网络意见领袖的作用和价值尤为重要。然而，一部分网络意见领袖并不能自觉承担起作为意见领袖的责任，其思想、认知、见解或言论并不能起到良好的引导作用。例如，一些网络意见领袖会从自己的利益或立场出发，有意或无意地对网络信息进行选择、过滤、解读或篡改，导致公众接收到的信息不完整、不客观、不真实，从而影响公众的判断和决策。

还有一些网络意见领袖可能会利用自己的影响力，操纵或煽动网络舆论，制造或放大某些话题或使事件具有争议性和敏感性，激化各网络群体之间的矛盾，造成网络空间的紧张和混乱。如何让这些网络意见领袖认清自己肩上的责任，自觉发挥作用，避免形成信息茧房或进一步产生消极影响，是整个社会需要重视的问题。

（二）真伪莫辨难理智

在互联网沟通中，网民的不理智行为可能产生网络暴力、网络谣言、刻板印象等诸多问题。

首先是网络暴力。一些网民利用网络的匿名性，对他人进行语言或行为上的侵害，损害他人的合法权益，对受害者造成多重伤害，甚至危及其生命安全。

其次是网络谣言。一些网民在没有核实真相的情况下，散布或转发不实信息，误导公众，扰乱正常的社会秩序，影响社会稳定。

最后是刻板印象。一些网民通过某一特定群体贴标签，表现出刻板印象和偏见，缺乏理性和客观的判断能力，影响了沟通的效果和质量。

（三）形式多样难安全

互联网信息安全问题是指在互联网上，信息的保密性、完整性、可用性和真实性受到威胁或破坏的问题，其种类繁多、形式多样，难以被一般互联网用户识别和处理。具体包括如下几种。

个人信息泄露。个人的隐私或敏感数据被非法获取、使用或泄露，可能导致个人权益受损或遭受诈骗、骚扰等。

网络攻击。利用网络技术对网络系统或网络数据进行破坏、篡改或窃取，可能导致网络服务中断、数据丢失或被篡改等。

网络欺诈。利用网络手段进行虚假或误导性的宣传、交易或诱导，以骗取他人的财物或信息，可能导致经济或信誉受损等。

不良网络传播。利用网络平台或工具传播违法、违规、不良或有害的信息，可能导致社会秩序混乱、公共安全受到危害或道德伦理滑坡等。

四、理论基础

（一）社会网络理论

社会网络理论的概念最早是由人类学家阿尔弗雷德·雷德克里夫·布朗（Alfred Radcliffe Brown）提出来的，它是一种研究社会行动者之间关系和纽带的社会学范式。该理论的基本观点是社会情境下的人由于彼此间的纽带关系，以相似的方式思考和行事。

社会网络理论研究既定的社会行动者（包括社会中的个体、群体和组织）所形成的一系列关系和纽带，将社会网络系统作为一个整体来解释社会行为。社会网络既会连接起没有纽带关系的行动者，也会将行动者划分至不同的关系网络。该理论可同时运用于微观层面和宏观层面的组织现象分析，微观层面包括领导力、工作团队、权力、信任、员工离职等方面，宏观层面包括企业间关系、组织联盟、网络治理等。

一个关系网络的强度取决于关系双方在某一社会网络上的时间耗费、情感强度、亲密程度和互惠关系。在社会网络中，一个核心概念是"中心度"，即位于社会网络中心的点是最有利可图的点。对应到网络中，行动者往往通过社会结构或社会网络中的定位来获取相应的社会资本。

（二）沉默螺旋理论

"沉默的螺旋"一词最早见于传播学家伊丽莎白·诺尔·诺伊曼（Elisabeth Noelle Neumann）于1974年发表的一篇论文《重归大众传播的强力观》，她在1980年发表的《沉默的螺旋：舆论——我们的社会皮肤》一文中，进一步发展了相关理论。

沉默螺旋理论是一种政治学和大众传播理论，它是指个人对公众舆论分布的看法会影响该人表达自己意见的意愿，进而影响他人的看法，并最终影响他人表达意见的意愿。该理论的主要论点是人们通过社会互动影响彼此表达意见的意愿。根据沉默螺旋理论，当人们注意到自己的意见在整个群体中被共享时，会更加自信和外向。但是，当人们注意到自己的观点不受群体欢迎时，将更倾向于保留观点并保持沉默。

五、实务操作

要做到辩证地看待互联网沟通过程中的不自觉、不理智、不安全行为和现象，我们可以将辩证沟通思维中的"沟通系统"和"弱却有心"原则与社会网络理论、沉默螺旋理论相结合，避免在网络舆论中失去方向，或者受到网络暴力或信息安全问题的困扰。

（一）眼花缭乱时，保持理性思考

黑格尔曾说："熟知并非真知。"面对令人眼花缭乱的互联网世界，我们必须保持理智，避免受到信息茧房的影响和控制。想做到这一点，我们需要提升自己的信息素养，即获取、分析、评价和使用信息的能力。具体来说，我们可以从以下几个方面入手。

首先，学会拓宽信息获取渠道，不要只依赖于自己习惯的平台或媒体，而要主动寻找不同的信息来源，如读书、学习、交流等。这样，我们可以接触到更多的观点和思想，开阔视野和增长见识，也可以避免被单一的信息源误导或操纵。

其次，拓宽信息获取领域，不要只局限于自己感兴趣或熟悉的领域，而要尝试接触不同的知识和话题，如跨界学习、多元阅读等。这样，我们可以拥有更多的知识储备和思维方式，提高创新能力和适应能力，也可以避免被自己的偏见或偏好所限制。

再次，优化信息获取过程，不要被动地接收信息，而要主动地分析和评价信息，如跳出信息看信息、综合各方信息、归纳总结信息等。这样，我们可以更加客观和理性地处理信息，提高判断力和决策力，也可以避免被虚假或片面的信息所误导或影响。

最后，提高信息处理能力，对信息的理解不要只停留在表面，而要深入思考和具有批判性思维，如挑战自己的假设、寻找证据和逻辑、对比不同的观点和论证等。这样，我们可以更加深刻和全面地理解信息，提高批判性思维能力和表达能力，也可以避免被自己的信念或情绪所左右或困扰。

总之，在互联网时代，我们需要保持头脑清醒和有敏锐的眼光，不断提升自己的信息素养。只有这样，我们才能在海量的信息中找到真相和价值，也才能在复杂的世界中找到方向和意义。

（二）网络舆论乱象中，坚守道德底线

网络舆论乱象是一个复杂的社会问题，涉及多方面的因素。这些乱象不仅影响了网络空间的健康和安全，还危害了社会的和谐和稳定。因此，作为网络用户，有责任和义务坚守道德底线，维护网络正义和公德。具体来说，可以从以下几个方面入手。

一是提升自身的信息素养和判断能力，不轻信和不传播虚假谣言、恶俗信息、网络暴力等内容，避免被不良信息所误导或操控。要学会辨别信息的真伪和价值，不盲目跟风或煽动他人情绪，不给网络谣言或"黑公关"提供土壤和温床。

二是尊重他人的权利和利益，不对他人进行人身攻击、诽谤、侮辱等，不参与或鼓励网络暴力、网络欺凌等现象，维护网络文明和谐。要学会换位思考和理性表达，不以自我为中心或强加意见，不以言语或行为伤害他人的尊严或感情。

三是遵守法律法规和社会公德，不发布或转发违法、违规的信息，不利用网络进行非法活动或恶意营销，不干扰网络秩序和舆论环境。要学会遵守规则，不触碰法律红线或道德底线，不利用网络牟取私利或损害公众利益。

四是积极参与网络正能量的传播，分享有价值、有意义、有益的信息，传递正面的情感和价值观，促进网络文化的建设和发展。要学会传播善意和美好，分享知识和经验，推动网络空间安全发展。

总之，在网络时代，要树立正确的网络道德观念，做有担当、有责任、有素养的网络公民。只有这样，我们才能共同营造一个清朗、健康、文明、有序的互联网沟通空间。

（三）享受便利外，注意信息安全

面对互联网中那些导致网络安全问题的"又强又霸"的危险，普通使用者作为"弱"的一方，要做到有心、细心，切忌在安全问题上粗心大意。要预防和应对个人信息泄露问题，可以在密码、权限、设备和个人意识层面尝试采取以下措施。

首先，在设置密码时，要注意密码的复杂度和多样性。密码应该包含大小写字母、数字和

特殊符号，并且尽量不要包含一些容易被猜测或破解的信息，如生日、姓名或手机号等。此外，要避免使用同一个密码登录多个平台，以免一处泄露多处受损。还要定期更换密码，提高安全性。

其次，在使用网络平台时，要注意保护个人信息的隐私性和完整性。尽量不提供非必要的个人信息，并拒绝不必要的权限请求，如位置、通讯录或相册等。这些信息可能被一些不良平台收集、分析或出售，从而侵犯个人隐私或利益。在进行网络交易时，要注意核实对方的身份和信誉，并警惕一些虚假或误导性的宣传、交易或诱导。不要轻信一些看似诱人实则是陷阱的网络信息，以免上当受骗。

再次，在使用电脑、手机等设备时，要注意保证设备的安全性和稳定性。例如，通过定期扫描和清理设备中的恶意软件、木马或病毒，并及时更新系统和软件的安全补丁，可以有效防止设备被攻击者植入后门程序，从而窃取或篡改个人信息；通过用一些硬件或软件设备来监控和过滤进出网络的数据流量，阻止一些可疑的链接或请求；通过用一些认证机制或工具来确认网络通信中的双方身份，防止被钓鱼网站或伪造者欺骗。

最后，在存储网络数据时，要注意保证数据的可用性和可恢复性。定期将重要的网络数据保存在安全的地方，如云端或外部存储器等。这样可以避免数据被网络攻击者删除、篡改或加密，造成无法访问或使用的情况。如果实在难以避免遇到这种情况，那么可以通过恢复数据工具或服务来减少损失。

总之，在互联网时代，个人信息是我们最宝贵的财富之一，也是我们最脆弱的环节之一。我们应该时刻保持警惕和防范意识，面对"强而霸"的信息安全问题，做到"弱却有心"。

六、思考题

1. 意见领袖在网络舆论中应该承担什么样的责任？
2. 作为普通网民，该如何对待和避免网络暴力事件？
3. 你知道哪些保障信息安全的方式和方法？

后记

本质上看，沟通是内联自我、外联世界。 我们每个人首先需要沟通的对象是自我，而最难的、最容易忽略的沟通对象也恰恰是自我。本书与一般同类书籍的框架和范式不同，在导论之后，依次按照自我沟通篇、团队沟通篇、向上沟通篇、向外沟通篇、亲密沟通篇、互联网沟通篇展开各章内容。您在使用本书时，既可以从导论入手，逐章阅读，也可以挑选您当前最关注的任意一章甚至其中的某个故事，开始自己的阅读之旅。

有关系好沟通，没关系沟而不通。 笔者自 2004 年入职北京理工大学后，选择员工关系管理作为教学科研的主攻方向。然而 2013—2014 年临危授命，为一大型国有银行主讲客户沟通"地毯式"培训课程，每周 4 天，历时一年半，这样的工作逼着人成长，2016 年，笔者便出版了《管理沟通》（第 1 版），紧接着承担哈尔滨工业大学、北京理工大学、中国传媒大学等院校 EMBA、MBA "管理沟通"及大量全国知名企业相关培训课程。随后，在电子工业出版社的支持下，陆续出版《沟通巧技能》（2017 年）、《晋升沟通巧技能》（2017 年）、《会议沟通巧技能》（2017 年）、《客户沟通巧技能》（2017 年）、《向上沟通巧技能》（2017 年）、《面试沟通巧技能》（2018 年）、《亲密沟通巧技能》（2018 年）、《员工沟通巧技能》（2019 年）等系列书籍。本书是笔者在进行大量企业调研和每年近 50 天管理沟通类课程教学经验积累的基础上，对《管理沟通》（第 1 版）进行的全面修订，更新内容达到 70%以上。

一个人可以走得很快，一群人则可以走得很远。 本书是刘平青、刘子森两位主编，袁云云、许爽、霍春阳、韩姗杉 4 位副主编，以及李瑞妍、谭子伊、王雨欣、史溢文、周文倩、何美洋、王志鹏等集体智慧的阶段性结果。具体分工如下：整体框架设计和统稿（刘平青、刘子森），导论（刘平青、许爽），自我沟通篇（刘平青、李瑞妍），团队沟通篇（刘平青、王雨欣），向上沟通篇（刘平青、许爽、韩姗杉），向外沟通篇（刘平青、袁云云、刘子森），亲密沟通篇（刘平青、谭子伊、刘子森），互联网沟通篇（刘平青、霍春阳）。在统稿过程中，周文倩、霍春阳、史溢文、何美洋、王志鹏等参与了很多具体的工作，大家逐字逐句阅读，努力将可能的错误降到最低，最后由何美洋整理提交。

高人指点，贵人相助。 感谢全国的读者、全国 MBA 培养院校 "管理沟通" 课程师资研讨会的专家们、全国大学和企业机构的使用教师们、历次课程的学员们、长期合作企业的朋友们、《管理沟通》（第 1 版）及相关著作的全体参与者们、北京理工大学管理与经济学院的领导和同事们、电子工业出版社的领导和编辑们，没有王二华、张天运两位老师的专业工作和高质量沟通，本书难以顺利出版。

刘平青敬上
2023 年 9 月 2 日

参考文献

[1] 艾密尔·贝克特. 101个年轻人要懂得的哲理[M]. 陈书凯, 译. 北京：中国民航出版社, 2003.

[2] 艾·弗洛姆. 爱的艺术[M]. 李建鸣, 译. 上海：上海译文出版社, 2008.

[3] 安东尼·吉登斯. 亲密关系的变革[M]. 陈永国, 译. 北京：社会科学文献出版社, 2001.

[4] 曾红. 婚姻沟通模式, 主观幸福感及其关系的研究[J]. 西北师大学报（社会科学版）, 2012, 49（1）：123-127.

[5] 曾仕强, 刘君政. 人际关系与沟通[M]. 北京：清华大学出版社, 2007.

[6] 曾雪云, 郝宁华, 时准. 小微企业如何提升信息沟通绩效——基于社会化客户关系管理能力与社交媒体可见度的研究[J]. 经济理论与经济管理, 2021, 41（2）：98-112.

[7] 陈经超, 吴倩. 社交媒体"类危机"沟通策略效果研究[J]. 新闻与传播研究, 2017, 24（12）：62-78+127.

[8] 陈娜. 互联网对年轻人异地婚恋的影响——透过时空变化的视角[J]. 湖北科技学院学报, 2017, 37（4）：127-131.

[9] 陈世平, 张琳, 王晓庄. 组织危机沟通回应策略对员工情绪和行为的影响[J]. 心理与行为研究, 2017, 15（3）：379-384.

[10] 邓林园, 戴丽琼, 方晓义. 夫妻价值观相似性、沟通模式与婚姻质量的关系[J]. 心理与行为研究, 2014, 12（2）：231-237.

[11] 翟学伟. 人情、面子与权力的再生产[M]. 北京：北京大学出版社, 2005.

[12] 费孝通. 乡土中国生育制度[M]. 北京：北京大学出版社, 1998.

[13] 弗德曼·舒茨·冯·图恩. 沟通的力量：正确表达的艺术[M]. 王林琳, 译. 天津：天津人民出版社, 2011.

[14] 龚荒. 商务谈判与沟通[M]. 北京：人民邮电出版社, 2014.

[15] 郭霖, 等. 人际沟通与公众表达[M]. 重庆：重庆大学出版社, 2018.

[16] 郭庆旺, 贾俊雪. 中国地方政府规模和结构优化研究[M]. 北京：中国人民大学出版社, 2012.

[17] 郭艺. 基于社会网络理论的档案馆研究进展[J]. 档案, 2021（3）：43-46.

[18] 黄光国. 面子：中国人的权力游戏[M]. 北京：中国人民大学出版社, 2004.

[19] 黄立新, 程昱, 程新生, 等. 互联网企业采购业务内部控制研究[J]. 管理评论, 2021, 33（10）：325-339.

[20] 黄振华, 王美娜. 政治沟通视角下的地方治理——地方政府沟通指数的测算与分析[J]. 行政论坛, 2021, 28（6）：58-65.

[21] 姜红, 刘文韬. 技术标准联盟特性及联盟发展影响因素综述[J]. 科技管理研究, 2019, 39（11）：153-158.

[22] 蒋巍巍. 向上管理：如何正确汇报工作？[M]. 北京：人民邮电出版社，2015.

[23] 金盛华. 社会心理学[M]. 北京：高等教育出版社，2020.

[24] 鞠远华. 5分钟打动人心：善用赞美的13种方法[M]. 北京：北京大学出版社，2009.

[25] 康青. 管理沟通[M]. 4版. 北京：中国人民大学出版社，2015.

[26] 乐国安，管健. 社会心理学[M]. 北京：中国人民大学出版社，2017.

[27] 黎熙元，徐盈艳，王才章. 合作博弈[M]. 北京：中央编译出版社，2020.

[28] 李超平，徐世勇. 管理与组织研究常用的60个理论[M]. 北京：北京大学出版社，2019.

[29] 李晓敏，方晓义，琚晓燕，等. 新婚夫妻冲突解决与日常沟通对婚姻质量的影响[J]. 中国临床心理学，2016，24（1）：13-17.

[30] 梁俊山，陈婷. 人情化管理：概念、谬用及其改进路径[J]. 领导科学，2016（11）：51-54.

[31] 林宣. 职场的51个基本[M]. 江苏：江苏凤凰文艺出版社，2022.

[32] 刘红波. 一站式政府研究：以公共服务为视角[M]. 广州：华南理工大学出版社，2021.

[33] 刘俊波. 冲突管理理论初探[J]. 国际论坛，2007，9（1）：37-42.

[34] 刘平青，庄超民，赵伟. 员工沟通巧技能[M]. 北京：电子工业出版社，2019.

[35] 刘平青，等. 面试沟通巧技能[M]. 北京：电子工业出版社，2018.

[36] 刘平青，等. 向上沟通巧技能[M]. 北京：电子工业出版社，2018.

[37] 刘平青，等. 职业生涯与人生规划[M]. 北京：北京大学出版社，2021.

[38] 刘平青，等. 管理沟通——复杂职场的巧技能[M]. 北京：电子工业出版社，2016.

[39] 刘平青，等. 会议沟通巧技能[M]. 北京：电子工业出版社，2017.

[40] 刘平青，等. 晋升沟通巧技能[M]. 北京：电子工业出版社，2017.

[41] 刘平青，等. 沟通巧技能[M]. 北京：电子工业出版社，2017.

[42] 刘平青，等. 员工关系管理——中国职场的人际技能与自我成长[M]. 北京：机械工业出版社，2017.

[43] 刘少杰. 网络社会的感性化趋势[J]. 天津社会科学，2016（3）：64-71.

[44] 刘松博，程进凯，王曦. 远程办公的双刃剑效应：研究评述及展望[J]. 当代经济管理，2023，45（4）：61-68.

[45] 刘伟. 社会嵌入与地方政府创新之可持续性——公共服务创新的比较案例分析[J]. 南京社会科学，2014（1）：87-93.

[46] 刘晓程，刘王平. 如何对话：政策执行过程中的政府公共沟通及其影响因素[J]. 中国传媒大学学报，2021，43（7）：89-94.

[47] 刘玉新，陈晨，朱楠，等. 何以近朱者赤、近墨者黑？特质激活理论的缘起、现状和未来[J]. 心理科学进展，2020，28（1）：161-177.

[48] 罗伯特·斯滕伯格，凯琳·斯腾伯格. 爱情心理学[M]. 李朝旭，等译. 北京：世界图书出版公司北京公司，2010.

[49] 罗雁飞，聂培艺. 浅析算法推荐对网络公共参与的负面影响[J]. 科技传播，2020，12（4）：102-103+106.

[50] 毛凯贤，李超平. 新员工主动行为及其在组织社会化中的作用[J]. 心理科学进展，2015，23（12）：2167-2176.

[51] 尼尔森. 正面管教[M]. 玉冰，译. 北京：京华出版社，2009.

[52] 聂晨. 在家办公：性别视角下青年群体工作-生活平衡的议题的讨论[J]. 中国青年研究，

2020（6）：83-89.

[53] 彭静雯，曹根. 超越西方亲子沟通的实用工具：中国家庭教育"铁三角"模型的构建[J]. 中国人民大学教育学刊，2022（1）：28-38.

[54] 蒲红果，何晓梅，刘路等. 如何应对舆情危机？新媒体时代的企业生存之道[M]. 北京：新华出版社，2015.

[55] 齐佳音，舒华英. 客户价值评价、建模及决策[M]. 北京：北京邮电大学出版社，2004.

[56] 权明富，齐佳音，舒华英. 客户价值评价指标体系设计[J]. 南开管理评论，2004，7（3）：17-23.

[57] 尚再清. 数字时代公共政策调适路径的全过程分析：公众、媒体与政府的诉求沟通[J]. 领导科学，2022（1）：113-116.

[58] 史宇鹏，王阳，张文韬. 我国企业数字化转型：现状、问题与展望[J]. 经济学家，2021（12）：90-97.

[59] 斯蒂芬·P. 罗宾斯. 组织行为学[M]. 7版. 北京：中国人民大学出版社，1997.

[60] 斯蒂芬·罗宾斯，蒂莫西·贾奇. 组织行为学[M]. 北京：中国人民大学出版社，2016.

[61] 宋剑涛，罗德友，等. 管理沟通[M]. 成都：西南财经大学出版社，2011.

[62] 宋云海. 中国皇权文化[M]. 上海：上海三联书店，2014.

[63] 苏朝晖. 客户关系管理[M]. 北京：人民邮电出版社，2020.

[64] 孙敏，吴刚. 公共危机沟通中社交媒体应用困境与破解之策[J]. 领导科学，2021（6）：16-19.

[65] 陶飞燕，程程，张倩倩. 短视频"信息茧房"现象研究——以大学生受众为例[J]. 新闻研究导刊，2020，11（20）：42-43.

[66] 托马斯·戈登，琼林. P. E. T. 父母效能训练：让亲子沟通如此高效而简单（21世纪版）[M]. 北京：中国发展出版社，2015.

[67] 托马斯·谢林. 冲突的战略[M]. 郑志刚，王勇，译. 北京：华夏出版社，2011.

[68] 王雪芳，张红霞. 全行业危机下沟通策略的选择与消费者信任重建[J]. 管理学报，2017，14（9）：1362-1373.

[69] 王玉龙,苏慧娟. 青少年抑郁与自伤关系的追踪研究:亲子沟通的调节作用[J]. 心理科学，2022，45（5）：1243-1250.

[70] 韦志中，卫丽. 夫妻婚姻质量、性别认同与沟通方式的关系研究[J]. 心理月刊，2019，14（22）：3-5.

[71] 魏江. 管理沟通：理念与技能[M]. 北京：科学出版社，2019.

[72] 武建强，聂平平. 政府组织内部沟通的结构性冲突与优化分析[J]. 江西师范大学学报（哲学社会科学版），2015，48（05）：22-28.

[73] 奚从清，俞国良. 角色理论研究[M]. 杭州：浙江大学出版社，1991.

[74] 夏保成，王碧，迟菲. 危机沟通的目标分析[J]. 灾害学，2016，31（2）：145-151.

[75] 熊文军. 大数据视角的品牌微危机管理研究[M]. 武汉：武汉大学出版社，2020.

[76] 徐洁，王可欣，陈晨，等. 情侣沟通模式及匹配对抑郁的影响[J]. 中华行为医学与脑科学，2017，26（2）：153-157.

[77] 徐世勇，李超平. 管理与组织研究必备的理论书[M]. 北京：北京大学出版社，2022.

[78] 徐世勇. 组织管理十大经典理论：解读与应用[M]. 北京：中国人民大学出版社，2020.

[79] 岩田松雄. 管理你的老板[M]. 张琦, 译. 北京: 北京时代华文书局有限公司, 2014.

[80] 杨德明, 史亚雅. 内部控制质量会影响企业战略行为么? ——基于互联网商业模式视角的研究[J]. 会计研究, 2018 (2): 69-75.

[81] 余玉花. 科学防范现代危机的公共政策[M]. 上海: 上海社会科学院出版社, 2017.

[82] 张锦涛, 方晓义, 戴丽琼. 夫妻沟通模式与婚姻质量的关系[J]. 心理发展与教育, 2009, 25 (2): 109-115.

[83] 张锦涛, 方晓义. 夫妻对沟通模式感知差异与双方婚姻质量的关系[J]. 中国临床心理学, 2011, 19 (3): 327-330.

[84] 张莉. 管理沟通[M]. 2 版. 北京: 高等教育出版社, 2011.

[85] 张玲玲, 张文新. 家庭社会经济地位、父母教养、亲子沟通与青少年未来规划[J]. 山东师范大学学报 (社会科学版), 2021, 66 (6): 76-84.

[86] 张娜, 陈寒寒. 感性交往: 网络时代异地恋青年的网络交往过程的质性研究[J]. 中国青年研究, 2022 (1): 70-75+103.

[87] 张燕红, 廖建桥. 团队真实型领导、新员工反馈寻求行为与社会化结果[J]. 管理科学, 2015 (2): 126-136.

[88] 赵卜成. 沟通零误解——卡耐基职场沟通成功法则[M]. 北京: 中信出版社, 2012.

[89] 赵富伟. 我国人情化管理探微[J]. 经营管理者, 2008 (13): 16-17.

[90] 赵宇峰. 现代政府沟通与大众传媒的关系[J]. 求索, 2004 (1): 115-117.

[91] 郑长旭. 行为恰当、执行沟通与制度化: 地方政府创新的可持续研究[J]. 中国行政管理, 2020 (1): 40-45.

[92] 钟毅平. 社会行为研究——现代社会认知理论及实践[M]. 长沙: 湖南教育出版社, 1999.

[93] 仲理峰, 时勘. 绩效管理的几个基本问题[J]. 南开管理评论, 2002, 5 (3): 15-19.

[94] 周敏. 信息、结构、哲理维度下领导干部危机沟通策略探要[J]. 领导科学, 2020 (17): 62-65.

[95] 周三多, 陈传明. 管理学原理[M]. 南京: 南京大学出版社, 2011.

[96] 周雪梅, 闫用杰, 程山英, 等. 基于文本重构的网络话题检测模型研究[J]. 南昌航空大学学报 (自然科学版), 2015, 29 (3): 32-37.

[97] AVERY E J, LARISCY R W, KIM S, et al. A quantitative review of crisis communication research in public relations from 1991 to 2009[J]. Public Relations Review, 2010, 36 (2): 190-192.

[98] BUND J B. Build Customer Relationship that last[J]. Harvard Business Review, 1985, 63 (6): 120-28.

[99] GABRIEL B, BEACH S R H, BODENMANN G. Depression, marital satisfaction and communication in couples: Investigating gender differences[J]. Behavior Therapy, 2010, 41 (3): 306-316.

[100] BERGER P D, NASR N I. Customer lifetime value: Marketing models and applications[J]. Journal of interactive marketing, 1998, 12 (1): 17-30.

[101] CHRISTINE M P, HEATHER M H, CHERYL BUEHLER. Marital Quality and Personal Well-Being: A Meta-Analysis[J]. Journal of Marriage&Family. 2007, 69 (3): 576-593.

[102] COOMBS T W. Crisis communication[J]. Encyclopedia of public relations, 2018, 2.

[103] DWYER F R, SCHURR P H, OH S. Developing buyer-seller relationships[J]. Journal of marketing, 1987, 51（2）: 11-27.

[104] EDGAR H S. Organizational Socialization and the Profession of Management[J]. Industrial Management Review. 1968, 9（2）: 1-16.

[105] J E, ROBERTS, I H, GOTLIB, J D, KASSEL. Adult attachment security and symptoms of depression: the mediating roles of dysfunctional attitudes and low self-esteem [J]. Journal of personality and social psychology. 1996, 70（2）: 310-20.

[106] CLAUSEN J A. Recent developments in socialization theory and research[J]. The Annals of the American Academy of Political and Social Science, 1968, 377（1）: 139-155.

[107] VAN MAANEN J E, SCHEIN E H. Toward a Theory of Organizational Socialization[J]. Research in Organizational Behavior, 1979（1）: 209-264.

[108] KAPLAN R S, NORTON D P. The Balance Scorecard-Measures That Drive Performance[J]. Harvard Business Review, 1992, 70（1）: 71-79.

[109] LATANÉ, B. The psychology of social impact[J]. American Psychologist, 1981, 36（4）: 343-356.

[110] PAN X, PAN X, SONG M, et al. The influence of green supply chain management on manufacturing enterprise performance: moderating effect of collaborative communication[J]. Production Planning & Control, 2020, 31（2-3）: 245-258.

[111] PETER F D. The Practice of Management[M]. New York: Harper Press, 1954.

[112] RIGBY D K, REICHHELD F F, SCHEFTER P. Avoid the four perils of CRM[J]. Harvard business review, 2002, 80（2）: 101-109.

[113] SOROKOWSKI P, SOROKOWSKA A, KARWOWSKI M, et al. Universality of the triangular theory of love: Adaptation and psychometric properties of the triangular love scale in 25 countries[J]. The Journal of Sex Research, 2021, 58（1）: 106-115.

反侵权盗版声明

电子工业出版社依法对本作品享有专有出版权。任何未经权利人书面许可,复制、销售或通过信息网络传播本作品的行为;歪曲、篡改、剽窃本作品的行为,均违反《中华人民共和国著作权法》,其行为人应承担相应的民事责任和行政责任,构成犯罪的,将被依法追究刑事责任。

为了维护市场秩序,保护权利人的合法权益,我社将依法查处和打击侵权盗版的单位和个人。欢迎社会各界人士积极举报侵权盗版行为,本社将奖励举报有功人员,并保证举报人的信息不被泄露。

举报电话:(010)88254396;(010)88258888
传　　真:(010)88254397
E-mail:dbqq@phei.com.cn
通信地址:北京市万寿路173信箱
　　　　　电子工业出版社总编办公室
邮　　编:100036